Heibonsha Library

魔法

The History of Magic

平凡社ライブラリー

Heibonsha Library

魔法

The History of Magic

その歴史と正体

カート・セリグマン著
平田 寛・澤井繁男訳

平凡社

本著作は一九六一年七月、平凡社世界教養全集の一冊として刊行され、その後一九九一年七月、人文書院より刊行されたものです。

現在では一部不適切な表現がありますが、当時の社会文化的背景や著者の意図が差別を助長するものではないことを考慮し、原文のままといたしました。

はじめに

この本の目的は、一般の読者に、西洋文明世界における魔術《まじゅつ》的な思想と作用とを簡潔に説明することにある。だからこの本の性格上、厖大な資料をくわしく選り分けるとともに、私がこれならばと思うようなかたちに圧縮しなければならなかった。けれども、このように簡略化したほうが、種《たね》のつきないテーマについて冗長に書きたてた論文よりも、一般の読者にはよくわかってもらえるだろう。

魔術は、主として二つの違った方法で取り扱われてきた。学者たちの専門的な著作は、特殊なタイプ、方面、時代にかぎられており、一般には学術的な読者のために書かれている。ところが一方、党派心のある隠秘論者たちが、真実を特殊な枠にはめこんで狭い体系にねじ曲げるだけで、ほとんど事実にもとづかない考えを解説した、どうかと思われるような出版物が無数にある。ただ少数の著者だけが、魔術に関して一般読者のために書いている。そして本書は、この最後の部類のものであることがわかっていただけるであろう。

私の研究は、独自な学識をひけらかすことなく、J・G・フレーザー、A・フォン・ハルナック、G・L・キットレッジ、F・J・ボル、L・ソーンダイクその他の人たちの学術書をたよりに進められた。さらに、魔術や妖術に関する私の古い蔵書のおかげで、この研究ははかどったし、また読者にかならず喜んでもらえるような豊富な挿図も選ぶことができた。芸術家として私は、魔術の美的価値と、人間の創造的空想力への影響とに関心をもった。古代人がのこした足跡は、宗教的、魔術的な信仰が芸術的活動を大きく推進させたことを示しているようである。しかもその刺激は、異教信仰よりも長く生きのび、キリスト教時代になって遅ればせながら開花したような傾向がある。

私は、この本の資料の蒐集ならびに整理に協力された、ヘンリエッタ・ヴァイゲル嬢、ラルフ・ハイアムズ氏、マーチン・ジェームズ氏、エディス・ポラダ嬢、マルク・パガノ氏の皆さんに、感謝の意を表する。

目次

魔法——その歴史と正体

われわれが経験することのできる、もっとも
美しいことがらは、神秘的なことである
——アルベルト・アインシュタイン

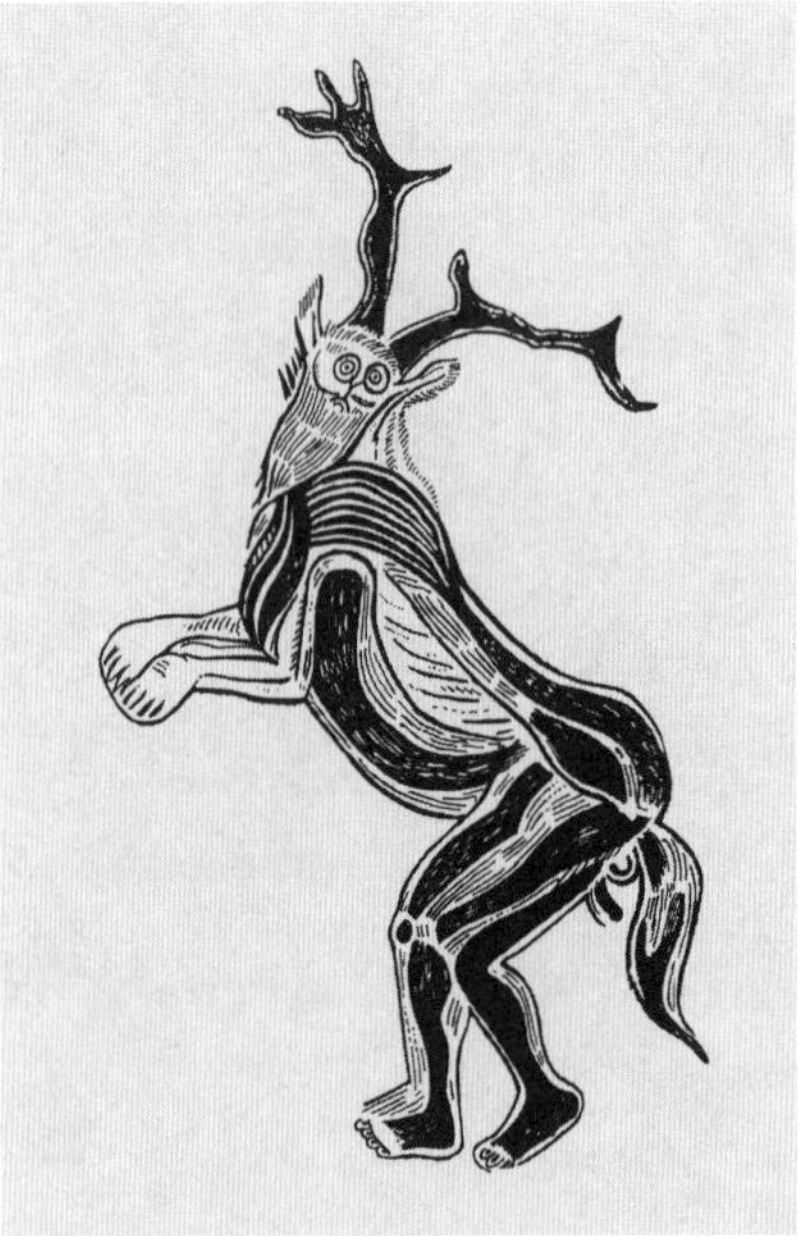

今から2～3万年前のフランス領のスペイン国境に近いアリエジの小さな洞穴に、クロマニヨン人が描いた最古の魔法使いとされている絵が描かれている。この絵は、トナカイの毛皮とシカの角を身にまとった怪異な姿をした魔法使いが、病魔退散のための儀式的行為か、それとも狩猟の成功を祈っている儀式かであろう。この時代は、魔力はオール・マイティとみなされていたようだ。

メソポタミア

忘れっぽい神々

人間は大むかしから、自分たちが邪悪な超自然物と対決していると感じていた。そして、それらに対抗する武器は魔術《まじゅつ》的な儀式をとり行なうことだった。妖怪や死霊は地中に住み、吸血鬼は、生きているものを襲うために死者から脱け出し、ナムタル（疫病）とイドパ（熱病）は、町々を災厄におとしいれた。夜は、邪悪と砂漠と深淵と海と山と沼地と南風の魔ものどもに支配された。そこには、みだらな悪夢をはこぶ夢魔たち、誘惑のわなをかけるマスキム、砂漠に住む邪悪なウトゥク、雄ウシの魔ものテラル、破壊者アラルがいた。

人びとの心は、いけにえと祈禱《きとう》を要求する有害な魔ものに支配された。しかし古代文明の賢者たちは、苦しむものを救済するために善霊がすぐやってくることも知っていた。高度な魔術的宗教では、神官たちは、世界の調和を賢明につかさどる最高神というものを思いついた。

ティグリス＝ユーフラテス河畔の人びとは、このような恐怖と驚異のうちで暮らした――前五〇〇〇年にユーフラテス河の下流地域に定住した伝説的なウル王朝のシュメル人（図1）、前三〇〇〇年にバビロン地方に定住した肌の浅黒いアッカド人（図2）、ペルシア人の先輩で前四〇〇〇年期まで跡づけることのできるエラム人、世界帝国の建設者で星学にあかるいバビロニア人、はじめはバビロニア人に隷属し、のちに西アジアとエジプトを征服したアッシリア人、さらにペルシア人が全アジアにわたる覇権を確立するまでは、その栄光が永久につづくと思われたメディア人などがそうである。

広大な平原にある神殿や塔のテラスの上で、神官たちは夜空をくわしく調べ、宇宙のなぞ——あらゆる生きものの原因、生と死の原因——について熟考した。彼らは、大地へアの精霊と大空アヌの精霊とに祈りをささげた。彼らは、誓願をたて、香をたき、叫び、ささやき、手ぶり身ぶりをし、歌をうたって、死すべきものの不運をいつまでも忘れてはならぬはずの気まぐれな神々の注意をひこうとした。そして「忘れたもうな」という呪文をいつも繰りかえした。

図1　シュメル人の彫像

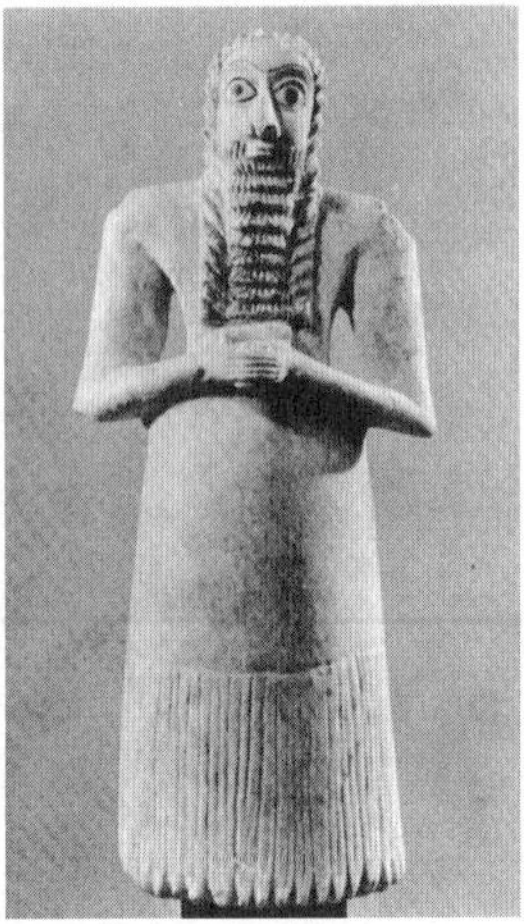

図2　アッカド人の彫像

「いけにえをささげる彼を忘れたもうな——鎔《と》けし真鍮《しんちゅう》のごとく、寛大と平和を彼に流したまえ。彼の日々が、太陽にて生気を与えられんことを！　地の精霊よ、忘れたもうな！　天の精霊よ、忘れたもうな！」

魔ものが恐れられたばかりでなく、人間自身の内部にも危険な力が宿っていた。呪術は保護者であったけれども、同時にまた破壊者でもあった。つまり呪術は、それを邪悪な目的に使う犯罪者の手中にあるときは、恐ろしい武器になった。妖術師は、みずから法律や宗教的な戒律を超越していると信じ、呪文をとなえて勝手に人を殺した。

「呪いは、悪魔のごとく人に作用する。金切り声が彼を襲う。悪罵が彼を襲う。悪意ある呪いは、彼の病気の原因になる。悪意ある呪いは、彼をまるで小ヒツジのように締め殺す。彼の体内の神は彼を傷つけ、女神は彼に不安をもたらす。ハイエナの叫びに似た金切り声は、彼を圧倒し、彼を支配する」。

妖術師のなかには、邪眼をもっていて、犠牲者をちらっと見るだけで殺すことのできるものがいる、と信じられていた。また他の妖術師たちは、敵の像をつくって、それを燃やしたり、針でつき刺したり、意のままに危害を加えたといわれる。

像をつくりだす男、魔法をかける男――
意地わるい顔、邪悪な目、
わざわいの口、わざわいの舌、
わざわいの唇、わざわいの言葉、
大空の精霊よ、忘れたもうな！
地の精霊よ、忘れたもうな！

凶悪な魔術の作用や、いつでも現われる魔ものたち――ヘビのようにそっと家にしのびこんで婦人の妊娠を妨害したり、子どもたちを盗んだり、ときには、略奪的なアジアの戦士のように地上に降りてきたりする魔ものたち――に対抗する呪文があった。

彼らは土地から土地へと降りてゆき、
彼らは奴隷の身分を引き上げ、
彼らは自由民の女を、その子を分娩《ぶんべん》する家から追いだし、
彼らは若鳥を巣から虚空にたたきだし、
彼らはウシを引きよせ、ヒツジを追っぱらう、
邪悪な、小ざかしい魔ものども。

しかし、恐怖と喧騒のうちに平和の声も聞かれ、礼拝の讃歌が誓願と交錯する。こわれた粘土板には楔形《くさびがた》文字で、「花環……高貴なるヒッジ飼い……王座と祭壇の上で……大理石の王笏《おうしゃく》……高貴なるヒッジ飼い、王、民のヒッジ飼い……」と読みとれる。

これらの安らかな歌は、破壊的な魔ものナムタルがその黒い翼をひろげると、やんでしまう。すると、悩めるものたちは、深淵の主ムルゲとその類縁の惑星たちを思いおこす。彼らは、死の恐怖にふるえながら、繁栄のうちに忘れさっていた神々や精霊に呼びかける。じっさい人びとは、彼らが心に描いている神々と同様に、忘れっぽいものである。

国々の主ムルゲの精霊よ、忘れたもうな。
国々の女主《あるじ》ニン＝ゲラルの精霊よ、忘れたもうな。
ムルゲの勇猛な戦士ニンダルの精霊よ、忘れたもうな。
ムルゲの深遠な知恵パクの精霊よ、忘れたもうな。
ムルゲの息子エン＝ズナの精霊よ、忘れたもうな。
万軍の女主ティシュクの精霊よ、忘れたもうな。
正義の王ウドウの精霊よ、忘れたもうな。*

＊この詩にあるムルゲは地界の主、ニン＝ゲラルは大地、ニンダルは土星、パクは水星、エン＝ズナは月、ティシュクは金星、ウドウは太陽を意味する。

この楔形文字の刻銘は、前七世紀にアシュルバニパル王が古いアッカド語の原典から編集したもので、この王が建設したニネヴェの王立図書館から出土している。そしてこの刻銘は、もうずっと以前から意味がわからなくなっていたが、かえってわからないという理由のために、いっそう大きな力さえ付与されていたのである。この神秘的な礼拝文句は長年のあいだ暗誦されていたので、依然として効験があるものとされていた。魔術の文句は変更をゆるさぬという信念は、古代のその他の民族のあいだにも存在した。またこういう信念は、じつはほんのちょっと形を変えただけで、現代にもよみがえっている。現代では、カトリック教徒やユダヤ人によって『聖書』の原語を尊重することが強調されている。そして彼らは、もはや死語になってしまったラテン語やヘブライ語で祈禱をとなえている。これはちょうど、アシュルバニパル王時代のアッカド語の場合に似ている。

古代のアッカド語の原典は、超自然的なものについてのアッカド人の概念をはっきりと示している。彼らにとっては、善と悪とは、善神と悪神が発する善霊や悪霊によってひきおこされる。彼らの世界は二元的である。光の力と闇の力の結着のきまらぬ闘争の舞台である。このはてしない闘争では、道徳的な区別は何もない。これらの力が善か悪かは、単に宿命によるものだと信じられていたからである。善から悪が生じることもありうる。たとえば、ムルゲはもともと悪の本質には属していないのに、あらゆる魔もののうちでももっとも残虐なナムタルの父親になっている。善と悪は、かならずしも別々の住居にたむろしているわけではない。恵みぶかい神々は、ムルゲの暗い深淵に住んでいるし、また意地わるい神々は、慈悲ぶかい神々と相携えて暮らしている。このような信仰では、もし悪の力から自分を守るために魔術を使わなければ、人は混沌の餌《え》食《じき》になってしまうだろう。

魔術によって、人びとは社会をきずき、日々の生活は整備された。学芸は栄え、商人は仕事に精を出し、軍隊は平原で演習し、神殿からはいけにえの煙が立ちのぼり、猟人は北方の山々をさまよい歩き、王宮には賢者が集まって天下国家を論じた。これらの民族は、高度な文明の証跡をその後ろに残した。洗練された趣味と、鋭い美的感覚はきわだっていた。職人は、金属、石、木材、貝殻その他の材料から、すばらしい品物をつくった。その作品には、優雅と単純、虚飾と親愛、ユーモアと残酷が調和よく統一されていた。

古代のエラム人は、動物の形をした神々を創造した。しかしシュメル＝アッカド人のあいだでは、人間的な神が獣から出現している。動物は馴らされ、人間ふうに仕立てられた。ウルの王の竪琴《たてごと》には、神話の英雄ギルガメシュが後脚で立った二匹の人頭の雄ウシに挟《はさ》まれている場面が刻まれている。つぎにライオンとイヌが、いけにえをもっていく途中が描かれている。またクマは、「喜びで神殿の庭を満たす」竪琴をかかえ、ロバがそれをかなでている。これは、中世にも親しまれた「しゃれ」である。一匹のキツネがクマの足の上にくつろぎ、竪琴の共鳴箱の飾りに彫られた雄ウシの鼻面の下で、板を打ちガラガラを振りまわしている。さらに最下段では、半分が人間で半分がサソリの生き物が踊りだそうとしている。カモシカは後脚で立ってガラガラを振っている。これらの場面は、野性的な舞踊精神を表わしている（図3）。

喜びの祝宴が、荘厳ないけにえと交錯する。そして魂を恐怖から解放して人間の想像力をかきたてるような呪術の作用によって、万事がとり行なわれる。彫像が刻まれ、詩が書かれ、音楽がかなでられ、公共の記念物が建設されるのは、魔術的な目的のためであった。

図３　ウル王の竪琴に描かれた貝殻の浮彫り

占い術

魔ものは強力で、人間と獣を殺すことができた。だが、生命を絶滅することはできなかったし、自然の秩序を永久に分裂させることもできなかった。日食は恐慌をひきおこしたかもしれぬが、けっきょく太陽は、この悪との戦いから意気揚々と現われた。その証拠に、太陽は日々出没し、めぐりくる季節とともに種まきや収穫をもたらしたではないか。人は、呪文と踊りと身ぶりとで自然のリズムを刺激した。そして星は、世界の調和を立証するかのように、不変の法則にしたがって動いた。

文明の進歩とともに、初期の二元論は修正された。カルデアでは、賢人たちがさらに高度な秩序とすぐれた法則を発見した。カルデアの神官たちは夜空をじっと眺めて、神々の生みだす最高の神を思いついた。この神は、自分がつくりだした永遠の法則にしばられ、みずからの指令に服する創造の力であった。ある哲学体系にもとづいて、より純粋な宗教が、アッカド人（図2）の魔神の世界から生まれた。

前二〇〇〇年ごろ、一つの改革がおこった。神官階級が基礎づけられ、ここへ一切の神秘な知識が集中した。神官たちは、予知する技術に精通し、屠殺《とさつ》した動物の肝臓や腸から、火と煙から、宝石の輝きから、未来を予言した。彼らは泉のさざめきや植物の形から、いろいろな出来事を予告した。木々は彼らに、「動物のうちでもっとも賢明な」ヘビのように話しかけた。奇形の動物や人間が生まれるのは凶兆だと信じられ、夢についても巧みな解釈者が現われた。

大気の現象、雨、雲、風、電光は、前兆だと解釈された。家具や木板の割れ目は、未来の出来事を予告した。このような割れ目はアッサプト、つまり「予言の声」と呼ばれた。それは、かならずしも不吉とはかぎらず、ときには「心の喜び」を予言することもあった。ハエやその他の昆虫は、イヌと同様に神秘な便りの運送者だった。

赤いイヌが神殿にはいれば、神々はその神殿を見捨てる。
王座にイヌが横たわっていれば、その宮殿は焼けおちる。
白いイヌが神殿にはいれば、神殿は永続する。
灰色のイヌが神殿にはいれば、神殿の所有物は奪われる。
黄色のイヌが王宮にはいれば、その王宮は破壊される。

カルデア人は、また矢占いによって未来を予知しようとした。『エゼキエル書』には、「バビロンの王その道のはじまり、その途の分かれ目に止まりて占卜《うらない》をなし、箭《や》を揺《ふ》り……」とある。聖ヒエロニュモスによると、王は戦略上から矢を用いたという。最初にどの都市を攻撃すべきかを知るために、彼はいくつもの敵の名を自分の矢にそれぞれ記した。彼はそれらを矢筒に入れ、振ったあとで、一本の矢を取りだした。その矢に記された名が、最初に攻撃すべき敵であった。

占いごとは、一見児戯めいているか、すくなくとも原始的なので、カルデア人の綿密な宇宙発生論と調和しないようにみえるかもしれない。しかし、カルデア人の世界観がエジプト人やギリシア人やローマ人の世界観に似て、本質的には魔術的であることを考えるならば、このような推論は皮相である。同じような「迷信」は、これらすべての民族のあいだにもあって、そこでは占いは、彼らの魔術の理論的な応用になっている。秘術師にとっては、どんな偶然の出来事も存在しない。すべては一つの法則にしたがい、しかもその法則は、強制として恨まれるのでなく、むしろ偶然という圧制からの解放として歓迎されている。世界とその神々も、一切の事物と一切の出来事をそっくり拘束しているこの法則にしたがう。「あらゆるものはこの法則によって、しっかりと定められている」（certa stant omnia lege）のであって、瀆神《とくしん》者には偶然にみえる出来事にも、賢者には法則が認められる。鳥の飛行に見られる曲線、イヌのなき声、雲のかたちなどは、統一と調和の源泉である全能の調整者の神秘的な表示である。

星と数の神秘

最高の基準ともいうべき秩序と調和の原型を探究するにあたって、神官たちは、はるかかなたの星が運行している天を眺めた。そして彼らが天体をたえず精密に観測しているうちに、いわゆる占星術の知恵が生まれた。惑星の神々は、永遠に回転しつづけながら、宇宙支配の法則をあらわす無言劇を演じていた。星を見つめる人びとは、この調和のとれた劇の意味を理解した。彼らは、この壮大な回旋曲《ロンド》の構成を予言することができたし、また、天体の動きが地上の出来事にどう影響するかも知った。世界支配の位階からいうと、上にいるものが下にいるものを支配する。だから星の神々は、その下に横たわる一切のものの支配者だった。

そのうち、七つの惑星がもっとも強力な神、つまり「解釈者としての神々」であった。木星＝マルドゥクは創造者であり、死者を目覚めさせるものであり、混沌の征服者だった。この輝かしい星は、たいまつであり、「大空の統治者」だった。この星は、月の圏内に現われると、男の子孫を授けた。星の影響は、つねに好ましかった。月の神シンの予兆は、月の不規則な位相のために一定しなかった。成長は月面の縮小によって妨げられ、月面の拡大によって促進された。生命と光の運搬者、太陽神すなわちサマスも、やはり一定ではなく、ときどき猛暑と旱魃《かんばつ》をもたらした。書記生であり知恵の神で、人間の行為を書きとめた水星すなわちネボも、不確かだった。知識というものは、善と悪とを生むからである。狩猟の神、土星すなわちアダルは、家族生活にも公共の事がらにも吉兆だった。しかしまたアダルは、一般に邪悪な影響もおよぼすらしい。彼は、大厄と呼ばれた。死と疫病の神である火星すなわちネルガルは、悪であり、戦争をおこし、王に死を予告した。彼は収穫した小ムギやナツメヤシを台なしにし、ウシや魚卵の成育を妨げた。彼は、悪鬼、ペルシア人、キツネなどと呼ばれた。母性愛と愛の女神の金星すなわちイシュタルは慈愛に富んでいた。イシュタルからは、大きな治癒力が生まれた。彼女によって植物は成長した。けれども未亡人や乳児には、彼女は危険だった。

惑星のほかに、獣帯（黄道十二宮）もまたカルデアの占星術の産物である。そのうちの六つは、今日なおもとのままのかたちで通用している。それは、雄ウシ座（金牛宮）、双子座（双子宮）、シシ座（獅子宮《しし》）、天秤座《てんびん》（天秤宮）、サソリ座（天蠍宮《てんかつ》）、魚座（双魚宮）である。それらの象徴的な意味はほとんどわかっていないが、これらのかたちがもともと地上の事がらと密接に関係していたことは推量できそうである。たとえば、小ムギの値段は、収穫した生産量よりも、天秤座の位置によって定められた。魚座の輝きがにぶいときは、魚卵に不利な影響のあることを意味した。邪悪な惑星ネルガル（火星）がサソリ座に近づくと、王がサソリに刺されて死のうとしていることとを意味した。

占星術師の言葉のなかには、一般人には謎めいた象徴や比喩が採用された。太陽は涙を流し、木星は廷臣にとりかこまれ、月は車に乗って旅行し、月に近づく星々から、邪悪な風の冠、怒りの冠、幸福の冠、鉄の冠、青銅の冠、銅の冠、金の冠と、さまざまな冠をうけとる。金星は、他のものの財産を奪いとり、火星や土星や水星や木星とそれぞれ合《ごう》になると、そのつど違った色の冠をつける。

これらの謎めいた表象は、アッカドまたはシュメルの古語で示されたが、その言葉が話せるのは秘伝をうけた人たちだけだった。人びとが未来を知って落胆したり、また喜びのあまり日常生活をかえりみなかったりすることのないように、宇宙の秘密は人びとには隠されていた。星の知識をもつものは、王の大臣たちよりも勢力があって、しばしば外国の支配者から相談をうけた。その名声はシチリアのディオドロス（前一世紀）がつぎのように立証している。「彼らは、ひじょうな年月をかけて星を観測してきたので、星の運行や影響をだれよりも正確に知っている。そして将来の多くの事がらを、きちんといいあてる」。

古くから、既知の世界は、大空の四つの方位にしたがって分割されていた。南はアッカド（バビロニア）、北はサブルトゥ（アッシリア）、東はエラム（ペルシア）、西はシリアとパレスティナであった。大空の星の動きやその他の出来事は、この占星術的地理学によって解釈された。たとえば、雷鳴が南のアッカドで響けばあたりまえで、それが他の方向から響いてくればある前兆だとみなされた。一カ月の二九日目に出る月は、アッカドには有利だったが、アムルでは不利だった。さらにずっと複雑なのは、星をとり代えるというカルデア人の考え方である。その意味は、最近の発見によってあきらかになるまでは、まったく不可解だった。星を解釈するさい、一つの惑星または一つの恒星が、一つの星座または黄道十二宮の一つとおき代えられる場合があった。たとえば、土星は、天秤座か、カシオペイア座か、オリオン座か、あるいはカラス座によっておき代えられることもあった。この不可解な関係は、星々のあいだの色の類似や光度にもとづいていた。光度と色が同じ天体は、互いに関連があると信じられた。これは、星を解釈する場合に多くの変化や微妙さを認めた理論である。

　はるか遠いむかしは、金属は地下の世界と関連づけられていた。金属は、大地の深みにひっそり横たわり、天上のどんな星もその上を照らすことはなかった。だが、大地中のあらゆるものを天に関係させようと欲した占星術師は、金属と惑星のあいだに親近性を認めた。これは、中世の錬金術師の心にもとりついた考えである。カルデア人にとっては、金は太陽の、銀は月の、鉛は土星の金属であった。また錫《すず》は木星に、鉄は火星に、銅は金星に相当した。

　宇宙の予定された数学的調和を示している神秘的な刻印のように、いくつかの神聖な数が大空に見出されるようになった。これらの数は、占星術の根本思想を確証しているように思われる。それらは互いに助けあって、多くの思索に力ぞえをしているようにみえる。七という数は、大クマ座の主星と小グマ座、すばる星とオリオン座に現われている。また七は、太陰月の四分の一の日数であり、古代の惑星の数である。一二と三〇とは神秘なむすびつきがあるように思われる。一二は黄道十二宮である。三〇は月の周期の日数であり、土星の周期の年数である。一二と三〇との積は、ほぼ一年の日数になる。このような関係は、たくさん見出せる。それらは、根気のよい占星術師に、調査と探究の広い分野を与える。占星術は時代とともに神秘な数が生まれ、また占星術同様に、神秘数の学問はおどろくほど活発に時代から時代へと生きつづけた。

カルデア人がいかに鋭い観察者であったかがわかると、彼らの知恵はすべて気まぐれなものだったということが、信じにくくなってくる。疑いもなく、彼らの知識の多くの特色は、気象学や物理学や化学や医学についての正当な考えにもとづいていた。けれども、忘れてはならないのは、多くの科学的発見の刺激剤になった占星術が、一面また神学でもあったことである。占星術の広大な領域のなかには、精神と霊魂のための栄養があるし、また、占星術が長生きしたのは、その知的価値よりもむしろ心霊的価値のおかげであることは疑いない。だが、大天文学者のケプラーが、宇宙を統一するあの法則を発見したのは、むなしい探究をつづけたあげくのはてだったことも、忘れないでおきたい。統一への彼の願望は、カルデアの占星術師たちをふるい立たせたものに似ていた。そしてこのむかしの彼らの知恵が、近代科学の黎明期にも依然として力づよい影響をおよぼしたわけである。占星術と神秘数の学問とは、ひじょうに大きな発見だったので、どの時期もその影響はまぬがれなかった。一八世紀末の詩人ノヴァーリスは、数の神秘的な本質をお信じていた。彼は、「自然界には、数のおどろくべき神秘性が働いている。歴史においてもまたしかり。対称および奇異な関連とが、意味のすべてではなかろうか。数学にも他の科学と同様に、神が顕現しうるのではなかろうか」といっている。

バベルの塔

地のものを天上に、天のものを下なるものに関連づけるさいに、カルデア人は、宇宙のこれら二つの部分（空間的には分離しているが、本質的には分離していない）の相互の影響のうちに、一種の和音でこれらを統一する調和を示した。

ユダヤ人フィロン

カルデアの支配者たちは、その宇宙発生論を模型で表現しようとして、ジグラトという神殿塔を案出した。それは階段状に建てられ、それによって天地を仕上げるための位階をあらわした。事実ジグラトは、小型の世界であり、その構造は「地上の山」をあらわした。バビロンでは、エル＝テメン＝アン＝キ、すなわち天地の基石の神殿が建てられた。『聖書』でバベルの塔として知られるこの魔術的な記念物は、七つの段をもち、そのおのおのが一つの惑星にささげられた。この建物のかど目は世界の四隅を象徴し、アッカド、サブルトゥ、エラム、西方の国々を指していた。古いシュメルの伝説によれば、四は天の数であり、バビロンでは、正方形または長方形が天のしくみの基礎をなすものと解釈された。塔の七つの段は、それぞれの惑星に応じて七色に塗られた。「大厄」の土星は黒色だった。そしてこの「夜の太陽」土星は最下段にあって、最上段の太陽の住む金めっきをした塔頂と相対していた。下から二段目の白色は輝く木星の色であり、三段目の煉瓦色は水星の色だった。ついで金星の青色、火星の黄色、月の灰色または銀色の順になっていた。これらの色は、惑星と同じように善と悪の前兆になった。このことから、黄色のイヌが王宮にはいれば王宮の破壊の予言になったことがわかるだろう。なぜなら、黄色は、火星ネルガルという軍神の色だからであり、同様に、白いイヌが幸運をもたらす理由も、白が恵みぶかい木星マルドゥクの色だからである。

エル＝テメン＝アン＝キの高さは、その長さに一致した。ここでも正方形が尊重され、それが七つに分けられた。こうして四つの部分からなる世界という古い伝説が、その後の七つの天という考えと調和していた。

歴史の初期には、数が世界の秩序をあらわした。このような思索は、その後の哲学者たちのあいだでしばしば行なわれた。伝説によると、ピュタゴラスはバビロンに旅行し、そこで数の魔術的な意味や力など、数の神秘について教えられたという。七つの階段は、魔術的な哲学ではしばしば現われている。一七世紀の初めに、ハインリヒ・クンラートはその著『永遠の知恵の円形劇場』のなかで、賢人は隠された知恵の光に到達する前に七つの階段をのぼる、と述べている。カルデアの神官が、神殿塔への不敬なものの立ち入ることを警告したように、クンラートは、彼のおどろくべき洞窟の入口の上に、つぎのような言葉を彫りこんだ。「なんじ神を冒瀆《ぼうとく》するものよ、立ち去りて、ここに近づくなかれ」（図4）。

もっと古い木版画（図5）には、一人の学者が博士用の外套に身をつつみ、七つの階段の第一段目に足をかけているところが示されている。この階段をのぼることによって、彼は神（その名は、神の住居の入口にあたる八段目に記されている）の知識を獲得することになる。この木版画は、哲学者ライムンドス・ルルス（一三世紀）の著作『知性の上昇と下降とに関する書』を図解した

図4　永遠の知恵の入口

ものだが、それによると、七つの階段は、石、火、植物、動物、人間、星の輝く天、天使である。賢者は、石に関する下賤な研究からはじめて、しだいに高位の知識にいたり、ついには崇高なるもの、永遠なるものをとらえることができるであろう。

バビロニア国家は、神官が宇宙のなかに発見した法則によって治められた。人間の不信仰を除けば、何ものにも世界の秩序をみだすことはできなかった。神々は、ひとたび怒れば、神殿を見捨て、他国に住居を選ぶだろう。すると混沌が支配し、カルデアは悪の餌食になってしまうだろう。

神殿の塔は象徴である。それは、古代の知恵の権化にほかならない。王たちは、自分らの知識がいつの世にも有効だと確信していたので、腐朽しないような塔を建造していた。だからジグラトは、約九〇メートル以上の高さにはけっしてしなかった。煉瓦の一つ一つには王家の印章がおされ、王たちは、これらの建築を超人的なものにたとえて「天のごとく」と誇示した。バベルの塔は、ものすごく高いと誤って信じられたのも、このためであろう。

ナボポラッサル王（前六二五―前六〇四年在位）が復旧したいくつかの神殿塔のなかに、バビロンの神殿塔もあった。この信心ぶかい行為を記録した碑文には、つぎのように書かれている。

図5　天の国にいたる階段

　バビロンの神殿塔エル＝テメン＝アン＝キは、私の治世以前に弱体化し陥没していたが、主マルドゥクは私に命じて、大地の中心に基礎をおき、その櫓《やぐら》を天にむけて建てよと仰せられた。私は、それらの櫓を運ぶための無数の労働者をこの国に集めた。私は仕事にとりかかった。私は煉瓦をつくった。私は焼き煉瓦を製造した。計りきれぬ豪雨のごとく、また大洪水のごとく、私はアラブトゥ人に、瀝青《れきせい》とピッチを運ばせた。ヘアの助力や、マルドゥクの洞察力、ネボとニサバの知恵によって……私の決心はできた。ヘアとマルドゥクの知恵のもとで、私は魔よけによってその場所を清掃し、もとの地点に基礎台をおいた。

そのさい王の像が、銀、金、宝石、「上等の油」、薬草といっしょに土台のなかにおかれる。王族は、おごそかな行列のうちに、貴重な道具や籠《かご》を運ぶ。この落成式には、モルタルがブドウ酒と混ぜられる。そして王は、さらにつぎのように記している。

私はエシャラの前に、喜びをもって神殿を建てた。そしてその塔を、山のごとく高くした。私はこの神殿を、むかしながらにわが主マルドゥクにささげ、そのお目にとまることを願った。おお、わが主マルドゥクよ、私のみごとな行ないを、好意をもって見まもりたまえ。変更をゆるさぬわが主の至上の命令をもって、わが支配の遂行を永久につづけさせたまえ。永遠に堅固なエル＝テメン＝アン＝キの煉瓦のごとく、わが王座の基礎をいつまでも固めさせたまえ。おお、エル＝テメン＝アン＝キよ、おんみを復旧した王に大なる加護のあらんことを。マルドゥクが歓喜しておんみのなかに住みたもうとき、おお神殿よ、わが主マルドゥクに私の心をこめた行為を思い出させたまえ。

しかしながら塔は、急速に腐朽した。ナボポラッサルの息子で後継者のネブカドネザル王（前六〇五―前五六二年在位）は、その復旧について、碑文でつぎのようにいっている。「私はバビロンの神殿を復旧した。エル＝テメン＝アン＝キについては、私は、焼き煉瓦とぴかぴかしたウグヌ石とをもって櫓を高くした」。

しかし、煉瓦と瀝青と呪文とでは、その腐朽を防ぐことはできなかった。この有名な塔は、バビロンの壮麗さとともに消え去ってしまった。砂塵におおわれたその遺跡は、『創世記』の伝説を確証しているように思われる。そこでは、「罪ふかい」建築をやめさせるために、エホヴァが言語の混乱をひきおこしたことが語られている。その建造者は、オリエントの象徴的な言葉で、「さあ、塔のある都市を建て、塔頂は天までとどかせよう。そうすれば、われらは、地上のいたるところに散らばらなくてもよくなるだろう」といっている。

ジグラトが建てられたのは、じつは天とその秘密を征服するためではなかったか。だがこれらの魔術的な企ては、失敗する運命にあった。なぜなら、『創世記』が述べているように、統一を達成するという魔術の真の目標に反して、労働者たちは追い散らされ、分散されたからである。

ペルシア

ゾロアスター

原始的な二元論の世界では、光と闇の力は同じように崇拝される。人が自然を観察し、自分自身の生活を熟考したとき、その心のなかには、善と悪との二つの等しい力が生じたであろう。人間には、相反する力が住んでいる。そしてその思想と行動のうちには、善と悪とが緊密に混じりあっているため、この二つを区別することができない。さらに、よい意図が悪を生むこともあり、犯罪的な欲望が善の奉仕者になることもある。この二つの原則は、永久に不変であるように思われる。そして自然界では、光は闇を打ち負かすべきだという考えを実行に移しているものは、何一つない。東では恵みの雨が降って土地を肥やしているのに、西では災厄の雨が降って破壊的な洪水をひきおこす。南の風は疫病と熱病を運ぶけれども、北の風は空気を清め病気を退散させる。原始人がいたるところに善と悪の精霊を見出しているのは、すこしもふしぎではない。彼は、それらの精霊にむかって、訴えたり、へつらったり、嘘をついたりする。また、よい影響をもたらし、悪い影響を避けるのに適していると考えられるような、あらゆる手段を用いる。彼は、恐怖心から、悪の精霊のほうをいっそう尊敬している。猟師の矢が獲物を射そこなった場合、腕前がまずいからだとされることはめったになく、むしろそれは、悪霊の卑劣な干渉のせいだとされる。こういう原始社会では、人間にはほとんど力が与えられていない。

文明が成長するにつれて、人間はしだいに自分の能力と責任に気づくようになった。カルデアの星の宗教によると、幸運と災難とは、精霊の気まぐれによる偶然の出来事ではなく、むしろ、数学的法則にしたがって善と悪とを送る天体から生みだされるという。人間も、神格的な惑星の意志とは闘うことができなかったらしい。だが、この体系が進展すればするほど、賢人はますます、人間の宿命のなかに倫理的な価値を読みとった。星の意志は、人間の態度と全然無関係なものではなかった。人間の行為は、天界の出来事と神秘的なつながりをもっていた。そして人間の行為は、天と地のあいだの相互作用のさいに重要だった。前七世紀にアッシリアの王アシュルバニパルは、シリウス星に祈願した。

語りたまえ、さすれば、神々がおんみを助けたもうであろう。
裁きたまえ。おんみの神託を与えたまえ。
私の高くかかげる手をうけ、私の呪いに耳をかたむけたまえ。
魔法を解き、私の罪を消したまえ。

呪文をかけられていた支配者は、自分が罪をおかしたからといって、こんな不運なめにあって

図6　ゾロアスターの像

いいかどうかを自問した。呪文だけでなく、その原因である悪業も取りのぞくために、星の援助が求められる。そしてシリウスは、より高位の神々の使いとして話しかけられる。神々は、情けぶかいシリウスのやりかたに援助の手をさしのべ、シリウスはこの神々の意志を告示する。

　たぶんアシュルバニパル王の時代、メディアの予言者ゾロアスターは、悪は強力でいつでも存在するが、これを避けることはできるし、最後には打ち破ることもできるという教義を説いた。ゾロアスター（図6）は、善と悪のおおぜいの精霊が宇宙を二分して支配しているという、古代の信仰をすっきりさせた。彼は、これらの精霊群の本源にまでさかのぼった。その本源は、光の王オルマズド（アフラ・マズダ）と闇の王子アーリマン（アングラ・マイニュ）であった。古い伝説の善魔たちは、ゾロアスターによって王座からおろされた。しかしながらこれらは、民間信仰から根絶することはできないので、悪霊の位階におかれた。

　アーリマンに指導されたこれらの精霊は、もはや、烏合《うごう》の衆のままでは善に対抗しない。悪の王国は、善の王国のように組織化されたのである。二つの軍勢は、戦闘態勢に配列される。チェスの遊戯で白と黒の駒が互いに対等の力で相対しているように、光と闇の軍勢も互いににらみあっている。けれども、勝利のあとに平和は現われない。なぜなら、闘いは時の終わりまでつづくからである。天においても、地上と同様、鬨《とき》の声が鳴りひびく。オルマズドここにあり――アーリマンかしこにあり！

アーリマンのおもな手下は六人の大魔である。それは、光の王をとりまく六人の大天使に相当する。六人の大天使とは、神聖な知恵、正義、統治、献身、完全、救済であり、六人の大魔とは、無秩序、背教、傲慢、破壊、腐朽、激怒である。この最後の大魔の名は、アエシュマ・ダエヴァといい、ヘブライ人にはアシュマダイとして、キリスト教徒の魔神論者にはアスモデウスとして知られている。なぜこの大魔アスモデウスが、ゾロアスター教の他の大魔よりも西洋では興味をもたれたかという謎は、まだ未解決である。ピエール・ド・ランクル（一六三〇年没）によれば、アスモデウスは、「悪魔の第四位階の首長」であって、「不正と犯罪と悪行の復讐者」と呼ばれている。ブラバント公国の学識ある医師ヨハン・ヴィエル（一五一五―八八年）はその著『魔ものたちの偽君主国』のなかで、アスモデウスについてつぎのようなおもしろい記述をしている。「彼は偉大で強力な王である。雄ウシと人間とヒツジの三つの頭をもって現われる。彼は、ガチョウの足とヘビの尾をもっている。口から火を吐き、地獄の竜にまたがっている。彼は槍と旗を携えている」。ガチョウの足をしたこの悪魔は、じっさい求める人にはだれでもガチョウの肉を与えるだろう。けれども、アスモデウスをこわがってはいけない。「あなたはアスモデウスに間違いない」と彼にいってみたまえ。すると彼は、君にすばらしい指輪をくれるだろう。そして君

図7　アスモデウス

に幾何学、算術、天文学、力学を教えてくれるだろう。質問されると、彼は正直に答えてくれるだろう。彼は、人間を見えないようにし、また隠された宝物をあばいてみせることができる（図7）。

ゾロアスター教の多くの魔もの、つまり位階の低いダエヴァたちは、人びとをそそのかして真のマズダ崇拝からそらせようとする。パロマイティは尊大の、ミトクスは嘘言の、ザウルヴァは老衰の、アカタサはおせっかいの、ヴェレノは欲情のダエヴァたちである。

さらにこの悪魔の位階の下には、ドルジ、ヤトゥ、ナス、魔法使いの女、意地わるい生物、偽瞞者、怪物がいる。これらは、ちょうど天の軍団の善のヤザダのように、大世帯である。

これまでのところ、ゾロアスターの教理と原始的二元論の教理との違いは、こまかな仕組みについてだけである。しかしこの改革者の創意は、その念入りな天使論や魔神論以上の何かにある。彼は、物質世界の運命と善悪の原理の運命とが決定される時期について考えた。結末は、いいはずであった、アーリマンには、敗北が待っていた。ゾロアスターは二つの型の時間を区別している。限りない時間すなわち永遠と、主権のある時間すなわちオルマズドが永遠から「切り取った」長い時期とである。主権のある時間は一万二〇〇〇年つづき、それが三〇〇〇年ずつ四つの周期に分けられる。各一〇〇〇年期は黄道十二宮の一つ一つによって統轄される。これは、主権のある時間が巨大な天の一年だと考えられていることを示しており、その最小部分は、昼夜それぞれ一二時間の周期になっている。三、四、一二はこの周期の神秘な数である。それらは、七という数を発展させる土台である。つまり、六大魔はその支配者アーリマンとともにあり、六大天使とオルマズドとはいっしょである。

最初の三〇〇〇年は霊的創造の年であり、この期間は、すべての創造物は超感覚的な形態のままでいる。第二の三〇〇〇年間は物質的創造の時代であり、天上の生物、精霊、大空、水、大地、動植物、人類が創造される。第三の時期は、アーリマンが侵略し、天啓の到来まで人間の歴史を支配した時期である。最後の時期は、ゾロアスターの出現とともに始まり、審判の日に終わるだろう。

二元論的なゾロアスター教は、一神論にむかう傾向があった。悪はもともと、善神を疑う思想から生じたのだ、と考えられた。その後ザルヴァン派の公認された聖典の説明では、一つの力だけが存在していて、そこからオルマズドとアーリマンという不つりあいな兄弟が生じた。一つの力とはザルヴァン・アカラン、すなわち「限りない時間」である。それは、みずからの栄光に支えられており、人間には理解できないため、われわれはただ、おそれ沈黙してそれを尊敬することしかできない。

このようにして、創造が始まった。アカランは、発散によって光をつくった。光からは、第一子のオルマズドが生まれ、彼は純潔な世界をつくった。ついでオルマズドは、天使の位階と、彼が生みだそうとした無数の事物の概念とを定めた。限りない時間のもう一つの発散は、アーリマンであった。永遠の第二子として生まれた彼は、嫉妬ぶかく、力に飢えていた。彼はオルマズドをねたんだので、闇の王国に追放された。そこで彼は、善と悪の闘争が行なわれているあいだ、夜に君臨することになった。こうして、戦いが始まったのである。それから三〇〇〇年後、オルマズドは、超現世的なものをかたどった光、すなわち天上の光を創造した。彼は生命の源、つまり雄ウシと呼んだ力を形づくったが、アーリマンはその牛霊を滅ぼした。そのとき散布された精液から、オルマズドは最初の男と女をつくった。乳や果物でアーリマンは女を誘惑し、男は罪をおかした。そして「善の動物」に対する悪の片割れとして、アーリマンはフラフトストラ、すなわち有害な獣や爬虫類やヘビをつくった。戦いは進行し、悪の力は圧倒的に増してくる。だが、アーリマンが勝ち誇っているようにみえる瞬間にも、その埋めあわせは間近にせまっている。

この埋めあわせは、救世主の出現する審判の日に行なわれる。この日になれば、鎔けた金属の洪水は邪悪なものを焼きこがすが、正しいものには害を加えないだろう。最後に善と悪とは互いに引き離されるので、オルマズドは善の王国を完成することになる。死者は立ち上がるだろうし、地獄は、浄化されるとともに、不死で永遠な再生の世界を拡大するために必要とされるだろう。

ゾロアスター教の思想は、多くの人たちが信じたがる以上に、大きな影響を西洋世界におよぼしてきた。こんにち、この宗教はほとんど廃《すた》れているが、その思想の多くがキリスト教の教義のなかに生きつづけている。A・V・ウィリアム・ジャクソンは、「イランの宗教について皮相な知識しかもっていないものでも、その宗教と、ユダヤ教やキリスト教とのあいだに見られる類似におどろかざるをえない」といっている。彼が指摘している点は、ゾロアスター教とキリスト教の二型式の宗教にあって、天使と魔ものの教義がいかに密接に関連しあっているかという点、さらに新王国の教義の表明、救世主の到来、復活の信仰、一般的な審判、未来の生活、両方の教理の特徴などがほとんど同じだという点である。これらの思想の創始者がだれであったかという疑問には、まだ満足な解答は与えられていない。しかしながら、これらの思想の多くが古い伝統のなかに発芽したこと、そしてそれがゾロアスターによってかっこうがつけられた上、その教えは、ヘブライ人がバビロン捕囚から帰還するすこし前からひろまり始めたということは、信じられそうである。

図8　ゾロアスター教の神官

ヘブライの賢人たちがゾロアスター教を知って、その特徴のいくつかを古い信仰個条のなかに組みこんだのは、彼らがバビロンにいたころにちがいない。また、グノーシス派の人びとがゾロアスター教の多くの思想を認めたこと、ことに、ヘレニズム時代のグノーシス説がギリシア思想とオリエントの思想を調和させようとしたことは疑いない。神性を表わす無限の光、オルマズドに世界を創造させた全能にして永遠な言葉の教義、善を生じる神聖な光の流出、その他多くのゾロアスター教の特徴は、グノーシス派や新プラトン派のうちに、多少とも変形して生きつづけた。――ミトラ信仰やマニ教は、ゾロアスター教の子孫であった。ゾロアスター教の信仰を迫害してつぶしてしまった回教徒でさえ、いくつかのゾロアスター教の特徴をうけ入れた。

こんにちもなお、インドとペルシアの約二〇万のゾロアスター教徒は、イランの予言者の手になるとされる聖典に規定された魔術的儀式を行なっている。

この教義は、事実上は消滅したが、中世になって新しく芽を出した。一二世紀末ごろ、キリスト教の異端アルビ派の二元的な信仰個条が、燎原の火のようにフランスにひろまった。この一派は、無慈悲な撲滅運動で圧迫されたけれども、ひそかに生きつづけた。こんにち、カルカソンヌやアルビの人たちに会えば、善と悪との戦いがまだ行なわれていることを、わかりにくい言葉で話してくれるだろう。古い二元論は、消滅した文明の果実を何度も生み出した。それは、エジプト王の墓から発掘された古代の穀粒に似ている。それを地に蒔《ま》けば、長い時代の眠りからさめて、ひじょうにおくればせながら、収穫が得られる。

髪と爪の呪術

……神々の祭典に列席しているあいだは、爪を切るな。

ヘシオドス

ゾロアスター教の聖典の全部はのこっていない。そして残存している章句のごく一部は、ペルシアの祭司階級マギ族の書いたものとすることができる。それは、一七の頌詩《しょうし》『ガサ』である。礼拝といけにえの規則は、初期の時代のものである。マギ教の祭儀の書物としては、ほかに讃美歌《さんびか》、日々の祈禱文、そして礼拝文がある。悪魔退散の知識を編集した『ヴェンディダド』という書物は、前五世紀の中ごろ以後に書かれた。この書物は、他の書物よりもいっそう純粋な魔術型式の儀式をふくんでいるから、特別われわれの注意をひく。ゾロアスター教の教理神学は、本来宗教的であるが、魔ものを取り扱っている儀式は魔術的である。二つの実例から、清めの儀式の魔術的な面を示そう。髪と爪に関する儀式はこの節で述べ、ハエの魔ものに関する儀式は次節にゆずろう。

『ヴェンディダド』の第一七章には、爪を切ることと髪を刈ることとについての規則がある。それによると、爪と髪は肉体から離れたとたんに、不潔な住居として邪悪なものに属するという。死者から取った爪と髪のことは、ゾロアスターが王家の人びとを新しい教義に転向させた次第や、彼の生命をねらう陰謀から彼がまぬがれたいきさつを書いた寓話のなかに出ている。その物語によると、廷臣が彼の部屋に、死体から盗みとった爪と髪といっしょに人骨を隠した。魔法のかどで訴えられたゾロアスターは、絞首刑を宣告されたが、同時に王のウマが病気になった。そして四本脚がウマの体内にはいりこんだ。この予言者は、「私を自由の身にしてくれるなら、一本の脚を元どおりにしよう」といった。自由が認められた。すると一本の脚が出てきた。「王よ、もし陛下が私の教義をおうけくださるなら、第二の脚も元どおりにしましょう」と、ゾロアスターはいった。王の改宗後、残る二つの脚も元どおりになった。もっともそれは、王家の他の人や廷臣が、ゾロアスター教徒になってからであった。

魔法使いが故人を呼びだすために使った髪と爪は、肉体の機能から「離れた機能」をもっている。それらは感性をもたず、見たところ死んでいる。しかしそれらは成長する。しかも、肉体の他の部分よりもはるかに急速に成長する。感性がまったくないくせに固有の速度で成長するということから、髪や爪は、人間によりかかって寄生植物のように成長する個体だとする見かたが出てきたのであろう。このような信念に立つと、髪や爪が独立しているということは、不安動揺をひきおこす十分な原因になるだろう。

一、ザラトゥシュトラ（ゾロアスター）がアフラ・マズダ（オルマズド）にたずねた。おおアフラ・マズダよ、この上なく恵みぶかき精霊よ、物質世界の造物者よ、聖なるものよ、人間はダエヴァどもにいけにえを与えて、その有害なる力を増大させるが、なかでもその力を極度に増大させるもっとも凶悪なる所業とは何か。

二、アフラ・マズダは答えた、それは、下界の人間が髪をすいたり、そり落としたり、または爪を切って、それらを穴や割れめに落とすときである。

三、そして正規の儀式に欠けるところがあると認められると、シラミと呼ばれるダエヴァどもが地上に生まれる。彼らは、穀物畑の穀物や衣装戸棚の衣装を食いつくす。

四、それゆえザラトゥシュトラよ、この下界において、なんじがなんじの髪をすき、そり落とし、もしくは爪を切れば、つねに、信者たちから一〇歩、火から二〇歩、水から三〇歩、束ねたバレスマ（聖なる小枝）から四〇歩、ダエヴァどもを遠ざけるであろう。
五、つぎになんじは穴を掘れ。もし地が固ければ一〇指の深さに、地が柔らかければ二〇指の深さに掘れ。そこになんじの髪を落として、つぎのような悪魔退散の言葉を声高に唱えよ。「マズダはあわれにおぼしめされ、植物を成長させたまう」と。
六、ついでなんじは、その穴のまわりに金属の小刀で三本か、六本か、または九本の溝をひけ。そしてアウラ・ヴァイルヤを三度か、六度か、もしくは九度吟じよ。
七、爪については、なんじは家のそとに小指の先の関節の深さの穴を掘り、爪をその穴に落とし、つぎのような悪魔退散の言葉を声高に唱えよ。「言葉は、神聖とよき思想を信じるものから聞かされる」と。

ゾロアスターが髪と爪に関心をもったことは、これを賢者が信じるに値しない迷信とみなす多くの人びとに、皮肉まじりのユーモアを吐かせる十分な余地を与えた。事実おなじような儀式は、古代イラン人よりも文明程度がずっと低い原始部族のあいだに存在している。多くの原始人は、切られた髪や爪を隠したり、神聖な場所においたりする。それからその髪や爪は焼かれるが、これは、妖術師がこれを手に入れて、もとの所有者への呪いに利用することを防ぐためである。

フレーザーによると、こういう部族のあいだでは、人間は髪を刈ったり爪を切ったりすれば、魔法にかけられるという信仰がひろまっているという。原始人のあいだには、戦争捕虜を、その髪を刈りこんだあとで解放するという習慣があったし、今も行なわれている。つまり髪は、戦敗者の今後の行動を保証する「抵当」として保存されるわけである。この場合、どんなに離れた場所からでも、彼らをたやすく罰することができることになる。戦勝者が髪に刑罰を加えると、その髪の所有者もまた苦しむだろう。

ゾロアスター教徒の迷信についてのわれわれの懐疑心は、これに似た多くの迷信が今もなおヨーロッパやアメリカで行なわれていることを知ればうすれるだろう。チリの牧童たちは自分の髪を壁につめこむし、トルコ人も同様なことをする。アルメニア人は、教会や、うつろになった木や円柱のなかに髪を隠す。フランスのヴォージュ山脈付近の農夫は、抜いた歯といっしょに自分の髪をこっそり隠し、復活の日に見つかるようにその地点にしるしをつける。アイルランドのドラムコンラス村では、信望のある一部の人たちは、髪は全能の神によってすべて数えられていることを『聖書』から学んでいて、審判の日に髪を数えあげねばならぬと思っている。ベルギーのリエージュの善良な人びとは、櫛《くし》についた髪を、妖術師の手に渡らぬように注意ぶかく取り除く。

髪と爪が昆虫その他の動物を生みだすというゾロアスターの信念は、彼自身の想像から出たものではない。その信念はイランより古かったし、一六世紀になってもまだ生きつづけた。獣糞《じゅうふん》に埋められた女の髪は、ヘビを生みだすと考えられた。フランスの有名な裁判官アンリ・ボゲは、一六〇三年に出版した妖術の本のなかで、朽ちた杖《つえ》はヘビに変わることができるという聖トマスの意見を想起している。パラケルススが、「何ものも精液なくしては存在しない（Nihil est sine spermate）」と言明したが、この古い信念は、ライプニッツやニュートンの時代まで生きつづけた。こんにちでも、ブルターニュの人びとは、昆虫の自然発生は可能だといっている。風ではこび去られた髪はハエを生みだす、と彼らは考えている。

ヘビ、ナンキンムシ、カエル、シラミ、ハエなどは、精液ではなく腐敗によって再生する不完全な動物だと考えられた。これは、それらの動物が地獄の神々と関係のあったことを意味している。ゾロアスターによれば、それらはアーリマンによって創造されたという。なぜなら、オルマズドからは何一つ不完全なものは引き出せなかったからである。キリスト教では、不完全は悪魔のせいにされた。民間の伝承では、悪魔はけっして完全な人間の姿で現われることはできず、びっこをひいたり、ウマのひづめをもっていたりして、その本性を暴露するものだと警告している。サタンは、アーリマンのように不完全な動物の首領であった。だから彼は、自分の帰依者には友情のしるしとして銀色のシラミを与えたではないか。

髪と爪はとくに腐敗に敏感であるという信念には、ひじょうに不可解な点がある。というのも、墓のなかで髪と爪は、腐敗していく死体とは無関係にしばらくは「生き」つづけるという、現実的な反証があるからである。

キリスト教も、ゾロアスター教のように、髪と地獄を互いに関連づけた。信心ぶかいユダヤ人も、爪については同じように考えている。そしてその信念のため、彼らはできるだけ短く爪を切っている。彼らによれば、爪は悪の住み家であり、からだのなかで神に奉仕できないただ一つの部分だという。マダガスカル島には、これに類似した信仰が現存している。そこの土着人は、切らない指の爪の下には悪魔が巣くうと考えている。

パラケルススによれば、「魔女は、サタンととりかわした契約の手付けとして、サタンに自分の髪を与える。しかしこの邪悪なサタンは、それを小さく切って蒸気と混ぜ、それから霰《あられ》をつくる。だから、ふつう霰のなかには、小さな髪の毛が見つかるということになる」。魔女の迫害者たちは、髪は悪魔の呪文のかっこうの隠れ家だという確信をもっていた。そこで、容疑をうけた魔女は、拷問室に連れていかれる前に、髪を全部切り取られた。こうして、多くの魔女は拷問をうける前に自白した。フランスの法律学者ジャン・ボーダン（一五三〇―九六年）は、このような実例としてつぎのことを記録している。一四八五年に、北イタリアで四〇人の魔女が、この処置をうけたのち、いっせいに悪事を自供した。この習慣を弁護するために、彼は、ドミティアヌス帝がテュアナのアポッロニオスを魔法のかどで逮捕したときに同様な処置をとったことを述べて、われわれの注意を喚起している。

最近〔第二次大戦後〕、自由フランスで、ドイツ人と関係した女たちが、愛国者の鋏《はさみ》で頭髪を切り落とされるという気味わるい事件がおこった。ところがこの事件も、同様に原始的な呪術にまで跡づけることができそうである。それは、禁忌《タブー》の人物に行なわれる清めの儀式であって、彼女らの髪は、フランスが侵略者に課した禁忌《タブー》の病毒に感染していたのである。

ハエ魔の追放

「ネズミ、さてはまたハツカネズミ、ハエとナンキンムシ、カエルとシラミの主……」

ゲーテ『ファウスト』

こんにちわれわれが知っているハエは、始末におえぬ生物である。ハエは、いたるところにまき散らされた腐敗から生まれ、病気を運び、食物をよごす。東洋に旅した人ならだれでも、ハエがどれほどひどい惨禍をおよぼしているかを、ご存じであろう。ゾロアスター教の魔神論では、ハエは女魔ナスに仕立てられ、不潔や腐敗や衰微を具現し、好んで死者を食べるものとされた。ナスは、「死体を食うイヌや鳥」——彼らはオルマズドの慈悲ぶかい創造物で、その一瞥で魔ものを追いはらうことができる——にやっつけられる。いまわしいハエの姿に変装したこの魔ものを、イヌや鳥に見つめさせると、魔ものは死体から追い出される。これは、だれかが死体に触れる前に行なわなければならない儀式の一つである。このタブーを破れば、複雑な清めの儀式を必要とする。それはバラシュヌムと呼ばれ、不浄者が九日間行なわなければならぬ儀式である。

「マズダの崇拝者に、地中に三つの穴を掘らせ、それから、水でなくゴメズ（雄ウシの尿）で彼の身体を洗わせよ。ついで、私のイヌをもち上げて連れてこさせよ。ただし、イヌは人間の前方にかかえて連れてくること」。

これは三回行なわれる。そして三度目には、不浄者はゴメズでなく水で洗うことになる。

「彼に、はじめは手を洗わせよ。もし手を洗わなければ、彼は自分のからだ全部を不潔にしてしまう。彼が手を三度洗えば、おんみは彼の前頭部に水をふりかけよ」。

この清めの水が、頭のあちこちに女魔ナスを跳びはねさせ、頭から胸へと追いやる。つぎつぎと、繰りかえし行なわれる念入りな儀式で、からだの各部に聖水がかけられ、こうしてこの女魔を地上に追いやる。すなわち、右肩から左肩へ、右の腋《わき》の下から左の腋の下へ、胸の上、背中の上などへ。そしてとうとう彼女は、足の裏に追いやられる。「そこでは、彼女はハエの羽のようにみえる」。足の裏から、ついにドルジュ・ナスは彼女の最後の要塞である爪先へ追いやられてしまう。

「彼に、かかとを地におしつけ、右の爪先を上げさせよ。おんみが彼の右の爪先に水をふりかければ、ドルジュ・ナスは左の爪先へ突進する。おんみが左の爪先に水をふりかければ、ドルジュ・ナスは、怒れるハエの姿となって、ひざと尾を突きだし、全身をよごし、不潔きわまるフラフトストラ（魔獣）のごとくなって、北国に飛び去る。

そしておんみは声高に、悪鬼退治に効験あらたかなつぎのような言葉を口にせよ。主のおぼしめしは、神聖なる法なり。……おお、マズダよ、私の庇護に、主はだれを任じたまいしか……悪鬼の憎しみが私をとらえているあいだに……主の法令を維持するため、だれが悪鬼を打ちこらすのか。……消え去れ、おお、悪鬼のドルジュよ！　消え去れ、おお、悪鬼のやからよ！……消え去れ、おお、ドルジュよ！　北の地に消え去り、聖霊の生ける世界に、断じて死をもたらすな！」

ゾロアスター教のこの清めの儀式と、カトリック教で魔ものにとりつかれた個人の魔よけをする儀式とは、とても類似している。一五八二年にJ・メンゴは『魔ものへの鞭《むち》』を出版したが、そのなかでこの難問をあつかっている。このめずらしい著作は、おくればせながら（一七〇九年）教皇の禁書目録に加えられた。当時まで、魔よけをする司祭は、メンゴの論文がすすめているような儀式を用いたらしい。この論文では、ゾロアスターが自分の儀式のために規定している執行次第のように、魔ものにとりつかれた人を聖水で洗うことをしばしばすすめている。バラシュヌムの場合と同様、魔ものは整然と人体のあらゆる部分から追い出される。メンゴの時代には、解剖学はイランの予言者の時代よりもよく知られていたので、解剖学的な人体各部の列挙は、ずっと完全である。そのため、儀式はますます複雑になっている。魔よけ式の終りで、患者は、聖水と他の液との混合液のなかで沐浴《もくよく》させられる。それは「医薬では見込みの立たないある悪性の病気と、魔法にかかったものの髪のなかに隠れているある魔力とを、患者からなくするため」であった。

東洋の他の人びとも、ハエの疫病を防ぐために超自然的な力にたよった。カナン人はベールゼブブを崇拝し、その神殿はけっして不潔な昆虫に汚されることはなかった。ベールゼブブとは、「ハエの主」という意味である（図9）。ヘブライ人は、ベールゼブブを魔王と呼んだ（『マタイ伝』第一二章二四、『ルカ』第一一章一五）。パリサイ人は、ベールゼブブの助けで他の友人たちを追い

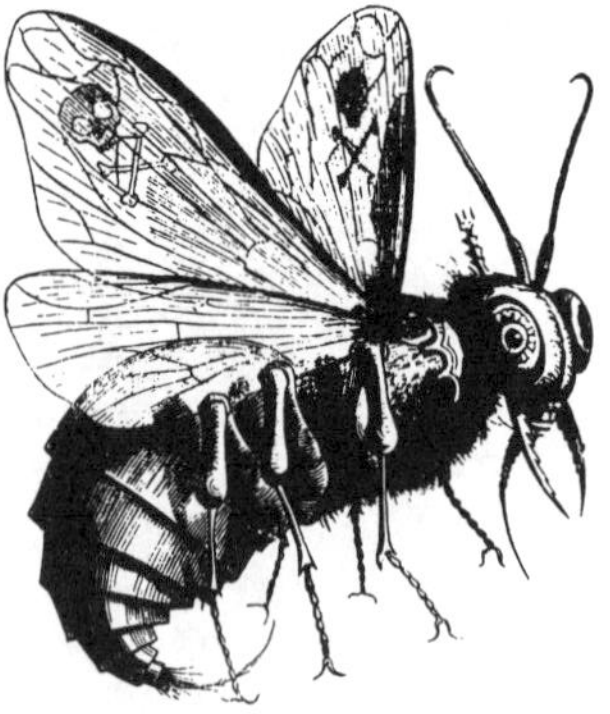

図9　ベールゼブブ

出したとして、イエスを責めた。

ベールゼブブは、西洋の神学者や魔神論者にはよく知られていた。フランス国王の最初の顧問官で、この方面の専門家のP・ロアイエ（一五五〇―一六三四年）は、ラン市で魔ものにとりつかれた一婦人のことを述べている。正しく魔よけが行なわれたので、ベールゼブブはその婦人の口からハエの姿になって脱出した。「これは、公証人や多くの名士たちによって十分証言されている。ゆえに、だれもこの出来事を疑うことはできない」と彼はいっている。

キリスト教会では、多くの人から、ベールゼブブは暗黒の帝国の君主だと信じられている。彼の威光は、他のハエ魔どもを生んだ。すなわち、イングランドの魔女に乳で育てられた小悪魔どもや、ロンバルディア王のクニベルトを刺した大きなハエである。ロンバルディア王の事件がおこったのは、王が自分に反抗した二人の貴族を宮廷から除くにはどうすればよいかと、腹臣たちと話しあっているときだった。廷臣がハエのあとを追ったが、脚を切り落としただけだった。そのあと、二人の貴族のところへ疲れきった一本足の男が近づいて、王の怒りを警告した。そこで彼ら二人は、逃げることができた。

ヘブライ

エホヴァの勇士たち

バビロニア人やアッシリア人に支配されたティグリス＝ユーフラテス河の流域には、善魔や悪魔の群れを軽蔑する人びとが住んでいた。彼らは、見せびらかしの、空虚な、恐怖心をよびおこす偶像に反対した。そして、ただ一つの神を崇拝した。それは、像として存在するのでなく、目に見えず、全能で、物質世界を支配する精神的神格であった。前八世紀に、もっともすぐれたユダヤ人たちがアッシリアに移送された。そこでアッシリア人は、異国の神々をイェルサレムにおしつけた。前六〇五年には、バビロンがふたたび立ち上がって、新しいカルデア世界帝国を樹立した。そして、ネブカドネザル王は、さらに多くのユダヤ人をユーフラテス流域に追放した。ついで、パレスティナの住民が反逆をつづけたので、もっと多くのユダヤ人がカルデアに移送された。残ったヘブライ人たちは、イェルサレムでバビロニア人の知事を殺害し、王の復讐をおそれてエジプトに逃げた。

これらメソポタミアの王たちは、おそらくこの被征服民は王国の住民にとけこむだろうと考えた。しかし、この頑固な少数民族は、その個性を維持しつつ、異国ふうなやりかたに対して自己の立場を固守した。

　おそらく、捕虜たちのあいだに生じた罪悪感は、一時的に道義をひきしめたであろう。なぜなら、異教徒の地への追放は、きっと、エホヴァがその民の過去のけがれを罰するためになされたのだ、と彼らは考えたからである。最大のけがれは、偶像崇拝と魔術を行なった点にあった。ヘブライの予言者たちは、聖なる地はもはやこの醜行に堪えないだろう、冒瀆の住民を吐きだすであろう、と繰りかえし警告した。

図10　ベールフェゴル

いつわりの神々は、運命の前に無力さを証明した。どの神も、パレスティナの荒廃を防がなかった。分散させられたユダヤ人たちは、いまや恥じらいながら反省し、これらの信頼できぬ神々に愛想をつかした。

　彼らは、ベールセフォンを崇拝することをエジプト人から学んでいた。伝説によれば、その外観は雌ウマまたはイヌに似ていた――そして占星術の規則にしたがってつくられたものだった。

　アムモン人の不純なベールフェゴルは、穴や岩の割れめに住んでいた。そして『出エジプト記』の時代、ユダヤ人は、シッティムの女たちにそそのかされて、ふしだらにもベールフェゴルの偶像（図10）にいけにえを捧げていた。道徳的な純潔は、ベールフェゴルのとるところではなかった。そこでホゼアは、彼の破滅の力に抗議した。

ゆえに、なんじの娘らは売春をなし、
なんじの息子らの妻は姦通をおかす。
私は、なんじの娘らが売春をしているときも罰しはすまい。
また、なんじの息子らの妻が姦通しているときも罰しはすまい。
なぜなら、彼女らは売春婦らと行動をともにし、
神殿の売笑婦らとともに身を捧げるからである。
明察のないやからは、滅びいかねばならぬからである……

ユダヤ人はまた、ペリシテ人の女神、人魚のダゴン*を崇拝した。彼女の巨大な銅像は、美しい女性の姿をしており、そのからだは、シリアの女神デルケトやアスカロンのディルケのように、その下部が巨大な魚の尾になっている（図11）。

＊　ダゴンを女神と解釈したのは、アタナシウス・キルヒャー（一六五二年）にしたがったが、元来は男神とみなされていた。

つぎに、バビロニアの女神スッコト・ベノトがいた。伝説によれば、彼女はひないを連れた雌鶏として表わされた。古いマケドニア人の神アシマは雄ヒツジの姿をしていたし、アナメレクはウ

マの姿を、サマリア人のネルガルは雄鶏の姿をしていた。アスカロンでは、ベールゼブブの像はハエであった。イスラエル王アカズは、病気をなおしてもらおうとして彼を呼びにやったが、むだだった。

図11　女神ダゴン

図12　モロク

うす気味わるい神は、子どもをう呑みにするアムモンのモロクであった。すべての偶像のうち、彼だけがイェルサレムに神殿をもたなかった。堕落がその極に達した時代でも、彼は聖なる都にはいろうとはしなかった。彼の鉄の像は、ヒンノムの谷に隠されていた。彼は、その帰依者たちが堕落するのを放任し、彼らの破滅を喜んだ。モロクはヘブライ語のメレク、すなわち王に相当する。彼を祭る目的は、もともと王の健康と長命を得るためであった。そして王は、人民の利益、とくに豊作を得るために、その魔力を使うことを期待されていた。しかし、モロクの代価はあまりにも高価すぎた。人びとは、彼を喜ばすために自分の子どもを火あぶりにした。犠牲者の生命をたらふく呑みこんだモロクは、ヒンノムに君臨した。シンバルやトランペットや太鼓が野卑な騒音をがなりたて、モロクの犠牲者の叫び声をかき消した（図12）。

ユダヤ人は、このような古い崇拝に心をひかれたり復帰したりしたにもかかわらず、古代民族のあいだでは例外的な民族だった。分別のある予言者たちがたびたび立ち上がって、神と交わしたむかしの契約をユダヤ人に思いおこさせた。そして不幸と迫害に見舞われたときには、ユダヤ人たちは一つの神を思い出し、悲境のうちに「嫉妬ぶかい神」のきびしく正しい手を認めた。不幸の概念については、ユダヤ人は近隣の諸民族とは違っていた。近隣の諸民族は、不幸は悪の力から生じるもので、悪をやりこめる一切の呪術が失敗に終われば、その力と妥協しなければならぬ、と信じていた。

こんにちわれわれは、唯一神の観念がけっしてイスラエルだけのものでなかったことを知っている。またこの選ばれた民族は、一神教を考えた最初の民族だと主張することもできない。われわれは、一神教が若い君主アメンホテプ四世のもとで、エジプトの国家宗教になったことを知っている。彼は、古い神々を廃したと宣言し(前一三七五年)、神官の反対をおさえて、唯一神アトンの宗教を強制した。アトンという名は、ヘブライではアドナイ(主)という名で存続したらしい。アトン神は、どんな像も容赦しなかった。太陽の円盤が、彼の唯一の象徴だった。アメンホテプはまた、新しい礼拝とともに自分の名をイクナトンと変え、一切の魔術的儀式をともなう死者への礼拝を廃止した。だがアトン神の礼拝は、短命だった。この宗教改革の王は、前一三五八年に死に、その後まもなくアトン神は廃止された。彫像を好む人びとには、アトン神はまったく人気がなかったのである。

隣接する諸民族は、友であれ敵であれ、お互いから学び、彼らのあいだに思想の交換が生まれるものである。その結果、よかれ悪しかれ、彼らはつながりをもつようになる。流刑のユダヤ人たちは、頑固に抵抗したにもかかわらず、外国の影響に逆らうことはできなかった。もしも外典『トビア書』が信頼できるとすれば、ニネヴェのユダヤ人たちは、隔離された社会におしこめられていたのではなかった。多くのものが顕職と富を獲得した。シャルマネゼル五世(前七二七―前七二二年在位)の仕入係だったトビアは、公用でメディアに旅したが、西アジアのその他の国々も訪れたようである。シャルマネゼルのつぎのエッサルハッドン王は、エジプトの征服者であるが、この王のもとでトビアの息子が、王国の一切の会計をあずかる財務長官になった。

多くのユダヤ人が故国を忘れてしまったなかで、自分たちの信仰をしっかりと守っていたのは、おそらくほんの少数であったろう。そこでトビアは、つぎのように不満を述べることができたのである。「私の兄弟や親戚は、みな異教徒の食物を食べた。だが私は、それを差し控えた。それは、私が真心から神を忘れていないからだ」と。

パレスティナに残っていたものたちでさえ、アッシリア＝バビロニアの影響に逆らうことはほとんどできなかった。われわれは、エゼキエル（前六世紀）の憤りの書『エゼキエル書』から、イスラエルが、勝利者のさまざまな信仰をうけ入れて数かぎりない堕落に陥ったことを知っている。わずかの例外はあるが、イェルサレムの神殿にもちこまれた異国の宗教や魔術の実際に、人びとは魅せられた。「見よ、もろもろの爬虫類と憎むべき獣のかたちが、イスラエルの家のもろもろの偶像とともにありき」。そして神殿の北の門では、「見よ、ここに女ども座してタムムズのために泣けり」。さらに大きな神聖冒瀆がみられた。「廊と壇のあいだに二五人ばかりの人、その背をエホヴァの宮にむけ、顔を東にむけ、太陽の前に身をかがめおる」。

メソポタミア人の神々やペルシア人の祭儀――それらはひどく嫌われていた――が、至聖所に侵入した。そして門前では、かん高い笛や悲しげな横笛が、古代の神タムムズのために奏されていた。この神はそのむかしシュメル人がドゥム＝ジ（真の子）として崇拝していたものである。シュメル人は、ヘブライ人にタムムズを与えた。タムムズはイシュタルという、大母神で生産力の具現者であり、かつ女性の本源をなす女神の若い恋人になった。イシュタルは、アスタルテやキュベレやアフロディテやイシスのように、生命と成長の容器であった。男神タムムズが死んで地獄におりたとき、全女性は嘆き悲しんだ。イシュタルは死んだ恋人のあとを追って、地獄の神から彼をむりやりに取りもどした。タムムズは、すべての生命のために生きかえる。この両者が月の光のもとに帰ると、自然は喜び、イシュタルの地獄への旅のあいだ停止していた植物の活動が新たに始まった。

太古から、イシュタルは西アジアの婦人や乙女たちに尊敬されていた。この女神の生産力を刺激するための魔術的な慣習には、売笑の形式をとった古来の祭儀が付随した。このしきたりを跡づけていくと、結婚というものがまだ知られていない時代か、それとも、結婚が古い公共の権利を犯すものとして禁じられていた時代にまでさかのぼるだろう。女神イシュタルは不貞であって結婚しないと考えられ、イスラエルでは誠実な信者に嫌悪されていた。

ユダヤ人は、多くの危機や堕落をへて、タムムズ礼拝のような種々の古くて廃れた礼拝をするようになった。そしてそれらが新しい要素を借りて、一神論的宗教に仕立てられた。

ダニエルとエゼキエルの思想は、完全にペルシア的な性格である。そしてトビアが、息子の嫁になったサラというメディアのユダヤ女について述べている物語は、まったくペルシアふうの趣きがある。サラは、悪魔アシュマダイ（アスモデウス）にとりつかれた。この悪魔は、彼女の婚約者を七人殺してしまっていた。アシュマダイを追いはらわなければならない。このために、香料に魚の心臓と肝臓を混ぜて、火口の上においた。「そして魔ものがその煙をかぐと、上エジプトの果てまで遁走し、天使ラファエルがそこでかれを縛った」。

ゾロアスター教に属するマギ教がおこったのち、イスラエルは、圧制者たちの崩壊を目撃した。それは、前六世紀の中ごろにメソポタミア人の権力が粉砕され、ペルシア人がバビロンに乗りこんだときである。四万のユダヤ人が、いまや荒廃し略奪されたイェルサレムに帰ってきた。ユダヤ人はその政治的敗北を通じて、現世の事物は安定しているという信仰を失った。神の王国は、地上にはなかった。パレスティナは、強力な帝国の軍隊が行進する交差点であることを、彼らは認識した。メシアの降臨だけが、彼らをその政治的な不幸から解放することができた。彼らはゾロアスター教徒のように、死後にきたるべき生活に心を奪われた。——それは、モーゼの古い宗教では知られていなかったものである。彼らは、自分たちの望みのない闘争に終止符を打ってくれる天の王国が確立されることを待ち望んだ。

『聖書』のなかの魔術

『聖書』は魔術というものを、だれもその存在を疑わぬものとして述べている。ここでは、魔術は実在である。隠秘的なものがひろく非難されるのは、その魔術的な作用が詐欺に利用されはしないかという疑いからではない。禁じられていることにふけったり、神聖な教えを冒瀆したりして、魔術が道徳的にも社会的にも有害だからである。

『聖書』は、神を、人類にたいする裁判権をもつ統治者として認識している。なるほど信心や善行は、神に好意的に働きかけはするが、人間の運命は、けっきょく神の手中にある。神が善人を打つからといって、それを不正といってはならない。なぜなら神の意向は、人間の理解を超えて測り知れぬものだからである。

モーゼの宗教もキリスト教と同様に、魔術にたいし、神の力に不法に手出しをするものとして反対した。しかし、その宗教自体が魔術から成長したものであるから、儀式にふくまれている多くの要素が魔術的な起源をもっていることは、ほとんど否定できない。『聖書』にある奇跡は、『聖書』に記録されている魔術のふしぎと全然ちがってはいない。その差は、前者はエホヴァの意志と助力によって行なわれ、後者は邪悪なものの助けによって生まれる。

ファラオの宮廷にいた魔法使いのヤンネスとマムブレスは、モーゼの奇跡の多くを模倣することができる人物で、杖をヘビに変えたり、カエルの大群を魔法で呼びだしたりした。「神のサル」である悪魔が、彼らに予言者の神聖な奇跡を真似ることを教えた。しかしながら、悪魔の力には限度がある。魔法使いは、カエルを生みだすことはできたが、それをふたたび消してしまうことは、彼らの知恵ではおよびもつかない。このようにして『聖書』は、奇跡と妖術のふしぎとを区別している。ファラオの宮廷の見物者たちは、モーゼのことを、単に腕のいい魔術師ぐらいにしかみなさなかったにちがいない。

大祖ヤコブは、間違いなく魔術だと思われることを行なっている。ヤコブとその義父のラバンとは、ヤギの群れを分割したとき、相談の結果、ラバンが斑点のないヤギを所有し、斑点のあるヤギはすべてヤコブのものにすることになった。「ここにヤコブ、ポプラとアーモンドとスズカケの青枝をとりて皮をはぎて白紋理《しろすじ》をつくり、その皮はぎたる枝を、群れのきたりて飲むところの水槽の溝に立てて群れにむかわしめたり」。ヤギたちはうまく交接した。そして「群れは枝の前にて孕《はら》みて、斑入《ふ》りのもの、斑駁《ぶち》なるもの、斑点《まだら》なるものを産みたり」。

ヤコブは、「類似は類似を生む」という魔術の原理にしたがって、縞のある枝を使ったのである。そして、縞のある枝が動物の肌に縞をつくったわけである。彼は、神の干渉によって自分の富を得たのではなかった。ヤコブのヤギに斑点をつくったのは奇跡によってではなく、彼が魔術を知っていたからだった。

『聖書』の物語によると、ヨセフは水占いをしたという。つまり、水を見つめることによって、隠された事物を発見しようとした。彼の兄弟たちが、穀物袋をもってエジプトの地を去ろうとしたとき、ヨセフはベンヤミンの袋に、銀の足つきコップを隠しもたせた。この容器は飲むためばかりではなかった。「げに彼は、これを占いに用いたり」と、『聖書』は述べている。水占いをすることは、ヨセフの時代にはひろく行なわれていたにちがいない。彼はそれについて、エジプト人だけでなくヘブライ人にもよく知られているものとして語っている。「なんじら、われのごとき人はよく占いうるものなるを知らずや」。

モーゼは、自分の民をヘビの災厄から解放するために、荒野に一匹のヘビの影像を建てた。この影像は、護符の性格を帯びていて、種々の邪悪を防ぐために用いられた。魔術の概念にしたがえば、類似は類似を生むばかりでなく、また類似をなだめもする。トゥールのグレゴアール（五三八—五九四年）は、パリ人が橋をつくるために開鑿《かいさく》したさい、意味のわからぬ奇妙なメダルを発見したいきさつを語っている。これらの魔術めいたメダルの一つにはネズミが描かれ、もう一つにはヘビが、そして第三のものには炎が描かれていた。彼によると、これらの護符が失われたり破壊されると、それ以来パリは、以前になかったネズミとヘビと大火の三つの災厄を知るようになったという。リシュリューの学識ある司書だった秘術師ジャック・ガッファレル（一六〇一―八一年）の報告によると、モハメッド二世がコンスタンティノープルを占領しているとき、たまたま青銅のヘビのあごがこわれた。この像は護符としての効力をもっていたので、このとき以来、この都市にヘビがものすごい勢いで繁殖し始めたという。

ガッファレルはまた、モーゼのヘビについても述べているが、それは銅製だったから魔術的な像ではなかった、と断言している。そして彼によれば、その像を見るとヘビのかみ傷を悪化させるという。モーゼがこの彫像を銅でつくったのは、これが護符ではなくて、むしろその効果に魔術的というより神聖な働きのあったことを自分の民族に確信させるためだったにちがいない、とガッファレルは論じている。この議論は、いささか根拠が薄弱のようである。

『民数紀略』のなかには、魔術的なものとみなさなければならぬような慣習が見出される。なぜなら、そこでは、単に神の裁断を求めて祈るだけでなく、その裁断を獲得することを主張しているからである。妻の不貞を疑っている嫉妬ぶかい夫は、妻を祭司の前に連れていく。いくつかの儀式をしたのち、祭司はその女を近くに進ませて「エホヴァの前に立たせ、頭の髪を解く」ことを命じる。それから祭司は、清めた水を土器の水差しにそそぎ、さらに諸儀式をしたあとで、彼女にそれを飲むように命じる。「その水をこれに飲ましめたるときは、もし彼女その身をけがし、夫に罪を犯したることあるにおいては、呪《のろ》いをもたらす水、彼女のうちに入りて、にがくなり、その腹ふくれ、その腿《もも》やせて、おのれはその民の指して呪うものとならん。されど、彼女もしその身をけがせしことあらずして、潔からば、害をうけずしてよく子を産まん」。

ユダヤ人の祭儀で規定されたもう一つの慣習は、悪は動物のなかに追い払われるという信仰からおこった。『新約聖書』で、イエスは、「日夜、墓のうちにて悲鳴をあげ、おのが身を石もて切りつくる」、魔ものにつかれた人を救っている。メシアは、このような暗黒の息子たちを追いだすのだが、すると彼らは、ブタの群れに突入するのである。

ひじょうに古い儀式が、この信仰に関連していた。ヘブライ人が、聖櫃《せいひつ》の祝いとその喜びにふける前に、清めの儀式が贖罪《しょくざい》の日に先立って行なわれねばならなかった。高位の聖職者が二匹の雄ヤギについてくじを引き、一匹はエホヴァに、他の一匹はアザゼルにあてがった。人びとは、通常のとおり主のヤギは捧げたが、アザゼルのほうの身代りヤギは、イスラエルの罪を背負って荒野に送りこんだ。エル（el）すなわち神を意味する語尾は、以前はアザゼル（Azazel）が神であったことを暗示している。たぶん、原始セム族の地方神だったのだろう。神の身を解かれたアザゼルは、不浄なものとして荒野に追放された。人びとは彼を軽蔑の対象とし、自分たちの悪行を彼にかぶせてわが身を清めた（図13）。

図13　アザゼル

イスラエルでは、魔術のあらゆるしきたりのうちで、未来と隠された事物を占うことは、もっとも根づよく行なわれていた。ラケルの父、シリア人のラバンが家庭の守護神テラピムを所有していたことは、

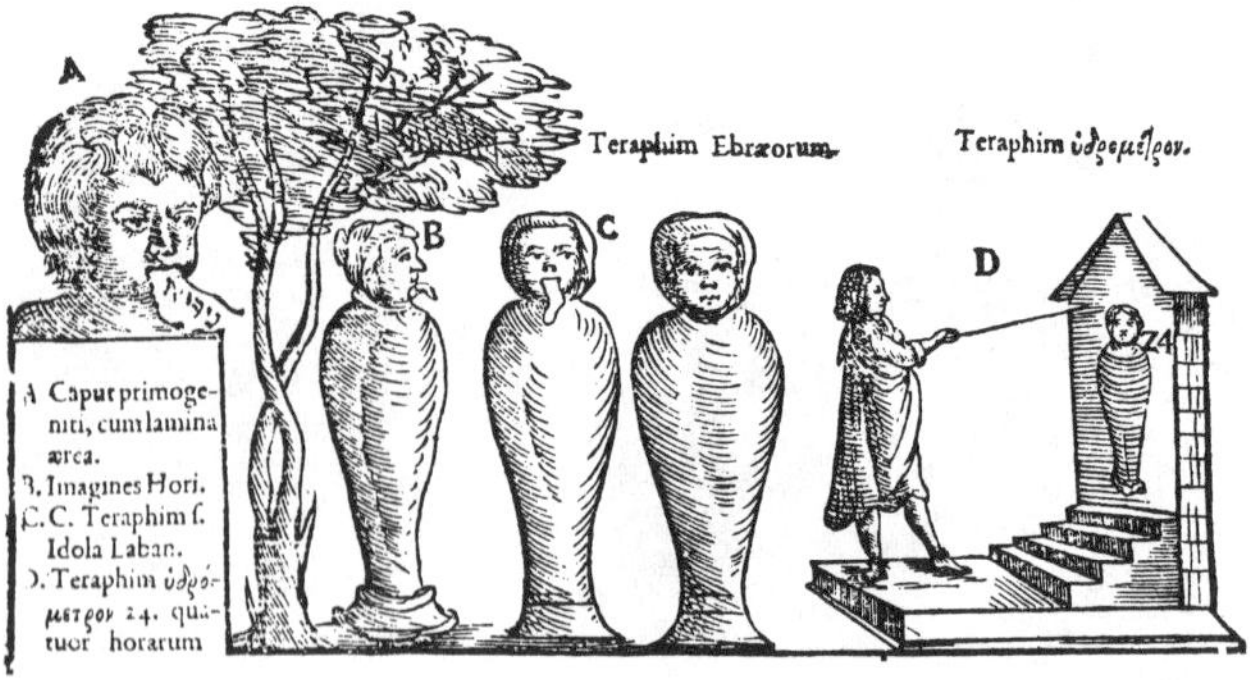

図14　テラピム

『聖書』に書かれている。ラケルがヤコブと父の家から出奔したとき、彼女はテラピムの偶像をもって出た。この偶像の信頼できることを、彼女は子どものころ教えこまれていた。彼女の単純な信仰からすると、テラピムが自分たちの逃げる行く先をラバンに告げはしないかと心配だった。そしてラバンが神託の助けによらないで、この二人に追いついたとき、ラケルは、テラピムをスカートの下に隠して手離すまいと決心した。この偶像は、ラケルにとっては、外界にあってはなしですませられぬ唯一の彼女の家財だった（図14）。

この牧人のもつ信仰の遺風は、イスラエルの通俗な魔法のなかにはいりこんだ。テラピムにどういう質問が発せられ、またテラピムがどういう返事をしたか、われわれにはわからない。しかし、ローマの守護神ラルのように、テラピムはイスラエルの多くの家庭に見出されるようになった。予言者ゼカリアが「テラピムは役に立たない返事をしている」と論じたが、そうではなかった。

神に質問することは、それが神殿内でなされるときは、有益で合法的なことがらだった。国家の重要事件については、前もってエポドの神託によって神意を見出さなければならなかった。高位の聖職者は、縞メノウ石をはめこんだ肩あてと金の刺繍をした織物地の腰帯をまとった。また、エポドと呼ばれる上衣の上に、一二個の宝石からなるウリムとトゥムミムをつけた四角い胸あてを着た。そしてこの一二個の宝石をとおして、エホヴァは話しかけた――戦時には戦略的な忠告を与え、違犯者を指摘し、将来きたるべきことがらを予言した。しかし神はしばしば、忠告をひかえることがあった。神は怒ると、不敬なやからの援助を拒否することがめずらしくなかった。そのような場合、絶望した王たちは、占い師にたよった。ところがこの占い師は、「託宣や占いの精をもつ男または女は、人を死に瀕せしむれば殺さるべし」という法律によれば、死罪に値する連中だった。

サウル王は、エポドが無言のままでいるときは、降神術にたよった。彼は、致命的な傷を負うことになった戦闘について、あらかじめ知りたかった。彼は数人の信用のおける男とともに夜こっそり抜け出し、エンドルの魔女を訪れた。「請う、わがために口寄せの術を行ないて、わがなんじにいう人をわれに呼びおこせ……」と彼はいった。魔女は、「だれをわれなんじに呼びおこすべきか」といった。「サムエルを呼びおこせ」と彼はいった。すると、サムエルの精霊が地から上ってきた……「外套に身をつつんだ一人の老人」が。その老人は、せまりくる死におびえている王とむかいあった（図15）。

これは、不安な王をこわがらせるために神が送ったほんとうのサムエルだったのだろうか。それとも、地獄からきた幽霊だったのだろうか。この問題はくりかえし論争されたが、『聖書』の

図15　サウル王の前に現われたサムエルの精霊

なかでは解答されていない。

サウル王はつねに、自分の王国内の妖術や魔法と戦っていた。だが彼は、他のヘブライの支配者たちよりも迷信的だった。あまりにしばしば、彼はエポドの神託に伺いをたてたので、主は彼の質問にあきあきされた。彼の有徳な継承者ダビデも、これらの魔術的な信仰を除くことはできなかった。王国に旱魃が襲い、植物に枯凋《こちょう》病が発生したとき、ダビデがエポドにお伺いすると、神託はサウルを非難した。サウルはすでに永眠しており、怒りたった空腹の民衆の手にはとどかぬところにいた。しかし、サウルの息子の多くはまだ生きていた。ダビデは、そのうちの七人を捜し出すように命じた。春の大ムギの収穫のはじめに、「彼らをエホヴァの前にて絞罪に処した」。ついに秋の雨が降って、日焼けした地上にも彼らの死体の上にも降りそそぐと、その骨が集められ、先祖の墓にあつく葬られた。サウル王の子孫は、雨を呼ぶ魔力として用いられたのである。これらの王子の肉体や骨のなかに潜む魔力は、ダビデの予想どおり、有効であることが証明されたわけである。中世には、妖術師たちは同じ目的に骨を用い、雨や嵐を呼び出した。彼らは、死者の骨を正しく処理すれば雨が降るという古い信仰を永続させた。

ユダの一三代目の王マナセは、極悪非道の占いを奨励したといわれている。「マナセは、罪なきものの血を多く流して、イェルサレムのこの極《はて》よりかの極にまで満たせり」。この選民の王は、虐殺された人びとのぴくぴくと鼓動する内臓のなかに、善と悪との予言を見た。

偉大にして伝説的なソロモンでさえ、つねに主の命令によって行動したとはかぎらない。老年になって彼は、父祖の神をしりぞけ、みだらなエリリムを崇拝した。彼は後宮に、生地の神々を崇拝する異国の女を集めた。そして聖なる都に、あらゆる宗派の神殿を建てた。彼の神学的、魔神論的な知恵は、伝説的になっている。彼は、自分の魔法のランプと有名な印章とをもって、地獄の精霊を指揮することができた。ソロモンに関する無数の伝説は、東方のいたるところに散在している。彼の王座は象牙ででき、側面には、二匹のライオンとその上にワシが彫られていた。彼が近づくと、ライオンは吠え、ワシはソロモンの神々しい頭上で翼をひろげるのだった。しかしながら、あれやこれやのふしぎな物語は、ソロモンの治世の後にイェルサレムが、魔法と宗教の面で混乱に陥ったという事実を裏書きするものにほかならない。『聖書』は、ソロモンの富と壮麗さや、彼の知恵、ウマや戦車についてはひじょうに雄弁に書きたてているが、いったいソロモンが唯一のエホヴァの信仰に復帰したかどうかという疑問には、なんの解答もしていない。

エジプト

スフィンクス

スフィンクス「私は昨日の子だ。双子のライオン神が私を生んだ」

『死者の書』

ギゼーの近く、波打つ砂漠のなかに、三つの巨大なピラミッドが建っている。三人の王——クフ、カフラ、メンカウラ——の墳墓である。ピラミッドのふもとには、スフィンクスがその爪を死者の町にまで伸ばしてうずくまり、その中に集められた魔術の秘密を見張っている。

「ピラミッドの手前には、スフィンクスといういっそうふしぎな芸術品がある。そこには沈黙の呪文が、まるで神のように安息している」とプリニウスはいう。

スフィンクスは、沈黙をおしつける。一三世紀のアラブ人の著作家アブド・アル＝ラティフは、「この記念物について一言の記述もなかった真の理由は、それがかもしだす恐怖であった」と、語っている。その当時は、まだ顔も姿も美しかった。そしてその口は、アブド・アル＝ラティフによれば、「まるでほほえんでいるようで、やさしく美しい印象」をたたえていた。赤いニスで光り輝く巨大な頭部は、そのころはまだ変色していなかった。アラブ人は、スフィンクスをアブル＝ハウル（恐怖の父）と名づけた。

前一四世紀には、すでにこの巨人は移り動く砂のなかに埋まっていたと、その胸に立てかけた板石に書かれている。そのときまでに、スフィンクスはすでに齢を超え、その起源は伝説のなかにかすんでいた。

前一四〇〇年ごろ、一人の王子（後のトゥトメス四世）が、半分埋もれたスフィンクスの陰で昼寝をしていた。彼は、今しがたまで、付近で槍を投げたり狩りをしたりしていた。そして時間がきたので従者たちに休息をゆるした。彼はただひとり真昼のさびしい場所で、花の種子をホルス神に捧げて祈った。「この世の初めよりここに横たわれる偉大なる魔法のために」。すると太陽神（そのころ、スフィンクスは太陽神の像だと信じられていた）が王子の夢のなかに現われ、父が息子に話すように、彼に話しかけた。神は、王子が王位を継承して長い幸福な治世をすごすだろうと約束したのち、スフィンクスの上の砂を除くようにとうながした。「もしなんじがわが衷心より望みしことをなさんと約束せば、なんじはわが息子となり助力者とならん」。のちに、この王子が彼の予期に反して王位につかせられたとき、この夢のことを思い出し、神の意志にしたがって、スフィンクスを砂から掘り出すように命じた。

けれども、砂漠の砂はたえず動きつづけていた。そしてそれからほんの数百年後には、この怪物はふたたび砂丘の下に埋まってしまった。それはちょうど、人間と砂漠とが刻まれたこの岩の所有権をめぐって闘っているようだった。

プルタルコス（四五―一二五年）はその著『イシスとオシリスについて』のなかで、スフィンクスは神秘的な知恵の秘密を象徴している、といっている。また、他の個所では、つねに色の変わる翼をもつ壮麗な創造物として述べている。つまり、太陽にむかえば、その翼は金色にきらめき、雲にむかえば、虹色に照りはえる。しかし、あの勤勉な研究者のプルタルコスでさえ、この神秘は見抜けなかった、と。

長いあいだ、スフィンクスはエジプトの魔術の保護者であった。プルタルコスの確証するところによると、エジプトの神官たちと話し合いたいために、ギリシアの多くの思想家たち――ソロン、タレス、ピュタゴラス、エウドクソス、さらにリュクルゴスさえも――は、エジプトへの難儀な旅を企てたという。

神官の言葉、神官の身ぶりは、一つ一つがふしぎな効果をもっていた。神秘的な魔術力が人びとのなかに住んでいて、マナすなわち魔術的な緊張が大きくなればなるほど、人びとがひきおこす奇跡も、いっそうおどろくべきものとなった。

ファラオは、この力をみなぎらせていたので、手を上げるだけで大地を震わせることができた。おそらくこの理由から、王は、意図のはっきりした行動中の姿を描写される場合のほかは、ふつう不動の姿勢に描かれていた。その結果、彼が自由意志によらずに行動しても、なんらの危険も生じなかったであろう。なぜなら、マナは人のなかだけでなく、像のなかにも住んでいたからである。

ナイルの地では、古来、像は生きた活動的なものとして取り扱われていた。エジプトははじめから、魔術的な彫像の国で、彫像の神秘的な力は、物質世界に働きかけることができた。だから、神殿の前の守護者のスフィンクスの恐ろしい姿は、異教の神をおどして追いはらう以上のことをした。スフィンクスは、もともと王をかたどったものであったから、王と同様に賞罰を下すことができた。

スフィンクスは自分の石の口を開いて、神々の意志を示した。キリスト教会の教父たちは、彫像が話をするという現象をはっきり記している。王と参集者たちは、しばしばこの神託に出席し、書記がその言葉をパピルスに書いた。

シヴァのオアシスにアモン神の像が立っていた。ここへは、かつてアレクサンドロス大王が巡礼の旅をしたことがあった。アモンは、このマケドニア人に目のくらむようなこと——地上の支配者になること——を約束した。像はさらにずっとおどろくべきこともやってのけた。しばしば像は台座から降り、人中を歩いた。たとえば、ハトシェプスト女王の治世中に、アモン神がカルナクの神殿広間を大またで通り抜け、一人の若者——後にトゥトメス三世（前一五〇一—前一四七七年在位）となる——の前で立ち止まった。若者は、神の前にひざまずいた。しかしアモン神は彼を立たせ、王位を奪うことを彼に命じた。この聖なるクーデターによって、トゥトメスは支配者になった。アモン神が王朝の問題に干渉する場合は、人間の道理は沈黙させられた。

彫刻家の鑿《のみ》が形のないかたまりから像に型どるときや、彼が生物を描くときは、いつでも魔術の力が像のなかに流れこんだ——その力は、まじないや魔術的な身振りによって像のなかに閉じこめることができたし、像が完全なあいだは、その像に生命を与え、像がこわれると、魂はぬけ出た。この理由で、人間に敵意をもつ魔ものどもは、象形文字の浮彫りからは除外されている。そして、そのしるしには有害な影響がなくなる。

スフィンクスの魔術的な効力をかき乱したり、そこに住む精霊を追い出したりできるのは、どんな力だろうか。無数の鑿が岩を刻んだ。自然がしくじったときは、石工の術が採用された。半ば切り刻まれ半ば型どられたこの巨像は、幾千年もの年月に挑戦した。人類史上、これほど長いあいだ人びとの想像をとらえつづけたものはない。無数の世代の思想がそのなかに住み、数知れぬまじないと儀式がそのなかに強力な守護の霊をきずきあげた。そしてその魂は今もなお、時の傷あとをのこすこの巨人に宿っている。

埋葬の魔術

オシリスが死んでその死からよみがえったように、あらゆる人びとも彼と同じく、死から永遠の生命によみがえることを望んだ。

J・G・フレーザー『金枝篇』

イクナトン（図16）がエジプトの神々や魔ものたちをたおし、唯一神アトンの礼拝を国家宗教にしたとき、彼は埋葬の魔術も抑圧した。この改革家の王は、墓のかなたの生命を信じなかった。だがエジプトの魔術の中心をなしたものは、来世の生命だった。時代がたつにつれてこの魔術は、死者のために来世の楽しい生活を獲得することを目的とした綿密な学問になっていた。

死んだファラオやその大臣たち、さらに神官やその他の顕職者たちのために建てた巨大なピラミッドや墳墓は、死者がすべての人の心を支配した力を暗示している。これらの記念物を眺めていると、われわれは、イクナトンがエジプトの宗教から埋葬の魔術を追放しようとしたとき、どうにもならない問題に直面したことが察せられる。

太陽神がいつも夕方に消えていく西方、そこには死者の世界があるとエジプト人は信じた。そして彼らは、死者のことを「西方人」と呼んだ。死者の世界の信仰には、しばしば冥府《めいふ》の観念が混じっていた。太陽の船が夜間に航行するのは、この地下の世界である。死者はその船をしきりに待ちわび、神聖な光が現われると狂喜する。喜びに満ちた死者の魂は船から垂れる綱をつかみ、深淵にひかれていく。

また、死者は鳥に変装して空に舞いあがるとも信じられた。そして空では、太陽神ラーがはしけに乗って死者を待ちうけ、彼らを星に変え、天の円《まる》天井を彼らといっしょに旅行した。

あるいはまた、東北の高台にはレンズ豆の畑があって、そこでは穀物がナイル河の岸辺よりも丈高く成長し、死者たちが平和で豊かな生活をいとなんでいる。ところが、

図16　イクナトン

この恵まれた国は水で囲まれていて、清廉潔白な人以外は、頑固な渡し守りを説き伏せてそこに漕ぎつくことはできない。

死者礼拝は、それがオシリス神話と結合したとき頂点に達した。イシス女神の兄であり夫であるオシリス神は、人類を救うために生まれた。彼の誕生にさいして、「神この世にきませり」という声が聞かれた。しかし、残忍で復讐心に燃えたセト神は彼を大箱のなかに詰めこみ、ナイル河口のタニスから海に流した。イシスは死体を求めてさまよった。そしてついにシリアのビブロス市の近くの、ギョリュウの木の生い茂ったなかで棺を見つけた。彼女はそれをエジプトにもち帰ったが、セトはこんどは死体をばらばらに切断し、遠くあちこちに撒きちらした。またもや悲嘆にくれたイシスは、撒きちらされた夫の死体を求めて難儀な捜索に出発した。彼女は、死体の断片を見つけると、その場所でそれを埋葬した。一説によると、オシリスが多くの地で尊敬されるようにと、彼の身体を型どった像を、これらすべての地点に葬ったともいう。この物語によれば、彼女は、ネフティス、トート、彼女の息子ホルスの神々の助けをかりて、ばらばらの死体を結びつけた。彼女は自分の翼で死体をあおいだ。すると、その魔術のためにオシリスはよみがえり、以後は死者を支配する王として君臨した。

冥府では、彼は四二名の助手たちに援助された。彼らは、いろいろな罪を背負ったぞっとするような代表者で、オシリスとともに死者の魂に権力を行使した。「二つの真実の広間」の法廷に現われた死者たちの心臓は、正義の秤《はかり》で測られる。議決によって、彼らは、永遠の生命を得るか、罪のために罰せられるかする。オシリスによって罰せられる死者たちは、飢えと渇きを宣告され、けっして日の目を見ない暗い孤独な墓のなかに入れられる。あるいはまた、ワニやカバの姿をして彼らをばらばらに引き裂こうとねらっているいまわしい死刑執行人の手に渡される。けれども、善人や義人は報酬をうける。時代がたつうちに、恵みをうけた人たちと彼らの来世に関する種々な伝承は、混じりあう傾向にあった。信仰によると、死者たちはヤルの野で暮らすか、または太陽神ラーのところへ舞い上がっていく。あるいはまた、冥府のオシリスのところか、それとも、かつては現世のエジプトを支配していた死者の都市アビドスにふたたび降りていく。そこの支配者は、かつてエジプトの生きている支配者であった。

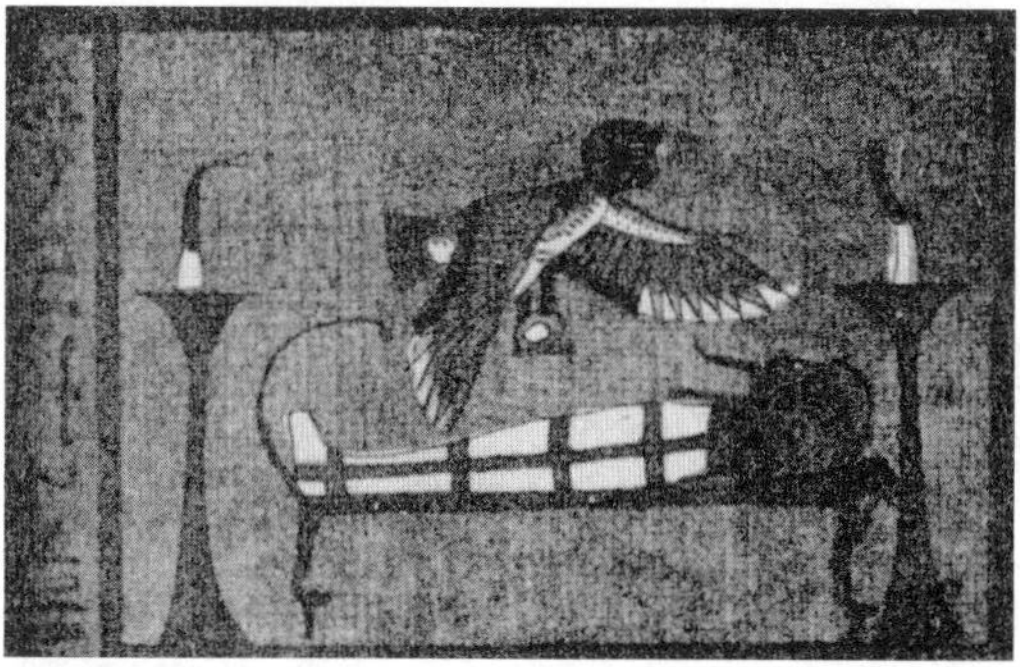
図17　カーとミイラ

バとして知られる魂は来世に入っていくが、カーはミイラとともに残る（図17）。カーは神秘な生命力、すなわち魂の片割れであって、墳墓内の死者の埋葬物やそれらを描いた絵のなかで生きつづけ、魔術的な生命を放射している。画像、彫像、模造の家具、模型の家が、実物の代用になる。魔術の作用がこれらの小型の模造品に効力を与え、カーをひきつける。なぜなら、カーはミニチュアと実物との違いを見分けることができないからである。あるいはこうもいえる。埋葬の神官が行なう魔術によって、模造品は実物となる、と。こうして神官は、死者のカーにたいして、ひっそりとした墓の奥底で平穏に生活することや、ときどきはカーが墓から出てきて日光を楽しむことを保証するのだった。しかし、もしオシリスの法廷がバの魂に罪を宣告するならば、これらの取決めに、どんな効力があっただろうか。

ここでもまた、神官の魔術が解答を与えた。エジプトの神々は、欺かれたり、おどかされたり、屈服させられたりもした。エジプト人は、魔術の力や、語られる言葉の効力や、呪術的な身振りの避けがたい力や、その他の儀式を盲目的に信用していたので、善の神々までも自分たちの意志にしたがえようと望んだ。神官たちは、死者を寛大にあつかうことを怠った神々に、おそろしい報復を加えようとした。彼らは、空気の神シューの腕に稲妻を発しておどかした。そのとき、シューはもはや大空の女神を支えることができなくなり、星をちりばめた女神のからだは崩壊し、万物の秩序は分裂するだろう。

神官は、死者があの世で裁判官に抵抗することができるように、パピルスの巻物に魔術の定式をたくさん書きつけた。『死者の書』は、魂が暗い王国を旅行するあいだに遭遇することがらや、死者が身のあかしを立てる方法について、正確に語っている。この巻物は、魔ものたちや訊問する神々の秘密の名前をあばいている。死者が精霊のほんとうの名前を知ることは、彼にその精霊を支配する力を与えた。

調査官の質問への返答は、一語一語書き写されている。どのように返答をすればよいか知っていれば、十分に有利な判決がえられた。「われはつねに悪を避けたり。飢えたるものにはパンを、渇けるものには水を、裸のものには衣類を、坐礁したるものには船を与えたり。孤児には父親となり、やもめには夫となり、宿なしには家を与えたり」。

これらの返答は、正しい発音で答え、規定どおりの言葉づかいをすれば、真実として通用した。ところで、もし死者がこの言葉は発音できないとわかれば、どうするのか、また、もし空気の霊が死者の呼吸を奪ったり、他の悪霊が死者の口や頭や心臓やさらに名前（名前がなければ自分の正体もわからなくなる）まで盗んでしまえば、どうなるか。『死者の書』には、こういう非常時に対処するきまり文句やまじないも載っている。石棺のなかにおかれたり、石棺に書きつけられた案内書は、旅人を来世に導く。

これらの策略をこらしても、なお一つの懸念があった。法廷の広間で恐ろしい裁判官を前にすると、旅人の良心は彼の身内で反逆し、裁判官の口から出るいつわりの言葉に反感をおこさせる。ここでも神官の呪術は、援助の手をさしのべていた。死者の胸の上にカブトムシがおかれた。それは強情な心をなだめる魔力をもった神聖な虫だった。「おお、わが心よ、われに反対する証人として立ちあがるなかれ」。

冥府への旅

死者の口は、オシリスのもとに旅する前に「開けて」おかなければならなかった。そうすれば、死者は神官の指示にしたがって陳述し返答することができた。「口を開くこと」は、もっとも重要なことであり、死者になぞらえて作られ、墓のなかにおかれてあった彫像にたいしてなされるのである。

彫像は、葬儀用の山を象徴する小高い塚の上におかれた。そして彫像は、その向こうにミイラが横たわっているアーチに立てかけられ、流体、すなわち死者のカーをうけとった。カーは、彫像のえり首から入り、彫像に生命を与えた。彫像の口は、『死者の書』に述べられている儀式にしたがって、神官の手で開かれた。

図18　神官が死者の像に呪術を行なう

現存するパピルスの一つに描かれた飾り模様には、正義と真実の象徴としてマートを型どった台座の上にすわっている一人の男が示されている。巻物によると、この死んだ男はアニという名の書記生で、いまではアニ＝オシリスと呼ばれている。彼も、祝福されたすべての死者と同様に、偉大なオシリスと一体となったとみなされた。神格とのこの融合は、アニの時代には、罰をまぬがれた人びとへの報酬だと考えられていた。ヒョウの皮に身をつつんだ神官は、アニ＝オシリスの彫像の前に立ち、右手に職杖《しょくじょう》をもって、彫像の唇に触れようとしている（図18）。像の下には、つぎのような本文がある。

「書記生アニ＝オシリスは、意気高らかにいう。プター神よ、わが口を開けたまえ。わが町の神よ、包み布をゆるめたまえ。わけても、わが口をおおう包み布をゆるめたまえ。さらには、魔力を満身に具えたもうトートよ、来たりて繃帯を解きたまえ。わけても、わが口を閉ざすセトの繃帯を解きたまえ。さらにはテム神よ、われを繃帯にてしばりしものどもに繃帯を投げつけ、彼らを追いかえしたまえ。わが口を開かせたまえ。神々の口を開きしシュー神の鉄の小刀もて、わが口を開かせたまえ。われは女神セケトなり。われは、天空の大風のなかなるわが座を占めり。われは、ヘリオポリスの魂どものうちに住める偉大なる女神サーなり。われをおとしいれんとして語らるるあらゆる呪文、一切の言葉を、神々よ、はねつけたまえ。しかして各自めいめいの神々が、それらに逆らいたまわんことを……」。

芸術家と職人の守護神プター神と、トート神――プター神の魔術的な言葉がこの世に出現したときに血肉化した神――とが、彫像とまじないの保護者として呼び求められる。彼らは、オシリスの敵である破壊者セトを敗走させるだろう。空気の神シューが呼び出されるが、これは、アニが話をするのに必要な息だからである。シューは、直立して、天の円天井――その曲線は口のくぼみに似ている――を支えている。初期の時代には、神々もまた開いた口をもっていた。そしてシューもこの魔術行為を行なった。アニは、いくつかの神々、たとえばセケトやサーと提携する。この策略は、つぎの章でわかるように、彼に超自然的な力を与える。

アニは、いったん口を開くと、危険な旅に出発する。彼は悪霊に会うが、力づよい言葉が悪霊どもを追いはらってしまう。彼は、案内書『死者の書』のなかに、冥府が自分にあびせるあらゆる質問の返答を見出すであろう。

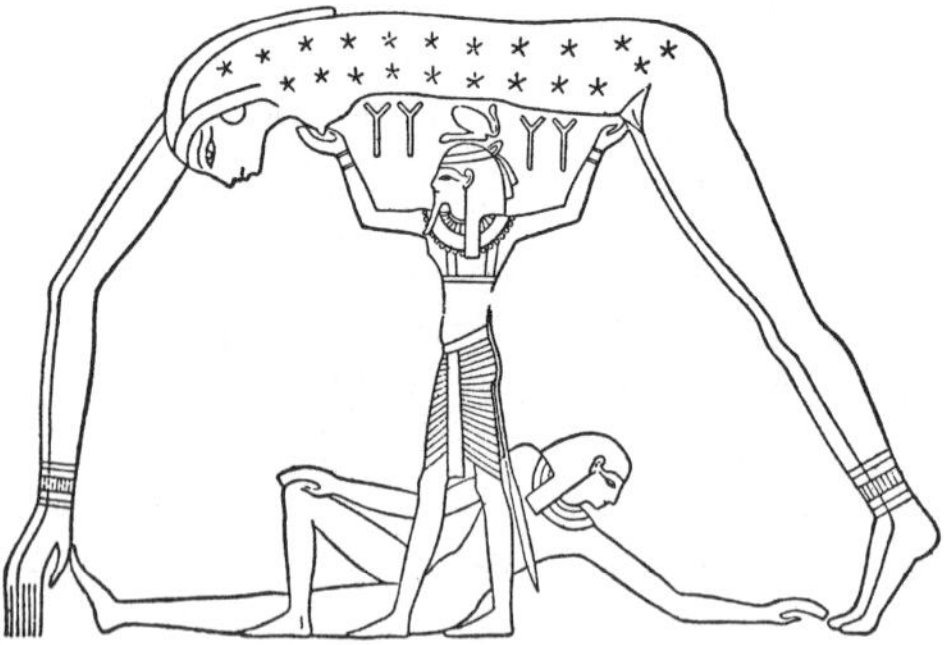

図19　エジプトの大地と空気と天の円天井の神々

アニは、老年の渡し守りの待っている川に着くと、その渡し守りに、つぎのようにいうだろう。

「おお、なんじ神秘の小舟の守護者よ、われ急げり、いざ、いざ。ここにきたりしは、わが父オシリスに会うためなり」。

そこで、小舟の胴体が語る。「わが名をいえ」。

「なんじの名は、闇なり」。

つぎに帆柱の声が命じる。「わが名をいえ」。

「なんじの名は、偉大なる女神をその行く先に導くものなり」。

帆がいう。「わが名をいえ」。

「なんじの名は、天の女神ヌイトなり」とアニは答える。

そして彼の返答は、正しい口調でいわれれば、受諾される。小舟は宇宙をあらわしているらしい。その胴体は、暗黒の大地の神ケブである。そしてその大地のなかに、冥府の洞窟がある。帆柱は、空気の神シューである。彼は直立し、ひろげた腕はまるで帆桁《ほげた》のように、帆を象徴する天の女神ヌイトの弓なりに曲がったからだを支えている（図19）。

小舟を降りて後、書記生はまたもや呼びかけられる。

「いったいなんじは何ものか」。いくつかの声がたずねる。

「なんじの名は何か」。

「われは、花の下に住むものなり。わが名は、オリーヴの木の住人なり」。

「なんじ通りすぎよ」と神々はいい、アニは、「オリーヴの木の北」の都市に到着する。

新しい質問が、彼にあびせられる。それらの質問は、返答と同様に、神秘的な知恵のおきてにつつまれている。そしてこのおきてを見抜くものが、二一の塔門と一五の扉と七つの広間を自由に通りぬけて裁判室に入ることになる。

「してなんじは、そこに何を見たるや」。これは、アニが通ってきた都市のことを指している。

「脚《あし》と股《また》とを」。これは、なぞのような返答である。

「なんじは、それらに何を支払いしか」。

「このフェンクーの国々の喜びを、われに見せたまえ」。

「してそれらは、なんじに何を与えしか」。

「火炎と、水晶板とを」。

「ついでなんじは、それもて何をなせしや」。

「われはそれらを、夜への贈物としてマナートの溝のかたわらに埋めたり」。

「されば、なんじはマナートの溝のかたわらに何を見出せしや」。

「燧石《ひうち》の笏《しゃく》と、言葉の贈与者の名とを」。

「なんじは、火炎と水晶板とを埋めたるのち、それらに何をなしたるや」。

「われは溝のなかにてそれらに言葉をかけ、火を消し、板を割り、水たまりをつくれり」。「いざ、きたれ。しかして二重のマーティの広間（裁判の広間）の扉のなかに入れ。なんじは、われらを知ればなり」。

ところが、放浪者はまだ自由ではない。なぜなら、扉のかんぬき、まぐさ石、敷居、軸受けが、自分たちの名をいうようにとたずねるからである。けれどもアニは、その返答を『死者の書』から学んで知っていた。そこでついに扉が開き、彼に、裁判の広間に入ることをゆるす。そしてこの広間で、オシリスが彼に審問することになる。

言葉

人が自分自身のものだというものはどんなものでも、魔術的にいえばその人の一部である。彼の刈りとった髪や爪の切りくずは、彼の存在といつまでも結びついている。彼と接触した物体には、彼の個性がしみこんでいる。また、彼の名前は、ちょうど手足がからだの一部であるように、彼の一部である。さらに、彼が接触しなかった物体も同様に、影響力をもたらすだろう。肖像は、それがあらわしている当の人間と、もっとも強いきずなをもっている。ある個人の魔術的な緊張が、彼の肖像画や像のなかに流れこむ。未開人が写真をとられるのをいやがることはよく知られている。未開人は、自分自身の断片を、見知らぬ人の手に譲り渡すのが気がかりなのである。

J・G・フレーザー（一八五四―一九四一年）は、これらの魔術信仰の基礎になる思想の原理を分析している。それは二種ある。「第一は、類似は類似を生む、すなわち結果は原因に似ている、という原理である。第二は、かつて相互に接触していたものは、実質的な接触がやんだのちまでも空間を隔ててなお相互に作用しつづける」。魔術師は、フレーザーが共感呪術の法則と呼んだこの第一の原理を用いて、望んでいる結果を、それを模倣することによってつくりだそうとする。また、第二の接触呪術の法則を用いて、ある人自身にしてやりたいと思うことを、その人に属しているものにたいして行使する。

魔術師は、肖像画を残酷に扱うことによって、その画の主題となっている人を、どんなに離れていても苦しめることができるだろう。もしも魔術師が犠牲者の髪の一束か、またはステッキを像に加えるならば、類似と接触の両原理を結合することになるので、さらに強大な呪力をつくりだすだろう。魔法をかける対象の名前を呼び出せば、効果はいっそう強まる。犠牲者が遠くにいて、彼の所属物が何一つ利用できない場合、魔術師が使える唯一のものは名前である。

名前というつかみどころのない所有物を、なぜ大事に守らねばならぬかという理由は、ここにある。無数の人びとが名前の魔術力を信じたし、いまもなお信じている。この信仰は、ことにエジプト人のあいだでつよかった。エジプト人はだれでも、生まれると二つの名前をもらった。真実の名前とよい名前、あるいは大きな名前と小さな名前である。小さな名前だけが公にされた。大きな名前はカーに属し、個人のあらゆる魔術力を具体化した。悪霊や神々は、小さな名前の上に怒りを注ぎ、本人自身は無害だった。

この信仰のもとで、エジプトの神官たちは、神々の名を発見し、それによって超自然的な力をふるう能力を見出そうとした。真実の名前が響けば、神の力はいつでも祈願者の申出を実行することができた。「この名を河岸でいえば、流れは干上がるだろう。また畑で呼べば、火花が散るだろう。もし神の秘密の名前を知っている魔術師がワニに襲われるならば、この名前の効力で地は水中に没し、南は北となり、地はひっくりかえるだろう」。

エジプト人の呪文では、名前だけでなく話されるあらゆる言葉も超自然的な効力をもっていた。どんなものも、その名前が発音される以前に生まれることはありえなかった。精神がその観念を外界に投射するまでは、ものは真の存在をもつことはできなかった。

「言葉は、すべての事物を、われわれが愛し憎むあらゆることや存在の全部をつくりだす。いかなるものも、それが明確な音声として発せられる以前は存在しない」と象形文字は語っている。言葉は、十分な効果を果たすためには、正確に話されなければならない。魔術的な誓願は、声の抑揚、秘密のリズム——それは、魔術の神で言語の発明者であるトートが賢者たちに教えていたものである——を規定した。成功の鍵は、きまり文句を正確に伝えるかどうかにかかっていた。リズムとメロディーは、エジプトの魔術の学院(「生命の家」)で研究された。そこはまた、その他の種々の魔術的な誓願技術の本拠でもあった。やがて原始信仰は、綿密な技巧で構成されるようになった。効果的な誓願には、ますます知識が必要とされた。

魔術にとりかかる前には、徹底的な準備をしなければならなかった。九日間、魔術師は清めの儀式をうけねばならなかった。それから彼は、自分のからだに油をそそぎ、天然の炭酸ソーダで口をすすいだ。新鮮な服——新しくて白い——はぜひ必要だった。あらゆる衣服は、魔術師がそれを着るまえに、いぶして消毒された。魔術師は舌の上に、緑色のインクで、真実の記号である羽毛を描いた。そして最後に彼は、その時刻の神に特有な色で、地上に円を描いた。こうしてやっと、彼は呪文にとりかかることができた。

敵を無害にするために、魔術師は、自分の両足に粘土をなすりつけ、その両足のあいだに、切断したロバの頭をおき、ロバの血を自分の口と手にこすりつけた。彼は太陽のほうに向き、一つの腕を前方に、もう一つを後方におき、魔術的なリズムで悪神セト＝ティフォンに話しかけた。「なんじおそるべき、目に見えぬ全能者よ、神々のうちなる神よ、攻撃者にして破壊者よ……」。

魔術師は、多くの儀式で、奇妙な理解できぬ音声と、エジプト人には聞きなれぬ言葉を発した。セム語に起源をもつか、または気まぐれに複合したようなこれらの名前をもって、神々は呼び出された。言葉は呪力をそなえていたので、変更してはならなかった。魔術の言葉は幾世紀にもわたってうけ継がれたが、奇怪な表現がどの神を指しているかを知っているものは、ほとんどいなかった。ラムセス二世（前一二九二―前一二二五年在位）の時代の呪文には、つぎのような古い冗長な言葉の混乱がみられる。

おおウアルパガ。おおケマラ。おおカモロ。おおカルケンム。
おおアスマガアー。ウナア。太陽のウトゥン（敵）、
これは、おんみのなかなる敵どもに命ずるためなり。

おのれの兄弟を虐殺せし彼は、暴力により死せり。
彼は、おのが魂をワニに誓えり。
何びとも彼を悲しまず。
されど彼はおのが魂を、二重の正義の法廷の前に、
マムレムカハブ（オシリス）の前に、
彼とともにある絶対の支配者たちの前に、
もたらすなり。
しかして彼は、その敵に答う。

おおライオン、黒き顔、残忍なる目（毒）、
おのが名を破棄せし彼の口の中へ……
それはかの神のもの。これらはなお、嚙む力を失わず。

これは疑いもなく、冥府の強大な裁判官たちが、殺害者の差し出した呪文に欺かれぬように、彼らに話しかける文句である。それは強力な対抗呪術であって、犯罪者が刑罰をうけることを確かめるために（彼の魂はワニに誓ったのだ！）、その魂のたくらみを見抜こうとして計画されたものである。言葉の効力に抵抗できるただ一つのもの、それは、もっと強力な言葉であり、もっと強力な呪術である。

悪霊は、招かれないのに現われることがよくあった。とくに恐ろしいのは、魂が絶滅するまでさまようことを宣告された死者たちだった。ミイラになった彼らの鼻は、繃帯でぺちゃんこにされていたが、他の死者と識別することができる。彼らは、用心深い母親を避けて、子どもの眠っているゆりかごにそっと忍びよる。着物を脱ぐときは、彼らに用心しなければならなかった。幽霊は夜、こっそりと生きている者を偵察し、不注意にしている瞬間を待って連れ去ろうとした。このような危険に対しては、つぎのような呪文が用いられた。「N（定式の語り手）の美点はオシリスの美点なり。彼の上唇はイシスの上唇なり。彼の下唇はネフティスの下唇なり。彼の歯は小剣なり。彼の腕は神々の腕なり。彼の指は聖なるヘビのごとし。彼の背はケブの背のごとし」。

死者が来世へ赴くための念入りな儀式をしたにもかかわらず、死者が一度去った家庭に帰ってくることは、つねに恐ろしいことだった。そのときには、複雑な呪文を暗誦しなければならなかった。

「おお雌ヒツジ、雌ヒツジの息子、小ヒツジ、母ヒツジの乳を吸う雌ヒツジの息子よ。死者をして、雄ヘビもしくは雌ヘビ、サソリ、爬虫類に嚙ましむるなかれ。害液を、彼の手足の主たらしめず、はたまた、男女のいずれの死者にも、害液を入らしむるなかれ。願わくば、それがいかなる精霊の影にもつきまとわれざらんことを。エム＝クカフ＝エフなるヘビの口が、彼に威力をふるわざらんことを。彼は、雌ヒツジなり。

なんじ入るものよ、いかなる死者の手足にも入るなかれ。おお、なんじ聞くものよ、彼に耳をかたむくるなかれ。おお、なんじ巻きつくものよ、彼に巻きつくなかれ。

われ……これらの言葉を、家のすみずみにおかれし聖なる草に語れり。その後われ、日没および日の出に聖水を一面にまけり。これ（死者）に耳をかたむくるものは、これに代わりてひろがり伸びん」。

全能の言葉もまた、この世の危難に抗する助けとなった。うす暗い砂漠の片すみで、人びとは不安のうちに日暮れを待った。なるほど人びとの家は、どんな夜の来訪者をも防ぐためにイヌに護られていたが、もしもイヌを放す前に呪文でイヌを強くしておけば、防備はもっと確かだった。

「立て、残忍なるイヌよ。なんじがこんにちなすべきことを指令せん。なんじはかたく縛られたり。なんじは解かれざるや。なんじはホルスより、つぎのことをなすべしと命ぜらる。すなわち、なんじの顔をして広大なる空のごとくあらしめよ。なんじの顎を無慈悲たらしめよ。願わくば、なんじの力がハル＝シェフィ神の力のごとく、いけにえを殺さんことを。女神アナタのごとく殺すべし。なんじのたてがみを鉄棒として立たしめよ。このため、ホルスとなりセトとなるべし。……われなんじに、魂を魅する力を与えん。聞くことを止むべし。そは、なんじが勇敢にして険悪なる監視者なればなり」。

たいていの呪文では、魔術師は、自分を一つの神またはいくつかの神と同一視する。ワニに襲われた人は叫ぶ。「われに手むかうなかれ。われアモンなり。われ守護者アムールなり。われ偉大なる剣の神なり。われセトなり」などと。

国の主権者たちは、自分たちが神々の近縁であり、神々の子であると信じた。戦いにさいしては、ファラオは太陽神アモン゠ラーに、このきずなを思い出させるようにしむけた。王は勝利のためには祈らず、勝利を彼の権利として要求した。すると、「戦いの父」はつぎのように答えただろう。「……ラムセス゠メリアムンよ、われなんじとともにあり！　なんじの父はわれなり！……わが手はなんじとともにあり。しかしてわれなんじにとりて、幾十万人よりもまされり」。

すべてのうちで最高の力、すなわち世界の超自然的な支配者たちは、人間の言葉には従順である。世界の秩序は、永遠に危機にある。無謀な神官なら、自分自身の望みか信奉者の望みを満すために、天地をひっくり返すかもしれなかった。われわれは新プラトン派のポルピュリオスとともに、「神々が、人間と同様に強要されねばならぬとは、いったいありうることだろうか」と叫ばなくてはならない。

これとはまったく違っているのは、メソポタミア人の魔術であった。じっさいカルデア人は最高神の名前の存在には気づいていた。その名前は、彼らに知られぬままであり、したがって口に出すことはできなかったけれども、大きな危機にさいしては、その名が呼び求められた。この名前は、はっきりした個性をもっており、個性的な存在を与えられた神聖な実体であり、したがって、みずからその他の神々や自然や精霊を支配する力をそなえていた。神官たちでさえ、秘伝によってその名前を知ることができなかった。その名前には、どんな強制もおよぼすことはできなかった。

ちょうど子どもが、自分の親たちを支配者だと認めながらも、なおかつ、数かぎりない自分の願望の満足を親たちから得ようとするように、エジプト人も、神々にたいして同じように行動した。世界は、エジプト人自身の問題や願望のまわりを回転した。そして神々は親たちのように、エジプト人の圧力に屈服せねばならなかった。エジプト人は子どものように、目上の神々にうそをついたが、自責の感情はなかったし、また、これらの神々の全能にけちをつけたとも思わなかった。エジプト人は、神々はその好意や配慮を抑制することはできない、と心得ていた。

イシス

イシスは偉大な女性の生殖力であり、事物の精髄である。
プラトン（プルタルコスの著作から）

古い宇宙発生論のなかで、エジプトの魔術よりも長く生きのびた要素が一つあった。それは、イシスの崇拝である。この偉大なる女神は、やさしさ、母親らしい誠実さ、夫への献身、女の産出力と優雅さを呼びおこす。彼女は、生まれ出るあらゆるもの、成長するあらゆるものを育てる。彼女の涙は、ナイル河の水かさを増し、氾濫して土地を肥やす。彼女の魂は、シリウス星に住んでいる。数千年のあいだ、夏至《げし》の夜明けの空に現われるシリウスが、エジプト人にナイルの氾濫を知らせる信号になっていた。嘆きのイシスによって復活した夫のオシリスは、ふたたび立ち上がった。ここに生殖行為は、たえず循環するようになった。聖なるナイルのオシリスは、緑なすエジプトの国土を肥やした。

イシスには、多くの名があった、そして彼女は、多くの地方神の特質を統一した。信者たちは彼女の保護を求め、異国人たちは彼女のうちに、自国の母なる女神の特性を認めた——ミネルヴァ、アフロディテ、ケレス、ヘカテなど……。

イシスは、それらすべての上にそびえ立っていた。彼女の母らしい心づかいと対照的なのは、アスタルテ、アナイティス、キュベレなど、オリエントの女神たちの恐ろしさだった。彼女たちは、気まぐれで残虐なふるまいにおよび、処女や不具の青年たちを虐殺した。これらの女神は、人間のいけにえと戦争と不毛とを愛した。ところがイシスが愛し保護したのは生命であった。

彼女への崇拝は、ヨーロッパと西アジアにわたってひろまった。そしてついに、発生期のキリスト教に接近していった。聖処女の多くの属性——無原罪聖母、神の母《マテル・ドミナ》（この名称は「マドンナ」という言葉で残っている）——は、イシスからの借りものであった。J・G・フレーザーは、イシス崇拝についてこう述べている、「剃髪《ていはつ》の祭司、朝禱《ちょうとう》と晩禱、りんりんと鳴り渡る音楽、洗礼と聖水撒布、厳粛な行列、宝石をちりばめた〝神の母〟の像などからなる彼女の荘厳な儀礼は、カトリック教の外観と儀礼に多くの類似点をもっている」。

女神の姿や衣装にまつわるものは、すべて意味があった。サイス市にあるイシス女神の台座には、つぎのような謎めいた言葉が刻まれていた。「われは、かつてあり、現にあり、将来あるべきすべてのものなり。……いかなる人間といえども、わがヴェールの下なるものを発見しえざりき」。

アプレイウス（キリスト紀元の二世紀）は、イシス女神をいきいきと描写している。その記述から、イエズス会士アタナシウス・キルヒャー（一六〇一—八〇年）は、木版画をつくった。そこではイシスは、草木や牧草への月の影響を象徴する環型の冠をかぶっている（図20）。彼女が穀物の発見者であると同時にその栽培法を教えてくれたことを思い出すよすがとして、彼女の頭には小ムギが飾られている。彼女の髪は、世界をあらわす球をつらぬいて生えている。この球は、花環の上にのっていて、彼女が植物界を支配していることを意味する。この豊富な頭飾りにはまた、月の生殖力と月の軌道との二重の意味をもつ二匹のヘビが飾られている。イシスのすらりと垂れた髪は、彼女が全世界の養育者であることを意味する。左手には、ナイルの氾濫を象徴する手桶をもち、右手には、彼女に捧げられた飾りつきの楽器シストルムをもっている。キルヒャーによると、これは彼女がナイルの守護神であり、悪に抗する後見者であることを示しているという。彼女の衣服は、月のあらゆる色に輝き、また天空の女王である彼女は、星をちりばめた外套を着ており、そのふちは花で飾られている。これらの花は土壌を象徴し、イシスが薬汁の発見者であることを思い出させる。子宮のあたりには半月がついていて、その魔術的

図20　イシス

な光線は土地を肥やす。右足は地の上にあり、左足は水中にある。つまり彼女は、土と水の両元素を統轄している。彼女は、海の星《ステッラ・マリス》であり、大洋を旅するすべてのものの守護者である。そして、女性の象徴である船がイシスに供えられる。

これらすべてのイシスの属性を、信者は好奇の目で注視し、信者の想像はかきたてられた。イシスの肖像は、純真な人の心も哲学的な人の心も奪った。より高い知識を求めるものは、やがて、ストア派の哲学者たちの解釈から離れていった。というのも、神話が象徴しているのは氾濫するナイル河とか、月食とか、その他の天文学上の出来事であるという解釈では、ものたりなかったのである。だから、こういう人は、世界の母に関する伝説に経験外の手がかりを求めて、物質の世界から観念の世界へひっこんでしまった。

プルタルコスのイデオロギーはプラトン的でしかもオリエント的な秘教主義の色彩が濃いが、彼は、オシリスとイシスと息子のホルスとの聖三位一体について、神秘的な言葉で語っている。彼によれば、この三者は、知性と物質と宇宙とを有形化したものだといい、もっとも完全な三角形と呼ばれる。この三角形の三辺の比率は、神聖な秘密をあらわしている。すなわち、四に等しい底辺は、女性の妊娠する本質イシスであり、三に等しい垂線は、男性の創造的原理オシリスであり、五に等しい斜辺は、両者の所産ホルスである。

こういう比率で引かれた三角形はすべて、呪力を賦与された図形である。また、三つの数も同様に、超自然的な力をそなえている。エジプト人やピュタゴラス派の哲学者は、次章にみられるように、数についての知恵に熱中した。その後の時代になって、数や幾何学図形が魔術界の護符

図21　世界霊魂

に現われる場合、われわれはつねに古代の数秘学まで跡づけることができる。

「数は、この一派（ピュタゴラス派）の創始者がエジプトの神殿で観察した何ものかを暗示している。つまり数は、そこで行なわれた儀式、そこに置かれていた象徴に関係がある」と、プルタルコスはいう。

プルタルコスは、こういうことすべてにはつよい意味があると繰りかえし強調しているが、その秘密をあかすことはできないし、またあかそうと欲してもいない。エジプト宗教では万事が寓意的に理解さるべきである、と彼はいっている。

イシスは、キリスト教の西洋では、単にマドンナ崇拝としてだけでなく、魔術師の隠秘的教義のなかでも生きつづけた。プルタルコスの思想につづいて、古代の神の母のなかに、神秘的な寓意――神の命令ですべての創造物を養う世界霊魂の寓意――が発見された。キリスト教の天から追い出されたイシスは、星の世界と地上とで生命の本質の種子を蒔きつづける。「彼女は、自然界の女性的な部分である。この特質によって、彼女は他のすべての生物を生産するにふさわしい主体になっている」。一七世紀の版画(図21)の示す世界霊魂は、まだ古代のイシスの象徴をいくつか――垂れた髪、子宮の上の半月、水中に入れた片足と地上に置いた片足――をもっている。彼女は、鎖で神につながれている。プルタルコスの言葉によれば、「イシスはつねに神にあやかっている」。そして人間(神のサル!)は彼女と鎖でつながれ、彼女の乳房から流れ出る種子のおかげで生活している。

幾世紀かがすぎても、彼女は人びとの心から消えなかった。一八世紀末には、あらゆる魔術的な感情をうけつけなかったように思われるフランス革命の指導者たちが、彼女を思い出した。神を祝って行なった荘厳な儀式で、ロベスピエールは、サイス市の神秘な銘文をおぼろげに回想しながら、女性イシスの巨大な立像をおおっているヴェールにたいまつをつけた。彼女の生殖力は、いまや理性として、進歩の養育者として解釈されたのである。

ギリシア

哲学の衣装をつけた魔術

……誇るのはよそう、ある悪の目が私の語ろうとしている言葉を敗走させぬように。

プラトン『パイドロス』

ギリシア人は、他の古代民族よりも演繹的推理にいっそうの信頼をおいた。そしてこの推理が、くすんだ神話学の影像を詩的に組み立て、彼らの哲学に浸透した。自然現象は、神聖なものに関与していると考えられた高度な精神領域から探究されていった。ギリシア人がなぜ貧弱な実験者だったかは、このことから説明がつく。彼らは、堂々たる論理にもかかわらず、自然界の出来事については、あいまいで非科学的な説明しか展開しなかった。精神が物質を征服した。

ギリシア人が実験を怠ったり嫌ったりしたのは、彼らが「超越しているもの」にふけったり、理性の権威という、物的証拠がなくても存在するものを無制限に承認した結果だった。西洋は、ギリシア哲学からこの非科学的な手順をうけ継いだ。中世を通じ、ルネッサンスをすぎ、さらに近世になっても、自然科学はこの伝統に妨げられた。

プラトンによれば、生物には四種類ある――空気の生物は鳥、水の生物は魚、土の生物は歩行するもの、天の生物は火の成分をもつ星である。ルネッサンス時代、アグリッパ・フォン・ネッテスハイムは、星が地上の動物と関係をもっているという考えを不本意ながら認め、プラトンの言い分を修正した。アグリッパは、アリストテレスとディオスコリデスと大プリニウスの意見にもとづいて、火は火トカゲ（図22）とコオロギを保護している、といった。簡単な実験をすれば、火トカゲもコオロギも、ほかの動物と同様に火のなかでは死ぬというくらいのことは、わかっただろう。だが、アグリッパは、むかしどおりに、実験することを嫌悪した。プリニウスによると、火トカゲのふしぎな効力に関する同じような信仰がエジプトとバビロニアにあったことがわかる。疑いもなくアリストテレスは、その知識を近くのオリエント人たちから集めていたので、火トカゲを科学的に吟味してみる必要を認めなかった。こうして迷信的な信仰が約二〇〇〇年もつづいた。火トカゲのもつ火の性

図22　火のなかで生きている火トカゲ

質がアグリッパの時代に一般にうけ入れられたということは、彼と同時代のフランソア一世が王家の紋章として、炎にとりかこまれた両棲類を採用したという事実から、あきらかである。

哲学者の推理は、もっともおどろくべき（そして詩的な）不合理をつくりだした。プラトンによれば、思想の住居である頭は、星のイメージをもって球形をなしている。頭は、からだの他の部分と違って、天に連結している。知性的なものと肉体的なものとのあいだの小さな地峡をなしている首は、これらの二つのものを分離するためにつくられた。

プラトンの世界は魔術的である。なぜなら、その世界は統一され、すべての事物が相互に関係づけられているからである。宇宙は、霊魂と精神とを賦与された一匹の動物である。この動物には目がない。見るべきものがないからである。また、耳をもたない。外側に何かを聞くことができるような場所がないからである。さらに、呼吸もしない。そのなかに大気が満ちているからである。手は、宇宙という動物には無用である。それを用いる敵がいないからである。足をもたないのは、回転運動に足は不必要だからである、などなど。こうして宇宙という動物は、もっとも完全なかたち、つまり球形をしている。

魂は、肉体より年長であり、したがって肉体よりもすぐれている、とプラトンはいう。魂は三つの要素からなる。神聖なものをそなえた不可分なものと、地上的なものをそなえた可分なものと、これら二要素のそれぞれをそなえて二要素間に介在する第三の要素とであって、この第三の要素は、はじめの二要素を関連づけている。この三つの要素は、圧縮されると一つになった！その合成物は、細長く切りきざまれた。そして互いに重ね合わされるか、織りあわされ、曲げられて球形にされた。これが世界の霊魂であり、そのなかに神は、有形の宇宙をおいた。人間の魂は、世界霊魂と同じ要素でつくられている。

星神たちは、造物主の子どもである。彼らは人間を形づくるが、人間は死後、自分の星に帰ってくる。

世界霊魂は、あらゆるものに浸透する。人間のなかにあっては、それは固有の運動で循環する。そしてこの循環を完成しうる人は、天の神たる惑星の運動を観察する人である。

プラトンは、星の影響を信じた。彼はしばしば一六、七世紀の占星術師たちによって引用されている。さらに彼は、あらゆる物体に世界霊魂を注いだことによって錬金術に原動力を与えた。錬金術師たちは、物質の魂を抽出しようと苦心していた。彼らはこの抽出物を使って、鉱物にふしぎな効果を与えようと望んだ。

ペルシアのゾロアスター教徒は、善神オルマズドが世界を観念で形づくったと信じていたが、ちょうどそれと同じように、プラトンは、観念には神格があるものとした。観念は物体を支配するということから、西洋の魔術師たちは、最高の観念の全能の力によって有形の世界に驚異をひきおこすことができる、と結論した。

プラトンの世界では、天と地、諸原素、霊魂と精神、神聖なものと地上的なもの、これらが相互に関係し、互いに関与しあうので、魔術師がこのような関係を利用したいと考えたのは当然のことである。同様に彼らは、魔術の世界でピュタゴラスの数を使用した。というのも、ピュタゴラス（図23）によると、数もまた物体よりも年長であり、したがって、より強力なのである。世

図23　ピュタゴラス

界は数学的な計画によって形成され、比例によって調和している。これらの哲学者にとっては、美と秩序の達成は、数がなくては不可能だった。星々の大きさと重さと間隔のうちには、神秘的な数がひそんでいる。これらを配慮しながら、造物主は宇宙を建設した。

ピュタゴラス派の人びとは、数論とは数そのものを研究したり、数と自然現象との関係を研究したりするものだと称した。そのため科学的な研究は、哲学的な思弁と空想とに融合された。ピュタゴラス派の人びとがみずからの想像に陶酔するようになると、数論は怪異の中をさ迷うようになり、数は生命のあるものとなり、また当然なこととして神の本質となった。しばしば、四はヘルメスとディオニュソスに相当し、最古の神聖数の一つである七はパッラス・アテナを表わした。一〇は、天の円天井を支えているアトラスを表わした。詩人ヘシオドス（前八世紀）によれば、万物は混沌または原初のかたまりから形成され、混沌は単一個体すなわち一として具体化された。五は、「女性」の数である二と「男性」の数である三を合わせた正義の数であった。六は、愛の女神アフロディテであった。なぜなら、この数は三の二倍からなっていて、両性の数を掛けて最初にできる数だからである。

プルタルコスは、前に述べたように、三、四、五という数について違った解釈をしている。だから数の意味は、時の経過とともに幾度も変化したと考えてよかろう。

ピュタゴラス派の人びとは、魔術の理論家であっただけでなく、公然とそれを行なった。エムペドクレス（前五世紀）は人中で奇跡を行なった。彼は、死者を蘇生させたり、雨や日照りをひきおこすことができる、とかたく信じていた。

古くから人びとの生活にそなわっていた魔術信仰は、哲学者によって理性の美しい外衣を着せられた。ところが、大多数の哲学者もまた、あらゆる階級の人たちと同じく、通俗的な魔術や迷信にふけった。タレス（前六四〇—前五四八年）は凶悪な妖怪を信じたし、プラトンは幽霊を信じた。その幽霊というのは、肉体的な情欲が断ち切れないために生きているもののもとへ帰ることをしいられた死者たちのことであった。人間のおろかさを心から笑うことのできたデモクリトス（前五世紀）は、サソリに刺されたときにはロバに乗って、その耳に「サソリが私を刺した」とささやくようにと忠告した。こうすれば痛みがロバに移る、と彼は考えた。

むかしの哲学者はすべて、魔術の実在を信じた。ヘラクレイトス、タレス、ピンダロス、クセノフォン、ソクラテスは、魔法の世界からのがれることができなかった。

後期のギリシア哲学者たちは、ポルフュリオス（二三三—三〇三年）のように、魔術の行使にすべてを捧げた。彼らは、その精細な魔神論を、彼らが激しく戦った初期キリスト教徒に伝えた。ポルフュリオスにいわせると、無数の残忍な魔ものが存在し、血と汚物を求めて人や家につきまとった。食事どきには、魔ものはハエのように、われわれのまわりに群がる。彼らを遠ざけるには、複雑な儀式を行なう以外にはない。この儀式は、神を喜ばすためではなく、悪魔を撃退するためだけに行なわれた。

ギリシアの魔術は、太古からオリエントの信仰の影響をうけてきた。ギリシア人ほど、異国のイデオロギーをあたたかく歓迎する民族はなかった。神官や哲学者や歴史家は、各地を歩きまわった。奇跡を行なう人、テュアナのアポッロニオス（後一世紀）は、知識を求めてインドの海岸までもいった。プラトンは、ギリシアと、エジプトならびにクレタの文化的な結びつきについて語っている。ギリシア人は、ペルシアのダリウスとクセルクセスの遠征に同行した。彼らは、ペルシア人の知恵を称賛した。プラトンはその著『アルキビアデス』のなかで、ソクラテスをして、ペルシアの教育家はアテネの教育家よりもすぐれている、といわせている。またソクラテスは、若いペルシアの王子たちがうけたりっぱな教育や、彼らの教師たち、そのうちでもゾロアスターの門人でもっとも賢明なマギ僧の美徳について、称賛している。オリエントの神秘的な肖像や神々はギリシア化された。デルフォイの祭儀の起源はクレタにあった。アドニスは、ヘブライのアドナイから生じた。アフロディテは、美しく飾られ、やわらげられたアスタルテである。イシスはアテナになり、ディオニュソスが異国の出であることは、ほとんどおおいかくせない。

ギリシアの哲学者は、オリエントの賢者たちと同様に、人びとから魔術師だと信じられた。ソクラテスは、未来を告げてくれる親しい精霊を所有している、と一般にいわれていた。ソクラテスの友人のクセノフォン（前四二七頃―前三五五年）によると、哲学者の親友の多くは、自分自身の問題について精霊にうかがいをたてていた。プルタルコスによると、親しい精霊は、肯定か否定かをあらわすのに、右向きか左向きのくしゃみで答えたという。アプレイウスは、ソクラテスのダイモニオン（精霊）は、だれの目にも見えたといっている。この意見には、テュルスのマクシムス（一八〇年ごろ）が激しく反対した。彼の主張によれば、ダイモニオンは単にソクラテスの心理的な力を象徴しているにすぎなかった。ソクラテスのダイモニオンの外観と性格に関する論争は、一八世紀までつづいた。

ネアズはその著『ソクラテスのダイモニオンまたは占いに関する小論』（一七八二年、ロンドン）のなかで、ソクラテスは「ダイモニオン」という言葉を、単に自分の予言的才能を記述するために使ったのだという、失望的な結論に到達している。ギリシアの哲学者たちは、彼らの知識にもかかわらず、けっきょくはその時代の子にすぎず、父親の信仰や偏見にしたがう子どものようなものだ、とネアズは合理的にいいきっている。

夢と亡霊と英雄

ギリシア人の心には、アポロン的なものとならんでディオニュソス的なものがあった。彼らのあいだには、柔軟な形式と知的な明澄さをもつ調和的、合理的な世界とともに、暗い、不気味な、無規律なものがあった。ディオニュソス的なものは、死者を魔法で呼び出し、魔女や亡霊やその他の妖怪変化にたいして信仰をおこさせた。

ギリシア人の夢魔は、後に中世の亡霊や悪魔を特色づけた不快な性質をもっていた。これは、こんにちでも変りはなく、われわれの夢にも異様な混じりあいや魔女や奇怪な動物が現われる。

アプレイウス（二世紀）はその著『転身譜』のなかで、悲惨な夢魔について述べている。アリストメネスとその友人は、たらふく夕食をとった後、テッサロニケのみすぼらしい宿舎に引き上げた。アリストメネスが眠りについたとたんに、扉が開いて二人の魔女が部屋へはいってきた。アリストメネスの寝台はこわれ、彼はその下に抑えつけられた。このきゅうくつな位置から彼は、二人の醜い老婆が友人を突き刺したのち、その血を皮製の入れものに上手にそそいでいるのを見た。そのうちの一人は、犠牲者の傷口に腕を突っこみ、心臓を引っぱり出したあとで、スポンジで穴をふさぎながら、「用心すべし。おお、海で生まれしスポンジよ、なんじは、いかにして川を通過するや……」と呪文をつぶやいた。それから二人の魔女は、おそれおののくアリストメネスのほうをふりむいて、彼を汚した。そして二人は消え去った。ところが翌朝になると、夢が現実であることが証明された。というのも、その友人が川で水を飲むためにかがめたとき、傷口が開いて魔法のスポンジが水中に落ち、それとともに魔法をかけられた友人のからだも水中に落ちていった。

この夢が現実になったと同じように、想像力に富むギリシア人のあいだでは、現実と幻想がいっしょになった。彼らは夢のなかで神秘的な怪物を見たが、その怪物は、彼らが昼間認めていたものだった。そしてそのあとで彼らは、この魔ものの訪れは幻覚でなく、じっさいの出来事だと信じた。

夢を夢として認めたときでも、その夢はなお推測の手がかりを十分に備えていた。夢のなかで、彼らは将来の先ぶれを見、神のお告げを経験し、さし迫った危険を予感した。これらの夜の来訪者の多くは、彼らを恐怖で満たした。妖精ドリュオペの子で、ヤギの足とヤギの角をもったパンは、夢魔の送り主として有名だった。初期キリスト教徒にとって、悪魔はパンの姿をして現われ、ギリシアふうの牧羊神の属性を伝えていた。

船乗りは、船出の前にポセイドンの神殿で眠り、航海の首尾をかいま見せてくれるような予言的な夢を、この海神に祈願した。

アスクレピオス神殿もまた有名だった。そこでは治療の神が、信者の眠っているあいだに治療法を示した。神の送る夢は、個人のためばかりでなかった。長官や将軍が、公務の夢を見るためや神々の意志を知るために、しばしば神殿を訪れた。アレクサンドロス大王が瀕死の病床にあったとき、部下の将軍数人がアスクレピオス神殿を訪れ、王をそのままの場所におくべきか、それとも聖所に運ぶべきかをお伺いした。アスクレピオスは、瀕死の王をそのままのところにおくのが最善だと答えた。

アスクレピオス神殿の夢見の目立った特徴は、それがギリシア人のあいだでは医学の基礎をなしたという点である。治療が成功するごとに、病歴が神命とともに、筆で記録されるか、神殿の壁に刻まれた。時代がたつにつれて、治療上の重要な夢についての信頼できる記録文書ができあがった。大医学者ヒッポクラテスの知識は、彼の生都コスの神殿の記録に負うところが大きかった、といわれている。

ここではわれわれは、アテナイ市を疫病から救った夢のことを思い出す。死んだスキュティア人の姿をした夜の妖怪が、夢を見ている婦人のところへやってきて、疫病に襲われた町の街路や裏道にブドウ酒を注ぐようにと助言した。スキュティア人の忠告にしたがって、きたない空気がブドウ酒によって「清め」られ、疫病は消滅した。

夢で重要なのは、夢の正確な解釈に重点をおくことである。そういう解釈の才能をもつものならだれにでも、かなりの報酬が待ちうけていた。アプレイウスと同時代のアルテミドロス・ダルディアノスの夢の本は、たちまち有名になった。

アルテミドロスによれば、多くの夢は、夢が予言する出来事の単純で直接的な映像を表わすという。その他の夢は象徴を示しており、その象徴の意味は吟味されねばならない。夢の解釈者は、調べたいと思う夢については、あらゆる細部にわたって知っていなければならない。もし夢の始まりが混乱していれば、解釈は終りから始めて、もとへさかのぼっていくべきである。さらに、夢を見た人の精神状態、社会的地位、健康状態を知っておくべきである。夢を見た人が、主人か奴隷か、金持か貧乏人か、また老人か若者かを知っておくことは大切である。彼らは同じような夢を見るかもしれないが、しかしそれらは、さまざまに解釈しなければならない。

もし老人が胸に傷をうけた夢を見れば、彼は凶報を待ちうけなければならない。若い女子が同じ夢を見れば、彼女は忠実な恋人を期待してよい。もし貧しい男が女に変身した夢を見れば、吉兆である。なぜなら、だれかが彼に必要な品物を世話してくれるからである。だが金持には、同じ夢は権威の終りを告げることになる。彼は、公的な生活からささやかな家庭の人になりさがるだろう。奴隷は、助けられ慰められている夢を見て喜ぶだろう。ところが、主人が同じ夢を見れば、これは不幸と侮辱を告げることになる。病人が夢で宿屋の主人を見れば、彼は死ぬだろう。なぜなら、宿屋の主人は死神のように、だれでも迎え入れるからである。しかし健康な人には、宿屋の主人の夢は、多くの国々への旅行を意味する。

アルテミドロスによれば、ある種の夢は、特殊な技術をもった人すなわち専門家にとっては吉兆になる。人の耳にアリが侵入するのを夜の夢で見ることは、教育者や教授にとってはめでたい。それは、アリによって象徴される公衆が耳をかたむけてくれるからである。その他の人にとっては、同じ夢が死を意味する。彼らは、アリのように地中に住むことになるのである。

夢のなかで本を食べる人は、まもなく死ぬだろう。けれども、法律家や教師や政治家にとっては、本を食べることは知識の増加のたとえと解せられる。

ロバの耳をもつ夢は、哲学者にかぎりよい夢である。なぜなら哲学者は得意気に、「ロバは耳をめったに動かさない」ように、世間話やつまらぬうわさ話には無関心になること、と解釈するだろう。それ以外の人にとっては、ロバの夢は奴隷の身になることを告げる。彼らは、家畜のように骨折り仕事をせねばならないだろう。

嘲笑されるのを嫌う人にとって、過度に着飾る夢は不吉な前兆である。喜劇役者や踊り手には、この夢は舞台での大成功を予言する。

アルテミドロスが丹念に列挙している恐ろしい夢が、かえって幸運を意味することがある。人間の頭を手にもつ夢は、妻子のない男にかぎり、つごうがよい。しかし火あぶりにされる夢は、だれにとっても吉兆である。病人がこのような処刑の夢を見ると、病気が回復しやすいだろうし、若者は恋の熱情を知るだろう。
むち打ちもまた吉兆である。裕福で有能な人に打たれることは、つごうのよいことの予言である。同様に、はりつけの夢もめでたい。自分がはりつけになる夢を見るものはだれでも、至極平和な結婚生活を送るだろう。また船乗りに対しては、よい航海を暗示する。なぜなら、「十字架は船のように木と釘でつくられ、はりつけにされたものの苦痛は、船酔いと変わりないから」である。政治家にとって、はりつけは役職を告げる。彼は、夢のなかで十字架が立っていたその場所で「昇進」するだろう。奴隷には、同じ夢が、やがて自由民になることを意味する。

当時のギリシア人のあいだでは、死者の礼拝もまたひろく行なわれた。死者は、生存中にある行為を怠ってやりとげなかったとか、または埋葬儀式の大切な部分が省略されていたとかの理由で、墓の中から帰ってくることがあった。ふつう彼らは、恐怖を家中にひろめる。だから、エウクラテスの住居にきた妖怪のような、やさしい詩情のある妖怪はめったにあるものでない。エウクラテスは、最愛の妻を失った。そして彼女の肉体は、彼女の装飾品や衣服といっしょに火葬にされた。七日目に、この男やもめがしばしのあいだ悲しみを忘れるために、プラトンの『ファイドロス』を読んでいると、彼女がやってきて彼のそばにすわった。彼女は、金のサンダルの一つが燃やされなかったと訴えた。それは箱の後ろに落ちていて、火をまぬがれていた。彼女がそう話したとき、メリティア犬がほえた。すると彼女は消えた。そのあとで見つかったサンダルは火にくべられた。すると死んだ女は、二度とふたたび帰ってこなかった。

墓地は、ギリシア人の心にうす気味わるい感情をひきおこした。何か生命の名残りのようなものが、死者の肉体に潜んでいるのかもしれない。だから、死者は墓を去っていないとか、墓から霊を送り出すとかが信じられていた。葬式の沿道や共同墓地にもまた、地獄のヘカテのような超人的な夜の幽霊が現われた。ヘカテは、いやらしい姿をして、墓にむらがる人魂や犬を連れていた。

同じような幽霊が、プラトンの門人でシラクサ王だったディオン（前四〇九—前三五四年）に現われた。ディオンが、ついに悪辣なヘラクレイデスを追いはらった後、自宅の玄関にたたずみながら、もの思いにふけっていたときだった。彼の背後で何かがうごめいた。ふりむくと、その顔つきと衣服から復讐の女神を思わせるような、強そうな一人の女が目にとまった。彼女は広間を庭ぼうきで掃いていた。彼が助けを求めて叫ぶと、その妖怪は消えた。数日後、ディオンの息子は自殺し、その後まもなく、ディオン自身は暗殺された。

図24　テュアナのアポッロニオス像

テュアナのアポッロニオス（図24）は、インドへの旅行中、雪をいただくコーカサス山脈を横断し、ついで連れのダミスとともに月光をたよりに平原をさまよった。彼らはインダス河に着き、そこでエムプサに出会った。エムプサは、たえず姿を変え、ときには地獄の辺土に消えていく化け物だった。「そこでアポッロニオスは、その正体を知ると、化け物をののしり、一行の連中にも同じことをするように指図した。そして、化け物の来襲にはそうするにかぎる、と説明した。化け物は、まるで亡霊のような金切り声をあげて逃げた」。

その後アポッロニオスは、インドから帰ると、ギリシア中を旅した。そしてアテナイやエフェソスやコリントスに滞在した。アポッロニオスの伝説作家フィロストラストスによれば、この哲学者はコリントスで吸血鬼ラミアに出会ったという。アポッロニオスの門人の一人に、メニッポスという貧乏な若い研究生がいた。彼のたった一つの財産は、哲学者用の外套だった。アポッロニオスは、この青年の美貌とすぐれた見識にひかれていた。メニッポスは、彼の友人たちのうわさによると、外国のある婦人に愛されていた。彼女は、美しくて大金持のフェニキア人だった。二人の社会的身分は違いすぎていたけれども、彼女はメニッポスとの結婚を望んだ。メニッポスも、彼女を妻にすれば幸福だった。彼は、彼女を心底から愛していたからである。彼は、結婚披露宴の主賓としてアポッロニオスを招待した。門人の危険を感じたアポッロニオスは、ぜいたくな食事やブドウ酒を絶っている習慣も特例として破ってもよい、と言明した。彼は、婦人の家に着くと、花嫁を紹介してもらいたいといった。彼は鋭い目つきで彼女を眺めてからメニッポスのほうをふりむき、金と銀の容器や、宴会場の装飾品はだれのものか、とたずねた。「彼女のものです。私のものはこれだけですから……」と答えて、メニッポスは自分の着ている外套にさわった。アポッロニオスは、「この装飾品は、全部本物じゃない。見せかけだ。そして君の美しい上品な花嫁は、人間じゃなく吸血鬼ラミアだ。こんなやつは、アフロディテを喜ばそうとするだけじゃ。いや、人肉をむさぼり食いさえするんじゃ」といった。婦人は、このようなたわごとをきいてむかむかした様子だった。

彼女は、しらじらしい笑いを浮かべながら、哲学者のみなさんは、いつも正直な人びとから楽しみを奪って、不吉そうな予言でその人たちをおどかしになる、といった。そして、お招きしない客人は出ていくようにと告げた。しかしアポッロニオスは、テーブルから銀の台つきコップをとって、手のなかでその重さをはかった。すると、それは羽のように軽く、まもなく消えてしまった。同じようにして、その他の食器類も見えなくなった。料理人や召使は、アポッロニオスが呪文をとなえると、ほこりになってしまった。家は倒壊して廃墟になった。婦人は哲学者に、もうこれ以上苦しめないようにと哀願しながら、仕方なく真相を白状した。彼女は、メニッポスを食べる前に、彼を太らせるつもりだったのだ。「彼女は、若くて美しい肉体を食べるのが習慣であった。そういう肉体の血は、純粋で強力だからである」(図25)。

幽霊やその他の妖怪変化の恐怖はあったけれども、予言、招魂、導魂のような儀式をするために選ばれた特別な場所で死者を呼び出すことが、その恐怖のために妨げられるようなことはなかった。死者を呼び出す人は、プシュカゴグス(巫術師《ふじゅつ》)と呼ばれた。彼らの儀式については、ほとんど知られていない。しかし、彼らに断食と集中力が必要だったことは当然であろう。血と火で焼いた供物とは、夜のしじまでの行事にはかならず必要だった。

図25　テュアナのアポッロニオスとラミア

　巫術師はかなりの勢力をもっていたにちがいない。かれらのうちの一人に、僭主《せんしゅ》ペリアンドロス（前六二五—前五八五年）の妻が冥府から話しかけたとき、ペリアンドロスに凶報をおそれず告げたものがいた。彼女は、裸でふるえていた。というのも、葬式のときに彼女の着物は遺体とともに埋葬され、慣例どおりに燃やされなかったのである。そこで賢明なペリアンドロスは、コリントスの全女性にむかって公共の祭礼を行なうように命じた。彼女らは、とっておきの着物で盛装して公共広場に集まり、華やかな見世物か何かを期待した。しかしながら、彼女らは、着物を脱ぐことを命じられた。彼女らの美しい衣類は集められ、死者のために穴のなかで燃やされた。ペリアンドロスの妻は、巫術師の口を通じて、いま自分は暖かく、気持ちよくハデスの王国（冥府）にいることを告げた。

哲学者のなかには、ことにプラトンのように、巫術を激しく攻撃するものもいたが、巫術を行なうことは、ギリシアの宗教には依然として欠くことのできぬ行事だった。

＊

魔術の儀式は、死者の礼拝や死者の呼び出しとともに、死んだ英雄をなだめるためにも用いられた。彼らは半神半人でおそれられたが、危機にさいしては慈悲ぶかい保護者だとみなされた。概して英雄は、一つの都市または一つの地方と結びついていた。初期のころは、彼らは家族の祖先か家の守護神であって、炉の火とともに崇拝されていたらしい。彼らの墓は、柱廊や老樹や手入れされた庭でかこまれた小さな建物だった。そのほか、ある公共建造物の下に、見えないように隠されていた。厨子の位置が秘密にされていたのは、英雄の骨が盗まれはしないかという心配からだった。キリスト教の聖人の遺骨のように、これらの骨には、埋められている都市や地方に幸運をもたらす恵みぶかい力が授けられていた。この信仰を例証するものとしては、オイディプスの怪奇な神話がある。彼は父を殺し、母の配偶者となったが、自分の犯した恐ろしい罪業をつぐなおうと、ギリシア各地を狂わんばかりに流浪していた。だれからも嫌われ、またその罪が非道だったにもかかわらず、この英雄は、対立しあっている諸都市から埋葬の地が提供されている。それというのも、一般にオイディプスを葬ったといわれる場所ではどこでも、彼がその地方と住民に幸運をもたらすものとされていたからである。

英雄呪術は、夜間に遂行され、しかも厳粛に行なわれた。その儀式は、神々の崇拝の儀式とはちがっていた。墓の西側に溝が開けられ、呪文がとなえられた。供物は、ブドウ酒と乳と香油からなっていた。そして墓地の割れ目に、血がそそがれた。これによって、死者は復活すると信じられていたのである。活動的な力が厨子から発散し、それが生きているものの運命を導き、都市の幸福に影響を与え、一国内に神秘的な力をおよぼすとされた。アイスキュロスの『献酒する人びと』のなかでは、埋葬されたアガメムノンが、目には見えないけれども、協力的な力になっている。彼がいなくては、この劇は結着がつかなかった。また『ペルシア人』では、英雄のダリウス王が墓から現われ、演技に参加している。この劇でアイスキュロスは、死者の呼び出しという、魔術儀式の印象的な場面を創造している。

崇高なものとばかげたものとのあいだは、ほんの紙一重である。ギリシア人は、祭儀のなかで道化を演ずるような、奇異で寓意的な人物から英雄をつくった。ムニュキアでは、生のブドウ酒を飲んだアクラトポテスという神話上の人物に、この栄誉が与えられた。ギリシア人は、ブドウ酒を水で割って飲むのがつねだったから、彼は、たしかに大酒飲みにちがいなかった。ケラオンとマットンは、それぞれブドウ酒を混合する人であり、パン焼き人であったが、スパルタの英雄になった。そしてボイオティアでは、パンとケーキが英雄として崇拝された。こういうように自己を皮肉ることは、ギリシア人の特色である。近東では、祭儀は哀感につつまれていた。『旧約聖書』のなかで、意識的な諧謔味を見つけようとしてもむだである。フリュギア人やバビロニア人やアッシリア人の儀式は、恐ろしく、また、ペルシア人やヘブライ人が行なう儀式は、きびしく厳粛である。

前兆と神託と占星術

キリスト教教会は、たとえ善を目指していても魔術を非難した。呪文で隣人の雌ウシの病気をなおした魔術師は、病気の呪いをかけた魔女と同じような運命に苦しんだ。ギリシアの宗教は、それほどきびしくなかったし、どんな宗教会議の権威も支配的ではなかった。ギリシアの宗教は古い習慣とつよくつながっていたが、他方では新鮮な天啓を歓迎した。魔術は慈善の目的をもつべきであり、公共の福祉に役だつべきだということこそ肝要な点だった。このことは、神官の一員である魔術の従事者にも、一人立ちした魔術師にも、いえることだった。

プラトンはその著『法律』のなかで、つぎのように規定している。「魔法の結び目や魔術で他人を傷つける人物とみられるようなものは、予言者であれ占い師であれ、殺してしまうがよい」。しかし『ティマイオス』で彼は、屠殺した動物の肝臓による占いは善良で合法的な行為であって、「神は肝臓を癒しとかかわらせ、身体の下方のあるべき個所に肝臓をつくった……精神から発する思想の力が、（肝臓のなかで）ちょうど鏡がものの映像を現わすように、反映するように」と述べている。

同じような行為でも、犯罪的な所業の場合には、死罪に処せられた。テュアナのアポッロニオスは、「未来の秘密を占うには若い内臓によらねばならぬ」ゆえに少年をいけにえにしたと宣告され、ローマで審問をうけた。これは、おそらく例外ではなかっただろう。それについては、とくに法律が用意されていたからである。

自然の予言は、りっぱな人物に授けられた神聖な天賦の才だと解釈された。プラトンはその著『ソクラテスの弁明』のなかで、死の宣告をうけたソクラテスにつぎのようにいわせている、「私を非難した諸君によろこんで予言したい。というのも、私は、いまや人のまさに死なんとするやもっともよく予言す、という心境にある」。

プラトンは『饗宴』のなかで、占いの技術を、全体として「神々と人間とのあいだの交わり」と名づけている。

神話のオルフェウスは、すべての予言の父であり、あらゆる奥義伝授や密儀の創始者だと考えられた。「彼のかなでるメロディーは、死者を連れもどした」。オルフェウス教は、すでに前六〇〇年頃ギリシアで栄えていた。オルフェウスの頭部はレスボス島に保存され、その呪力はなお生きていて未来を予言した。メラムプスは、鳥の言葉をヘビに教えてもらって理解した。エピメニデスは三〇〇歳まで生き、そのうち三〇年間を眠った。聖なる予言者メリサンゴスは、アテナイでその術を行なった。バキスは妖精にとりつかれ、泉と水源の娘たちは彼の口を通じて話した。ここで挙げる最後の人物は、紀元後一世紀に生きていたテュアナのアポッロニオスだった。彼の力は、神の力として歓呼して迎えられた。そして小アジアの多くの社会が、ナザレのイエスと張り合ったこの人物のために、神殿や厨子を建てた。

透視は、日常の宗教ときわめて緊密に結びついていた。未来については、神託でお伺いが立てられた。また年老いた予言者は、いけにえやその他の宗教的儀式に立ち会った。動物の腸や、内臓の燃えかたや、いけにえの炎から、まず、いけにえを神が受けいれて喜ぶかどうかを知ろうとした。それ以上の知識を得たい人は、これらの現象を調べて神々の知恵を見出そうとした。

オラクル（神託）という言葉は、「答える」という意味である。神官は、女の霊媒ピュティア（巫女）を通じて神と話をしたらしい。地から立ちのぼる麻酔性の煙とか天然のガスが、霊媒を恍惚状態にした。アルゴスでは、同じ目的を達するために、ピュティアが子ヒツジの血を飲んだ。いったん神霊がピュティアの体内にはいると、神官は質問を出し、彼女の口からオリュムポスの神々の回答をうけた。これらの返答の多くは、奇妙な抑揚をもち、意味もあいまいだった。ルキアノス（二世紀）は、このあいまいさをあざけって、「もうひとりのアポロンがいなければ、はじめのアポロンの陳述は説明できないだろう」といった。たとえば、ピュティアはネロに「六三歳に注意せよ」と警告した。ネロはこの注意を、自分の年齢のことだと解釈した。ところがそれは、ネロを打ち倒したガルバの年齢を指していたのである。

もっとも有名な神託は、パルナッソス山の傾斜地にあるデルフォイの神託だった。周囲の丸石は、ふしぎなこだまを返した。自然の小洞窟からは蒸気が発散した。地下室には、月桂樹で組み立てたアポロンの像が立っていた。神託が示されるときは、黄金の三脚台にすわっているピュティアは、蒸気を発する割れめの近くに移動した。まもなく彼女は、聖なる精神錯乱の状態におちいった——その首はふくれあがり、からだをねじ曲げ身もだえをし、頭は激しくけいれんした。このきわどい場面の恐ろしさは、彼女を見守るすべての人を、宗教的な恐怖で満たすに十分だった（図26）。

宗教的な恍惚状態になると神聖な霊感が与えられると信じられていたので、当然のことながら占いの現象も、ひじょうに増大してくる。オルフェウスやディオニュソスの祭礼では、群衆のなかの人びとが、一種の興奮状態になって予言的な言葉を口走った。また日常生活では、鳥の飛行や木々のささやきや隣人のくしゃみが、神々から送られる予告になった。

図26　ピュティア

このように前兆を読みとるようになるまでの数世紀間に、ギリシア人の感覚は鋭利にされたにちがいない。彼らは、自分たちの隠秘的な知識だけでなく、広い意味での自分たちの観察力にも、全身の注意を集中した。

神託や前兆は、政治生活では有力な役割を演じた。神々にお伺いを立てる前には、どんな戦争も布告されなかった。そして、神託が戦略上の助言を打ち明けたために、戦争が開始されたことがたびたびあった。だから、デルフォイの占い師ピュティアは、ときにはギリシアの軍事および外交の大臣として奉仕した、といえるかもしれない。

＊

将軍たちは、不吉な前兆のために自分の軍隊が恐慌におちいらないように、つねに心をくばっていた。前四世紀に、ティモテオスがアッチカの全艦隊を従えて出航の準備をしていたとき、一人の兵士がくしゃみをしたために、作業は止まった。軍隊も乗船をためらった。そこで、ティモテオスはにが笑いをしながら、「これがいったい、どういう前兆だというんだ。たかが一人の男がくしゃみをしただけだというのに……」といった。すると、兵士たちも笑った。そして乗船は進められた。

アガトクレス（前三六一―前二八九年）は、無謀なリビア遠征に、パッラス・アテナ女神の聖鳥「幸運のフクロウども」をともなっていった。そして軍隊が気だるそうに戦闘配置についたとき、彼はその鳥を解きはなした。フクロウは兵士の楯やかぶとの上にとまり、彼らの勇気をふるい立たせた。

こんにち、南イタリアでは宗教的行列のさい、ハトがはなされる。この慣習は、古代の鳥占いからきている。

神殿における異常な出来事もまた、前兆だと解釈された。神聖な武器が消えたり、像が汗をかいたり、神殿の扉が開いたりなどすると、縁起が悪かった。おそらく、世論を導こうとする神官

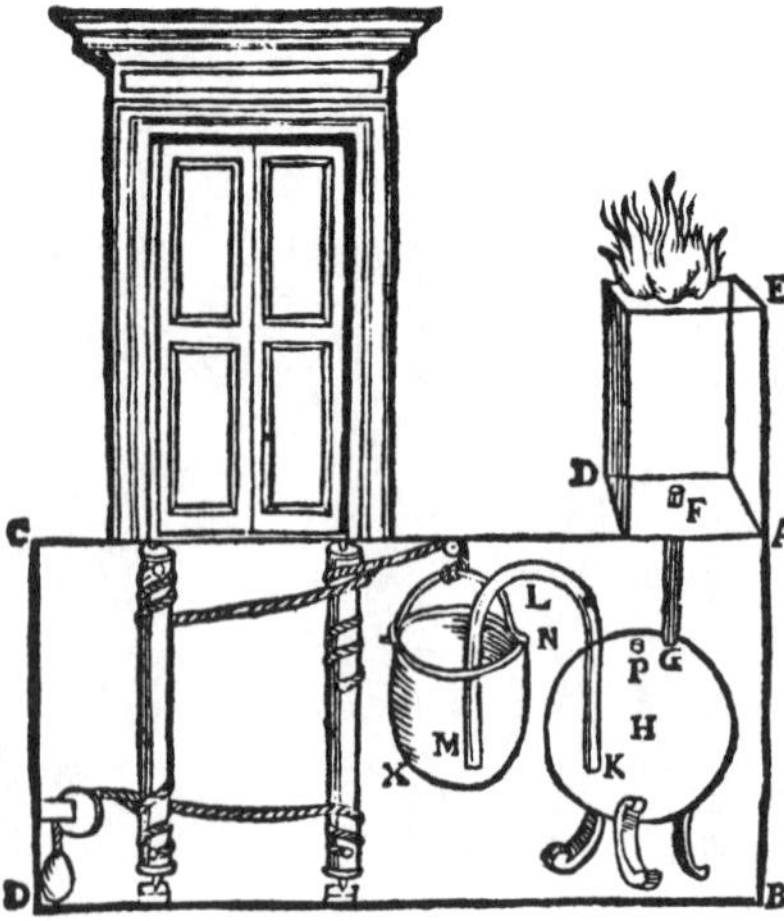

図27　火による自動装置

たちが、このような奇跡を工夫したのだろう。アレクサンドリアのヘロン（二世紀）が書いた風変りな書物には、どうすればこのような「ふしぎ」が機械的な方法でつくりだせるかが解説されている。香炉は、温かい空気の圧力におされて、青銅の彫像の手から落ち、祭壇の上で燃えあがった。水のはいったサイフォンを使えば、神殿のよろい戸が開くときに、ふしぎなラッパの音が出た。また聖所の扉の前で火がともされると、中の祭壇に熱気がたまり、膨張した空気のために水がバケツのなかに流れこみ、このためバケツは下がり、その運動が扉の回転軸に作用して扉を開けた。この機械装置は、もちろん見物人には見えなかった（図27）。

しかしながら、古代人の魔術作用がすべて人を欺くために計画されたと信じることは、間違っていよう。新しいキリスト教のもっとも熱烈な闘士たちでさえ、ギリシア的な神々や魔ものの超自然力を悪魔のしわざだと非難しながらも、それを疑いはしなかった。ギリシア人のあいだでも、あらゆる人びとの場合と同様に、宗教と魔術は合体していた。これらの実際を観察するとき、われわれはまず、それぞれの場合に何が倫理的な意味をもっていたかを、自問してみなければならない。そして結果が悪でなかった場合、またはどうにか弁護できた場合には、それらを正当化することができるであろう。疑いもなく、魔術師や神官は概してまじめな人たちであり、自分の予言したことを信じている人たちであった。神託をもたらす人の多くは、霊媒ピュティアに暗示をかけたのかもしれない。けれども、彼らは神託を、近代の隠秘的現象の研究者が指摘したように、なんの意図もなくもたらしたのかもしれない。こんにちでは懐疑論者でさえ、前兆や透視の実在を疑っていない。大多数の人びとがこのような現象に思考を集中していた時代には、こういう現象は、こんにちよりもおこりやすかったにちがいない。

実在することが確信されると、人は、その力を利用したがった。だがこの力を利用して、どんな利益があるかはわからなかった。というのも、ギリシア人は、運命はどうにもならぬものと考えていたからである。彼らのうちには、後に、ギリシア系シリア人のイアムブリコスが述べたつぎのような意見に達したものもいたであろう。「未来を知らずに、忍耐づよく運命のわざわいを待つことのほうがよい」。だがそれでもなお、未来についての多くの疑問は、キリスト教時代までひきつがれた。イアムブリコスは、その信念に反して、鳥占いの発明者だとされていた。鳥占いとは、ある魔術的な儀式の後、砂の上にアルファベット文字が書かれ、その上に掌に盛った小ムギまたは大ムギをばらまく。そして、鳥のついばむ順序にしるしの表をつくるのである。こうしてできる言葉の隠された意味が、捜し求められた。

イアムブリコスと同時代の大天文学者で星の解釈者だったプトレマイオスは、予知を行なうことをつよく弁護した。彼の著『占星術四書（テトラビブロス）』のなかの「星の影響について」という思慮のこもった一章は、このことを論じている。彼によれば、一般に、人間的なことと神的なことの両方を知っていて楽しむのは、よいことである。なるほど、予知したからといって名声も富も得るわけではないが、予知する技術は次のような特性を、他のすべての技術といっしょに共有している。つまり、何か予期しないことがおこると、われわれは恐怖に圧倒されるか、突然の出来事に落着きを失ってしまうかする。しかし、あらかじめ注意しておけば、われわれは未来を平然と待つことができるだろう。

人間生活の出来事は、すべてが神聖な原因からおこったものでもなければ、すべてが避けえられないものでもない。また、自然界の出来事のように、ただ一つの無情な運命から生じているのでもない。人は、自分の個性に固有な災害をうけやすいばかりでなく、一般的な原因から生じる災害――多人数を滅ぼす疫病、洪水、火災――もうけやすい。このような出来事がおこるのは、それを妨げるべく反対に作用する天の影響が欠けているからだ、というふうに説明しなければならない。予告するものはだれでも、自然的な原因の範囲内に属する出来事についてだけ予告するよう注意しなければならない。

プトレマイオスのこれらの微妙な考えは、ギリシア思想の後期の産物である。もともとギリシア人は、占星術については別な考え方をしていたようである。というのも、星の進路はむしろ、数学的な精密さと運命の冷酷さを暗示していたからである。

占星術は、ギリシア人が始めたものではなく、後にアレクサンドロス大王がバビロンとエジプトからもち帰って紹介したものであった。まもなく、占星術はおそろしい勢いで普及した。単に誕生の時刻だけが、その占星術的な影響のために重視されたばかりでなく、その時刻の星位の観測もまた、すべての重要な決定の基礎にされた。

カルデアの占星術師たちは、アテナイに定住し、富と名声を得た。バビロニア人のベロソスは、コス島に占星術の学院を設立した。彼はひじょうな成功をおさめたため、アテナイ人は体育場に、神聖な予言の象徴である黄金の竪琴をもった彼の彫像を建てた。

エレウシスの密儀

大地の女神デメテルは、娘のコレを求めて各地を遍歴し、長い捜索の旅をしたあげく、エレウシス市で娘を見つけた。デメテルは、同市で秘密の礼拝式を創《はじ》め、市の長老たちにその密儀を教えた。これに入会するには、よき市民であり賢人でなければならなかった。こうして、礼拝の起源と目的に関する物語ができあがっていく。これらの儀式は、大衆にはわからぬような隠された意味、魔術的な本質をもったふかい秘密をふくんでいた。同じような秘密組織は、ギリシアの他の諸都市にもあったけれども、エレウシスは、後一世紀にいたるまでもっとも有名で、もっともあがめられていた。長いあいだ、神秘的なエレウシスの神殿は、ギリシア人の変転する運命のなかにあって存続した。残酷な戦争にも汚されることはなかった。秘密をわけもつことは、同時に契約であった。この特権が何であったかは、デメテルにささげたホメロス賛歌に出ている。「人びとのうちにて、これを観照せしものは幸いなり。暗き闇の冥府にて、入会せるものとせざるものとの運命は同じからず」。つまり、入会したものの来世は他の人びとよりも幸福であるということ、これが大きな約束だった。

その後、この宗教団体に入会を望むものが多くなり、神殿ではもはやすべての志願者を収容しきれなくなったため、当然、特別な建物を建てなければならなかった。来世での特権を約束する儀式は、魔術的なものである。同じような約束は、エジプトの神官によってもなされていた。エジプト人たちは、主として、人間の悪業を秘密の文句や誓願や護符によっておおいかくして、神々を欺き、神々の裁定を偏《かたよ》らせようとした。ところが、ギリシア人の心には明りが点じられた。つまり、見せかけの善行よりもむしろ真の善行が、幸福な来世のための最良の保証なのだ。

神聖な儀式は、まず、近くの海のなかでの垢離《こり》、つまり清めから始まる。「なんじら密儀教徒よ、海へ！」と祝祭の指導者が叫んだ。すると、勇みたつ一団が海中にとびこんだ。儀式そのものがどのように進行したかは、われわれにはまだわかっていない。以前にエレウシスの儀式をうけ、キリスト教に改宗した人たちでさえ、秘密を厳守していた。しかし、いろいろな言葉のはしから、秘跡が行なわれたことが察せられる。一服の薬を飲み、象徴的な物体を籠のなかから出し、箱におさめた。新しい信者の唇は、黄金の鍵で「錠をかけ」て、体験が始まった。アリストテレス（図28）が密儀一般について、「入会者は、学ぶのでなく体験せねばならない」と述べたことは、エレウシスの密儀にもあてはまるはずである。聖なる無言劇は、神々の歴史――コレの強奪、デメテルのさすらい、プルトンとコレの結婚、デメテルのオリュムポスへの帰還等々――を演じたように思われる。この沈黙の劇では、それぞれのしぐさが神の啓示だった。現身のなかに古来の伝統を制定すること、これはたしかに、ふつうのやりかたではなかった。聖なる物体を展示することも、同じように理解すべきである。

図28　アリストテレス像

ついで、いよいよ入会式が行なわれた。これについては、プルタルコスが不明瞭な説明をしている。プルタルコスの言外の意味を読みとった近代の隠秘論者たちは、多彩な叙述をしている。それらは、たしかにおもしろいが、空想としてのおもしろさである。われわれとして認められることは、志願者が曲がりくねった地下道を歩きまわらされたということである。それは闇の遍歴であり、目に見えぬ目的地への旅であり、すべての人の心の落着きをためした。そして決定的な瞬間に、入会者たちは恐怖を感じた。彼らは、ぞっとして身ぶるいを体験し、不安のために汗をかき、恐怖のために麻痺した。そしてついに、光がしだいにさしこみ、昼がよみがえってきた。彼らの前には、聖歌と踊りの合唱をともなった壮麗な場面が展開された。そこでは、高貴なものが見られ聞かれた。入会者は、花環をかぶせられ、神に奉仕する純潔な人びとのかたわらで、再生の祝祭をうけた。再生し自由となった入会者は、いまや神殿を去ることができた。こうして憂鬱な人たちも、エレウシスから、新しい慰めの信仰をいだいて去っていくのだった。

多くの隠秘学研究家の述べるところでは、エレウシスの儀式は、あらゆる知恵の核心をなす一つの大きな魔術的な秘密をふくんでいた。だが、集会が民主的手続を要したり、多人数が出席しているばあいは、偉大な英知や哲学的な熟練を必要とする教義は、生まれてこない。密儀は、知識の問題というよりも、むしろ信仰の問題であったにちがいない。

グノーシス説

至福への道

宗教の統一と政治的権威の統一とは、二つの相関的な思想である。

ルイ・メナール

アジアとエジプトの支配者たちを征服して世界帝国への拡大発展は、諸国民をいっそう緊密に接触させることになった。異国人の心を理解することは、征服地を統治する重要な要素になった。なぜなら、戦勝した王は、できればどこも平和的手段で支配したかったからである。しかしながら、従属民のやりかたを黙認することは、もう一つの観点——すべての属領を一つに統合し、その上に君主が、犯すべからざる神聖な支配者として君臨するという観点——とは相反していた。王は、自分の権力を神々の意志としたから、まず、これらの神々が文句なく尊敬されるようにしなければならなかった。そうすれば、従属民たちも、これらの神々を最高の神格として認めないわけにはいかなくなるだろう。

古代の王たちの政策では、これら二つの目的が引き離されていたようである。政治は、一方の極端から他方の極端へとゆれ動いた。暴力と迫害が、親切と黙認と交互に入れかわった。だが両方とも、国家宗教の至上権を目ざすという最後の目標は同じだった。従属民に対しては、彼らの信仰は王の宗教とほとんどちがいはないということや、また、彼らの神々は別の名称で崇拝されているが、じつは同じものだということが、説得された。こうして政治的な理由から、宮廷の賢者たちは、異国人たちの生活習慣を学んだ。このようにして得られた知識は、ふかい探究心から発したものでなく一時の必要から集められたものだから、浅薄だった。

知恵と哲学は、戦略的、商業的な路線にそって移動した。アレクサンドロスの征服行は、アジアを開放して西洋をおどろかせた。最後に、ローマが巧妙な統治術をわがものとしたとき、諸国民の交流はその頂点に達した。すべての宗教を黙認することは、ローマの伝統的な政策だった。仏陀の教義は地中海までひろまって、影響力をおよぼした。仏教の教えは、セレウコス王朝やプトレマイオス王朝の支配者たちから、話合いによって認可されていた。仏教は、富を得たからといってかならずしも幸福ではなく、また、清貧のなかにあっても救済が得られることを、西洋人に啓示した。インドの修道僧の最高の徳は、もはや生存競争で自分を維持していく力のうちにはなく、あらゆる闘争への譲歩と自己放棄のうちにあった。

ユダヤ教もまた、ローマ帝国の多くの属領につよい影響をおよぼした。そしてローマ皇帝たちも、やがて新しい守護神エホヴァを得て、自分たちの費用で毎日いけにえを捧げることにした。アウグストゥスは、パレスティナに滞在中に孫がイェルサレムの神殿に参詣したとき、孫の行為をひじょうにたたえた。ローマにおけるユダヤ人の影響は、イェルサレムの陥落以後もつづいた。いやむしろ、いっそうつよまった。アレクサンドリアでは、ユダヤ人がしばらくは科学と哲学の指導者だった。彼らの思想は、ギリシア人の思想と混ざりあった。ギリシア化した律法教師アリストブロスは、ギリシア哲学とユダヤ神学のあいだに関連があるとみた。アレクサンドリアは、もっとも多産な知的中心地となり、ここで東洋と西洋とが手をにぎりあった。またここでは、偉大な精神の流れが触れあい、合体した。バビロニアの占星術、ゾロアスター教系の拝火教徒たち、エジプトの秘密の知識、ギリシア哲学、ユダヤ教、キリスト教が、人類の歴史において独自な動き――多くの教義や宗教の混合主義――を生んだ。

神の啓示と知恵とは、ある特定の国民だけの特権ではなく、あらゆる文明国民のあいだに見出さるべきである。また、あらゆる信仰は偉大な真理をふくんでいるが、その最大の真理はキリストのうちにある。グノーシス説は、以上のようなひろく支持された信念をもとにして生じた。

ギリシア人には、宗教の国際主義をうけいれる準備がよくできていた。悪、罪、地獄、救済、不死の生命などの観念は、プラトン以前からギリシア人にはおなじみだった。哲学者たちは、自国民の原始的な多神教には反対した。ヘラクレス、ベレロフォン、プロメテウスの伝説を通じて、彼らは救済の観念をよく知っていた。彼らは、ヘラクレスが英雄的な行為をしたのは自分自身のためではなく人類のためである、と理解した。プロメテウスは、人間のために悩んだ。その神話は――偶然ではなく――、ゴルゴタの物語に似ている。ギリシア人は、人類の救世主は殉難者になるべきだという考えをいだいていた。完全な人、正義の人は拷問をうけ、むちに打たれるだろう、とプラトンはいったではないか。「彼は盲目にされ、最悪の苦痛をうけた場合は、火あぶりにされるだろう」。

多くのバビロニア思想のうちでもとくに占星術は、西洋に長いあいだ影響を与えた。また、バビロンの神官たちが最初にして比類ない「唯一神」イルを知っていて、この神から他のすべての神々が生じたことも、知れわたるようになった。イルは、聖三位一体をつくった。それは、時間の神アヌ、知性の神ヌア、整合者のベルである。この最初の三者は、神から流出した物質世界の発生を表わしている。これらの神々にはそれぞれ、女神が配されている。ナナとベリトとダヴキナである。彼女らは、三つの組の受動的な形体である。彼女らの意義は、あまりはっきりしていない。しかしながら、ベリトは自然の女性的な原理、つまり神々や人間を生みだす子宮とみなすことができる。神の流出はさらにつづき、第二の三つの組をつくった。これは神のもっとも壮大な表われだった。それは、ベルの息子で月の神シン、ヌアの息子で太陽の神サマス、大気と風と雨と雷鳴の神ビンである。ビンはアヌの息子だった。

カルデア人が、神を男性と女性の原理に区分しなければならなかったように、この第二の三つ組も、それぞれの配偶者をともなっていた。つぎに、地位の低い五つの惑星の神々がつづく。すなわち、土星のアダル、木星のマルドゥク、火星のネルガル、金星のイシュタル、水星のネボである。惑星も、上位の神々のように配偶者をもっている。

唯一神を頂点とする神々の複雑な位階組織は、統合主義者たちのあいだで、ふかい関心を集めた。彼らもまた、天の圏についてのさらにこみいった位階の上に位する唯一の神、アイオンを思いついた。

グノーシス説はエジプトの地に発生したのだから、古代のエジプト魔術の多くの要素がこの新教義の創始者たちによって採用されたとみて、間違いなかろう。強力な言葉としての呪文は、古い時代には冥府への道を開いた。オシリスのもとへ旅する死者をおびやかす邪悪な力は、呪文をとなえることによって追いはらわれた。いまやグノーシスの徒は、同じような言葉、文字、句を口に出して、楽園に到ろうとした。グノーシスの徒にとって永遠の生命に達するためには、この言語魔術は欠くことのできぬものだった。彼らは、死後はアイオンによって天に昇るはずだと信じた。そしてこの昇天は、古代エジプト人が冥府へ降りるのと同じくらい困難で危険なものだと思った。

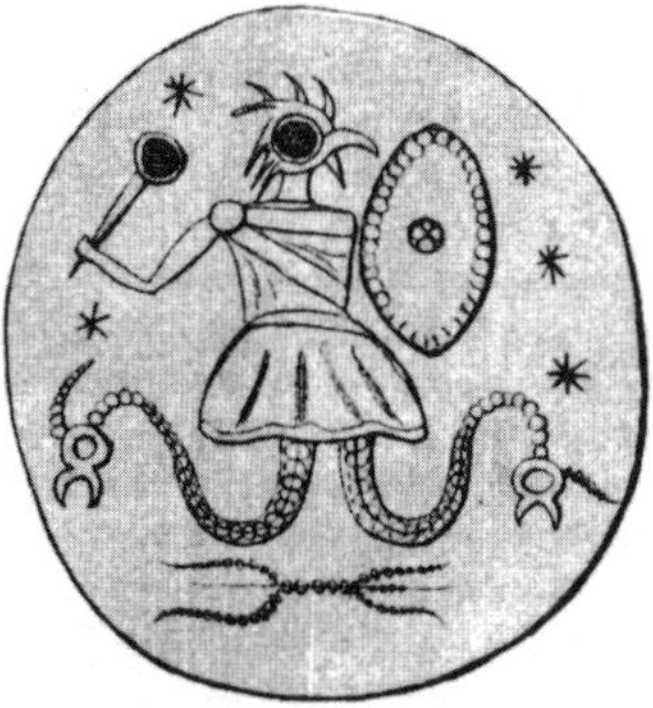
図29　グノーシス派の宝石の護符（アブラクサス）

呪文を知らなければ、正義の人も天国への道を見つける希望はもてなかっただろう。この知識はひじょうに重要だったので、キリストは処刑されたのち地上に戻って長いあいだ住み、人びとに天国にいたる神秘の道を教えた。

グノーシス説の世界像における目立った二つの特色は、ゾロアスター教またはその流れをくむ教えから借用したもので、二元論と流出説である。ペルシアの善神アフラ・マズダのように、グノーシス説の最高神は、神秘な光を浴びて現われた。この光は、不可視の世界のアイオンに浸透し、ごくわずかで気づかないほどだが、可視の世界の腐敗にも透っていた。

善の原理と悪の原理は永遠に闘争するという思想は、すべてのグノーシス派の人たちにそなわっていた。三世紀の終りごろ、衰微しつつあったグノーシス説にとって代わって、ゾロアスター教とキリスト教とを調和させようと企てたマニ教が現われた。マニ教は、グノーシス説の多くの特色をとりいれ、善と悪とが和解できぬことをふたたび強調した。「天と地と、それらのうちにある一切が存在する以前、二つの原理が存在せり。一は善にして、他は悪なりき」。

グノーシス説の指導者たちが無数の書物に集めたキリスト教の教えと称するもののうち、こんにちまで伝わっている唯一の書物として、一九世紀の中ごろコプト語の写本で発見された『信仰《ピステイス》＝知恵《ソフイア》』がある。著者は使徒フィリッポスで、救世主キリストの命によって執筆したといわれる。

この書物によると、魂は、天の力と徳の圏であるアイオンを横切らなければならぬ。キリストがふたたび昇天したとき、彼は一三番目のアイオンのところで、見捨てられ泣きぬれているピスティス・ソフィアを見つけた。彼女は、最高の光をちらりと見たので、そこへ到達したいというたまらない欲望にかられ、その根源まで飛来したのだった。彼女の圏の支配者アダマスは、この謀反に対して、水面に虚偽の光を輝かせることによって彼女を罰した。そのためピスティス・ソフィアは迷い、深淵に落ちこんでしまった。

彼女は、救世主の調停によって救われ、キリストとともにアイオンの各段を、告白を歌いながらのぼっていった。ピスティス・ソフィアが回復した後は、この書物は、教義の正確な解釈にむけられる。主任弁士のマリア・マグダレナは、罪の根本原因を質問し、それに対してイエスは、人間の魂に関する論で答えている。それにつづいて、「外界の暗黒」の竜としても知られている、苦悩の場所を支配する力が評価される。

この書物は、二四のアイオンにふくまれた二四の神秘について、不明瞭な言葉で述べている。そこにはまた、楽園への航海者が知らねばならぬ五つの記号、七つの母音、五本の木、七つの結び言葉も述べられている。

『信仰＝知恵』のなかには、一部はヘブライ信仰から、一部はエジプトの礼拝式から借用した印章や数やその他の象徴をほのめかしたものが、散在している。それらは、神秘的な順序で繰りかえされているが、不可解である。

最後に、『信仰＝知恵』には、イエスの長い祈願がある。あるときは山で、あるときは海で、またあるときは空中で、弟子たちを従えた救世主は、父なる神に祈りを捧げる。これらの祈願に先んじて、呪文がある。すなわち、イエスもまた、ブドウ酒と水との聖餐式を行なうのである。ついで彼は、惑星の善と悪の影響や、人間の魂におよぼす黄道十二宮の影響について説明する。そのさいの惑星の名は、見たところゾロアスター教の秘術師から借用されている。挙げられている神々のうちには、ブバステスや怪物テュフォン＝セトのようないくつかのエジプトの神々や、救世主の天の母であるシリアの女神バルベロがある。

以下は、『信仰＝知恵』の最後の部分からの引用で、ここは他の部分とは関係なく書かれている。イエスの口にした言葉は、純粋に魔術的な手引きである。それは、一見幻想のように見えるかもしれぬがそうではなく、ヘブライ語やエジプト語・ペルシア語のよせ集めで、幾度も複写された結果、ついに理解できなくなったのである。大衆はこれらの言葉を、その起源を知らないで口にした。この点で彼らは、言葉の呪力がなくなることをおそれて異国のあいまいな原文を変えないという古い慣例にしたがっていた。このように言葉の効力を信頼することは、数や「真の名称」の神秘力を信仰したり、エジプトまたはバビロニアの魔術的な仕掛けを信仰するのと類似している。

「さてイエスは、弟子たちとともに大洋の水ぎわに立ちたまい、つぎのごとく大洋に祈りたまえり。

〝聞きたまえ、わが父よ、あらゆる父の父よ、無窮の光よ、

ア　エ　エ　イ　オ　ウ　オ＝イ　ア　オ＝ア　オ　イ　オ　イ　ア

プシノテル＝テリノプス＝ノプシテル＝ザゴウレ＝パゴウリ＝ネトモマオト＝ネプシオマオト＝マルククハタ＝トバッラン＝タルナカカン＝ゾロコ＝トラ＝イエオウ＝サバオト〟。

されどイエスかくいいたまいしとき、トマス、アンドレアス、ヤコボスおよびカナン人シモンは西にいて、その面は東に向けられたり。……

されどフィリッポスならびにバルトロマイオスは南にいて、北を向けり。しかれども他の

弟子たちは女弟子たちとともに、イエスの背後に立ちおれり。されどイエスは祭壇のかたわらに立ち、〝イエス、イエス〟と叫びたまえり。しかして亜麻布の外衣をまとえる弟子たちとともに、〝イ ア オ、イ ア オ〟(i a o、i a o)といいながら、祭壇のまわりを世界の四隅にたとえてめぐりたまえり。これを解釈すれば、イオタ(Iota)=宇宙はアルファより生ず。しかしてそれらはふたたびそれらに帰るべし。オミクロン(O)は、すべての完成の完成となるべし。されどイエスは、彼らにかくいいたまいし後、〝イァフタ・ラフタ・モウナエル、モウナエル、エルマノウエル、エルマノウエル〟といいたまえり。それは、〝おお、あらゆる父の父よ、われ、おんみの前にかれらを導きたり、あらゆる父がおんみの真理のあらゆる言葉を信ずと思いければ〟の意なり」。

グノーシス説の教義のこみいった天界の組織を述べることは、読者の忍耐をしいることになろう。グノーシスの徒は疑いもなく、もっとも複雑な体系の曲がりくねった路にはいりこむことによって、神の光に到達しようと望んだ。祝福は、奮闘的な努力をしなくては得られぬ、と彼らは信じた。ユダヤ人は三〇年間砂漠をさまよった末に約束の地に到達した。この長い清めの旅をさせたのは、彼らの神の意志であった。天界への旅は、さらにもっともっと困難であるにちがいない。

天界は、当時の多くの宗教からとった無数の神々の領地だった。三六〇名の高位の支配者は、五名の大支配者——クロノス、アレス、ヘルメス、アフロディテ、ゼウス——のもとにあった。

図30　グノーシス派の宝石の護符（アブラクサス）

これら天界のすべての権力者のうちで、ギリシアの神々は最高の地位を占めた。彼らの明澄なギリシア名は、異国のオリエント名と混ざりあっている。ヘブライのエホヴァとギリシアのゼウスは、定められた地位をもっていた。軍神アレスには、イプサンタコウンカインコウケオクと呼ばれる力がついていた。媒介の神ヘルメスには、明らかにそれほど重要でない力が授けられている。その名は、カインコオクといい、二つの音節からなっている。だがカインコオクは、三重の力をもったひじょうに強力な三人の神々のうちの一神である。バルベロの娘ソフィアは、これらの強力な神の提携のうちで、もっとも気立てのやさしいアフロディテに結びつけられている。そしてクロノスは、名前をもたない力、すなわち「偉大なる不可視のもの」から得られた徳に結びつけられている。

　グノーシス説がひろく普及したことは、それがいかに大衆に訴えたかをはっきり物語っている。さらにまた、当時の知識階級が、古代世界と初期のキリスト教とを調和させようと苦心したこの新しい信仰に魅せられていたことも、事実である。

　グノーシス説の危険な伝播に気づいた聖パウロ（六七年没）は、「これらの空虚な教説や新しくつくられた種々な名称に誘惑されぬよう」、エフェソスの教会に警告を発している。教会の他の人たちは、それほど用心ぶかくはなかった。たとえば、北アフリカのプトレマイオスの司教に選ばれたシュネシオス（三七〇—四一三年）などは、そうである。彼は、デモクリトスが書いたとされている錬金術書を注釈し、その注釈書を、アレクサンドリアのセラピスの高位聖職者に献上した。彼の錬金術書とグノーシス賛歌とは、たしかに宗教的には正統なものではなかった。

グノーシスの諸派

グノーシス説の指導者のうちでもっともすぐれたヴァレンティヌス（一六一年没）によると、物質はもともと精神的、天上的世界から、決定的に分離されるものではない。それゆえ信仰《ピスティス》＝知恵《ソフィア》の一時的な堕落が、天上界の内部でおこる。二つの最高のアイオンが存在する。一つは父なる神のアイオンであり、もう一つは、神話によれば、物質のなかに沈下し、ふたたび昇天した原初人のアイオンである。この堕ちたアイオンは、クリストス（これはキリストではない）という魂をこしらえた。罪のあがないは、境界に位置する者ホロスを通じて現われた。ホロスという名は、エジプトのイシスの息子ホルスに由来している。

ヴァレンティヌス派の主要な秘跡は、結婚式でのそれだった。そこでは、敬虔な人たちはソフィアと救世主との天界の結婚を目撃し、信者たちは救世主の天使との神秘的な結合を経験することになっていた。この秘跡には、つぎのような式文が用いられた。「われ、なんじに恵みを与え

図31　グノーシス派の宝石の護符　セラピスとアガトダイモンが一つの像に結合され、宇宙の主を崇拝している

ん。すべてのものの父、その面前になんじの天使を見るゆえなり。……われらいまや、一体とならざるべからず。いま、この恵みをわれより、われを通じて、受くべし。花婿を待つ花嫁として、なんじみずからを装うべし。さすれば、なんじはわれと等しくなり、かつあるがままのなんじとならん。光の種子を、なんじの結婚式場に降らしめよ。花婿を迎え、彼に席をゆずり、腕をひろげて彼を抱きしむべし。見よ、恵みはなんじに下れり」。

　神秘的なエロティシズムも、もっとも古いグノーシスの徒、秘術師シモンの教義中に明白に現われる。彼の多くの信奉者たちの考えによれば、至上の神、父なる神、もっとも高貴な力は、流出によって女性の生殖の原理をつくりだした。その彼女がこんどは、天使たちを生み、ついで天使たちは、可視の世界をこしらえた。これら下位のものどもは、彼らの母をねたみ、彼女を地上に引きずり降ろし、肉体を与えてはずかしめに耐えさせた。彼女は、トロイのヘレンだったが、シモンの時代には、売春婦としてテュロスで暮らしていた。シモンは、人類を救うために彼女と結婚した。こうして救済は、善行によってではなく、シモンの恩恵とヘレンの希望によって現われるのである。

　シモンは、西洋では邪悪な魔法使いの原型になった。『新約聖書』の「使徒行伝」第八章九—

二四によると、彼は、フィリッポスによってキリスト教に改宗させられた。というのは、フィリッポスの奇跡と説教にこの魔術師はふかい感銘を受けたからである。フィリッポスの魔術は、彼には自分のよりもさらに強力なものにみえた。ペテロとヨハネとが人びとの上に手をおいて洗礼を授けているのを見たシモンは、自分にも聖霊を授けることができるように、その儀式を教えてくれとたのんだ。彼は、教授料として金を支払うといったが、ペテロが非難したので、シモンもしぶしぶ聞き入れ、自分を容赦してくれるように祈ってくれとペテロに願った。シモンの名は悪名となり、このエピソード以来「シモニイ」という言葉は、聖職売買を意味するようになった。

図32　地上に落ちた秘術師シモン

伝説によれば、シモンは、自分もキリストのように昇天できることを実地に証明しようと欲した。彼は、ローマの青空のなかへ飛び上がった。多くの人びとは、この離れわざに目をみはった。ペテロは、自分の信徒たちがいいにせの予言者に心をひかれはしないかと心配した。彼は神に祈り、これが恥ずべき結果に終わるように懇願した。シモンを擁護する魔ものたちは、ペテロの祈りで追いはらわれ、シモンを見捨てた。そしてこの秘術師は、地上に落ちて足を折った（図32）。

もっとも有名なグノーシスの徒は、一二五年ごろ活躍したバシリデスであった。初期のカトリック教徒は、彼について多くのことを書いている。ヒッポリュトスは、バシリデスの信仰の説明で、「父なる神」を至高の存在として述べている——バシリデスの本質は筆舌につくしがたく、彼については何ごとも断定できない。彼は、万物の胚種をふくんでいる種子を創造した。そのなかにはまた、父なる神と同一の三つの聖子も埋まっている。第一の聖子は最高度にのぼった。第二の聖子は、劣っていたので、その半分しかのぼらなかった。そして第三の聖子は、物質に滲みこみ、選ばれた人たちの精神的な遺産になった。世界の種子からは、より高位の大支配者アルコンが産まれた。彼は、自分こそ最高位の存在だと信じた。しかしながら、彼よりも賢明ですぐれた彼の息子が、宇宙の基礎をきずいた。息子と父は、月より上の大空を支配した。月より下の世界は、ヘブライ人の神によって支配された。この神もまた、息子をもっていた。高位のアルコンの息子は、キリストになった。

無数の、広範囲にわたるグノーシス派——あまり多すぎてここでは挙げきれない——のうちで、共通した信仰がいくつかあった。これらの派はすべて、創造は最高神の仕事ではなくデミウルゴス（世界形成者）の仕事だという点で一致していた。デミウルゴスは最高神の下にあって、シモンのいわゆる「未知の父なる神」または「無限の力」であった。デミウルゴスは、イアダルバオトとも呼ばれた。可視の世界を物質からつくったので、彼の本質は不完全だった。ヘブライの信仰に共感するか反感をもつかによって、いろいろな派が、イアダルバオトに高い地位や低い地位を割り当てた。しかし、彼を、精神的世界や天界や天使たちを創造した最高神とみなすようなことは、けっしてなかった。大きなオフィテス（拝蛇）派は、ヘブライの神に反対する断乎たる立場をとった。彼らの教理では、イアダルバオトは神聖な存在に値しないとされた。イアダルバオトは、高慢で無知で復讐心に燃えていた。彼は、自分の創造物には不満だったので、イヴという女性によって自分の労作を破壊しようと欲した。しかしソフィアは、人間に知恵の木の実を食べさせようと誘惑するヘビを送った。木の実は、イアダルバオトが人間を無知の状態にしておこうと考えて食べることを禁じていたものだった。この知恵を得たおかげで、人間はイアダルバオトと戦いを交えた。『旧約聖書』の真意は、この残酷な闘争にある。父なる神が人類を救うためにキリストを送るとき、イアダルバオトは、キリストを殺せとユダヤ人を煽動した。しかし、人間のかたちをした救世主イエスだけが死に、神聖にして死ぬことのできないキリストは死ななかった。

図33　グノーシス派のウロボロス

ウロボロスというヘビは、オフィテス派のうちのいくつかの分派によって崇拝された。みずからの尾を咬んでとぐろを巻いている竜に似た生物は、円形をなしていて、変成についてのはてしないサイクルを象徴していた。善と悪が、ウロボロスの内部で結合されたのである（図33）。

ローマ帝国

ローマ帝国と魔術

ユダヤ人は、あなたにお好みの夢を送ることができる。

ユヴェナリス

紀元後七七年に大プリニウスは、博物学に関する自著をティトゥス帝に献上した。プリニウスは、魔術が過去と現在にわたる多くの民族につよい影響をおよぼしたことを認めながらも、魔術師というものは詐欺師かおろか者で、その教義は、人類にたいして彼らがいだいている軽蔑から生まれたものだ、魔術は空虚であり無意味である、そしてヒュマニティが現存しているのは、人身御供というあの奇怪な魔術の儀式を廃止したローマ政府のおかげである、と言明している。プリニウスの主張によると、魔術の創始者はペルシア人のゾロアスターだった。しかし、彼はゾロアスター教徒が人身御供を嫌っていたという事実を知らなかったため、彼の有力な論法も一角がくずれている。一般に、問題全体についての彼の議論は混乱しており、あやふやである。魔術というあの「無価値で空虚な」知恵を軽蔑していたにもかかわらず、プリニウス自身の著書は魔術的な要素に満ちており、伝統にしたがって薬草、石、動物、護符などの効能を賛美している。

魔術にたいする反対論を主張するさい、プリニウスは、多くの隠秘的な実験を行なって一つもうまくいかなかったネロ帝のことを引用している。さらにまた、ガリア地方で魔術師たちを抑圧したティベリウス帝のことを満足げに記している。

じっさい、ローマ皇帝の多くは、公然と魔術に反対した。そしてローマ艦隊の提督だったプリニウスは、現状に同意するのが得策だとみたのであろう。彼の魔術にたいする一斉射撃は、客観性を欠いているように思われる。それはちょうど、彼がギリシアの哲学者たちを、その空虚と軽信と虚偽のために非難して、幾度も攻撃しているのに似ている。

プリニウスが懐疑論者として紹介しているネロ帝は、たしかに、哲学と同様に魔術にも敵意をいだいていた。魔術はつまらぬもので、未来を知りたがる人たちの口実になるだけだといって、その研究を禁止した。彼は、魔術が政府にとって危険だと信じた。もし市民たちに、支配者の運命を星から読みとることがゆるされていたなら、魔術はじっさい危険なものになったであろう。星は、陰謀を予言するかもしれない。ネロの妻ポッパエアは、お抱えの占い師をもち、占星術師たちは彼女の私室につめかけていた。ネロはおおやけには魔術を禁止したにもかかわらず、魔術師たちに政治問題を相談した。占星術師のバビルスは、ネロの敵たちの名を大空から読みとった。そのため敵たちは、皇帝によって打ち亡ぼされた。

ティベリウスは、プリニウスによるとガリア地方で魔術を廃止したといわれているが、その彼が、星にくわしいトラシュッルスに意見を聞いていた。この占星術師は、もうすぐティベリウスが王位につくということだけでなく、自分自身のさしせまった危険も予言した。ティベリウスは、トラシュッルスのいうことがほんとうかどうかをためすために、もし彼のいうことが嘘であれば殺してしまう決心をした。そこでティベリウスが、トラシュッルスにお前自身の運命を予言してみろといったとき、この占星術師は真っ青になって、自分には危険が切迫していると言明した。ティベリウスは、「まったくそのとおりだ。こんなに予言が正確であるからには、私に関する予言も信用できる」と答えた。彼はおののく予言者を安心させ、彼を召し抱えた。

ユピテル神にゆるされることは、ウシにはゆるされない（Quod licet Jovi, non licet bovi）。ローマ皇帝は予言者に相談してもよいが、民衆は相談してはならない。ティベリウスは、屠殺した動物の内臓で占うことは、公私にわたって禁止した。そして彼の治世には、魔術師と占星術師はイタリアから追放された。四〇〇〇人のローマ人は魔術を行なったためにサルディニアへ流刑され、その他のものは、自分たちの将来の栄誉を予言するような星占いをやったというかどで、死刑の宣告をうけた。ところが、皇帝は、敵の計画を知りたいときには、これと同じ方法にこっそりとたよっていた。ティトゥス帝もドミティアヌス帝もそうだったし、オト帝も、プトレマイオスから皇帝になることを予言された。

ヴェスパシアヌス帝は、追放令を強化したが、お抱えの占星術師には適用しなかった。

彼のすぐ前の皇帝ヴィテリウスは、すべての魔術師に向かって、一定の日までにイタリアから去るように命じた。これに対して占星術師たちは、自分たちがイタリアを出発する前に皇帝がこの世から立ち去るだろうと書いたはり札をもって応えた——そしてこの予言は、事実となって現われた。

一般に、有名な占星術師たちは宮廷でよい待遇をうけた。彼らの神託が皇帝のお気に入るかぎり、彼らは尊敬された。けれども彼らのうちには、支配者の計画に反した予言を吐く悪臣がたくさんいた。彼らの創意は、めったに報いられることはなかった。彼らは、不運な星には責任を負うべきだと責められ、島流しとか投獄とか死刑とかのうき目にあった。奇跡的に死をまぬがれたものは、かならず富を得た。ユヴェナリスによれば、「占星術師は、鎖や地下牢に耐えられぬかぎり、信頼がおけないし、ふつうの人間にすぎない。しかし、彼が死をまぬがれれば、たれもが彼の忠告をうけたがる」。

貴族たちも、皇帝と同じように、お抱えの予言者をもっていた。リヴィアがティベリウスをはらんでいるとき、彼女はお抱えの占星術師に相談した。すると彼は、まだ生まれぬ幼児の輝かしい未来を予言した。同じような予言が、リヴィアの将来の夫となった幼いオクタヴィアヌスについてもなされた。

アウグストゥス帝としてのほうが有名なオクタヴィアヌスは、ローマ初代の皇帝だった。彼の治世は、ローマ史のうちでもっとも輝かしい時代を打ち立てた。彼は、もともと懐疑主義者だったが、テオゲネスがこの未来の皇帝の意志にそむいて星占いをしたとき、占星術の信者になった。テオゲネスはこのことを、この未来の皇帝の前にうやうやしくひざまずいたとき率直に確かめてみた。その後アウグストゥスは、自分が生まれたときの幸運の星を刻んだメダルを鋳造するように命じた。

アウグストゥスのような利発な人が魔術にふけったのだから、ローマの支配者中でもっとも有徳な哲学者の皇帝マルクス・アウレリウスがカルデアの秘術師に助けを求めるようなことがおこっても、そう理解できないことではない。アウレリウスの妻ファウスティナは、ある剣闘士と恋におちていた。彼女は、自分の情熱との戦いに打ちひしがれて、その煩悶をマルクス・アウレリウスに打ち明けた。そこで夫婦は、調合した媚薬を飲んで、彼女の不都合な情熱を解消しようと決心した。魔術師が処方した薬剤は簡単なものだった。剣闘士を殺し、その暖かい血を彼女のからだにこすりつけるだけでよかった。このいまわしい儀式をすませると、皇后は、過去の恋に恐怖をおぼえないではいられなかった。

豪胆な兵士で学芸のたしなみもあったセプティミウス・セヴェルスは、無情な野望をいだいた。妻を亡くした彼は、自分が王位につくのを助けてくれる女と結婚しようと望んだ。彼はカルデアの占星術師たちから、王の配偶者になることを星まわりによって約束されている娘がシリアに住んでいることを知った。そこでセプティミウスは、彼女と結婚した。その後彼は、政治上の昇進がはかばかしくないのを知っていらいらし、ひょっとすれば占星術の誤算から、間違った結婚をしたのではないかという懸念が、その心中に芽ばえた。このことについて忠告を得るために、彼はシチリアに赴き、有名な占星術師に相談した。マルクス・アウレリウスの子のコムモドゥス帝は、この醜聞を耳にして激怒した。セプティミウスはかろうじて死をまぬがれたが、コムモドゥスが暗殺された後に王座にのぼり、多年にわたってローマを支配した。ここで、セプティミウス自身の星占いが正確に解釈されていなかったことを、つけ加えておかなければならない。なぜなら、占星術師はだれ一人として、コムモドゥス帝が絞め殺されることをセプティミウスに告げなかったからである。

ローマ帝国の支配者たちは、外国人であると自国人であるとを問わず、すべての魔術師を疑った。予言者や媚薬を調合する魔法使いは、危険な秘密を暴露するかもしれない。ユダヤ人の秘術師は、首都の街路で夢を売った。そして夜ともなれば、人びとは、皇帝をおそれて昼間は抑えつけていた非合法な犯罪的な欲望を満足させた。哲学者の一団は、「永遠なもの」や「永続するもの」について論議し、皇帝のはかない栄光は口にする値打ちもないことを知った。彼らのうちの少数のものは、あえて政府を批判し、政治問題についておせっかいな忠告をした。やがて、新しい名前をつけられた外来の神々が、聖典にも述べられていないような式典で崇拝されることになるだろう。

マエケナスは、そうならないようにと、つぎのような貴重な忠告をアウグストゥスに与えた。「異国の宗教の創始者たちを懲罰なさい。なぜなら、それは、われらの神々を敬うという立場からだけではなく、異国の神々を紹介することによって、創始者たちは多くの人々を煽動して外国の法律に従わさせようとするからです。孤独の支配者の治世にとって危険な陰謀や秘密結社は、彼らのうちから生まれてくるのです。神々を軽蔑する連中や、魔術にふける輩を容赦してはなりません」。

すでに前一三九年に、カルデアの秘術師たちは、ローマから追放されていた。しかし彼らは、折りあらばもどろうとしていた。アウグストゥスはマエケナスの忠告にしたがったが、処罰は寛大だった。たった二〇〇〇冊のカルデアの書物が焼かれただけである。

プリニウスは、魔術を、科学の栄養をとって太った寄生動物とみなした。歴史家のタキトゥスは魔術を弁護し、いかさま師のやる魔術を取りあげて、真の魔術に反対する証拠にしてはならない、といった。セネカは、確信はなかったが、ともかく占星術と占いとを信じた。風刺作家のユヴェナリスは、こういう無意味なものを信じるカルデア人やローマの貴婦人をあざけった。ほんのすこし以前にマエケナスは、魔術を反逆の煽動者と呼んでいた。

後一世紀にこのような相反する意見が出されたということは、そのころ魔術がなおあらゆる人びとの心に、つよい影響をおよぼしていたという事実を物語っている。魔術は、哄笑と恐怖を、また軽蔑と感嘆をひきおこした。だれもが私的な魔術に関心をもっていた。そして、法典化した国家宗教は公認の魔術にほかならぬという事実にもかかわらず、だれにも、公的な祭儀を批判する機会がなかった。いったい、前兆を解釈する人は神官であるのか、それとも魔術師であるのかということは、重要問題だったのだろうか。ティベリウス帝以前には、動物の内臓によって占う卜腸術《ぼくちょう》をおこなわなければ、どんな国家的行為も決定できなかった。神官の管理した学校で教えられるその他の占い術も、おなじような呪術的特徴をもっていた——鳥の飛行と鳴き声とか、稲妻とか、樹木とかを解釈して未来を予言する方法である。すでに以前のエトルリア人やギリシア人のうちに見られなくなったものは、ローマ人の宗教のなかにもほとんどなかった。それは、「蛮行」の遺風に満ちた古めかしい自然宗教だった。ローマの初期の皇帝たちは、この自然宗教を擁護することによって、彼らの権威の強化という唯一の目的を追求した。

初期のキリスト教徒の皇帝たちは、異教徒がキリスト教徒の迫害を終了したころから、こんどは異教徒の迫害を始めた。コンスタンティヌス帝のもとでは、古い祭儀（いまやそれは非合法となっていた）に固執する人びとは魔術師だと宣言され、彼らは信仰のために殉難者にさせられた。東ローマ帝国では、ヴァレンス帝のもとで恐怖におののいた市民たちが、魔法使いであると告発されるのをおそれて書物を焼いてしまった。ヴァレンス帝の調査官たちが採用したやり口は、当時として目新しいものではなく、またそのとき以来採用されてきた方法だった。それは容疑者の家に調査官自身が置いておいた呪術の本を、あとで「発見した」とする方法である――これによって、皇帝のそばからうるさい臣下たちを除いたり、処刑者の金で国庫をふくらませたりすることが、わけなくできた。

新プラトン説

ローマでは、私的な魔術が商売になっていた。カルデア人はお金とひき換えに、善と悪をはかった。彼らの知識は、たえず堕落しつつあった。しかし、魔術はなおも力づよい影響をおよぼした。そして魔術的な思想や祭儀をうけ入れたグノーシス派と新プラトン派は、いたるところで信者を集めた。増大するキリスト教徒におどろいた新プラトン派は、みずから異教的な魔術の新しい擁護者をもって任じた。彼らの儀式の重要な部分は、神通力（テウルギ）すなわち善魔を呼びおろすことであった。

もともと魔ものとは、特別な価値をもつ人間が、死後神々の求めによってなったものである。ギリシアの哲学者、とくにピュタゴラスとプラトンの影響のもとで、この概念は変化した。そしていまや魔ものは、神性があるものと考えられた。古代の多神論の神々や英雄は、無限で普遍的で人間には理解できぬ唯一の神のしもべになった。こうして、原始的な多神論と哲学者たちの一神論とのあいだに、妥協ができあがった。

魔ものは、神性をおびていたが、人間の姿をして現われた。彼らは人間を悪の影響から保護し、人間の祈願を最高の天にまで運んだ。新プラトン説はまた、流血と闘争を好む悪魔も認めた。彼らを呼び出すことは、犯罪とみなされた。

新プラトン説の倫理で大切な特徴は、神は一国民の前だけでなく多くの国民の前に現われるという信仰だった。「神聖な啓示の痕跡が見られるところでは、どこにでも神霊がただよっていた」。そのころ、以前の古い宗教は、神が最初に人間の前に現われたあかしとみなされ、とくに尊敬された。しかしながら新プラトン説の混合主義は、キリスト教時代におけるグノーシス派の多くの人たちのとなえた混合主義とはちがって、うけ入れられなかった。ヘレニズム時代の哲学は、その上に宗教的な信仰と他のオリエントの知恵とを接ぎ木することによって救われることになった。

東西間の膨張する交通の実験室になっていたアレクサンドリアでは、ユダヤ人の哲学者フィロン（前二〇年生まれ）が『旧約聖書』をギリシア語に翻訳し、古いユダヤ教の教義とギリシア哲学とのあいだの関係を示そうと企てた。フィロンは、ギリシア哲学はユダヤ教よりもすぐれていると公言した。しかし彼は、哲学における偉大な思想の多くはヘブライ人のうちに起源をもっており、西洋がヘブライ人からそれを借用したのだと主張した。けっきょくフィロンの哲学は、真の知恵と道徳とは知的な理解力よりもすぐれたもので、知識だけでは恵みは得られぬという信念にまで高まった。

フィロンとともに、アテナゴラスやユスティヌスなどの初期のキリスト教徒が、新プラトン説への道を地固めした。彼らは、キリスト教を超プラトン的なものとして示そうという野心をもって、この新しい信仰をプラトン哲学とストア哲学とに結びつけようと努力した。彼らは、キリストの啓示がほんとうであることを証明するために哲学をもち出した。

プロティノスの神秘論は、後期の新プラトン派の神秘論よりも魔術的、宗教的要素がすくない。彼とその門人たちは、哲学が必要条件とするものに、なお信頼を示している。しかしながら、彼らの後継者たちはこのような見解に立たなかった。そして人間の知性を達成するために、神の啓示という高度な知恵に反対した。

神性をおびている魂は、その根源である神に復帰しようとつとめる。そしてその神からヌース（精神）が生じ、ヌースはただちに神の像として、および一切の存在物の原型として創造される。魂の神への復帰は、プロティノスによれば、魔術的な儀式では促進できず、ただ、美徳や禁欲や貞節を行ない、神を静観することだけで促進することができる。プロティノスの門人のポルフュリオスによれば、師は神との忘我的な合一を四回達成したという。ポルフュリオスは、師の教えを、宗教的＝魔術的な儀式に重点をおいてひろめたため、神秘哲学から宗教的行事への新プラトン説の移り変わりを早めることになった。この過程は、ポルフュリオスの門人のイアムブリコスの手で完成された。ここに、哲学的理論が神学的教義に変貌したわけである。

二〇四年ごろから二六二年まで生きていたプロティノスは、魔術には反対だった。彼は、グノーシス派の人びとが、話される言葉は高度な実体のない力を左右することができると信じている、といって彼らを非難している。彼はまた、病気は魔もので、魔よけをすれば追い払うことができるという彼らの信念を攻撃した。プロティノスは、まじないや護符のききめを認めてはいるが、それらを、魔術師や妖術師の作品と呼んでいる。彼はその著『エネアデス』（第四巻四の四四）のなかで、理性のある生活は魔術から解放されている、と結論している。彼は、星と星の運動とに隠秘的な意味を認めているが、それは「あらゆる事がらをひきおこすというのではなく、個々のものに関して未来を予示する」ものとしてである。彼もまたプラトンのように、星は人間よりすぐれた魂と知性をもった、神聖で永遠な動物だとみなした。星は世界霊魂にいっそう近く住んでいるから、その本質は地上の生物よりもまさっている。しかし星は、黄道十二宮の異なる宮にはいるさいに善から悪に変わるようなことはけっしてしないのである。

こうしてプロティノスは、カルデア人の星の知恵をつよく否定する。しかしながら、彼の世界像は、本質的には呪術的である。彼にとっては、調和と共感とが、世界のすべての存在する部分をひきよせる。明白な関係のなさそうな存在物のあいだにも、秘密の共感がある。これは、その後の新プラトン派の人たちが奇跡を生み出すさいに利用する概念である。占星術に関するプロティノスの概念は、中世の多くのキリスト教学者の概念と同じだった。すなわち、星はその影響力を示すけれども、人間の意志は——自由であるために——それに打ちかつことができる。彼の後継者たちは、悪魔と魔術との関係を見つけた。彼らは、一方では善魔を呼びおろす神通力と妖術の悪業とを、また他方では神通力と科学とを区別した。神通力は、「秘密の署名」と「永遠のむかしから神聖にされている不可解な象徴の力」とを用いる。これらは理性よりも崇高なもので、その起源を知っているものは、彼らが呼びかける神だけである。いいかえると、封印やふしぎな言葉を信じる古い信仰が、ここでふたたび支持されていることになる。それらは、世の中の移り変わりに合うように変形されてはいるが、じっさいは魔術の道具なのである。

イアムブリコスかポルフュリオスかそのどちらかが書いたとされている『エジプト人の密儀について』という本のなかには、自然物と悪魔とは、霊気のように、空気のように、または水のように関係しあっている、と述べられている。これは、魔術に大きな活動分野を開放していることになり、魔術の目的のためにすでにわれわれにおなじみの事物をふくんでいる。すなわち石、薬草、香料、動物が霊的な力を引きつけるために使われ、一方、祈禱の効果は、激情と冒瀆行為の呪文師を清めるのである。

ルネッサンス時代の新プラトン派の魔術師たちも同じような操作でやっていることは、それほどおどろくにはあたらない。彼らは、隠された宝をあばいてくれる悪魔を呼び出す前に、熱心な祈りとキリストの象徴を用意した。

一六世紀の魔術師がすすめている点は、これらの操作は、空に半月が現われるまでは見合わせること、魔術師は九日間純潔を守ること、彼は告白と霊的交流につとめること、などである。

新プラトン派の人たちは、悪に害されないように魔よけを利用し、悪魔の裏をかくような策略に出た。ポルフュリオス（二三二―三〇四年）は、自分の師プロティノスがローマのイシス神殿でおこなった不完全なまじないについて報告している。プロティノスは魔術についてまじめな見解をいだいていたが、ともかくこの場合は、彼はその見解にさまたげられずに、神通力にふけっていた。このとき現われた神は、すぐに追いはらわれた。というのは、二羽の鳥を魔よけにもっていたプロティノスの友人が、神が目にはいったとき、その鳥をしめ殺してしまったからである。この仕打ちにおどろいた神は、おしだまったまますぐ消えた。

神通力（テウルギ）が西洋におよぼした影響はつよかったが、新プラトン説が教会の教理にのこした影響はさらにつよかった。けれども、キリスト教教会におけるその展開を述べることは、本書の領分からはずれることになる。聖アウグスティヌスとプロティノスを思いおこすだけで十分だろう。彼らはともに、同じ哲学的伝統の落し子であり、それぞれ別々に同じような結論に到達した。教理は、哲学的な方法によって系統立てられた。そして神学者と新プラトン派とは、ときにはきわめて緊密になっていたので、両者は完全に一致しているようにみえる。

*

プラトンの時代には、国家に役立つ魔術であれば、それがどんなものでも宗教と融合することができた。異教徒時代のローマ皇帝のもとでは、おおやけの祭儀は合法化された魔術であった。私的に魔術を行なうことは、政府の支配外に出ることになるので、こわがられていた。新プラトン説は、これまでローマの知らなかった儀式を紹介したが、それらは、なにか新しい禁令の魔術とみることもできたし、また改革的な性質のものとみなすこともできた。アプレイウスが魔法使いのかどで告訴されたとき、彼は、自分の行為は国家宗教が認可している行為とすこしも違わない、と言明した。その後まもなく新プラトン説は、事実上、異教の神学と同一視されるようになった。キリスト教徒の皇帝たちが魔術を取り締まる法律でだれに有罪の宣告をくだすかは、だれにもはっきりいえなかった。そしてこのあいまいさが、支配者たちにとってはかえって実際的であることが立証された。明らかに彼らは、ローマが魔法の取締りのために制定していた古い法令を復活させたのである。しかしながら、大きく変化した社会に時代おくれの法律を適用したため、別な結果をひきおこすことになった。もともと国家宗教を守るためにつくられた同じ法律が、こんどは国家宗教を破壊することになったのである。

ローマでキリスト教徒の迫害が最高潮に達したとき、テルトゥリアヌス（一六〇頃—二四〇年）は、つぎのように叫んだ。「貴下の手に捕えられたわが同志らは、すべて貴下によって倒された。さらに多くのものが、貴下の残忍非道な拷問によって日々死んでいる。もし仕返しが必要とあれば、どんな報復戦でも貴下に対して行なうことができるだろう。——われわれは、放蕩や精神の隷属によって弱められてはいないのだから」。報復は、そのころはやってやれないことはなかったし、古いローマ法は、もっとも強力な武器になるはずだった。最古のローマ法である十二表法は、けっして効力を失っていなかった。その法律は、魔法の罪には死を命じていた。コルネリア法は、つぎのような判決を確認した。「占い師、魔法使い、邪悪な目的のために妖術を利用するものたち、つまり魔ものを呼び出したり、四原素をこわしたり、蠟製の像を破壊的に用いるものたちは、死刑に処せられる」。

キリスト教徒の皇帝たちは、その法律が得策であることに気づくと、こんどは神殿の女予言者に占い師の汚名をきせ、神々と会話する仲介役の哲学者たちを、とぐろを巻いた魔ものを呼び出す呪文師だと非難した。正義についてのこの両刃の剣の両側はかならずしも同じ鋭利さではなかった。皇帝たちは、事情に応じて、これらの法律を実施したり無視したりした。コンスタンティヌス大帝の子のコンスタンティウスは、イタリアとアフリカでは寛容を保証したが、小アジアではさまざまな口実のもとに異教徒を迫害した。三五七年に、彼はありとあらゆる占いを完全に禁止した。「今後は絶対に占いも奇妙な詮議もゆるさない。これにしたがわぬものはすべて、死刑執行人の復讐の剣で斬首される。この法令の承認を拒むものは、殺される」。古い宗教を行なっていた人びとは、いまや邪悪な呪文で皇帝の生命をねらうものだと非難された。

背教者ユリアヌス

このような経過から推測すると、初期のキリスト教徒の皇帝たちは、自分たちがまず帝国の支配者だと考え、その基礎を、自分たちの目的に適したあらゆる政治的手段によって固めた、とみるべきだろう。他方、いまや下層階級の大多数のものが通うようになった教会は、通俗な迷信と妥協することを余儀なくされた。精神的指導者の多くはこのような迷信にふけり、数多くの聖職者たちは腐敗堕落した。そしてこの腐敗堕落は、最後の異教的哲学者たちの美徳と奇妙な対照を示した。大衆をひきつけるという問題にもはやわずらわされなくなった異教的哲学者たちは、哲学の最高の領域にひきさがった。

皇帝ユリアヌスがキリスト教の信仰を捨てて異教崇拝に復帰したときの人気を理解するためには、以上の事実を銘記しておくことが必要である。ユリアヌスは、その家族のたった一人の生き残りだった。というのも彼の家族は、従兄弟にあたるコンスタンティヌスの息子コンスタンティウスに虐殺されたからである。彼一人が見のがされたのは、たぶん無害な人物だと思われたからだろう。彼は帝国の東部の辺境で、わびしい青春をすごした。王子らしい教育は何一つうけなかった。そしてニコメディアの司教はコンスタンティウスから、ユリアヌスが聖職につくようにしむけることを命じられた。

ユリアヌスは、うらみをうまく隠していたにちがいない。コンスタンティウスは、自分が危険人物になるなどとは、いささかも懸念していなかったからである。伝説によると、ユリアヌスはひそかに新プラトン説を学んだという。哲学者のエウセビオスは、「薄弱な精神に宿る信仰ほど、あやまりに近いものはない」といって、理性を信頼することを彼に吹きこんだ。これに反してクリュサンティオスは、口をきわめて神通力を賛美し、自分の門人のユリアヌスが超自然的な現象にいっそう興味をもつようにしむけた。最後にマクシモス師は、新プラトン哲学の奥義をこの未来の皇帝に授け、そして師の知識の最上の証明として情けぶかい魔ものを呼び出した。エフェソスの近くの荒れはてた神殿で行なわれたこの奥義の伝授は、ユリアヌスの背教への第一歩だった。彼の従兄弟のコンスタンティウスが彼を訪問したことは、他人はもちろん彼自身にとっても信じられぬことだった。さらにもっとおどろくべきことは、ユリアヌスが副帝として、ガリア地方の軍隊の統司令官に任命されたことである。彼が最初にはいったガリア人の村では、友好的な村民たちに華やかに迎えられたが、そのとき偶然にも、彼の頭上に月桂冠が落ちてきた。また、ウマに乗ってヴィエンヌを通過しているとき、一人の老婆が行く手をふさぎ、彼を皇帝として、神々のお気に入りとしてあいさつした。これらはよい前兆だった。そしてこのことは、ユリアヌスが、侵入してくるゲルマン人に対して勝利をおさめたとき確証された。

ユリアヌスの生涯の出来事は、よく知られている。ゲルマン人に対する勝利、彼をローマ皇帝にしたパリでのクーデター、東西両帝国の支配者としてのおどろくべき経歴、キリスト教信仰の撤回などである。彼はエレウシスで、穴のなかに下りていった。そこではミトラ教の儀式にしたがって、彼に雄ウシの血がそそがれた。それから彼は、運命の女神を祭った神殿にいけにえを供え、未来を知るために動物の内臓を供する卜腸術に出席した。彼は大修道院長として、神殿を再開することを布告し、いけにえと占いは国家宗教の欠くべからざる部分だと宣言した。

三六二年に彼は、数世紀にわたってローマに抵抗してきたただ一つの国ペルシアに赴いた。彼は七月の末にアンティオクに到着した。ちょうどアドナイ哀悼の祭りのときだった。この偶然の一致は、凶兆のように思われた。メソポタミアでは、彼は月の女神を礼拝した。そして神秘的な夜の儀式のあとで、彼はこの女神の神殿の扉を、「自分が帰ってくるまで」壁でふさぐように命じた。ペルシア戦争は、不運な企てだった。致命傷を負ったユリアヌスは、腹心のものたちに話しかけ、自分の魂が肉体の上方にあることを知ったと断言した。彼は、自分の消え去ろうとする精神が帝国にとって致命的な誤りをおかすことをおそれて、後継者を指名しなかった。彼は死ぬまぎわに、「いままさに魂が星神に加わろうとしているのを、なぜ嘆き悲しむのか」といった。

ユリアヌスはその著書のなかで、自分は真の新プラトン主義者であり、またイアムブリコスの賛美者であることを示している。彼は『至高なる太陽への賛歌』のなかでイアムブリコスを称賛しているが、この書物はまた、多くの占星術の思想をふくんでいる。惑星は、見ることのできる神々である。そして惑星のうちで最高の太陽は、見ることのできるものと知性的なものをつなぐものである。その光り輝く円盤の背後には、偉大な不可視のものが存在している。これこそ第一原因であり、至高な原理であって、流出によって世界に作用する。そしてその最高の具体化が太陽なのである。ユリアヌスによれば、「アリストテレスの教えは、プラトンの教えと調和するようになるまでは不完全である。そしてそうなったときでさえも、なお不十分である。アリストテレスの教えは、神々から与えられた啓示と一致せねばならない」。彼はギリシア哲学を復活するために、新プラトン説を利用しようと思った。彼はこの学派の擁護者として、人間の魂は罪をあがなうために肉体に監禁されていると考えた。物質は邪悪である。人は、それから逃れなければならない。肉体を所有することを恥じるべきである。肉体の下劣さは、人間の魂には不快なのである。神についての知識は、奥義に達したものだけが立証できるバッカスの狂乱、つまり忘我によって得られる。世界は三位一体であり、物質と、不完全さによってそこなわれることのない惑星と、知性でつかむことのできぬ至高の善とからなっている。

ユリアヌスのおもな関心は、自分の愛好する神としての太陽を賛美することだった。光を発してすべての生命を供給する太陽への崇拝の起源は東方に求めることができ、さらに、光の宗教であるゾロアスター教から発している。ユリアヌスは、ミトラの名のもとに太陽神を崇拝した。太陽神は調停者であり、ヘリオス王であり、万物の王であって、「その英知によって、理解されるかぎりの多くの神々で天上を満たしている」。他の宗教のすべての神々は、力の表示や、ヘリオスの慈善のような理解しやすい場面で、それぞれの役割を演じるであろう。彼は太陽王についての教説を、つぎのような高い調子で結んでいる。

「神々よ、聖なる式典をしばしば行なう特権を私に認めたまえ。宇宙の王たる太陽神よ――おんみは、善を生み出す本質より、あらゆる永遠を通って進行したもう。おんみは、知的なる神々のうちにありてその神々を、無限の調和と美、実りある実体、完全なる知性もて満たしたまい、さらに永遠に終わることなく善もて満たしたもう――私に祝福あらんことを。万物の王たる太陽よ、私はおんみに帰依するがゆえに、慈悲を垂れたまうことを乞い願う。さらに、私に幸福なる生活、確固たる心、聖なる知性を――そして最後に、欲するときに生命からのもっとも平静なる解放を与えたまえ。なお、おんみの近くに昇りて止まることを、たとい私にその資格がなくとも、すくなくとも調和せる多くの年月のあいだ、ゆるしたまえ」

ユリアヌスは太陽崇拝のただ一人の推進者ではなかった。このような信仰は、ローマでひろく行なわれたにちがいないし、たぶんこの信仰によって、ヨーロッパにミトラ教の祭儀が普及したのだろう。太陽崇拝は、ミトラの信仰とむすびついた。またミトラ教とキリスト教の関係も、オリエント的な教義をもつ神官たちによって論じられた。これについては、聖アウグスティヌスが証言している。「あるとき、帽子をかぶっている同僚の神官たち（ミトラはフリュギアふうのボンネットをかぶっていた）が、〃帽子をかぶっているものは、キリスト教徒にほかならない〃といっていたのを私は思い出す」。最初のキリスト教徒皇帝だったコンスタンティヌス大帝は、もっとも流通した貨幣に、「わが守護者たる無敵の太陽へ」という銘とともに太陽の絵を刻み、キリスト教への改宗後も、長くそのままにしていた。

ユリアヌスの宗教は、オリエントの古代の信仰にたよっており、もっとも初期の一神教であるエジプトのイクナトンの宗教を思い出させる。この宗教は、前一三〇〇年に同じような結論に達し、太陽の円盤を象徴とする至高の神に祈っていた。

異教魔術の没落

「……偉大なるパン神は死せることを告ぐ」

プルタルコスによる

四世紀になって、キリスト教は異教の礼拝とその魔術的儀式を圧倒した。ユリアヌスは三六三年に死に、その後継者ヨヴィアヌスは三六四年に死んだ。そしてこの年、ヴァレンスとヴァレン

図34　イアムブリコスの理想像

ティニアヌスの兄弟が、それぞれローマの東部と西部で帝位についた。ヴァレンスのもとでは、異教の抵抗はまだ頑強で、その中心になった人物は、狂信と奇跡愛好とが謹厳さと奇妙にむすびついた老イアムブリコス（図34）だった。彼の教義とプロティノスの教義とは、異教の聖所を支えている柱だった。異教は、焼けた神殿や聖木や聖像の灰の下でくすぶっていた。町々では多くの人は、むりにもキリスト教をうけ入れるのが賢明であることを知った。しかしこれらの改宗者たちは、ギリシアの修辞家リバニオス（三一四―九一年頃）が論証しているように、キリスト教徒の人数を増すことにはなったが、危険な存在だった。彼はこういっている。「もしも彼らが諸君に、新たに改宗した者が多くいると告げても、彼らの突然の改宗は見せかけにすぎないことを確かめよ。彼らは、依然としてもとのままなのだ。彼らはほんとうのキリスト教徒たちにまじれば、自分らの新しい宗教的感情を示す。彼らは、キリストの信者たちといっしょにお祈りをするから、信者の数がふえたようにみえる。……疑いもなく、彼らはお祈りをする。――だがそれは、この場所にふさわしい文句でなく、別の文句でお祈りをするのだ。彼らは、悲劇に出てくる僭主に似ている。つまり、すこしも僭主ではないのだが、仮面をかぶっているわけである」。

田園地方では、当局の警戒がゆるかったから、このような仮面はかならずしも必要でなかった。異教徒(pagan)は、もともと村民を意味する(ラテン語のパグス〈pagus〉は村の意味)ため、ヴァレンティニアヌスの法律では、古い教義は「地方人の宗教」(religio paganorum)と呼ばれている。哲学者がひそかに会合して圧迫に対処する方法を論議したのは、地方においてだった。イアムブリコスの指導のもとに開かれたこのような会合の一つが、しばしば述べられてきた。二四人の哲学者が、荒れはてた屋敷に集まって、占い術を行なった。彼らは、鳥占いで未来を占い、ヴァレンス帝の後継者がりっぱな帝王であるかどうかを知ろうとした。彼らは、アルファベット文字の円の上に穀粒をまいた。するとオンドリが、ギリシア文字のうちから一続きのΘΕΟΔ(テオド)という文字をつまみ出した。……哲学者たちは、宮廷の高官であるテオドルスが皇帝に選ばれるだろうと結論した。

ヴァレンスはこの会合のことを耳にしたとき、すべての哲学者、予言者、魔術者をいっそうつよく迫害した。死刑を宣告されたのは哲学者だけでなく、哲学者が着ている、ふち飾りのついた外套を着た者までもまきこまれた。

この迫害は、当時のような野蛮な時代には異常な事件とは考えられなかった。しかしながら、この物語のその後のことは、伝説の域を出ない。ヴァレンスは、テオドで始まる名前、すなわちテオドレス、テオドゥレス、テオドテス、テオドシテス、テオドリテスなどを名乗る人びとをすべて死刑にした。この虐殺は、廷臣テオドルスの処刑から始められた。ヴァレンスは、迷信的な信仰を根絶しようとしたヒステリックなやりかたのため、迷信への彼自身の卑屈さをさらけ出した。

高齢のイアムブリコスは、不名誉な死にかたをしないために、みずから毒を飲んで死んだといわれる。秘密治安官が、犠牲者を求めて田園地方を歩きまわった。官廷では、占星術師のヘリオドルスが、運勢図をつくったり星で未来を予言したりする本来の任務を隠して、雄弁術をヴァレンスに教えた。しかし、ヘリオドルスは、イアムブリコスの鳥占いの不運な神託がほんとうに実現することを明さなかった。ヴァレンスは、アドリアノープルでゴート人と戦って殺された(三七八年)。そして大帝と呼ばれたテオドシウス(三四六—三九五年)が帝位についた。異教に致命的な一撃を加えたのは、テオドシウスだった。というのは、彼のきびしい法律は、無害な古い習慣も禁止したからである。そのなかには、家庭神を敬うために家庭で香料をたき火をともす習慣、同じ目的でブドウ酒をそそぐ習慣、樹木を飾る習慣などがあったが、これらの儀式の多くは、異教の礼拝とはほとんど関係がなかった。たとえば、「生のために」(propter viam)と呼ばれるいけにえの儀式があった。これは、食べ残りを燃やす儀式だった。「いけにえ」というよりむしろ衛生的なこういう手段は、敬神からというよりは、廃物を処理する必要から出たものである。

このような儀式または伝統を墨守するものは、罰として家が没収され、反逆罪に問われた。新しい法律は、長官や裁判官によってきびしく強化された。異教徒の火がともされていた田畑は、たといその所有者が儀式に参加していなくとも三分の一が没収された。「偏見は、宗教的熱情に変わった。多くの人が、隣人のものを略奪するために、隣人を異教のかどで訴えた」。

シリアの前長官でアジアの地方総督になり、つねに異教の敵だったフェストゥスは、これらの迫害を苛酷に行なってひじょうにこわがられたが、晩年には被迫害者の宗教を信じるようになった。

リバニオスは、皇帝に、寛容であるように勧告したがむだだった。ユリアヌスのもとで顧問だった彼はその著『神殿擁護論』のなかで、ヒュマニティの立場から、狂信によって犯された悪業を暴露している。しかし、それは無益だった。なぜなら、異教の運命はすでに決していたからである。テオドシウス二世のもとでは、異教が存続するための闘いは弱々しくなり、五、六世紀まで細々とつづいた。新プラトン説にいう魔ものたちは、しだいに力を弱めていった。いまや「キリスト」という一語が、彼らを深淵《しんえん》に追いこむことができた。彼らが汚した空気は、祈禱や聖水によって清められた。彼らは永遠に追放されたかに思われたが、自分たちの崇拝者を迫害したことへの復讐のためにふたたび帰ってくることになった。彼らは悪魔のように、西洋世界にふたたび現われ、学者とお人好しの双方の空想のなかに住みついた。彼らが原因でひきおこされた迫害は、西洋を襲った大きな不幸の一つに数えられる。

錬金術

錬金術の起源

この作業は、古代人がいうように、まことに婦人にはあつらえむきだ。
バシリウス・ヴァレンティヌス

のちに錬金術と呼ばれるようになったこの技術は、後二世紀のはじめに西洋に到来した証拠がある。これを裏書きするもっとも重要な証言は、大プリニウス（二三―七九年）の証言である。彼は、冶金術について広範囲に執筆しているが、錬金術に関連づけられるような思想には触れていない。プリニウスが述べている、金属やその取扱いに関するさまざまな信仰は、錬金術がこの時代に出現しようとしていたことを示している。

錬金術師たちが主張する錬金術の時代とは、じつはもっとも幼稚で呪術的な知恵の時代である。エジプトのファラオの時代に錬金術（alchemy）が栄えたという説は、語源学的に考えられたものので、いまでは否定されている。エジプトの錬金術は、黒色を意味するエジプト語のケム（chem または qem）に由来するという。このケムという語は、エジプトの黒い土が砂漠の赤い土ときわだった対照をなしているところから、ときどきエジプトを表わすために使用されていた。

錬金術がほんとうに開花したのは、四世紀だった。それは、キリスト教が異教にたいして、無慈悲な闘いを挑んでいた最中である。この時期の筆者であるパノポリスのゾシモスは、みずから錬金術の弁護人をもって任じた。彼の寓意や注釈は、秘薬に関するもっとも深遠で尊ぶべき文書として、中世の専門家たちによって引用されている。

ゾシモスの言明によると、金属と宝石と匂いの知識は、『創世記』のなかであいまいに述べられている時代にまでさかのぼる。「神の子たち、人の娘の美しきを見たり」。神の神秘な子たちというのは、ノアの洪水以前に人間の女性と結婚した堕天使たちだと信じられていた。ありがたいことに堕天使たちは、女性たちにさまざまな技術を教えた。あきらかにこれは、堕天使の伴侶たちが、宝石や極彩色の外衣や香水を身につけてその美しさを飾るようにという意図からであった。そこで古代の賢者たちは、堕天使は邪悪で、道徳と風習の破壊者だったにちがいないときめた。

テルトゥリアヌス（一六〇頃—二四〇年）は、賢者たちの初期の信仰を確認し、神の子たちは、人間を「現世の快楽」へと誘惑しようという邪悪な目的で、その知恵を人間に伝えたのだ、といった。

ゾシモスによれば、これらのことが錬金術のはじまりを画したのだという。彼は、後期のユダヤ人や初期のキリスト教徒の著者たちがすでに言明していたことを、繰りかえしたわけである。ゾシモスはこの主題を念入りに組み立て、さらに錬金術のごく初期の師匠として神秘的なケメスという名も挙げている。しかしこの伝説的な金づくりの先祖については、実在したという証拠は何も残っていない。ところが、ケメスが『ケマ』と呼ぶ書物を書き、この書物を使って堕天使が人間の娘たちを教えた、ということになっている。ケメスと『ケマ』からケミアという語が生まれ、その結果、ケミアが錬金術そのものの呼び名になった。

以上は、伝説についての説明である。ギリシア語のケミア（chemia）は、後にアラビア人が自国語の「アル」（al）という冠詞をそれに付加するまでは、錬金術の名称として使われた。

初期の錬金術の一写本のなかで、イシスと称し、自著を息子のホルスにあてて書いている尼僧が、自分の知識は天使や予言者の最初の人だったアムナエルのおかげである、と言明している。イシスは、自分の知識はアムナエルと交接したことの報酬として得たと、ためらうことなく語っている。彼女の書物は、錬金術の伝説を研究するものには大いに興味があるが、ユダヤ婦人マリアの変名で知られている女性の書物は、もっと啓示的である。このマリアは、あきらかに西洋最古の錬金術師である。彼女の著書は完全なかたちでは一つも残っていないが、ゾシモスの同僚たちによって、まるでモーゼの妹のミリアムと同一人物であるかのように引用されている。錬金術師オリュムピオドロス（四世紀）は、マリアがユダヤ女性と呼ばれるきっかけになった有名な一節を引用している。それによると、彼女は自著の「神聖さ」について語ったあとで、つぎのようにいっている。

おんみがまことにわが民族にあらざれば（もしおんみがアブラハムの民族にあらざれば）、この書に触るべからず。

この一節は、どうもすっきりしない。というのも、かっこのなかの文章は、原文に組み入れた注解らしく思われるからである。マリアの信念についての疑問は、さして重要ではない。彼女はもっとも有能な化学者で、一連の技術的な装置の発明が彼女に帰せられている。たとえば、安定した低温をつくり出すための熱い灰の箱に収まった容器、いつまでも温かさを保つ肥料床、いまでもフランス語で「バン・マリ」(bain-marie) と呼ばれる二重鍋がある。

女性の錬金術師について語るさい、忘れてならないのは、クレオパトラと自称した初期の学者と、ゾシモスの妹テオセベイアである。クレオパトラの著作『クリュソペイア(金づくり)』については、あとで述べることになるだろう。新発明の技術の研究にこんなに多くの女性が参加していることは、錬金術の起源に女性を関連づけようとする伝説を確証しているようである。三、四世紀に書かれた錬金術の写本の大部分は、のちの時代に複写されてわれわれに伝わっている。たとえば、クレオパトラの『金づくり』は、一〇世紀または一一世紀の一写本のなかに保存されている(図35)。

この図は、右下に一種の蒸留器が描かれており、左下にヘビが自分の尾を呑みこもうとしており、その中心には、「一は全なり」と記されている。ヘビの上には、「賢者の卵」の装置類があり、その上の二重円の中心には、金、銀、水銀の記号がつけられ、そのまわりの二重円の外円には、「一は全であり、それによって全であり、それにたいして全であり……」と記されている。二重

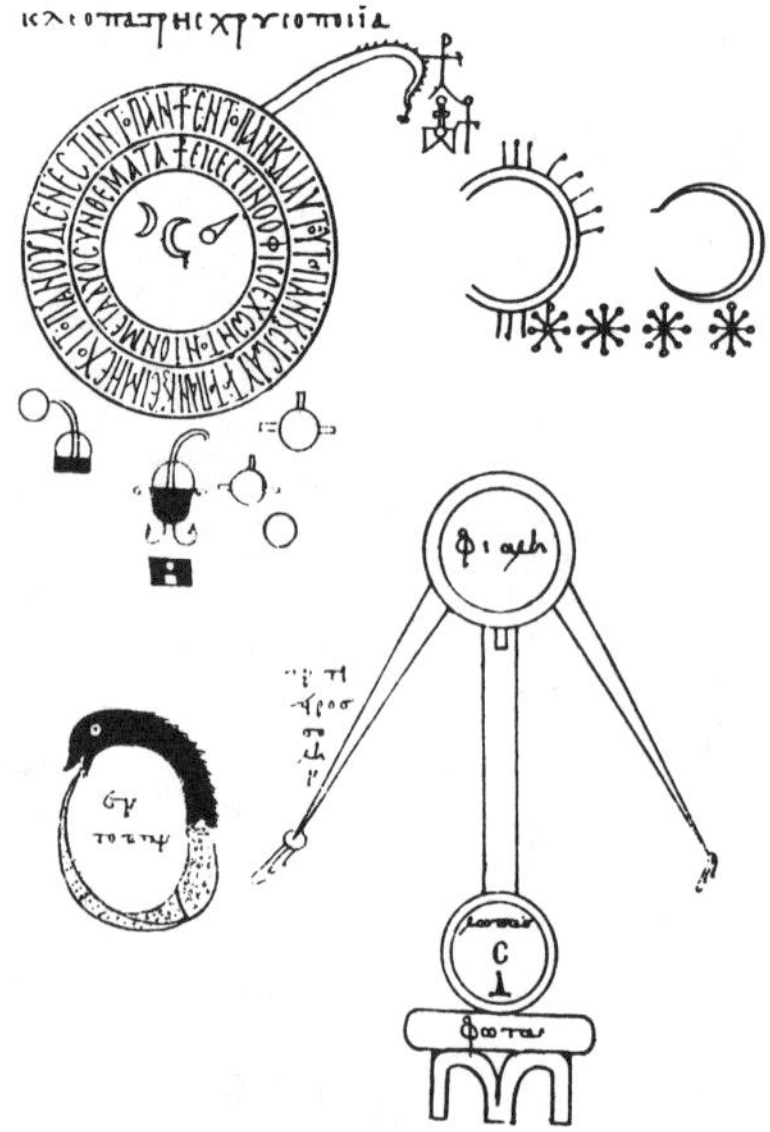

図35　クレオパトラの『金づくり』より

円から突出している一本の尾は、全体がヘビの一部であることを示しているらしい。

しかし有名なライデン・パピルスやストックホルム・パピルスのようなギリシア＝エジプト時代のテキストもある。これらは、紀元三〇〇年ごろまでさかのぼり、そのほとんどまたはすべてが、エジプトのテーベの墳墓内で発見された。しかし、この墳墓に自分とともに蔵書も埋めさせた錬金術師の名は、不明である。このような初期の文献のほかに、ゾシモス、ステファノス、オリュムピオドロス、シュネシオスその他の人の理論的、弁明的な著書のあることもいっておかなければならない。これらの著書が本物であることは、疑う余地はない。ゾシモスとオリュムピオドロスとは四世紀に、シュネシオスは五世紀に執筆し、さらにステファノスは七世紀にその伝統をうけ継いだ。

これらの文献は、初期の錬金術についての明確なすがたを提供してくれる。これらの信頼のおける書物によって、繭に仕上がった伝説の絹糸をほぐし、その神秘を解明することができる。

錬金術は、魔術その他の禁制の技術とともに、神の秘密をもらした呪われた天使たちによって人類にもたらされた。彼らは、この不謹慎のために罰せられたのだった。人間を創造主と対抗できるまでにした禁断の知識には、呪いがかけられている。自然界の隠された作業を研究することは、冒瀆だった。聖アウグスティヌスはこの考えから、「知識および科学として知られている、無益で好奇的な研究欲」と非難している。

知識と信仰の対立も、同様にローマの著者たちによって認められていた。ルクレティウス（前九八頃—前五三年）はその書『事物の本性について』のなかで、誇らし気に叫んでいる、「こうして宗教は、正しい逆転によって踏みにじられる。勝利は、われわれを神に近づける」。そして彼は、偽善的にこうつけ加える、「私が諸君に不信仰の原則を教えたり、諸君を犯罪の道に導こうと望んでいるなどと、考えないでほしい」。

紀元の初めから数世紀にわたって、『創世記』の知識の木は、このような罪ぶかい研究の象徴だった。人間は、禁断の木の実を食べてから、神のように善と悪を知るようになった。疑いもなく、錬金術師たちはこのような見解を受けいれたが、それでも彼らは同じ研究をつづけた。イシスは、自分が知識を得た方法を誇ったが、これは『創世記』の一節にたいする挑戦のように聞こえる。このまったく新しい態度をつくりだしたのは、グノーシス派の教えだった。というのも、グノーシス派の多くの分派は、この世の善と悪との問題には無関心だったからである。同様にオフィテス（拝蛇）派も、『聖書』のヘビを慈悲ぶかい生物として崇拝した。なぜなら、ヘビは、人間の造物主イアダルバオトをうち負かす武器としての知識を、正しく人間に授けたからである。

図36　錬金術の木

このようにして知識の木とヘビとは、錬金術のもっとも大切な象徴になっていった（図36）。

最初の錬金術師たちが異教徒なみのひどい仕打ちをうけたことは、おどろくにあたらない。迫害が始まったのは、この技術がまだアレクサンドリアに集中していたころだった。医学と錬金術の研究はセラピス神殿に隣接した建物内で行なわれた。アレクサンドリアの大司教テオフィロスがこの神殿の破壊を命じたときは、抵抗に出会った。しかし、皇帝テオドシウスの直接命令によって、学者たちはやむをえず退去した。セラピス神殿は、帝国内の他の神殿とともに焼失した。かつてカエサルのもとで破壊されたことのある図書館は難をまぬがれ、アレクサンドリアのムセイオン（大研究所）での研究は、女哲学者ヒュパティアが殺害される（後四一五年）までつづいた。彼女の死は、エジプトにおける異教的な学問の終末を告げた。迫害された哲学者たちは、アテネに避難した。当時アテネでは、新プラトン派のプロクロスが教えていた。錬金術は、彼らとともにギリシアにはいった。五二九年にユスティニアヌス帝は、古い学問や科学や哲学への公然たる抑圧を命じた。こうして異教的な文化は消滅したが、錬金術は、テオドシウス帝の法律が錬金術書を、司教立会いのもとで焼却を命じていたにもかかわらず生き残った。

新しい著者たちは、呪われた人たちの仕事をうけ継いだ。彼らは、その教義にいくつかの正統的な要素を融合して、皇帝が教義を認めるようにしむけた。アレクサンドリアのステファノスは、自著『ケミア九講』を東ローマ皇帝ヘラクリウス（五七五—六四一年）にささげた。ピュタゴラス哲学とプラトン哲学とに精通し、しかもキリスト教的神秘論者だったステファノスは、古代錬金術と新しいヨーロッパの錬金術の過渡期に立っている。ビザンティウムの修道士たちが、入手できる古い著書の複写にとりかかったのは、それからまもなくのことだった。これらの編集者は、狂信的に撲滅された知恵を復元するために、数世紀にわたって立ち働いたが、そのうちのニケフォロス（七五八—八二九年）は、主としてギリシアの著者たちを取り扱った。一一世紀には、プセッロスがプラトン哲学を復元した。古い文献の再現とともに、錬金術の注釈者の人数も増加した。そのなかには、「キリスト教的哲学者」という変名で、自著のなかにキリスト教的文化と異教的研究とを、つまり神学と錬金術とを融合させた練達の修道士もいた。

ステファノスの著書に示唆されて、錬金術の詩人が文学界に現われ、高揚した詩のなかで錬金術が示す奇跡を賛美している。プトレマイオスの司教で、工夫に富み賢明だったシュネシオスとともに、ゾシモスやオリュムピオドロスがまたも引用されている。詩の原文には、トリスメギストスやペテシスやアガトダイモンのような神話的な錬金術師のほかに、ゾロアスターやデモクリトスのようなにせ錬金術師も、ふたたび登場してくる。迫害をおそれて変名のかげにかくれていた人たち——クレオパトラ、マリア、イシス——が、いまや尊敬の的になる。新プラトン派の不運な旗手イアムブリコスは、二篇の錬金術論文を書いたとされている。これらの錬金術テキストのビザンティウム写本はイタリアに渡り、その幾篇かはけっきょく、フランシス一世の手に落ち、フランスにもちこまれた。

しかしながら、もし勝利者のアラビア人がスペインへ古代の学問を紹介しなかったならば、この古い知識のしたたりが、無知の深淵に落ちこんだヨーロッパを救うことはなかっただろう。

ヘルメス・トリスメギストス

すでに前二九〇〇年ごろ、エジプト人はヌビアで金（ヌブ）を採掘していた。石英から得られるこの貴重な金属は、手臼で砕かれ、技術が熟練するにつれて、金は精錬され規格化された。精錬の手順は、苦心の研究のすえに発見され、その秘密は神官によってかたく守られた。彼らはそれを、王位継承者とか、最高の徳と知恵をもった人びとのために保存した。

ゾシモスによれば、「全王国の善は、金属と砂を採掘するこれらの技術に支えられている。しかし、これらの技術を行使できるのは、神官だけである」。

エジプトでは、重要な事がらにはすべて呪文が付随したが、化学的操作もそうだった。つぎの三つの事実、すなわち、エジプト人が金鉱石やその他の金属で細工したということ、彼らがこの操作を秘密にしたということ、彼らの化学が魔術的だったということを組み合わせると、われわれには錬金術というものがだいたいわかってくる。

エジプト人は、秘薬の製法に精通していただろうか。じつは、そういう証拠も気配もない。けれども、錬金術に関する事がらはすべて、つねにエジプトにまでさかのぼる。ゾシモスは錬金術に関する自著をイムホテプに捧げたが、この人物は、おそくとも前三〇〇〇年ごろ生きていた賢明な詩人で王室顧問だった。イムホテプの美しい詩から、初期のエジプト人はすでに、神の子が人間の娘たちに教えた現世の快楽を知っていたことが認められる。

なんじ生けるあいだは、なんじの欲望にしたがうべし。
なんじの頭には没薬をかけ、
美しき亜麻布をまとい、
豪奢なる香水をしみこませよ、
神々のこれら真実なるものを……。

七世紀に執筆したステファノスによれば、硫黄と鉛はオシリス神と同義語である。この神とイシス神と邪悪なテュフォン神とは、錬金術文書にはしばしば挙げられている。そしてそれらの文書の大部分は、ヘルメス・トリスメギストスを錬金術の哲学の師匠と名づけている（図37）。ヘルメスは、ハデスの支配する暗黒の王国（冥府）へ魂を導くギリシアの神である。「彼は、誕生

図37　ヘルメス・トリスメギストスの理想像

と死の扉を開く」。彼は、交換と商業と学問を管理する。つまり彼は、神の使者であり、仲介人、調停者である。

「トリスメギストス」は、「三重にもっとも偉大なもの」を意味し、この神（トート）がいかに高く評価されていたかを示すあだ名である。彼はギリシア神ではないが、エジプトにおけるギリシア植民者たちの神である。これらのギリシア＝エジプト人は、ナイルの国の古い宗教教義を賛美した。この宗教教義はあきらかに、はるかむかしのファラオの時代からすこしも変化していなかったが、じっさいは衰微していた。だからギリシア人がこの教義を研究し始めたとき、その象徴はエジプトの神官たちによって理解すらされなかった。

ギリシアの植民者たちは、アレクサンドリアの人口の大多数を占めてはいなかったが、もっとも理知的だったことは確かである。エジプト人とギリシア人の交易の結果、エジプト宗教とギリシア哲学とが混ざりあったが、そのさい、ギリシア思想のほうが優勢だった。だからこの場合は、ギリシア化されたエジプトというのが正しいであろう。ギリシア人は、エジプトの古い宗教のなかで理解できるものはなんでも、こころよくうけ入れた。こうした結果、この二つの要素が、ユダヤ人や他の東方民族の宗教的な断片とともに混ざりあってできたのがエジプト哲学である。ギリシア人は、エジプトの神々のうちに自分たちの神性を認めた。こうして彼らは、魔術と筆写と話し言葉の神聖なる発明者トートと、ヘルメスを同一視した。

トートは、冥府の裁判所の書記で、死者の行為が考量された後に発せられるオシリスの評決を書きとめた。

トート・ヘルメス(ヘルメス・トリスメギストス)は人間化され、さらに発展して神話的な王となり、三二二六年間君臨し、自然の原理に関する三万六五二五冊の本を書いた。イアムブリコスは、この架空の数字を二万冊に減らした。またアレクサンドリアのクレメンス(後二〇〇年に活躍)は、それをさらにへらして四二冊という穏当な数にした。彼は厳粛な行列のなかに、それだけの数の書物が運ばれるのを見たのである。

これらの書物は、ギリシアとエジプトの交渉の結果生まれたエジプト哲学に関する作者不明の文書にほかならない。イアムブリコスによれば、このような著作の筆者は、おそらく自著に古びた神々しさを与えるために、「トート」を著者名にしたのだろうという。仮定の著者トート・ヘルメスは、その結果、ヘルメティカと呼ばれる教義を発見したことになった。

神話的な錬金術の達人の存在については、プラトン、シチリアのディオドロス、テルトゥリアヌス、ガレノス、イアムブリコスその他多くの人が確証したため、存在の確実さを疑うものはだれもいなかった。

ヘルメス・トリスメギストスのものとされる巨大な数の著書のうち、ギリシア語で書かれた一四篇の短いテキストとキリスト教徒の著者が保存した一連の断篇以外は、ほとんど残っていない。それらは、初期のころに特有な神秘論的、哲学的思想を述べており、全体としてみると、グノーシス説を思い出させる。そのうちでもっとも有名なのは、『よき牧羊者ポイマンドレス』と呼ばれる文書である。この文書の数節は、聖ヨハネの福音書にひじょうに似ており、その他の個所はプラトンの『ティマイオス』を思わせる。フィロンが述べているようなユダヤ思想も、このなかに認めることができる。これらの著書のほかに、少数の魔術論文がトリスメギストスに帰せられている。それらの主題は占星術で、錬金術はいくぶん取扱いがあいまいである。

錬金術師たちはヘルメスの書物を、自分たちに秘伝を伝えるヘルメスの遺産だと考えた。それらの秘密は、貴重な知恵が冒瀆者の手に渡らぬように、寓意によって隠されており、賢者だけが、神秘の迷路のなかの道を見つけることができた。

錬金術の達人たちの信条としてしばしば引用されるヘルメスの章句は、「ヘルメスの埋葬死体が置かれたうす暗い坑《あな》のなかのミイラの手のなかの」エメラルド板に刻まれた銘文だった。伝説によれば、その坑はギゼーの大ピラミッドのなかにあったという。この文書は『エメラルド板』と呼ばれ、錬金術とは緊密な関係があるから、つぎにその全文をかかげておく。

「これは、うそいつわりなく真実、確実にして、このうえなく真正である。一なるものの奇跡をなしとげるにあたっては、下にあるものは上にあるものに似ており、上にあるものは下にあるものに似ている。そして万物は、一なるものの思想によって、一なるものから得られたように、万物は順応によって、この一なるものから生まれた。その父は太陽で母は月である。風はこのものを胎内にもち（図38）、その乳母《うば》は大地である。このものは、全世界のいっさいの完成の父である。その力は、もし大地にむけられれば、完全無欠である。なんじは、土を火から、精妙なものを粗雑なものから、円滑に、注意深く分離するがよい。それは、大地から天へ上昇し、ふたたび大地へ下降して、すぐれたものと劣れるものの力をうけとる。かくてなんじは、全世界の栄光を手に入れ、一切の不明瞭は、なんじから消えさるであろう。このものは、すべての剛毅のうちでも、もっとも剛毅である。なぜなら、それはあらゆる精妙なものに打ち勝ち、あらゆる固体に浸透するから。かくて、大地は創造された。ここから、驚異すべき順応がなされるであろう、その手がかりはここにある。このため私は、全世界の哲学の三つの部分をもつヘルメス・トリスメギストスと呼ばれる。私が太陽の働きについて述べるべきことは、以上で終わる」。

図38　錬金術の寓意「風はこのものを胎内にもつ」

このような寓意のなかに、錬金術師たちは金づくりの手順のさまざまな段階を認めた。文章のあいまいさは、無数の解釈を可能にした。われわれは、ヘルメス・トリスメギストスという人物はいなかったことを知っている。エメラルド板などは、この人物の墳墓に発見されなかった。しかしながら、古い伝説のなかに真実があることは、興味ある偶然の一致である。というのは、一八二八年にエジプトのテーベで無名の魔術師の墓から発見された既述の『ライデン・パピルス』のなかに、『エメラルド板』のもっとも初期の記録が見られるからである。

『エメラルド板』にある「一切の不明瞭は、なんじから消えさるであろう」という文章は、多くの錬金術理論を解くための手がかりを示唆しているように思われる。錬金術師は、レトルト(蒸留器)に現われる金が美しい光を放射することを知っていた。重くて凝結した物質は、生命を与えるべきである。「金は地中で成長する」——このように成長するのは、ふつうの金ではなくて、生きている金である。金細工師の金属は、樹木から切り取った枝のように死んでいる、と錬金術師たちは考えた。そして彼らは、地下の鉱石の分脈を一本の樹木にたとえた。生きている金は、「穀粒が穀粒を生むように、金を生む」。ひとたび錬金術師が真実をつかむと、彼らは生きている金のように喜びをあらわし、「不明瞭は彼らから消えさった」。だから、卑金属を金に変成するさいには、もう一つの変成、すなわち人間の変成が付随した。錬金術の手順の七つの段階は、至福への道を飾る象徴であった。

この努力のうちで錬金術師は、魂および精神と神聖なものとの統一を求めた。科学的な業績は、それによって魂が高貴にならなければ、無価値だった。錬金術に精通することは、いまや選ばれた人であることの証明になった。最後の段階の象徴は、レトルトのなかに現われるキリストの像だった。

錬金術師は、この世でもっとも完全な物質は不滅の金である、と考えた。つねに完全にむかう傾向のある自然は、金をつくり出すことだけを望んでいる。鉛、銅、鉄その他の金属は、自然の失敗作である。神は人間の魂に、完全へのあこがれを吹きこんだ。人間も自然と同じように、自分で神聖なものを得るために努力すべきである。

地上にあるもののうち最良のものだけが、天上界の最低のものとつながることができる、と錬金術の達人は考えた。地上でもっとも完全なものは、金であった。天上では、その光が天使の住む天にまで到達するただ一つの天体は、太陽であった。神聖なるもののうちでは、太陽は最下位であった。だから金は、太陽とむすばれた。そして太陽は、至高なものと大地との中間にあるもので、人間と神の媒介だった。

ヘルメスの術（錬金術）

心の純潔を失うとき、人は科学を失う。

ニコラ・ヴァロア

真の錬金術は、技術や科学よりも限りなくすぐれていた。なぜなら、金属の変成は技能だけではつくりだせなかったし、また知識だけでは熟達の域に達するには十分でなかったからである。道徳的な美徳が必要だった。そして人は、崇高な完全の状態に達したときはじめて、自然の驚異を利用する。

聖ヨハネは、錬金術師だったと考えられていた。というのも、ビザンティウムの伝説によると、彼は海岸の小石を金や宝石に変えたからである。

中世とルネッサンスの錬金術師は、自分たちの知恵の科学的な面を強調しなかった。だが、彼らがますます魔術に背をむけるにつれて、祖先の探究精神が彼らにむかって威力を解放した。多くの人たちは、自然について熟考することは学究的な書物を研究するよりもはるかに重要である、と言明した。彼らは、心の純真さをとりもどすことをすすめた。そして、幼児は金をつくることができるし、また、錬金術の作業のための第一物質——プリマ・マテリア——は、いたるところに見出すことができる、と断言した。しかし無知な連中は、毎日のように第一物質を踏みつけ、錬金術の基石は、価値のない人びとによって捨てられている。

パラケルススはプリマ・マテリアについて、「貧乏人が金持よりもそれを多くもっていることは、だれの目にも明らかである。人びとは、そのよい部分を捨て、悪い部分を保有する。プリマ・マテリアは、目に見えるものであり、かつ見えないものでもある。幼児たちは、路地でそれをもてあそんでいる……」と述べている。

このようなイメージは、『福音書』から借りてきている。マテリアが目に見えると同時に見えないという、まったく矛盾した考えでさえ、『福音書』の著者の章句から推定できる。「この民の目は閉じたればなり。これ、目にて見ることなからんためなり。……されどなんじらの目、見るゆえに幸福《さいわい》なり」(『マタイ伝』第一三章一一—一五)。

『福音書』とヘルメスの著書は、互いに似ている。両方とも二世紀に書かれ、その著者たちは互いに別個に、同じような思想と表現法を発見した。この類似は、教会の初期の指導者たちに感銘を与えた。彼らは、『シビラ予言集』(これも典拠が疑わしいのだが)とともに、ヘルメス・トリスメギストスを真理の証人として呼び求めた。三世紀にラクタンティウスは、「私にはどうやってかはわからないが、ヘルメスはほとんど真実全体を見つけた」と叫んだ。

中世とルネッサンスの錬金術師は、この血統をいっそう強調した。あきらかに敬虔なキリスト教徒だった彼らは書物の中で、「現在でもなお驚異を創造する」全能の神を称揚している。『福音書』の詩がしばしば引用されるので、『聖書』は錬金術書なのではないか、と人びとは疑い始める。金づくりの七段階というわかりにくいイメージでさえ、『マタイ伝』によって正当化することができる。「われ譬《たとえ》を設けて口を開き、世の初めより隠れたることをいい出さん」(第一三章三五)。

しかし錬金術のこの比喩的な言い方には、聖書のもつイメージの力づよさが欠けている。著者の想像力は、あらゆることが最初からきちんと表現され仕上げられていて、変更をゆるさぬ一定の象徴や寓意や隠喩に妨げられた。新しい発見は、すべきではなかった。完全な技術は、それ以上完成することはできなかった。しかしながらこの技術にも、以下の錬金術のさまざまな図解からわかるように、いろいろな違いがあった。

錬金術は、社会のすみずみに根をおろしたが、社会生活にはなじまなかった。錬金術師は、環境に対して無言の抗議をしているかのように、隠遁の生活をした。錬金術師の魂は、確立した教理を教えるさいにやすらぎを見出すことはできなかった。真に信仰のあついものにとっては、信

図39　実験室内の錬金術師

仰は幸福であったが、錬金術師は、神が物質に与えたおどろくべき力を知ることによって、神を理解しようと望んだ。彼は、自分の知力で至高なるものをつかみ、研究と熟考によってしだいに神聖な光まで昇ろうと欲した。

知恵はみずからの家を建てる、というのが彼らの言いぐさだった。このような尊大な計画は、彼らが達成しようと望んだ心の純真さと奇妙な対照をなしている。この両方のことが、錬金術の達人たちによって公言されたのである。彼らの至福への道は曲がりくねっており、その思想は、矛盾そのものだった。

クンラートの『永遠の知恵の円形劇場』（一六〇九年）のなかの版画が、このような思想の融合を例示している（図39）。錬金術師でバラ十字会員だったクンラートが、聖室の前でひざまずいている。それは、砂漠でヘブライ人が使ったテントを思い出させる。聖室のなかの碑文には、「悟ることなくして、神を口にするなかれ」と記されている。テーブルの上には二冊の開いた本があり、そのうち『聖書』のほうは、詩篇のところが開いてある。「かくて彼らおおいにおそれたり。神は正しき出生とともにあればなり」。この「出生」はおそらく、賢者の石の作製を暗示しているのだろう。もう一冊の本には、錬金術の処方が載っている。近くの香炉から立ちのぼる煙には、「祈りは、煙のごとく昇らん。煙は、神の好みたもうささげものなれば」と書かれている。ぜいたくな広間の右方には巨大な壁付暖炉があって、そこに実験室がある。暖炉棚は、経験と理性という二本の柱で支えられている。そして上方の、木の天井を支える重い梁《はり》の一本には、「聖なる霊感なくして偉大なるものなし」と記されている。

祈りと作業の場は、向かいあった二つの壁に接している。というのも、錬金術師の実験室すなわちラボラトリウム（laboratorium）は、両方の壁に捧《ささ》げられているからである——この語はラボル（labor）とオラトリウム（oratorium）とからなり、それぞれ「労働」と「祈りの場所」を意味する。この二つの活動の場のあいだには、気晴らしの場がある。そこには楽器が中央のテーブルの上に積まれており、インクつぼとペンと紙は、楽書きをせよといわんばかりである。音楽があまり俗っぽい楽しみを誘わぬように、テーブル掛けには、「聖なる音楽は、悲しみと悪霊とを逃走させる。なぜなら、エホヴァの精霊は、聖なる喜びにあふれた心のなかで楽しそうに歌うから」と記されている。

隠遁したクンラートは、このような多彩な活動のなかにあって、退屈を知らなかった。彼は王侯のような住居に、自分の心と魂との糧を貯えていた。彼の目立った性格の一つは、警戒心だったにちがいない。広間の入口の上に、彼が「睡眠中にも注意すべし」と書いていたからである。

図40　錬金術の哲学者と実際的な錬金術師

錬金術の活動の場が分離したことも、『錬金術の博物館』の銅版画から明瞭になる。この本は、錬金術の諸論文を編集したもので、一六二五年に発行された(図40)。左側の図書室では、修道院長と修道士と哲学者が、錬金術の諸問題を論議している。彼らの外衣や表情は、錬金術の作業などぜんぜんやる気のないことを示している。あきらかに彼らは、ただ理論を立てているだけである。その右隣の実験室は、錬金術の器具でいっぱいになっている。この部屋には、科学的推論とか神秘的思索の気配はすこしもない。実験の場であることは明白である。そして、たくましい老人――新しいヴルカヌス――が、重い金槌《かなづち》を肩にのせ、炎のなかにさしこんだ通気管を一人で取り扱っている。中央にある錬金術の釜《かま》は、作業と研究、すなわち実際と理論をむすぶものである。

思考にふけっている三人の理論的な錬金術の達人たちは、釜の上のレトルトのなかで何がおこっているか気づいていない。そのうちの一人は、ヘビのうごめくガラスびんを指し示している。一六二五年になってもなお錬金術師のレトルトに出没したこの小さな爬虫類は、先例をたどれば紀元初にまでさかのぼる。パウロがコリントの信徒に、「下品な話、秘密の行事、いんちきの使徒」といって危険なグノーシスの教えを警告していたころである。グノーシス派のなかには、人間の心に知識へのあこがれを植えつけた天国のヘビを崇拝していた諸派のあったことが、思い出されるだろう。このヘビはウロボロスであり、錬金術のしるしになった。そのしるしは、クレオパトラの『金づくり』のなかに見られる（図35）。ヘビのからだは、明るい部分と暗い部分に分かれているが、錬金術師はこれを、物質世界の善と悪、完全と不完全とに位置づけており、物質のなかで一体となる。なぜなら、物質は一つだからであり、錬金術師のよく使う言葉によれば「一は全である」からである。クレオパトラの本では、この公理がウロボロスにとり囲まれている。左上方の三つの同心円には、この考えをくわしくした神秘的な文句が記されている。「一は全であり、彼によって全であり、彼のために全であり、彼において全である。ヘビは一であり、彼は二つの象徴（善と悪）をもっている……」。

天国の邪悪なヘビは、グノーシス派の人びとによって慈悲ぶかいウロボロスに変えられた。ウロボロスは変じて錬金術師の竜となり、明暗のあるそのからだについて、化学的解釈が生まれた。賢者の石に関するラムブスプリンクの書物の中の美しい銅版画が、「森に住む」竜を示している（図41）。

彼（竜）は悪意に満ちみちているが、なに一つ欠けるものはない。
彼が太陽の光線と輝く火を見るとき、

彼は、その毒をひろくまきちらす。
そして、あまりはげしく飛び上がるので、
彼の前に立ちどまる生き物はいない。……

彼の毒は、偉大な医薬となる。
彼はすみやかにおのれの毒を飲みこむ。
おのれの有毒な尾を食いつくすからである。
これはおのれ自身のからだでおこなわれる。
そこからは、奇跡的な効験のすべてとともに、
輝かしい香油が流れ出る。
ここで賢者はみな、歓声をあげる。

図41　錬金術の竜

この比喩的な表現だけでは意味のつかめない人のために、ラムブスプリンクは、つぎのような短い散文的な説明をつけ加えた。「水銀は沈殿し、それ自身の水に溶け、そこでふたたび凝固する」。しかし、それ自身の「薬」をふくむこのふしぎな金属によって奇跡がなされる前に、竜を殺さなければならない（図42）。

賢者がいうには、

野獣が森のなかにいる、
その肌の色合いはまっ黒である。
もしもだれかが、彼の頭を切り落とせば、
彼の黒味は消えうせ、
雪のような白さに変わるだろう。……

図42　錬金術の寓意　竜の殺害

この寓意は、化学的に処理された水銀の変色を指しているが、ラムブスプリンクは、それを腐敗という一語で説明している。錬金術師の作業では、第一段階は腐敗である。竜すなわち水銀は、殺されねばならない。一〇世紀の写本によると、「彼をいけにえにせよ。彼の皮膚をはがし、骨から肉を切り離せ。さすれば、なんじは求めるものを得ん」とある。完全な賢者の金は、それに先立つ腐敗がなければ、つくり出せない。

そしてこのことは、単に物質の変成にだけあてはまることではなかった。なぜなら、われわれがすでに知っているように、錬金術の神秘的思想として、人間も同じようなきびしい試練に耐えねばならぬという考えがあったからである。人間は、まず最初に自分の肉体的な情欲を打ち倒さなければ、至福の状態に達することはできない。人間は、自分の心に巣くう黒いヒドラを征服したとき、清められ、黒は白に変わるだろう。

けだものの黒い色合いが、黒煙となって消えさると、
賢者たちは喜ぶ。……

このような思索は、われわれをカトリック教の神秘論へ導く。人の肉体は不純であり、アダムの肉は腐敗している。しかし、救世主の肉は、あらゆる人のなかに隠されている。アダムの腐敗した肉から、一粒の種子が永遠の生へと開花する。罪なくして救いはない。死なくして復活はない。人間は、永遠の清澄に昇る前に、墓の暗黒へ降っていかなければならない。あるいは、パウロ(『コリント前書』第一五章三六)のいうように、「なんじの播くところのもの、まず死なずば生きず」である。

一五世紀の敬虔な修道士バシリウス・ヴァレンティヌスは、錬金術の手順の第一段階を以下のように解釈している。彼の著『水銀』中の木版画(図43)は、腐敗した死体が錬金術師の地球のなかに横たわっているところを示している。下のほうでは、冷と温とが「ひじょうに注意ぶかく、おだやかに」作業をしている。上のほうには、太陽と月と、記号のついた惑星がある。そこには黒い土星がいて、金にむかう第一歩は、この土星の援助のもとになされる。死体は、希望をいだ

図43　腐敗についての錬金術の寓意

いて頭を天のほうへもたげている。黒い大きなカラスが、「骨から肉を切り離している」。一方、魂と心（白い小鳥の怪物）が、最後の息とともに肉体から離れ去る。

一七世紀の錬金術作家のエウゲニウス・フィラレテスは、腐敗した竜のなかに隠されているおどろくべき宝物についての調査を記述している。それによると、「この宝物は、本物である。しかし、神の魔術によって魔法にかけられている」。

こうしてフィラレテスは、堕天使たちが人間の娘を喜ばせるために神からもぎとった魔術力を、ふたたび神のものにした。錬金術の巡路は、完結にむかって動きつつある。フィラレテスはその著『すべての光のなかの光』で、彼が賢者の石を求めてさまよった地下のことを述べている。彼は、錬金術師たちの学芸の女神であり「自然」である一人の婦人に導かれて、広間に達する。広間の祭壇の下には、緑色の竜すなわち秘術師たちの水銀がおり、とぐろを巻いて金や真珠の宝物をとり囲んでいる。「これは、夢でもまぼろしでもなく、真実である。……宝物の上には一人の子どもがおり、また〝いと小さきものにあらざれば〟（nil nisi parvulis）という文句

図44　E・A・ヒッチコックの蔵書から

のはいった図案があった」。

フィラレテスは、われわれがすでに知っているやりかたでこのイメージについて注釈している。錬金術の達人は、誤りにとらわれぬようにしなければならない。そしてその心は、子どもの心のようでなければならない。

「いと小さきものにあらざれば」という文句はフィラレテスの寓意とともに、アメリカの退役陸軍士官E・A・ヒッチコックの蔵書票に役だつことになった(図44)。一八六五年に彼が出版した『錬金術と錬金術師に関する所見』は、かなりの注目を集めた。ヒッチコックは、古い錬金術書から感銘のある一連の引用文を整頓して、錬金術の唯一の対象が「人間」である！ことを論証しようと企てた。彼によると、「真の錬金術師は、世俗的な富や名誉は追求しなかった。彼らの真の目的は、人間の完成か、すくなくとも人間の改善であった。この理論によると、このような完成は一定の統一のなかにある。統一とは、人間性と神性の統一といういきいきした意味である。そしてこの統一の達成は、〝新生〟として宗教的に知られている経験以外に、何ものにも比較できない。望ましい完成または統一は、魂の状態であり、存在の条件であって、ただ単に知るということの条件ではない」。

ヒッチコックの発見の重要なことは、指摘するまでもない。彼は、錬金術の達人が真の化学操作を行なったらしいということを否定し、すべての化学的な手順は、金属の高貴化のためではなくて、人間自身の高貴化のための象徴であった、と主張している。

われわれは、神秘的な観照と錬金術的な操作の両方が共存できると信じているので、ヒッチコックのような思想には賛成しかねるが、しかし彼が錬金術を、心理的、精神分析的に研究したことが刺激になって、ゆたかな収穫が生みだされた。われわれは、このヴァーモントの孤独な錬金術師を、近代心理学の先駆者と呼んでもさしつかえないだろう。ジルベラーはその著『神秘論者の諸問題』(一九一四年、ヴィーン)のなかで、しばしばヒッチコックに触れている。錬金術の心霊的な価値に関するヒッチコックの初期の示唆は、その後、いくつかの精神分析の論文で正当化され推敲されてきた。そのうちで一番の大作は、一九四四年に出版されたC・G・ユングの『心理学と錬金術』である。

錬金術の原理と賢者の石

錬金術師の達人たちが、実地の基礎にしていた根本理論は、何であったか。彼らは、二つの原理——金属合成の理論と金属発生の理論——が、自分たちの体系の基礎として役立った、と主張した。

図45　諸元素の混沌

彼らにとって、金属は雑多な物質からなっており（図45）、すべての金属は、硫黄と水銀をふくんでいた。そしてその種々な割合が、金や銀や銅などをつくりだした。金は、水銀の大きな割合と硫黄の小さな割合とからなっていると考えられた。銅の場合は、この二成分はほぼ同量存在した。錫は、不純な水銀の少量と、硫黄の大きな割合という不完全な混合物だった。

このことを八世紀に公言していたアラビア人のゲベルは、つぎのようなことを主張した。「古代人によれば、効果的な操作によって金属の内容を変え、ある金属を他の金属に変成することができる」。

発生の理論は、中世の錬金術論文ではきわめて明確に公式化されている。理論家たちは、容器中でおこりつつある過程を、動物や植物の発生にたとえた。したがって、金属をつくりだすためには、その金属の種子を発見することが必要だった。

錬金術の達人にとっては、無機的物質という現象は存在しなかった。あらゆる物質には、生命が賦与されていた。生命はひそかに星の影響をうけ、職人たちは黙々として金属の完成を目指して仕事した。金属は最初は不完全で、徐々に完全な物質に変化し、最後に金に変成したとき、手順は終了した。ヘビが自分の尾を食うことの意味を理解していた少数の錬金術師は、自然のいとなみには休止はありえないこと、また、完全な金属の新たな変化は単に卑金属に復帰するだけであることを仮定した。こうして彼らは、分子変化をいつまでも巡回させることになった。

しかしながら、これらは単に理論にすぎず、これを証明するためには、金属の変成がなしとげられねばならなかった。一二世紀以来、錬金術師は、金属変成には動因になるものが必要だと言明した。彼らはこの動因を、多くの名で呼んだ——賢者の石、賢者の粉末、偉大なエリキサ（錬金薬）、第五元素など。賢者の石は、液体の金属に触れると、それを金に変えると考えられた。このすばらしい物質に関する記述は、著者によってまちまちである。パラケルススは、それを固くて暗赤色なものだといい、ピサのベリガルドは、ケシの花のような色をしているという。ライムンドス・ルルスは、その色はザクロ石のようだとみており、ヘルヴェティウスは、それを手にすると、光り輝く黄色だ！　と叫んだ。これらの矛盾は、アラビア人のハリド（というよりその名前で執筆した著者）によって、つぎのように総合されている。「この石は、その内部にすべての色を統合している。白色、赤色、黄色、空色、緑色である」。こうして、すべての哲学者の見解が調和された。

賢者の石は、金属を変成する力のほかにも、ふしぎな効能をもっていた。それは、一切の病気を治し、天寿以上に生命を延ばすことができた。

賢者の石のこれらの効能に匹敵するものが、極東にもある。錬金術が西洋に知られる以前に、中国にも錬金術の達人がいた。インドと極東の魔術の複雑な問題は除外するという本書の予定からはずれるが、ここで、西洋の錬金術を推進させたかもしれぬ中国の錬金術に触れておく。

中国人は、金は不朽だと信じていたので、金が人体に吸収されると人間を不死身にすると考えた。問題は「薬のふしぎな調製法」を発見することであった。というのも、金粉は消化できないからだった。彼らは、金属を細かく砕くやりかた以外の別な方法を見つけようとした。それは、ふしぎな粉末、つまり、五臓六腑に「風雨によって霧のようにひろがる」金の粉に分解することである。このような粉末は、錬金術的な操作によってのみ得ることができた。万能の薬「還丹」を所有するものは、この世のあらゆる災厄からまぬがれた。新しい歯が生え、黒髪が老人の禿げた頭をかくし、病妻は、少女時代をとりもどすだろう。

「類似は類似を生む」とは、共感魔術の古い公理である。だから、もっとも完全にして不滅の金属は、不死と完全とを生みだすであろう。中国の錬金術師は、その仕事に魔術的な方式を用いた。そしてさまざまな骨の折れる手続を行なうにあたって、星の恵みぶかい影響力を信頼した。

西洋人の信念とちがって中国人は、本物の金でなく人工の金に、大きな魔術力があると考えた。水銀をふくむ鉱石の辰砂《しんしゃ》やその他の金属から、東洋の錬金術師たちは金に似た合金を引き出そうと努力した。不死身になるためには、このような合金でつくった容器を使って規則的に物を食べれば十分だった。しかし偉大な魏伯陽《ぎはくよう》（二〇〇頃―一五〇年）は、このような技巧にたよらなかった。彼は本物の金の薬をつくることに成功した。そして彼とその門人とは不死になり、さらに、皿のなかの残り物を食べた賢者の飼い犬も不死になった。

中国人は、「ひたすら」若返りと長命とを目標にし、賢者の石については知らなかった。彼らの技術は、前一〇〇〇年または前一五〇〇年までさかのぼることができる。これは、西洋に錬金術が知られていなかった時代である。

さて、ここでの主題は金属の変成であった。だから、変成された金属からどれだけの金が生じるかという問題が出てくる。錬金術が衰えかけていたころの達人ヨハン・クンケル（一六三〇―一七〇三年）は、錬金術師というよりは化学者だったが、彼は錬金術について控えめな評価をしている。彼は、卑金属に賢者の石が加味されると、二倍の金が生じると考えている。イギリス人のジャームズプレーザーは、鉛は変じて五〇倍の金になると信じている。ロジャー・ベーコンは一〇万倍といい、ドイツ人のイサクは一〇〇万倍といっている。ルルスは、天文学的な数量の増殖した金を計算し、「もし海が水銀でできているなら、私はそれを金に変えてみせよう」と叫んだ。

賢者の石には、このようなすばらしい創造力がひそんでいた。しかし、その本質は何であったか。それは、古代にエジプト人がつくった聖石と類似した成分でありえただろうか。どうもそうではないらしい。エジプト人は、崇拝の対象として魔術的な石をこしらえていた。それらは、イスラム教徒のカーバ石のように、超自然的な力をそなえていた。プルタルコスの報告によると、エジプト人の聖石キフィは、金、銀、ケステブ（青い石）、マフェク（緑の石）など多くの物質からつくられたという。他の筆者たちは、エドフの町で聖なる物体をつくるために融合したいろいろな鉱物の名を挙げている。すなわち、金、銀、ケステブ、ケネム、マフェク、ヘルテス、ネセネムである。これらすべての鉱物が何であったかはなかなかわからないし、このような合金の意味は、さらに神秘的である。キフィは神聖で、したがって魔術的であった。

賢者の石は、魔術的と呼んでいいようなふしぎな効能をもっていた。それについては、学識のあるアグリッパがつぎのように述べている。

「操作は、単なる物体をもってしては着手することはできない。すべての有名な詩人や哲学者は、したがって世界と全天体とは、魂をもち、また知性ももたなければならない、と主張する。ここでマルクス・マリニウスはその著『アウグストゥスにささぐ天文学』のなかで、こう歌う。

偉大なる有形の世界、それは、
空気、地、海、火と、さまざまな形で現われる。
聖なる魂がそれを支配し、
神は賢明に統治したもう。……

また哲学に造詣のあるウェルギリウスは、つぎのように歌う。

まずはじめに、天と地と海原、

光り輝く月の球とタイタン族の星々、
内部ではぐくまれた生気は、そのすべてにひろまり、
雑多で巨大な群れに魂を吹きこんだ。
そこから人間と野獣と鳥の先祖が生じ、
なめらかな大海には怪物が浮かぶ。
これらの種子には、火のような力があり、
天の種族の血統をそなえているが、
重い大地で阻まれている。

これらの詩が意味するものは、世界は霊魂をもつだけでなく神の心にもあやかっており、しかも、下層のすべての事物の活力である根源的な効力は世界の魂に依存している、ということでなくてなんであろう。プラトン学派のすべての人びと、ピュタゴラス学派、オルフェウス、トリスメギストス、アリストテレス、テオフラストス、アヴィケンナ、アルガゼル、ペリパトス学派のすべての人びとが、このことを公言し、主張している……」。

宇宙には、四つの元素がある。これについては、アグリッパだけでなく、数世紀にわたるすべての学者たちが認めていた。それは火、水、土、空気である。ところが、ここに第五元素というものがある。これは、天上では星のすべてに、下界では地上のすべてのものにしみこんでいる。

第五元素は、あらゆる物体に活気を与える世界の霊魂である。そして「重い大地で阻まれて」いて、解放もされず、目にも見えないが、それはあまねくいきわたっている。物質のなかにある第五元素を解放できる人は、神が物質世界に授けた創造力を、みずから手中におさめるであろう。イシスのような、成長と発育をつかさどる古代の女神たちは、錬金術師にとっては、賢者の石のなかにひそむ発生力である第五元素の象徴にすぎなかった。

錬金術の容器

……多数者の中で喜ばず、少数者の誠実に喜ぶ。

コンシェのウィリアム

ヒッチコックによると、錬金術の達人たちは、錬金術の手順の七つの段階を比較的簡明に記述した。しかし、例外が一つある。それは、錬金術を行なうための容器が完全に秘密にされていることである。われわれが知っているように、ヒッチコックは、錬金術の容器こそ隠された宝を解く鍵であり、錬金術師自身にほかならない、と推測している。

一六世紀の錬金術の達人ドニ・ザシェールはその著『想い出』のなかで、パリの錬金術師たちは真の容器を求めることができなかった、と述べている、「ある人はガラス製のレトルトで、ある人は陶製の容器で、さらにある人は青銅の瓶や壺、缶《かん》、かめ、銅や鉛や銀や金の水差しを使って仕事をした」。これらのどれ一つとして成功しなかった。

神聖なものとの神秘的な結合に導く、清めの手順に関するヒッチコックの考えは、グノーシス派の結婚式場での秘跡、すなわちヴァレンティニアヌスの一派が公言したような至高の霊の業績を思い出させるだろう。それによると、敬虔な人たちはソフィアと救世主ソテルとの聖なる結婚を目撃し、この天上の結婚のイメージのもとに、彼らは天使との結合を経験することになる。完全な統一となるためには、生産的、能動的な男性の要素と、生長的、受動的な女性の要素とが統合されなければならない。前に述べたように、錬金術師は、太陽を男性とみなした。太陽の暖かい放射は能動的であり、熱と乾とは男性の属性と考えられた。一方、月は女性だった。なぜなら、月は太陽からうけとった光のほかは発散しないからである。月は容器であり、その拡散は妊娠だった。

図46　錬金術の両性具有

錬金術師はしばしば、寓意によって両性の原型である太陽と月の結合を表わした。

マイケル・メージャーの『自然の化学的な秘密』（一六八七年）には、太陽と月が、レトルトのなかを象徴する洞窟の前で抱擁しているところを示すおもしろい銅版画がある。それには、つぎのような説明がついている。「彼は、水中で身ごもり、空中で生まれる。彼が赤い色になると、水の

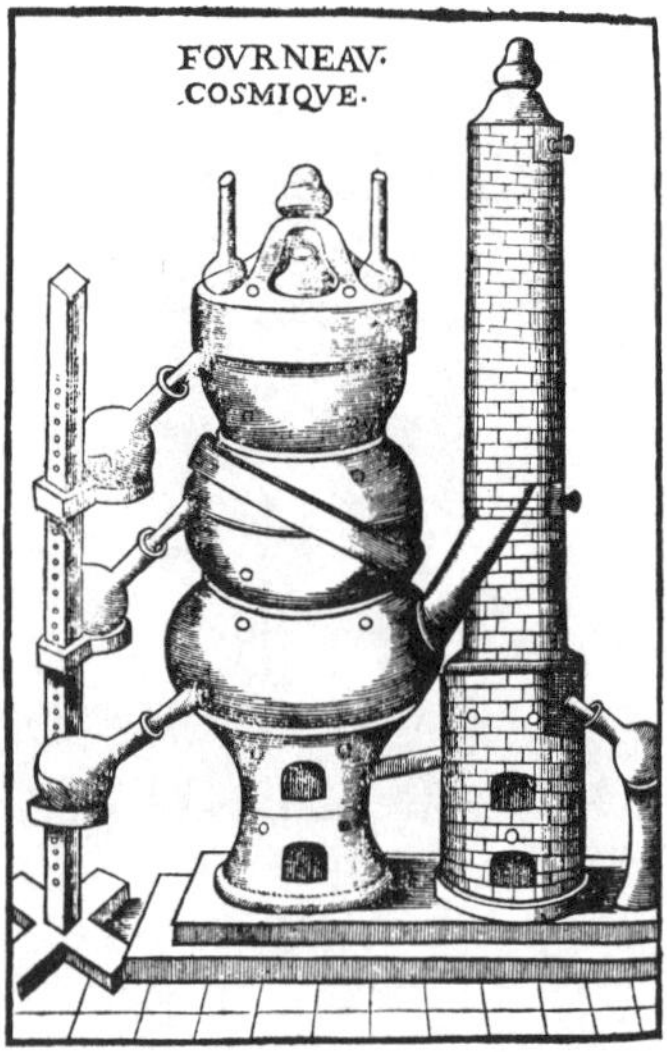

図47　宇宙かまど

上を歩く」。太陽と月の子孫は、るつぼのなかの液体にただよう賢者の赤い石である。

賢者の石を表わすもう一つの象徴は、両性具有、すなわち半ば太陽で半ば月の象徴である（図46）。手には哲学の卵をもっているが、これは、ヘビと同様に宇宙を象徴している。

錬金術用の炉も、同様にこの結合を示している。この装置が宇宙のかまどと呼ばれるのは、理由のないことではなかった。錬金術の達人は、宇宙で観察した生殖の手順を、このかまどを使って行なったというわけであろう。この種の最古のものを示すクレオパトラの図では、二つの要素の分離はすでに明らかである。炉の下にある発熱器は男性を象徴し、上方のレトルトは女性を象徴している。火の上におかれた鉢からは、種子が上方の受器に放出される。そしてそこで冷却され、凝結し、液化する。

後世の図では、この「結婚図」はさらに明確になり、かまどと凸面《とつめん》の容器とが一対として描かれている（図47）。その子どもともいうべき三個の小さなレトルトは、「母」の乳を吸っている。

錬金術のなぞ

……彼らは、絵や符号や類比によって話すことを好んだ。思慮があり信心ぶかく分別のある人たち以外に、理解されたくないからだ。

シュネシオス

一部の錬金術師たちは、自分の著書であまりにもあけすけに記述し、ゆるされている以上のことを暴露した結果、聖なる技術を冒瀆したことに自責の念をもっていた。そういう無分別な人たちは、選ばれた人びとの仲間から追い出され、永遠の不幸をうけるだろう。しかしこれらの本を読んでも、無分別などはけっして明らかにならない。勤勉な読者が一つの意味をつかんだ場合、彼はすぐに、もっとふかい意味を求めようとするだろう。というのも、新しい真実が発見されると、そこにはもっとふかい意味が隠されているのではないかと考えるからである。こうして彼は、一生をこのような神秘に費やすことができるが、魅惑の井戸の奥底にはけっして到達しない。

錬金術の哲学者は、研究にさいして、つねに驚異的なものにむけられている自分の想像力に、疑いもなく満足していた。錬金術がなぜ芸術と呼ばれるかを理解するのは、困難ではない――錬金術は、手さきの器用さと同様に想像力にもたよっていたからである。最後の目標は、賢者の金をつくることだった。成功したものは、ほんのわずかである。しかし失敗したものも、自分の努力がむだだったとは考えなかった。毎日の瞑想と実験からは、無言の至福が生まれた。さまざまの物質や道具を手にしたり、かまどに燃料をくべて調査したり、また、いっしょに仕事をした身近な同僚たちと学問的な議論をしたりすることには喜びがあった。錬金術の達人の多くは、じっさいの達成よりも、完成にいたる道程のほうを好んだようである。

錬金術師のるつぼのなかに金が現われると、平静な彼の心もかき乱されたにちがいない。最後の目標に達したという彼の喜びには、他人の無分別をおそれる結果、苦悩がいり混じった。国王たちは、このような奇跡を知りたがっていた。奇跡によって、空っぽになった宝庫をもう一度奇跡的にいっぱいにすることができたし、戦争の資金が調達できたし、また秘密活動をするさいにも役立ったからである。けれども、こういう王侯たちの計画は、選ばれた人びとをこわがらせた。錬金術の達人たちは君主に召しかかえられたが、彼らが自分の知恵は披露できぬと言明すると、投獄され、拷問をうけ、死刑にされた。彼らは、苦痛と死に耐え、けっして敗北しなかった。手がつけられぬほど自我の強かった彼らは、自分たちの研究が無益で、金は幻影であったと認めるよりは、死のほうを選んだ。

このような生命の脅威と冒瀆の危険が、彼らになぞのような表現をとらせることになったのである。ここに、その少数例を示しておこう。

アブラハム・ラムブスプリンクの著『賢者の石について』のなかには、「わが海で泳いでいる、肉も骨もない」二匹の魚の銅版画がある。ラムブスプリンクは、これらの魚を、その魚たちのいる水で料理するようにとすすめている。そうすれば、二匹の魚は、「口でいえないほど広大な」海に変形するという(図48)。ラムブスプリンクによると、二匹の魚は魂と精霊であり、海は肉

図49　錬金術の寓意　肉体と魂と精霊

図48　錬金術の寓意　肉体のなかの魂と精霊

体である。料理される、つまり清められると、二匹の魚は、筆舌につくせぬ幸福な状態に達するだろう。ラムブスプリンクは、これらの魚は二匹でなく一匹だと付言している。この意味は、すぐに説明されるだろう。

ラムブスプリンクの書物のつぎの図（図49）は、森のなかに隠れている一角獣とシカを示している。一角獣は精霊で、シカは魂である。そして森は肉体である。

まことに賢者のいうには、
この森には二匹の動物がいる。
一匹は、輝かしく、美しく、俊敏で、
大きくてつよいシカである。
もう一匹は、一角獣である。
彼らは森のなかに隠れている。
しかし、彼らを捕える人は、
幸福を得るだろう。

ラムブスプリンクのつぎの図（図50）と本文とは、魂と

図50　錬金術の寓意　肉体と魂と精霊

図51　錬金術の寓意　神にむかって上昇する魂

精霊の二つを獲得したとき、なにをなすべきかを示している。

賢者が誠実に教えるには、
二匹のつよいライオン、雄と雌が、
暗いけわしい谷間にひそんでいる。
名人は、これを捕えなければならぬ。
だが彼らは、俊敏で荒々しく、
おそらく残忍な容貌をしている。
賢明に巧妙に、
彼らをわなにかけ、縛りあげ、
おなじ森に導くことのできる人、
彼こそは、だれにもまして必要にして称賛に値する人
物、
その知恵は、世界中の賢者の知恵を超越すると、
公正に心底からいえるだろう。

二匹のライオンは、ここでも魂と精霊の象徴である。ラ

ムブスプリンクによれば、彼らが捕えられると、「彼らは肉体において結合されねばならない」。人間の完全な状態では、魂と精霊は一つにならねばならない。図51は、魂と肉体の関係を示している。

森のなかに巣がある。
その巣にはヘルメスのひながいる。
羽の生えたての一羽が、懸命に
飛び立とうとしている。
もう一羽は、巣のなかにおとなしくしていることを喜んでいる。
だがどちらも、巣から離れられない、
——しっかりと結婚のきずなで結ばれた
家庭の夫と妻のように。
われわれもまた、このようにして雌ワシをしっかりつかんでいることに、
つねに喜びをおぼえ、
父なる神に感謝をささげる。

精霊は神にむかおうと努力するが、肉体によっておさえつけられる。同様に水銀も、繰りかえし昇華され、飛び立ち、「巣にもどら」なければならなかった。そしてついに凝固する。錬金術

図52　錬金術の寓意　作業の仕上げ

図53　錬金術の寓意　肉体から分離した魂と精霊

師はヘビのように、ゆっくりと旅をつづける。精霊と肉体は、巣のなか、すなわち心のなかで一つになるだろう。図52は、人間の高貴化を示している。「彼は、町の演説家から執政官になった」。

だが私は、高位につくまでは、
いやしい生まれだった。
私が頂上に達するのは、
神と自然の恵みである。

錬金術の達人は、肉体にかすかに混じっていた魂と精霊とを、肉体から分離することができた。彼は自分自身を知っている！　魂と精霊とが、すなわち若い国王と翼のある老人とが、山つまり肉体にのぼった（図53）。しかし、父と子の闘争は、終わっていない。子は一人で生きることのできない父を思いこがれている。新しい結合がおこらなければならない。精霊は彼らを結合し、つねに彼らとともに住むだろう。「子が父の宮殿にはいると、父は歓喜のあま

図54　錬金術の寓意　子（魂）を貪る父（肉体）

図55　錬金術の寓意　精霊によって再結合された肉体と魂

りわれを失う」。ここに神秘的な統一化がおこる（図54）。

わが子よ、私はおまえがいなければ死んでいた。
そして私は、生命の大きな危険にさらされながら生きぬいた。
私はおまえが帰ってきたため生きかえる。
私の胸は喜びでいっぱいだ。
しかし子が父の家にはいると、
父は彼を胸元にひきよせ、
あまりの喜びに彼を呑み込んだ。……

ヘルメス・トリスメギストスが述べたように、子は天に昇り、すぐれた力を得た後、ふたたび地上に降りた。ラムブスプリンクの最後の図は、父と子が精霊によって結合され、「永遠にそのままでいる」ことを示している（図55）。

『聖書』にあるキリストの降臨や昇天が、ここでは逆の形でおこった。子が地上にもどってきたのは、地上で永住

図56　錬金術的な会話

するためだった。ヘルメス・トリスメギストスによれば、下界は天界に似ているという。しかしこれは、天の事物と関係なく天界を地上で模写したと解釈すべきでなく、天の事物の反射と解釈すべきであった。バシリウス・ヴァレンティヌスが例示しているように、あらゆるものが、鏡にうつったように逆に見えるのである（図56）。

賢者と学者が、知識の木の下で議論している。その木の枝は、太陽と月と惑星である。上の三角形は、宇宙の魂と精霊と肉体である。下の三角形は、逆になっている。三つの頂点に記号で示された三つの鉱物は、人間の三つの本質と同じものとされている。

ヴァレンティヌスは、木の頂上に水星を描いているが、水星には他の惑星と違って、八本の分枝がある。われわれはすでに、クレオパトラの書物で、八枝をもつ星の象徴を知っている（図35の右上）。八という数は、グノーシス派の八つの組を思い出させる。これは、グノーシス派のバシリデスとヴァレンティヌスの体系に特有なもので、最高の天の神々の一群である。プルタルコスによれば、この数は宇宙を表わした。彼の報告では、ピュタゴラスの宇宙は、二重の四の上にきずかれたという。新約聖書の『テモテ書』は、古い格言――八はすべてである、なぜなら、地球をめぐる天体は八個だから——を想起させる。エラトステネス（前二七六—前一九六年）は、八は「四元素のおのおのの二極性であり、たとえば化学的または精神的な安定を生みだす」と言明している。

錬金術の世界像については、トマス・ノートン（一四七七年没）が考案した組織を例示するとよいだろう（図57）。それは、単に宇宙の設計図であるばかりでなく、錬金術の完全なかまどの設計図でもあるように思われる。その炉床に「サタン」があり、下方の長方形は、混沌、深淵、暗黒など、『聖書』でいう創造されたのでない世界である。炉床には、火が住んでいる。サタンの王国の上には、創造された世界を表わす三角形がおかれ、さらにその三角形が、土地、水、空気、天の四つの小三角形に分割されている。中心には人間がいて、人間の魂と精霊は神聖なものに関与しているから、いくらかは天のなかにある。三角形の頂点は、世界の原型と呼ばれる神の天国に達している。その中心には、無限の善としての神がいる。有限の善とは、その下の天使的、元素的、霊的な三重の天で、四重の三角形をとり囲んでいる。三角形の天使たちは、硫黄と塩と水銀、すなわち

図57　錬金術的な宇宙の組織

魂と肉体と精神である。これが、創造された世界である。その位階構成は、エジプト人、ペルシア人、バビロニア人など古代人の世界建築を思わせる。

ノートンの論文は、つぎのように始まっている。「もっともおどろくべき、最大の自然変成の力は、秘密哲学のすばらしい科学であり、全能の神の恵みによって人間に授けられた唯一の贈物である、聖なる錬金術における、ティンクトゥラ（石）である。人間はこれを、手の働きではなく、啓示——および他の人たちの教え——によってしか発見できなかった。それは、けっして売買されず、つねに神の恵みによって、価値ある人びとにだけ授けられた。そして長い労働と時の経過によって完成された」。

図も本文も、ただ大要を示しているだけである。賢者の石の製造法については、なんの示唆もない。そして寓意が、重さや時間の経過や温度などという技術上の事項の代りをしている。錬金術の達人は、このような細目を独力で発見しなければならなかった。もしも彼がうまくいかなければ、彼はつねに自分の息子に、自分が発見したわずかな事がらを引き継ぐことができた。だから、錬金術の成果はしばしば数世代にわたって伝えられた。

錬金術師の論文が通例のもの以上にはっきりと述べられている場合、それらには当然疑問がもたれる。

一四世紀に書かれたクレマーの小論文『聖典』には、一連のひじょうに奇妙な手順が説明されている、「純潔な若者の三夜または四夜にわたる睡眠中、最初の睡眠以後、彼の尿を三パインになるまでとれ。……それに、コップ二杯のひじょうに強い酢と、二オンスの生石灰と、半オンスの生命の水——この調製については述べておいた——を加えよ。この混合液を陶製のつぼのなかに入れて、その上に蒸留器をおけ……」。簡単な絵が、その手順を図解している。調合された硫黄と水銀を容器の内部で蒸発させ、その蒸気を煙突から出すことが、大きな秘密なのだろうか。蒸発した混合物をどう取り扱うかについては、疑問がある。というのは、丘の頂上の小さな錬金術師の操作が不可解だからである。ウェストミンスターの修道院長クリマーは、その近くに立っている。彼は、大きな外套を着ているので、かたわらの錬金術の丘の形に似ている。そして自信ありげに、自分の発明を指さしている(図58)。彼は、秘密を知っていたのだろうか。そんなはずはなかった。なぜなら、ウェストミンスターにはクリマーという修道院長はいなかったからである。このベネディクト会士は、ある無名の錬金術の達人が考えだした架空の人物である。

図58　偉大な秘薬についての寓意

エルフルトの聖ペテロ修道院長バシリウス・ヴァレンティヌスは、賢者の石に関するいくつかの錬金術論文の著者だとされている。彼の著書『水銀』の副題は、「隠された賢者の石が製造できる方法」とあって、たしかにはっきりした表現になっている。だがこの副題

図59　ヘルメス的円

は、技術上の知識を期待する人を落胆させる。ヴァレンティヌスは、錬金術的な隠喩を使って記述しているのである。錬金術の竜が、例の調子で話しかける。

「私は年をとり、病身で、弱い。私の変名は竜である。そこで私は、王冠で報われるために、また私の家族を富ませるために、穴のなかに入れられている。か弱いがこれをなしとげることのできる召使がいるので、私たちは、王国の宝を所有するであろう……」。

この謎のような本文には、一枚の木版画がついている（図59）。錬金術の円盤の中心には、人間がいる――その顔は、硫黄と水銀と塩を表わす三角形の内に圧縮されている。塩は、手順の基礎である。すなわち塩は、重い土星《サタン》と同一視され、土星の黒い光は、肉体を象徴する立方体を指している。肉体はまた、賢者の石をも意味する。バビロニアの色の魔術の場合のように、硫黄の黄色は火星――その記号は蠟燭またはたいまつすなわち魂をもっている手を指している――と同一視されている。水銀は、袋または子宮すなわち精霊をもっている右方のもう一つの手を指している。こうして肉体と魂と精霊とが、大三角形つまり宇宙の三つの角をなす。人間の顔をふちどる三角形は、世界像をかたどった小宇宙である。

魂は、男性的で、能動的で、火のようにはげしく、ふつうは太陽と同一視される。女性的な原理である精霊は、月である。また男性の火のようにはげしい本質は、「火のなかに住む」火トカゲによって象徴され、女性のはかなさはワシによって象徴される。左方の地上にすわっているのは、太陽と木星という相反する性質を有する王の像である。右方のイルカに乗っている女神は、金星《ヴィーナス》とディアナを具現し、海上を旅している。

大きな三角形の神秘的な意味は、太陽は父で月は母である——男性原理と女性原理——ことを示す。自然のなかでは、この二つはつねに分離されている。錬金術によって二つの原理は結合され、この結婚から、男女両性をそなえた賢者の石が生まれるであろう。人間の完成を象徴するものもまた、両性具有である。すでに述べたように、魂と精霊は一つに融合されねばならないのである。ヴァレンティヌスの絵では、下方に二本の足が示されている。一方は水中に、他方は地上にあって、これは男性と女性の要素に関係している。この過程は、人間に適用されるはずである。なぜなら、人間の究極的な完成は、おそらく両性具有的な賢者の石と同一視されるだろうからである。

円盤上の惑星を刻んだ三角形のあいだに、七つの過程の寓意が示される。それらは、左下の腐敗から始まり、右下の復活で終わっている。七つの言葉は、なすべき作業の方法を暗示し、それぞれの言葉は、過程の段階に関連づけられている。

図60　錬金術の寓意　固定した揮発物

'VISITA-INTERIORA-TERRAE-RECTIFICANDO-INVENIES-OCCULTUM-LAPIDEM'（大地の内部を探究せよ。矯正すれば、なんじは隠された石を見つけるであろう）。

どのようにすれば、こういう完全が達成できるだろうか。これにたいして錬金術の達人は、逆説的に答えた。「凝固した揮発物をつくれ――はかない女性を凝固した男性と結合せよ」と。この答えは、もう一つのなぞを生むだけである。凝固した揮発物の象徴は、ヴァレンティヌスの絵の中央上にある、つなぎあわされた二つの翼である。

揮発物は、蒸発する水銀である。凝固物は、容器の底に残っている水銀である。揮発物は、容器の天井で凝縮すると、滴り落ち、「水が還流してくるときはいつも、祝福をともなってくる」。揮発物のこの上昇と下降とを、ヴァレンティヌスは潮の干満にたとえている。昇華の過程は、水銀にふくまれている男性と女性の要素、すなわち水銀の凝固物と揮発物を分離することを目的としている。二つは、結婚において合一されるが、まず最初に清められねばならない。ちょうど、花嫁と花婿が結婚式場にはいる前に身を清めるのに似ている。ヴァレンティヌスの版画（図60）には、水銀の二重の本質が、錬金術的な用語にしたがって、両手にヘルメスの杖を持ち王冠をかぶった天才として示されている。相対する男性と女性は、二人の剣客として寓意的に描かれている――一方の剣には、揮発物の象徴である若いワシがとまっており、他方の剣には、凝固した水銀を表わす王冠をつけたヘビがからまっている。好戦的な両者を区別するために、それぞれに太陽と月が描かれている。錬金術師は、このむごい血族間の戦いを終わらせなければならない――同一の金属内でおこるこの不幸は、アリストテレスによると、同じ種族同士で戦うという白鳥によって象徴された。

和解できぬものの和解は、凝固した揮発物であらわされ、それを象徴するつなぎあわされた翼は、手前におかれている。

図61　哲学者たちの水銀

寓意は容易に解釈されるが、寓意によって擬人化しているらしい化学的処方は不明瞭である。

ナザリの錬金術の竜もまた、理解できる言葉を表わさない（図61）。この竜は、人間の頭をもっているので、人間の言葉を話すことができるわけだが、話をすることは、錬金術の哲学の謎をいっそう複雑にするだけである。この怪物には、むかしのグノーシス派のウロボロス（頭が尾を咬んでいるヘビ）の後裔らしいところがほとんど認められない。数世紀のあいだ、錬金術は不変であり、象徴はそのままつづいたが、多くの粉飾が、確立された形式を美化したり変形したりしてしまった。ナザリの奇怪な生物とくらべて、クレオパトラのヘビは、なんとつつましやかなことだろう。イタリア人は他国民よりも空想の天分に恵まれていたらしいが、その空想から、流動的で、潔癖に描かれている錬金術の象徴がつくりだされたのである。この怪物は、メルクリウス（ヘルメス）神の翼のあるサンダルをはいていることから、メルクリウスに相当する金属（水銀）を象徴しているように思われる。また、数本の尾と図案とは、錬金術の新しい総合を創造しようと企てている。尾は奇妙に結ばれているが、その結び目にも、竜が話すつぎの言葉をいかに解くかの問題がある。

「私は死からおきあがり、私を殺す死を、殺す。私は、私が創造した肉体をふたたび立ちあがらせる。私は、死のなかで生きた後、私自身を破壊する――それをあなたは喜ぶだろう。あなたは、私と私の生命なくしては喜ぶことができない」。

「もし私の頭のなかに毒があれば、私が激怒して咬みつく私の尾には治療薬がある。私を犠牲にして楽しむものはだれでも、私の錐のような目で殺してやる」。

「私を咬むものは、まず自分自身を咬まなければならない。もし私が彼を咬めば、死がまず彼の頭に咬みつくだろう。なぜなら、最初に彼のほうが私を咬まなければならない――咬むことは咬むことを治す薬である」。

これを読んだ人は、アレクサンドロス大王のように大胆に、「ゴルディオスの結び目」を剣で切断したくなるだろう――そしてこの大胆な手段をすすめたのが、マイケル・メージャー（一五六八―一六二二年）だった。

「卵のことをよく知り、ぎらぎら光る剣でそれを切れ。わが世界には、他の何ものにもまして崇高な鳥がいる。その鳥の卵を捜し求めることに専心せよ。やわらかな黄味は、卑しい蛋白質にとり囲まれている。慣例にしたがって卵を熱し、それから、おんみの剣でそれを注意ぶかく捜し求めよ。ウルカヌスのあとで、マルスがこの仕事を促進するであろう。その後、ひなが現われると、ひなは火と剣に打ち勝つであろう」（図62）。

図62　錬金術の寓意　賢者の卵

火と鉱石――ウルカヌスとマルス――は、金属の変成に必要である。

メージャーの勧告は、このへんまではまことに明瞭であるようだが、彼がさらに助言している事がらには、まったくおどろかされる。「高貴な薬」を完全にするためには、ヒキガエルに婦人の乳を吸わせなければならない（図63）。「ヒキガエルを、婦人の乳が吸えるように、婦人の胸にあてがえ、ヒキガエルの腹が乳でいっぱいになると、婦人は死ぬだろう」。これは、たしかに奇妙な化学式で、近代化学の冷静な記号や数学とは対照的である。

しかしメージャーの想像力は、まだ十分ではなかった。彼の二三番目の象徴は、錬金術の作業にあてている神話上のいくつかの出来事を、一枚の絵に描写している(図64)。錬金術の達人(そ

図63　錬金術の寓意　離乳

図64　錬金術の寓意　金の雨

れともウルカヌス神であろうか）が、眠っているユピテルの頭を割る。虐待をうけているこのユピテル神は、右手に、権力のしるしである照明の炎をつかんでいる。彼は、自分の守護鳥であるワシに寄りかかっている。傷つけられた頭から、はだかのパッラス・アテナが現われる。金のにわか雨が、彼女の上にふりかかる。後方のアポロの彫像の頭が、太陽のように水平線の上に昇っている。アポロ神自身は、一時しのぎのテントのなかで、ウェヌス（ヴィーナス）を抱いている。エロスがこの二人を見守っている。この絵の説明は、つぎのようになっている。

「パッラスがロドス島に生まれたとき、金の雨が降った。そして太陽はウェヌスと結婚した。これは奇跡であり、その真実性はギリシアで肯定されている。この出来事は、雲が金の雨を生んだといわれるロドスでは有名になった。そして太陽は、愛の女神キュプリアに結びつけられた。ユピテルの頭脳からパッラスが現われたとき、容器からは金が雨水のように降りそそいだ」。

ギリシア神話と『聖書』の伝説が、この錬金術師のレトルトのなかでは融けあっている。毒をもった竜から金の羊毛を手に入れたイアソンは、錬金術師だった。また、ヘブライの職人でモーゼから祝福をうけたベザレルもまた、金づくりの職人だった。ヨブは、偉大な秘薬を知っていたにちがいない。というのは、神が彼を祝福したのち、彼の富はおどろくほど増大したからである。アレクサンドロスとソロモンは、ピュタゴラスやデモクリトスやガレノスと同様に、賢者の石を所有した。錬金術師は、歴史の話のなかに金という言葉が現われると、すばらしい解釈はないかと目を光らせていた。報告を神話と認めた場合には、それは錬金術的な寓意だと解釈された。グノーシス説や新プラトン説の時代と同様に、東西の寓話や哲学が混合され、おどろくべき世界像

図65　ヘルメス的宇宙

ができあがった。神学の天、ギリシア哲学の天、東洋の怪物、ギリシア神話上の人物、これらが錬金術の記号のもとに結合された。

　ミュリウスによる錬金術の宇宙図（図65）は、このような諸説の混合をあらわしている。上方には、天の三位一体（ヒツジ、ハト、ヘブライのエホヴァ）がある。彼らは天使たちに囲まれ、聖なる光を発している。下方は物質世界である。星の輝く天が錬金術の作業をとりまいている。その作業は、「半分は天界にあり、半分は下界にある」。中心には、三角形の賢者の石があり、そこには、水銀と金の二重記号が記されている。この記号の側面に接して、錬金術の手順を示す三つの記号がある。左の三角形は空気すなわち揮発性の水銀で、逆三角形は水すなわち固定した水銀である。下方の記号では、水銀の二つの性質がかさなりあい、「凝固した揮発物」を象徴する六角の星形をなしている。七つの同心円が、これらの記号をとりまいている。もっとも内側の円には、作業のために四段階の火を使う勧告が書かれている。それにつづいて、水銀と硫黄と塩の三位一体がある。ミュリウスは、有形でなく精神的な哲学者たちの水銀や、昇華した金属を意味する有形の水銀や、俗悪な水銀などを区別している。さらに、時間を意味する円がある。ミュリウスはこれを、太陽年と恒星年と風の年に分割している。それらは、錬金術の作業におよぼす太陽と星と空気の影響を暗示している。最後に、もっとも外側の円は、これらの影響が統合されなければならぬことを示している。都合のよい星座を待たねばならない。ここには、黄道十二宮と、惑星の五つの記号（太陽と月は特別の位置をしめている）がある。恒星は、錬金術の五つの象徴、つまり、ワタリガラス、白鳥、錬金術の竜、自分の血で子を養うペリカン、炎のなかで復活する不死鳥をとりまいている。

下界は、明と暗、昼と夜に分かれた二元的な世界である。男と女が、鎖で上の世界につながれている。彼らは、神が物質世界に賦与した出産の二原理である。下界では、すべてのものが男性と女性の二つに分けられている。しかし神だけは、二つの原理が統合されている。なぜなら、神はあらゆるものの原因だからである。二つの肖像には、いろいろな意味がかさなりあっている。男性は、太陽であり金であり、火のような乾燥した本質である。また彼は、魂であり、発生の原理である。彼のそばにいる黄道十二宮のライオンは、酷暑の月に統轄する。ライオンはユピテルであり、アポロである。そして火と空気は、彼の元素である。なぜなら、この元素は乾いていて温かいから。火のような不死鳥は、ライオンの象徴であり、ライオンは金の象徴である。ライオンと人間が太陽を捧げている。太陽は、天の星や発生の象徴と同様に、哲学者たちの金である。

女性は月で、銀で、湿った冷たい本質である。彼女は精霊であり、実をむすび、妊娠し、出産し、養育する。彼女は手にブドウをもっており、たくさんの実は彼女の真の象徴である。彼女は蒸発、雨、地上の湿気の発散に関係している。なぜなら、彼女の元素は地と水だからである。彼女の胸からは銀河が流れている。銀河は、この物体の世界のあらゆるものに浸透する種子で、賢人たちもこれを、世界精神とか世界の魂と呼んだ。彼女は左手に、満ち欠けのある月をもっている。彼女のはかなさは、ワシによって象徴されている。彼女は銀色の月を、ギリシア神話のアクタイオンと共有している。アクタイオンは、水浴中のディアナをおどろかしたため、この女神によってシカに変えられた。清められたディアナは、錬金術の揮発を象徴していた。揮発は、錬金術師のレトルトに銀が現われるときの手順で、第六段階である。アクタイオンの両方の角《つの》は、それぞれ六本の枝をつけている。彼がシカに変形したことは、容器のなかでおこる変形の寓意にすぎない。銀と月とディアナと夜は、関連のある観念である。錬金術の第六段階のその他の寓意は、半月の上に立っているディアナのように清浄な聖処女で示されている。

ミュリウスによる宇宙の象徴は、物質世界の二重の性質を強調している。けれども彼は、設計図の中心に、二つの本質の神秘的な結合を示している。ここでは、ラムブスプリンクのライオンが結合されている。それは、二つの胴体と一つの頭をもっている。ライオンの口からは、生命の水が吹き出している。賢者がライオンの二つの胴、すなわち男性と女性、魂と精霊の上にまたがって立っている。彼は、明と暗、昼と夜、男と女の衣服をまとっている。彼は神のようである。いまや錬金術師の目は開かれ、善と悪を知る。知識の木から、彼は果実を取った。そして天国の木が繁殖し、錬金術の丘をおおう果樹園をつくりだした。この丘は、太陽と月の光をあび、また聖なる光もうけて、錬金術の達人には住みよい場所である。火と水が、聖なる土からわき出てお
り、木は天の円天井にまでとどいている。

ミュリウスのすばらしい画像には、つぎのような本文がついている。

「天の示すものは、地上に見出される。火と流れる水とは相反している。もしあなたがこれを結合することができれば、しあわせである。このことさえ知っておればよかろう」。

万物融化液(アルカヘスト)

錬金術師によれば、第一物質《プリマ・マテリア》はいたるところで見出すことができるという。それは、あらゆる物質の本質であり、「つねに同一のままでいる基礎的なあるもの」であった。それは世界の魂であり、世界精神であり、第五元素であって、そこから四元素が生じた。

錬金術師たちは、つねに存在していながら捕えることのできぬ第一物質の力を捕え、賢者の石のなかに閉じこめようとした。彼らは、捕えにくいばかりでなくもろくもあった第一物質をつかまえるために、種々な物質を溶解した。この操作には、最大の注意が必要だった。単純な化学者が物体を酸で溶かす場合など、こういう注意は無視されてしまう。錬金術師によれば、「化学者

は破壊するが、われわれは建設する。彼らは殺すが、われわれは生きかえらせる。彼らは火で燃やすが、われわれは水で燃やす」。

この燃える水は万物融化液（アルカヘスト）で、はじめて唱えたのはパラケルススである。彼はその著『人間の器官』のなかで、つぎのようにいっている。「また精霊アルカヘストもある。これは、

図66　作業中の錬金術師

肝臓にきわめて有効に作用する。扶養し、強化し、できるかぎり病気を防ぐ。……この医薬を使いたい人は、アルカヘストの調合法を知らなければならない」。また、パラケルススはその著『事物の本性について』のなかで、金属を成熟させ、完成させるエリキサ（錬金薬）について述べている。しかし、このエリキサがアルカヘストであるかどうかについては何もいっていない。

有名なベルギーの医者ヤン・バプティスタ・ファン・ヘルモント（一五七七―一六四四年）が、アルカヘストについていくつもの驚異をつけ加えなかったならば、以上のようなちょっとした記述だけでは、アルカヘストを有名にするには不十分だっただろう。アルカヘストの溶解性を公言したのはヘルモントである。彼は新しい妙薬を、火の水、地獄の水と呼んでいる。「それは、あらゆる塩《えん》のうちでも祝福され、もっとも完成した塩《えん》である。その調合の秘密は、人間の理解のお

よばぬものであり、神のみが、選ばれた人びとにそれをもたらすことができる」。ファン・ヘルモントは、選ばれたる人びとの一人だった。なぜなら、彼はアルカヘストをもっていることを、誓って主張しているからである。「温水が氷を溶かすように」それはあらゆる物体を溶解した。

一七世紀から一八世紀の前半にかけて、錬金術の多くの達人がアルカヘストを捜し求めた。そして万能の溶剤に関する書物が、図書室をいっぱいにするほど出版された。現在なおグラウバー塩として知られている硫酸ナトリウムの発見者である錬金術師のグラウバーは、自分の発見したものがこのふしぎなエリキサだと信じた。一般に達人たちは、アルカヘストという言葉は秘密を隠すための語句のもじりで、グラウバーはアルカリを用いて、硝石をアルカリ化したと想像した。

探究は、中断することなく一八世紀の中ごろまでつづいた。ところがそのころ、錬金術師のクンケルが、つぎのように公言した。「もしアルカヘストがあらゆる物体を溶かすならば、物体を入れている容器も溶かすだろう。もしそれが火打ち石を溶かすならば、ガラス製のレトルトも液体にしてしまうだろう。なぜならガラスは火打ち石でつくられるからである。自然の偉大な溶剤については、しばしば論議された。ある人は、アルカヘスト（Alkahest）とは〝それは、アルカリだ〟（alkali est）の意味だといい、また他の人は、それはドイツ語の〝全霊〟（All-Geist）または〝それがすべてだ〟（all ist）の意味だという。しかし私は、このような溶剤は存在しないと思う。私としては、ほんとうの名を〝すべてがうそだ〟（Alles Lügen ist）と呼びたい」。

クンケルは、アルカヘストに致命的な一撃を加えた。彼が公言してからは、この溶剤のことは錬金術書には記載されていないのである。第一物質を捕えようとなおも望んだ達人たちは、ほかの手段にたよらなければならなかった。

錬金術への初期の攻撃

善良な人びとが憎み、たいていの人びとが非難する技術。

アグリッパ

ジャン・ド・マン（一二四〇頃―一三〇五年）はその著『バラ物語』の第二部で、錬金術の操作のうちで機械的な作業だけを利用する錬金術師のおろかさとこじつけについて不満をもらす自然の女神のことを述べている。彼は、金がつくれることは十分に確信しているが、錬金術の達人たちが精神的な問題を軽視していることを戒めている。彼にとっては、道徳のない科学は、知恵の欠如のことだった。そして自然もまた、このことを恥じている。

私は、君の硫黄の悪臭のため、
大きな苦痛に悩んでいる。
人間を焼きつくす熱い火で、
君は水銀を固めるだろう。……

あわれな人間よ、君は君自身を欺いている！
なぜなら、そんなやりかたではなんにもならないのだから。

そして職人は恥じらい、愛情ぶかくなり、
自然の女神の前にひざまずき、
つつましくゆるしを乞い、
女神に感謝をささげる。

この錬金術師は、自然にしたがうかわりに、「遠回しの言葉と比喩の文章」によって間違った方向へ導かれていた。

ジャン・ド・マンの『バラ物語』を英訳したジョフリイ・チョーサー（一三四〇？—一四〇〇年）は、もっと懐疑的である。その著『聖堂参事会員の従士の話』の前口上には、つぎのように書かれている。

彼らは、サウスウァークとカンタベリーのあいだの、
すべての土をひっくりかえし、
金と銀ですっかり舗装する仕事をひきうける。……

しかし、いつも彼らには結論がなく、
多くの人びとに幻想を与える。
なぜなら、彼らの現なまはたちまちのうちになくなり、
最後には乞食にしてしまうから。
彼らは、この技術を使ってもけっして成功しない。
ただ、彼らの財布がからになり、彼らの機知が色あせるだけだ。

ルネッサンス時代には、少数の著述家が錬金術に抗議し、この偉大な技術はじつは化けものだと言明した。もっともはげしい攻撃は、北ヨーロッパの新教徒たちから現われた。ここでは、正統派の教会の権力は世俗化され、その富は没収され、修道院と女子修道院は閉鎖された。当時は、孤独と瞑想の生活を望むものにとっては困難な時代だった。

台頭してきた中産階級の市民は、常識の美点を強調した。教会が以前に罪悪として非難していたことを、いまや市民たちは愚行と呼んだ。カトリック教徒の市民や新教徒の市民は、みずから人間の愚行の訊問者をもって任じた。そして彼らは、愚行がいたるところにあることを発見した。風刺作家は、人間の活動をとりあげて毒舌をふるった。呪術師はもちろん、とくに錬金術師が、彼らの槍玉にあがった。印刷術の発明によって、錬金術書がいっそうひろまった。すると、それまでは盲目的に錬金術を礼賛していた多くの人たちが、錬金術の達人たちの著作を読めるようになるとともに、自分たちが愚かでうぬぼれていたことに気づいた。

ロッテルダムのエラスムス（一四六七—一五三六年）の機知に富み教養のある文章は、同時代の人びとにくらべてぬきんでていたが、彼は、ヨハネスとバルビウスという二人の司祭の対話のなかで、いかに「美しい言葉が、賢人を愚かにし、またどれほど見る目をなくするか」について述べている。錬金術師のヨハネスは、口数少ない賢人バルビウスに、うまく自分の実験費用を出させる。ヨハネスはいろいろな手を使って、無口な友人から金をゆすりとる。バルビウスは、この投機的な事業に投資すればするほど、賭博師がさいころに執着するように、ヨハネスに執着し、束縛される。ヨハネスは、レトルトや石炭や道具類をそろえるために、ひかえめでもっともな要求をしたあとで、さらに多額の資金を請求する。実験が成功しないと、彼は信仰あついその友人に、聖母マリアに祈ってくれれば仕事がはかどるだろうし、もし謝礼として聖母マリアに少数のフランスの王冠を贈ってくれれば事態はもっとうまくはかどるだろう、この技術は神聖であり、聖人のおかげがなければ、ことが都合よく進行しないから、と忠告する。ヨハネスは短い航海で、女郎屋の女将《おかみ》やならずものにまじって有り金残らず浪費してしまう。帰還して後、彼は別のいんちきの準備をする。彼は、自分の不運を嘆きながらバルビウスにいう。「われわれが免許状なしで錬金術の実験を行なっていることは、宮廷に知れている。だからわれわれは、君主のために金を偽造したかどで、土牢にほうりこまれるだろう」。学識のあるバルビウスは、自分の身を守るため、おとがめにはどう返答し、危難をどう避けるかについて、頭をしぼって工夫する。

宮廷の連中はお金には貪欲だから、わいろで黙らせよう、とヨハネスは提案する。こうしてバルビウスは、さらに三〇ダカットを失う。最後に、彼の友人の錬金術師は、いまわしい醜聞にまきこまれる。隣人の妻といっしょにいるところを発見されたのである。この事件は、バルビウスの財布をはたかせる多くの機会を提供する。友人のこの醜聞に対して、一ダカットどころか三二本の歯を失ってもいいと思っているバルビウスは、やむをえず財産の半分を出し、この錬金術師をこっそり外国に送るとともに、二人の協力がうまくいかなかったうわさを立てないよう口封じをするのである。

図67　セバスティアン・ブラント

エラスムスが、どんな欺瞞にもひっかかりやすい学識ある愚かものに一撃を加えたことは、適切である。口数が少なく思慮ぶかいバルビウスという人物は、当時のあまり鋭利でない風刺家たちの目にはうつらなかった愚行の一典型を、具体化したものである。まったくのところ、博識と分別があるからといって、悪徳と愚行をおかさないとはいえない。

セバスティアン・ブラント（一四五七—一五二一年、図67）はその著『愚者の船』のなかで、錬金術の詐欺師どもに対して悪意のある詩を、すこしばかり載せている。彼らがもっともよくやるいんちきは、溶けた金属を攪拌するための棒のなかに、金を隠すことだった。だから、立会人が大釜のなかに金を見つけてびっくりしても、そうふしぎではない！（図68）

はじめから攪拌棒のなかに隠してあった
金と銀を作りだすという、
錬金術のいまわしい嘘を、

図68　錬金術師の愚行

ここでは忘れないでほしい。
これではまったく、いんちきで詐欺だ。
彼らは君に、証拠だといってかたまりを見せるだろう。
だがやがて、ほら、そこからヒキガエルが現われる！
この嘘にとんと気づかぬ人は、
平穏無事な家庭から駆りだされ、
レトルト（化学の実験器具）に身代をつめこんだ――
それがすべて灰や塵になるまで。
そして最後には、心まで失った。
多くの男がこうして滅び、
富を得たものはほとんどなかった。
アリストテレスもいっている、
事物の形相はけっして変わらない、と。

ブラントがアリストテレスに触れているのは、意味がある。なぜなら、中世のスコラ学（ブラント時代には、プラトン説がそれにとって代わっていたが）は、アリストテレスの理論にもとづいていたからである。錬金術に反対する議論のほとんどは、スコラ学の味気なさを暴露した。スコラ学は、すでに役に立たなくなっていたし、とくに究極の形式においては、非常識な思索や誤った前提にもとづく三段論法にたよっていた。ブラントが触れているアリストテレスの言い分は、『気象学』に書かれてあることで、それによると、技術者は種を変えることはできないが、いろいろな金属を銀や金らしく見えるようにすることはできるという。

一七世紀末には、これらの三段論法はまだ栄えていた。ある綿密すぎる学者によれば、「もし錬金術が実在するとすれば、ソロモンはそれを知っていただろう。なぜなら、『聖書』には、ソロモンによって天地の一切の知恵が統合されたといわれているではないか。ところが、ソロモンは、金を求めてオフルに船を派遣したし、また、彼の支配下の人民に税を払わせた。もしソロモンが賢者の石を知っていれば、そういうことはしなかっただろう。ゆえに——錬金術は存在しない！」

これにたいして、錬金術の弁明者ヨハン・ベッハーも、根拠のない空想から生まれた議論で答えた。

「なるほどソロモンはあらゆる知恵をもっていた。しかし、彼は人間活動のあらゆる細部までも、はっきりと知っていただろうか。彼は、万般の技芸の専門家であっただろうか。絵をかき、彫刻をし、靴をつくり、手布を織っただろうか。また、彼がその後に現われた多くの事がら、たとえば、印刷術や火薬を知らなかったことも確かである。だがソロモンが賢者の石を所有したことは、十分に考えられる。彼がどういう理由で船を派遣したかは、知られていない。そしてこの伝説的な探検が、羅針盤のまだ発明されなかった時代におこったかどうかも、はっきりしない。ドイツ皇帝レオポルト一世が金をつくったことは周知のことである。彼がそのために、すべての船を呼びもどしたり、人民の税をひき下げたりしたであろうか」。

ベッハーの本は、一六六四年に出版された。それに先立って一五七二年には、ハイデルベルク出身のトマス・エラストゥスが『解説』を出版した。この本は、主としてパラケルススに鋒先をむけていた。トマス・エラストゥスは、学者の無能と論争好きの好見本である。彼は、同じような役にもたたぬ三段論法を使って、金属変成の現実性を非難するためにかなりの努力をしている。錬金術の問題には懐疑的だったエラストゥスだが、魔女信仰は擁護した。彼はその著『対話』のなかで、魔女は主として精神錯乱の女性だと書いた医者のヨハン・ヴィエルに、悪意にみちた攻撃を加えた。

アンジェの学識ある行政長官ピエール・ル・ロアイエは、金属の変成を信じることを拒んだ。一六〇五年、彼はつぎのように書いた。「金属の変成に関して私がふしぎでならないのは、どうしてそれが合理的に弁護できるのかという点である。金属に混ぜものをすることはできるが、変化させることはできない。……（ふいごを）吹きながら、彼らは財産を使いはたし、あらゆるものをしだいになくしてしまう。もちろん、私は信じない。哲学者諸君、錬金術師はどんな金属でも金に変えることができるということを、私に強いないでほしい」。

懐疑論者ル・ロアイエはこの証言を、分厚い四つ折り八ページの『人間の目にうつった、幽霊、幻視、精霊、天使、魔もの、魂に関する論述と歴史』という本のなかで発表した。内容のすべてを伝えるこの題名から明らかなように、ル・ロアイエは、錬金術以外の問題にもやはり懐疑的だった、というわけではない。

魔女をかたく信じていた多くの学者も、やはり錬金術の無価値を公然と非難した。彼らは、悪魔はヤギの姿で現われることができ、魔女はみずから変身してネコやオオカミやヘビその他のものになることができると確信していた。彼らは、精霊や人間の変身は事実だと公言しておきながら、ある金属から他の金属に変成する可能性を気がるに信じる人たちをののしった。有名な魔法の火使い師、ピエール・ド・ランクルもこういう立場から、金属の変成を信じる人びとをあざけった。「かずかずの錬金術の思想を考慮すれば、全王国には病人はいなくなるし、貧乏人や無知な人びともいなくなるはずである。それらの思想が変形をひきおこすことができていれば、錬金術の達人は、もっと幸福だったろう」と彼はいう。

秘術師で新プラトン派で『隠秘哲学』(三巻)の著者でもあるアグリッパ(一四八六―一五三四年)は、『芸術と学問のむなしさについて』という本を発表したとき、当時の学識ある人びとをおどろかした。あらゆる奇跡を信じていた彼は、混乱のなかに自己を失っていることに気づき、その結果、人間のやることはすべて馬鹿げているという過激な決意をいだくようになった。錬金術の旗手だった彼は、いまや錬金術を狂気の沙汰だと宣言し、錬金術の達人の悲喜劇的な性格を暴露した。彼の偏見は、彼を盲目にした。そして、未知なものの探究にあれほど専心していた人びとには、嘲笑よりもむしろ興味とあわれみとをよせるべきだということに、思いいたらなかった。

アグリッパによると、「凝固した揮発物の存在を信じたり、凝固した揮発物がつくれると信じたりすること——したがって、石炭や獣糞や毒物や尿のにおいが、彼らにはハチ蜜の味よりもこころよいのであるが——は、まったく狂気の沙汰である。そのあげくは、農場や財産や家督を浪費して、それらを灰や煙にしてしまう。彼らは、時間と費用の一切をつぎこみ、その労働の報酬として金と若さと不死が生まれでることを期待する。だがけっきょくは、年老い、ぼろ着をまとい、飢え、さらに水銀を使用したためにからだが麻痺してしまう。増えるのはただ不幸だけで、自分の魂を二束三文で売るほどになる。つまり彼らは、金属についておこすはずだった変形を、自分自身のうちにおこすわけである——ということは、彼らは錬金術師ではなく悪業術師であり、医者ではなく乞食であり、薬種商ではなく宿屋の亭主だということである。彼らは、人びとの笑いの的である。若いころはみじめな生活を憎んでいた彼らは、化学的な詐欺に明け暮れて年をとり、貧乏のどん底にあえぎながら生きていくことを余儀なくされる」。しかもそのさい、彼らがうけるものといえば、称賛と同情ではなくて、軽蔑と嘲笑だけというような、悲惨な状態だった。こうして貧窮に駆り立てられた彼らは、とどのつまりは、金をだまし取るような悪の道に落ちこんでしまう。「そのためこの技術は、ローマから追放されただけでなく、教会法規によっても禁じられた」。

アグリッパの皮肉よりもっと愉快なのは、アントワープのヒロニムス・コックがひじょうにうまく彫りつけたP・ブリューゲルの絵である（図69）。人間の愚行についての画家であるこの大

図69　錬金術師の実験室

ブリューゲル（一五二五―六九年）は、自分のいだいている主題のモデルとして、錬金術師があてはまることを知った。絵に示されているのは、錬金術の達人の家のぞっとするような混乱の状態で、その混乱はまた、錬金術師の心の状態も反映している。からの財布をもった妻は、無言の絶望のあらわれである。二人の助手は、師匠の指示にしたがって作業をおこなっている。一人は、そのばか面《づら》に似合う道化師帽をかぶっている。もう一人のやせ衰えてぼろ着をまとった男は、あきらかに不快と不信をいだいて仕事をしている。食べものをさがしに、子どもたちは食器棚に登っているが、そこにはからっぽの大釜があるだけである。大きな風窓から見える広場には、みすぼらしい家の前で、修道女が飢えた新来者たちにあいさつをしている。彼らは、不幸な職人の家族たちである。失敗におわった最後のこころみの後、この職人は姿を消した。一人の助手が彼の妻と子どもたちを公共保護施設につれていった。この出来事は、前方の場面の直後におこっている。なぜなら、子どものうちの一人が食器棚で見つけた大釜を、まだ頭にかぶっているからである。

ブリューゲルの絵は、実りのない学問や愚行や困窮の寓意を表わしているようである。これらは、誇らしげな錬金術の寓意とは、いちじるしい対照をなしている。

図70　錬金術師に反対するパンフレット

ヴィルヘルム・コニングが彫りこんで一七一六年に発表した漫画の『医師ラウヒマンテル（煙のマントル）』もやはり錬金術師を描いている（図70）。彼が蒸留することのできた少量の液の効果は、あまり見込みがない。そして彼のむくむく太った手は、このような微妙な操作にはまるで適していないように思われる。ラウヒマンテルは、いかにも苦しげなようすで努力している。やっとのことで、二滴の液をしぼり出しているが、これは錬金術師の貧弱さを象徴しているようである。この、足が短くてものわかりの悪そうな金の料理人を、ロジャー・ベーコンやアルベルトゥス・マグヌスの後裔とみなすことは困難である。ラウヒマンテルの肖像が彫られたころは、錬金術の英雄時代はすぎさっており、その技術は、からかいと皮肉の対象になっていた。理性の時代である一八世紀が、多くの人の判断するように、ほんとうに理性的であったかどうかは別の章でわかるだろう。

有名な金属変成

彼は、無尽蔵の宝物をつくりだす。杖から金をつくり、石から宝石をつくった。

洗礼者ヨハネの賛歌

中世錬金術に関する権威者ルイ・フィギエは、一八五六年につぎのように書いた。「化学の現段階は、われわれが金属の変成を不可能だと考えることをゆるさない。最近のいろいろな意見や化学の現在の性格からいって、一つの金属を他の金属に変えることは可能だと仮定してさしつかえなかろう」。しかし、これはまだ実現していない、と彼はつけ加えている。

一八八四年に、M・ベルトロも同じような見解を述べている。彼はその著『錬金術の起源』のなかで、古い錬金術理論と近代理論との比較に一章を費やしている。そして、両者は似ていないけれども、互いにまったく相容れないものではない、と結論している。彼によれば、「錬金術とは、物質の変容を合理的に説明する哲学である」。ベルトロはまた、「いわゆる単一体をある一定の類似の元素の連合とみなす」人たちの原子概念や、「単一体のあらゆる当量を一連の数値に還元する努力」についても述べている。彼は、元素の原子量を表わすすべての数をまとめようとこころみた同僚たち――シャンクルトア、メンデレーフ、ニューランズ、マイアー――を挙げている。さらに彼は、このような企てから生じる算術的な問題に触れている。ベルトロとフィギエが可能だと信じた金属変成は、キュリー夫人によって事実であることが証明され、その業績は、一九世紀末に発表された。

こんにちわれわれは、たとえば水銀を金に変えるように、ある物質を他の物質に変えることができるばかりでなく、化学的操作によっては新しい金属もつくりだせることを知っている。錬金術の達人たちの一七〇〇年間の夢は、こうして現実となった。ただわれわれが望みたいのは、秘密を知る人びとが、「心の純潔」がなければ科学はありえないと錬金術師たちがいったあの純潔さを、もってもらいたいことである。

錬金術師は、手順について確固たる科学知識をもっていただろうか。これはちょっと信じられない。なぜなら、錬金術の原理は科学的でなかったからである。錬金術は、化学の木が植えられる前に根絶しなければならなかった。錬金術は、古代の他の知識と違い――たとえば、外科術はたえず誤りを削除していきながら生き残った――、全部捨てさるべきであった。外科術の原理は、科学的に正確だった。だが錬金術の原理は、科学に属するのでなく、哲学的な知恵に属していた。そしてこの知恵が、錬金術をその発端から神秘論にむかわせたのである。錬金術のおもな価値は、霊魂的なものだった。つまり錬金術師は、神秘論者とは兄弟分だった。

しかしながら、錬金術の達人たちの実験が感動的な一連の化学的発見を生んだのに、一方では、中世の外科医の未消毒のメスのもとで大部分の患者が死んでいったことを思うと、奇妙な感じがする。錬金術は、求めていたものを発見することには失敗しても、思いもよらぬ発見物にめぐり会ったことは確かである。

ここでは、このような発見物のいくつかを挙げておきたい。

アルベルトゥス・マグヌス（一一九三—一二八〇年）は、苛性カリを調製したとされている。彼は辰砂《しんしゃ》、鉛白、光明丹の化学組成について述べた最初の人だった。

ライムンドス・ルルス（一二三五—一三一五年）は、カリウムを調製した。

バシリウス・ヴァレンティヌス（一五世紀）は、塩酸を発見した。

テオフラストゥス・パラケルスス（一四九三—一五四一年）は、それまで知られていなかった亜鉛についてはじめて述べた。彼はまた、化学化合物を医薬に利用した。

ヤン・バプティスタ・ファン・ヘルモント（一五七七—一六四四年）は、気体の存在を認めた。

ヨハン・ルドルフ・グラウバー（一六〇四—六八年）は、硫酸ナトリウムすなわちグラウバー塩を発見し、それが賢者の石だと信じた。

ハンブルクの市民ブラント（一六九二年没）は、燐《りん》を発見したといわれている。

ジャンバッティスタ・デッラ・ポルタ（一五三五頃—一六一五年）は、酸化錫《すず》を調製した。

ヨハン・フリードリッヒ・ベッティハー（一六八二—一七一九年）は、磁器をつくった最初のヨーロッパ人だった。

ブレーズ・ヴィジェネル（一五二三—九六年）は、安息香酸を発見した。

この少数の実例によっても、錬金術師の研究は科学的な線には沿っていなかったけれども、選ばれた人びとにだけでなく、大きく人類に恩恵をもたらしたことは、十分に説明がつく。

これから考察しようとする金属変成に関するいくつかの報告は、その誠実を疑うことのできぬ当時のまじめな科学者や、おいそれとは欺されない支配者たちによって記録された多くの報告のうちから選びだしたものである。これらの報告は、まことにおどろくべきもので、あきらかに、どんなごまかしもしていないように思われる。

ヘルヴェティウスと呼ばれ、錬金術のもっとも手ごわい反対者の一人だったヨハン・フリードリッヒ・シュヴァイツァーの報告によれば、一六六六年一二月二七日の昼さがり、一人の見知らぬ男が、彼の家にやってきた。その男は、まじめで落ち着いた顔つきで、威厳のある態度を示し、メノ派教徒のような質素な服装をしていた。見知らぬ人は、ヘルヴェティウスに、賢者の石を信じるかどうかをたずねた(この有名な医者は、それに対して否定的な回答をした)あとで、小さな象牙の箱を開いた。「そのなかには、ガラスか青白い硫黄に似た三個の物質があった」。その持主は、これこそあの石であり、自分はこのような少量で二〇トンの金をつくることができる、といいきった。ヘルヴェティウスはその一つを手にとり、訪問者の好意を感謝した後、そのうちのほんの少量でいいからもらいたい、とたのんでみた。すると錬金術師は、そっけなくことわったあと、おだやかな口調で、自分はあなたの全財産をいただいてもこれは手離せない、「その理由は、私からは申しあげられません」とつけ加えた。

そこで、金属の変成を行なって彼の主張の裏付けをみせてくれるようにとたのむと、この見知らぬ人は、三週間すればもう一度やってきて、ヘルヴェティウスがびっくりするようなものを見せよう、と答えた。彼は約束の日にきちんとやってきたが、自分は秘密をもらすことをゆるされていないといって、作業することを拒んだ。しかし彼は、「ナタネの種子ぐらいの大きさの」石の小片を、ヘルヴェティウスにいんぎんに与えた。そこでヘルヴェティウスが、こんなごく微量で効果があるものなのかとたずねると、錬金術師は種子を二つに割って半分を投げ捨て、残りの半分を返しながらいった。「あなたなら、これで十分まにあいます」。

　この正直な学者は、見知らぬ人が最初に訪問したとき、石の微粒子をこっそり掻き落とし、それを使ったところ鉛は金ではなくガラスに変わったことを白状した。「あなたは、その盗品を黄色の蠟でつつめばよかったのです。そうすれば、蠟は鉛のすみずみまで滲みこんで、金に変えることができたのです」と、おかしそうに錬金術師は答えた。彼は翌朝の九時にまたやってきて、奇跡を行なうと約束した——しかし彼は、約束の日も、そのつぎの日もやってこなかった。そこでヘルヴェティウスの妻は、金属の変成を彼自身でやってみるように熱心にすすめた。

　ヘルヴェティウスは、見知らぬ人の指示どおりにことを進めた。彼は三ドラクマの鉛を鎔かし、蠟につつんだ石を液化した金属のなかに落とした。すると、まさしく金になった！

「私たちが、それをすぐに金細工師のところにもっていくと、一目見るなり彼は、これは自分がいままで見たうちでもっとも美しい金だと断言した。そして、この金なら一オンスにつき五〇フロリン支払ってもよい、と申し出た」。

　ヘルヴェティウスは報告の終りで、自分は金属変成のほんとうの証拠として、その金をまだ所有している、と述べている。「神の聖なる天使たちが、キリスト教国への恵みの源泉として、彼（この無名の錬金術師）を見守りたまわんことを！　これこそ、彼とわれわれのための真心こめた祈りである」。

この知らせは、燎原の火のようにひろまった。スピノザ――この人を軽信的な人物とみなすことはできない――はこの問題を調べてみようと思った。彼は、金を鑑定した金細工師を訪ねた。報告は期待以上だった。鎔解中に、加えられた銀までも金に変わった。金細工師ブレヒテルは、オレンジ公の造幣官だった。彼は、たしかに自分の腕前を自覚していた。彼がごまかしに乗せられたり、スピノザを欺こうとしたなどとは、とうてい信じられない。ブレヒテルが分析したさいには、たくさんの信頼のおける人びとが立ち会った。つぎにスピノザは、ヘルヴェティウスを訪ねた。彼はスピノザに、作業に使った金とるつぼを見せた。るつぼの内側には、まだいくらかの金がこびりついていた。そこでスピノザも他の人たちと同様に、この有名な金属変成に確信をもった。

一六二一年、ドイツのヘルムシュテット大学の講義でマルティニ教授は、学生たちに、なぜ金属変成が不可能であるかを説明した。一人の学生が、それに対して微妙な返事をして、学者を怒らせた。そしてしばらくのあいだ、口論がつづいた。最後に、その学生はるつぼとこんろと鉛をとりよせて、マルティニや学生たちの見守る前で、ただちに金属の変成をおこなった。鉛は金に変わった！　彼は、その容器を唖然として見ている教授に手わたすと、「先生、これはとんでもない三段論法ですね」（Domine, solve mi hunc syllogismum）といった。しかしマルティニは一言もいわなかった。彼は、この事件のあとで発表した『論理学に関する論文』のなかで、錬金術の問

図71　1648年プラハでの金属変成を記念したメダル

題に関する自分の軽率を述べている。

一六四八年、錬金術の達人ラビュジャルディエルは、死期がせまっていると感じた。そこで彼は、ヴィーンにいる友人のリヒトハウゼンに手紙を書き、ここへやってきて、自分が特別の小箱にしまってある賢者の石をうけとってくれるようにとたのんだ。リヒトハウゼンはプラーハへ急行したが、まにあわなかった。だが小箱は発見された。ラビュジャルディエルが仕えていたボヘミアの貴族シュリック伯爵が、この箱は自分がうけとるべきだと主張した。そこでリヒトハウゼンは、箱の複製を伯爵に渡し、本物は宮廷にもっていった。フェルディナント三世は、彼自身錬金術師であり、錬金術師の達人のごまかしはよく知っていて、それに対する万全の策を講じていた。皇帝自身が行なった実験には、鉱山監督官のルッツ伯爵が立ち会った。リヒトハウゼンは、実験を援助することをゆるされなかった。ラビュジャルディエルの賢者の石の粉末一グレンでもって、フェルディナントは二・五ポンドの水銀を純金に変えた。この金属変成を記念して、メダルが鋳造された。そのメダルは、メルクリウスの杖を手にもった太陽神アポロをあらわしている。一六四八年一月一六日プラーハにて、そのメダルに神聖なる変化がおこれり。聖なるフェルディナント三世皇帝陛下これを立証したもう、という銘文が刻まれたのである（図71）。皇帝は第二回の金属変成を行ない、ふたたび成功したというが、これは疑わしい。リヒトハウゼンは、男爵の称号をもらって貴族になった。彼はドイツ中を旅行し、このふしぎな粉末がなくなるまで、あちこちで金属の変成を行なった。

フライブルク大学教授のヴォルフガング・ディーンハイムは、錬金術の問題にはひじょうに懐疑的だったが、ある証拠をつきつけられたため、金属変成の可能性を認めないわけにはいかなくなった。彼の持論を変えさせた錬金術師は、有名なスコットランド人のアレグザンダー・セトンだった。セトンがその秘密を学んだのは、難船したのを彼が保護してやったオランダ人のヤコプ・ハウゼンからである。一六〇二年、セトンは不運なヨーロッパ旅行に出発した。彼は、金属を変成する腕前を十分に証拠立てた後、ザクセンの選帝侯クリスティアン二世によって投獄された。不幸なこの錬金術の達人は、先の尖った鉄で刺されたり、鎔かした鉛をかけられたり、火で焼かれたりした。しかし、ありとあらゆる拷問をうけても、彼は秘密を明かさなかった。最後に彼は、ポーランド貴族で錬金術の達人でもあったセンディヴォギウスの助けをうけて脱走した。セトンは自由の身になってまもなく死んだ。

スイス旅行の途上で、セトンはヴォルフガング・ディーンハイムに出会った。二人はいっしょにボートに乗ってチューリッヒからバーゼルまで旅行した。二人がバーゼルに着いたとき、「あなたはこの旅行中、錬金術師を攻撃なさいましたね」と、セトンがいった。「私は、あなたにその解答をお約束しました。それを、実地に証明しましょう。だれかほかの人にも納得してもらいたいんです」。ほかの人というのは、バーゼル大学の医学の教授で『ドイツ医学史』の著者のツヴィンガーのことだった。三人は、ある坑夫のところに行ったが、そのとき二人の教授は、ツヴィンガーが持っていたいくつかの鉛板を運んでいった。金細工師からるつぼを借り、途中でふつうの硫黄を買い求めた。セトンは、金細工師も薬剤師も選りごのみしなかったし、なにも手を触れなかった。金坑夫の家で、炉に火がたかれ、鉛と硫黄がるつぼのなかで熱せられた。一五分たつとセトンは、「この小さな紙きれを、鎔けた鉛のなかに落としてください。ただし、火のなかへは落ちないように、うまく真ん中へ落としてください」といった。セトンのいうとおりにした。ディーンハイムによれば、その紙は黄色い粉末をふくんでいたが、見えるか見えないほど小さなものだった。さらに一五分たった後に、るつぼのなかのかたまりは、鉄の棒でまぜられた。ついで火が消えると、鉛は純金に変わっていた。セトンは、茫然としている二人にむかって、「さて、あなたがたの学者ぶったご見識は、いったいどうすればいいでしょう。あなたがたの詭弁よりもまさる正真正銘の真実というものが、おわかりになるでしょうか」といった。

金は切りとられ、ツヴィンガーはその一片を、記念品としてうけとった。この一片は、数世代にわたって彼の家に保管され、最後に、金属変成に成功しなかった錬金術師が、借金を返済するためにそれを売却した。

ディーンハイムは、この報告のなかでこう付言している。「これを信じない人たちは、ほんとうにあったこの話を聞いておそらく笑うだろう。しかし、私は健在であり、いつでも私の見たことの証人になる用意がある。さらにツヴィンガーも現存している。彼は黙ってはおらず、私が確認することの証人になってくれるだろう」。

アレグザンダー・セトンが拷問でうけた傷がもとで死んだとき、彼は賢者の石を、自分を釈放してくれたセンディヴォギウスに贈った。このセンディヴォギウスも、かずかずの金属変成をなしとげたため、やがて、死んだ師匠に劣らぬくらい有名になった。皇帝ルドルフ二世は、センディヴォギウスを呼びよせ、プラーハで丁重に歓迎し、高い栄誉を与えた。丁重なもてなしに、錬金術の達人はなんらかの謝意を示さなければならなかった。それには、皇帝に賢者の石のいくらかを贈呈するのが何よりである、と彼は考えた。ごく少量の黄色い粉で、ルドルフは首尾よく金属変成を行なうことができた。それを行なった部屋の壁には、一枚の大理石板がとりつけられ、「ポーランド人センディヴォギウスのなせし業績が、また他のなにびとによってもなしとげられんことを」と書かれた。デレのモルデカイという宮廷付きの錬金術詩人は、この出来事を誇張した詩のなかで称賛した。センディヴォギウスには陛下の顧問の称号と、皇帝の肖像のついたメダルが与えられた。彼はプラーハを去り、相つぐ不幸な事件に出会ったすえ、ポーランドにたどりついた。一六〇四年、ヴュルテムベルク公フリードリッヒは、彼を呼び出した。シュットガルトにあるフリードリッヒの城で、このポーランド人の達人は、いくつかのおどろくべき金属の変成を行なった。このため、宮廷付きの錬金術師ムレンフェルス伯爵は、ひじょうな不安におそわれた。

ムレンフェルスは、センディヴォギウスにむかって、フリードリッヒ公が君の監禁を計画している、と説いた。センディヴォギウスは、自分の師匠の運命を思い出して、すぐそれを信用してしまった。彼は、夜にまぎれ脱走した――そしてムレンフェルスの輩下の騎手たちが彼を捕えた。彼らは賢者の石のことを知っていたので、センディヴォギウスの貴重品を盗みとった。センディヴォギウスの妻は宮廷に訴えた。皇帝はシュツットガルトに急使を送り、ムレンフェルスの引渡しを要求した。この事件のこれまでのいきさつを考えた公は、ムレンフェルスに絞首刑を命じた。ムレンフェルスは、金箔をはった厚紙の外衣を着せられて処刑された。絞首台も金メッキされていた。

けれども、賢者の石は発見されなかった。失敗から立ち直ることのできなかったセンディヴォギウスの末路も、みじめだった。

つぎにとりあげる有名な金属変成の物語は、目撃者の証言こそないが、二つの理由から述べておきたい。その一つは、著者の報告に真実味があるように思われること、もう一つは、当の錬金術師の富が急にふえたことから、金属変成がじっさいに行なわれたらしく思われること、である。この物語の主人公は、有名なニコラ・フラメル（一三三〇―一四一八年）である。彼の名は、長いあいだ錬金術師やフランス人から尊敬されてきた。いろいろな意味で、フラメルは錬金術の達人のうちでは例外である。「あらゆる時代と国民とを通じて、大多数の錬金術師が錬金術に励んで得たものは、ごまかしと破滅と絶望にすぎなかったが、ニコラ・フラメルは永遠の幸運と平穏に恵まれた。この大事業を実施して、彼は自分の財源を消費するどころか、彼の財産はおどろくほど短期間に巨大な富にふくれあがった。彼は自分の富を、慈善や信仰の基金に寄付した。彼の名は後世にまで残り、その思い出は神聖になった」。

フラメルは書記だった。彼が複写した書物のなかには、きっと多くの錬金術論文があっただろう。しかし、二フロリンで手に入れた一冊の書物ほど、興味をひいたものはなかった。それは、「金メッキをしたひじょうに古くて大きな書物だった。ほかの書物のように紙や羊皮紙でなく、若木の優美な外皮からできていた」。フラメルによれば、彼はこの書物の助けと、彼がスペインへ巡礼中に出会ったユダヤ人の博士の助言によって、金属変成の秘密を発見した。彼の妻は、実験を手伝い、容器のなかに金が現われたときもそこにいあわせた。フラメルは、この重大な出来事をつぎのように述べている。

「それは、一三八二年すなわち人類復活の年の一月一七日、月曜日の昼ごろだった。私の家には妻のペレネルがいただけだった。

それから私は、夕方五時ごろやはり私の家で、前と同様ペレネル一人を前にして、本に書かれているとおりに水銀のなかへそれと同量の赤い石を投げ入れた――私はじっさいに、その水銀をほとんど同量の純金に変えることができたのである。しかも純金はふつうの金よりもたしかに良質で、いっそう柔軟だった。

正直なところ、私は金属変成を、ペレネルに手伝ってもらって三回行なった。彼女は私の作業の助手をしていたので、私と同じくらい金属変成を理解した。もし彼女が一人でこころみても、きっとやりとげることができただろう。

じっさい私は、一度成功しただけで十分だった。だが私は、容器のなかの自然のおどろくべき

図72　共同墓地の納骨堂にあるニコラ・フラメルのフレスコ

しいわざをながめたり熟考することに、大きな歓喜をおぼえた……。

　私は自分の喜びから推して、ペレネルが極度の喜びを隠すことができないのではないかと、長いあいだ気がかりだった。そして彼女が私たちのもっている大きな財産のことを、親戚にもらしはしないかとおそれた。

　というのも、極度の喜びは、大きな悲しみと同時に分別を奪ってしまうからだ。しかし、偉大なる神の仁慈は、私をこの祝福で満たしただけでなく、私に貞節で賢明な妻をお与えくださった――さらに彼女は、思慮する能力があるうえに、すじのとおったことならなんでもすることができたし、ふつうの女よりも慎重だった。

とりわけ、彼女はひじょうに信心ぶかく、したがって子どもを欲しがらず、かなりの年輩でもあったので、私のように神について考えはじめ、慈善事業につくそうとしはじめていた」。

ニコラとペレネルは、パリに一四の病院と三つの礼拝堂と七つの教会を創立し、基金を寄付した。「私たちはブローニュでも、パリでやったことと同じようなことをした。とくに未亡人や孤児について私たち二人が慈善行為をしたことは、いうまでもない。もし私が、慈善を口実にその人たちの名を明かせば、私の報酬はこの世だけのものとなり、関係者にとっては、不快なものとなろう」。

フラメルの言葉は、あけすけで謙虚な得心のいく口調である。その言葉を、詐欺師の遺言だと片づけるわけにはいかない。彼が無辜《むこ》嬰児《えいじ》の共同墓地に建設したアーチ道にある壁画は、偉大な秘密を象徴している（図72）。この画は、一七―一八世紀の錬金術師たちにとって、巡礼の目標になった。

フラメルの成功は、錬金術に決定的な原動力を与え、錬金術の人気を増した。

＊

これらの報告を読むと、金属変成がじっさいに行なわれたことを信じたくなる。それに反駁するには、どんな言い分があるだろうか。支配者たちが、錬金術の達人の金属変成の真の能力にでなく、彼らの詐欺の才能に名誉を与えたようには思えないが、しかしその可能性はある。その後になって、多くの魔術師が手品の才能のため、宮廷で堂々と褒美をもらったではないか。この習慣は、今世紀の初めごろにもまだ存在した。問題は、フェルディナント、ルドルフ、フリードリッヒそのほか王室おかかえの錬金術師たちが、この技術を信用していたかどうかである。その場合、彼らが自分をだまそうとした人びとに栄誉を与えたなどとは、いえそうに思えない。彼らは、錬金術を擁護してどんな利益にありつけたのだろうか。ヨーロッパの他の有力者たちに、自分らはどんな長期の戦争でも遂行できるほど十分に資金があると信じこませるためだろうか。

それではマルティニ、ツヴィンガー、ディーンハイム、ヘルヴェティウスその他の人たちのような、学者のまじめな陳述はいったいどうなのだろう。彼らは、自分自身で操作したときでも、そんなにやすやすとごまかされるものだろうか。このなぞの解決案として、なじみの友人の細工で、金をふくむ物質が適当な機会にるつぼのなかへ入れられたのではないか、といわれてきた。だがこれらの学者が、こんなくだらぬ計略にひっかかったなどと、いったいだれが信じよう！

さらに、問題の金をふくむ物質とはいったい何であるかが知りたくなるだろう。卑金属は、どうなってしまったのか。このような粉末は、石そのものと同様にふしぎである。見たところ正直なこれらの科学者は、友人たちをだまそうと思ったのだろうか。もしそうでなければ、なぜ彼らは自分の科学論文に、こんな冗談を書きこんだのだろうか。

おそらく彼らは、以前にはげしく戦ってかち得た錬金術の信念を推進するために、なにか別な理由をもっていたのだろう。彼らの動機については、たしかに不純な点はなかっただろう。これらのまじめな人びとは、自分の誠実な経歴を些細なことで傷つけたくなかったと思われるのである。

われわれがどんな方法でこの問題に近づいても、それは依然として神秘である。そしてどんな推理も、まだこれらの出来事から、ふしぎな雰囲気をはぎとってはいない。

被告人の遺産

「なんじ、神にいかに似るとも、なおかつ、あわれなる見本にすぎず！」
ゲーテ『ファウスト』

過去の多くの学者は、錬金術を、幾何学や数学など他の科学といっしょに研究した。しかし、賢者の石だけに夢中になった錬金術の達人たちもいた。あらゆる道徳的なものも知的なものも賢者の石から発見できるというのなら、他の分野の学問をくわしく探究する必要があるだろうか。彼らは錬金術を、知識の一部分として研究したのではなかった。彼らにとってこの技術は、魂の導きと精神の糧をふくむ一切を包括していた。これらの「専門家」は、正統派のカトリック教徒でなくて神秘論者であり、当時の学問にしたがわない科学者であり、自分の知っていることを他人に教えることのできない職人だった。彼らは、派閥的な人びとであり、社会の生んだ特殊人だった。

精神分析学者は、錬金術の寓意と実際にみられる神経症的な特徴を指摘した。すなわち、腐敗の愛好、不快な物質による実験、色情への耽溺、両性具有の賛美などである。もしこれがほんとうならば、錬金術師は、フロイトの精神分析からみて芸術家と比較することができるだろう。両者とも、異常な人物が価値のあるもの、すなわち善をつくり出す。錬金術の用語でいえば、腐敗のあとには昇華がつづく、といえるだろう。

錬金術の教義の道徳的、知的原理は、達人にとっては、単に理論の上だけのものではなかった。彼は、潔白な生活をし、慈悲ぶかく敬虔であることを望んだ。なぜなら、賢者の石はりっぱな人物にしか示されないことを、彼は知っていたからである。しかし、錬金術師の善についての概念は、その社会の善の概念と同一ではなかった。精神界の支配者や世俗の支配者は、錬金術師を清浄な賢者として迎えるか、それとも冒瀆的な詐欺師として葬るかについて、つねに決定をためらっていた。

金をつくることができるかどうかは、たいしたことではないと考えられた。一四世紀の中ごろから一六世紀にかけて、この技術が真実であることは一般に認められていた。金属変成については、明白な事実がしばしば法律のなかで述べられている。一六六八年になっても、ブレスラウの司法官は、錬金術師キルホフに、錬金術の実施を認可する免許状を与えた。

中世の大部分の教皇は、公式には錬金術に関係がなかったし、少人数ながら、ヨアンネス二二世のようにひどく懐疑的な教皇もいた。この教皇の錬金術禁止の布告(一三一七年)は、つぎのような書出しである。

「不幸な錬金術師たちは、自分の所有しないものを約束する。彼らは賢者と自称しているが、他人のために掘った落し穴へ自分がころがり落ちる。おろかにも、彼らは錬金術の達人気どりでいる。そして、古い著者たちを引用するさいに自分の無知を証拠立てている。彼らは、むかしの人たちが発見できなくても、いつかそれは発見されるはずだと信じている」。

この布告令の出される数年前に、ヴィルヌーヴのアルノーが教皇庁で金属変成を行なって二回成功していた。

教皇レオ一〇世が、錬金術師アウレリウス・アウグレッリから錬金術の詩をささげられたため、その返礼に機知に富んだ贈物をしたという話は有名である。アウグレッリは、返礼としてりっぱな報酬を期待していたが、金を好まなかったレオは彼にきわめて美しい――だが、からの――財布を贈った。金をつくることのできる人に必要なのは、それを入れておく容器だけである！

中世の国王たちは、錬金術にはなお無関心だった。一三八〇年、フランスのシャルル五世は、錬金術のあらゆる研究を禁止した。この法律を無視したある不幸な達人は逮捕されたが、絞首台にかかるところを危機一髪でのがれた。王の死後、この法律は廃棄された。

イングランドのヘンリ四世は、一四〇四年につぎのような法令をつくった。

「今後、金および銀を増殖し、あるいは自己の計画を成功させるため不正手段を利用したものは、なにびとといえども重罪に処せらるべし」。

この法律は、真の金属変成と不正な金属変成を区別しているが、詐欺師も錬金術師もあまり注意をはらわなかった。

一四一八年、ヴェネチア共和国は錬金術の実施を禁じた。その法律は、さきのイングランド国王の法令と同じような効果しかなかった。

資本主義の台頭とともに、錬金術に対する君主の態度は一変した。王侯たちは、そこに金や金の粉末をかぎつけた場合には、たいへん丁重になった。だが期待を裏切られると、中世の錬金術禁止令よりもずっと過酷な刑罰に訴えた。

金への欲望と科学的興味から、少数の君主たちは、自分自身で金属変成ととり組んだ。そのうちルドルフ二世（一五五二―一六一二年）とフェルディナント三世（一六〇八―五七年）とは、錬金術師を保護し、資金を出した。

多くの神学者たちは、錬金術の実際そのものにはめったに反対しないが、錬金術の哲学と教会の教理とは一致しないと感じた。彼らは、錬金術師がたびたび『聖書』の文句を引用しても、だまされなかった。錬金術師のうわべの謙遜には、不快なうぬぼれが隠されていた。彼らの教えは、教会のすすめる教えとは違った幸福の道を指示していた。

前章で述べたように、この技術は、あらゆる自然現象の探究と同じく、無益で呪うべき知識だと考えられていた。錬金術は、二つの大罪と関連していた。一つは堕天使と女性との性交であり、もう一つは禁断の木の実を食べるアダムの罪、つまり原罪である。さらに、すでにみたように錬金術はグノーシス説と密接に関係していた。ヘビはグノーシス説から借用した象徴なのである。

グノーシス説とカトリック教との根本的な違いは、罪についての概念である。正統派の教会は、つつましく原罪を認め、唯一の救いは、怒れる神をなだめることによって可能になると主張した。これは神の子キリストが自ら進んで犠牲となったときに実現した。キリストの血はアダムの罪をぬぐいさった。

しかし、一方では多くのグノーシス派がいた。彼らは、自分たちの有罪を認めず、アダムの行為は神の不正によっておこされたものだと弁明した。前に指摘したように、彼らは、物質世界の創造者は不完全な宇宙の不完全な製作者にすぎない、と宣言した。不完全な製作者とは、『旧約聖書』の神であり、この神はキリストを殺すためにユダヤ人を怒らせた嫉妬ぶかい神だった。父なる神の陰謀によって、神の子は殺された。このようにグノーシス派の人びとは、非難の対象をひっくりかえし、自らの罪悪感を、原告である怒れる神にむかって投げつけた。

初期の錬金術師たちは、このような概念をいだいていたにちがいない。そしてその象徴――木とヘビ――も、彼らにとってはエデンの園の出来事を象徴していたのだろう。その後の錬金術の達人たちが、この意味を知っていたかどうか、また自分たちの教義の真の起源を知っていたかどうかは明らかでない。ともかく錬金術には、異端のにおいがあった。至高なものにいたるには、知恵（ソフィア）によるべきであり、魂と精霊は一つのものにならなければならぬ、つまり、信仰と科学は同一視さるべきと考えた。錬金術の達人にとって、知性とは魂と同様に神聖なものであって、錬金術師はこの両者を区別しない場合が多い。

錬金術師のゆたかな比喩のなかには、十字架にかけられた救世主は現われない。しかし流れる血潮は、金属変成の手順の第四段階の象徴である。錬金術師は、キリストの代わりに、人民の不正な父ヘロデ大王が無実な幼児たちを殺しているところを描いている（図73）。フラメルは、手順の第六段階を十字架にかけられたヘビで示している（図74）。それはちょうど、知恵によって

図73　幼児の虐殺

図74　十字架にかけられたヘビ

達成されるグノーシス派の救済をほのめかしているかのようである。ラムブスプリンクの錬金術の絵では、父と子が公然と争っているところが示されている。この二人の和解は、精霊と知性の両方によってなされる。しかし二人が和解する前に、二人は引き離されねばならない。精霊は、つぎのようにいう。

ここへくるがよい。私はおんみを、どこへなりとも連れていこう。
――おんみが地と海の巨大さを見るために、
さらにそこからまことの喜びをひき出すために、
そびえ立つ山の頂上へも。

グノーシス説の三位一体である父と母と

子は、初期のクレオパトラの図に現われている（図35）。左上の神秘的な円には、金と銀と水銀の古い記号が記されている。これらは、天の家族と同一視されている。

ヘルメス・トリスメギストスも同様に、太陽は父にして月は母なりといって、三位一体の女性的な要素を示唆している。錬金術師はつねに、大宇宙の三角形の三つの角を、太陽と月と石とにあてはめて、この三位一体を主張してきた。

また、錬金術が女性を重視したことも注目すべきである。メージャーの銅版画では、処女が先祖のイヴのように、煽動者になっている（図75）。女性は、錬金術師にとっては自然の象徴である。彼は彼女の足跡を追い、完成に導かれる（図76）。マグダレナとソフィアとは、『信仰＝知恵』ではもっとも重要で活動的な人物であり、また秘術師シモンの教理では、天の母の地上における化身が主要人物であることが思い出される。

フラメルの金属変成は、妻が立ち会っていたときにおこった。そして錬金術の小論文『無言の書』は、作業にとりかかる前に、錬金術師とその妻がかまどの前にひざまずいて祈りをあげることをすすめている。魂と精霊の結合や男性と女性の要素の結合に相当するものが、天にもある。すなわち、太陽は父であり月は母である。ソフィアはその聖なる恋人と結婚させられる。

女性に与えられた重要性は、知識への道を指摘したソフィアに対するオフィテス（拝蛇）派の感謝の念と関連している。正統派の教会の指導者たちは、キリスト教のおこった当初から、このような女性賛美と闘った。『コリント前書』でパウロは、つぎのように率直にいう。「女は教会にて黙すべし。彼女らは語ることをゆるされず。律法《おきて》にいえるごとくしたがうべきものなり。なにごとか学ばんとすることあらば、家にておのが夫に問うべし。女の教会にて語るは、恥ずべきことなればなり」（第一四章三四―三五）。さらにパウロは主張する、「男は神の像、神の栄光なり。されど女は、男の光栄なり」（『コリント前書』第一一章七）。

図75　錬金術の寓意　自然は自然を教える

図76　自然を追究する錬金術師

中世

アラブ時代以前の魔術の雑録

錬金術とそのめぼしい大家たちのことから、われわれはふたたび中世初期に立ち帰ってみよう。およそ七〇〇年間というもの、魔術はおさえつけられ、絶滅したのではないかとさえみえた。教会は頑丈な基礎の上にきずかれ、その代表者たちは、教会を危機におとしいれるものが何もないことを知るようになった。このような安心感から、むかしの残忍さの代わりに、比較的寛容な態度がうまれてきた。このことは、過去の通俗な迷信や習慣に対する教会当局の処置から明らかである。

初期の魔術対策の法律のなかには、おどろくほど寛大なものが少数ある。サリ系フランク人の「サリカ法」には、「人肉を食べ、そのため有罪の宣告をうけた魔女は、八〇〇〇デナリウス、すなわち金貨二〇〇枚を支払わねばならぬ」と規定されている。この罰金は、高額である。しかし、人間が人間の死肉を食う習慣を、心理的な疾患とみないで、もっとも恐るべき極刑に値する堕落だとみたような時代では、これは、身の毛もよだつ犯罪である。

この「サリカ法」は、クロヴィス一世（四六六―五一一年）が認可したもので、そこには、魔法の結び目で魔法をかけた場合には、七二ペニと半金の罰金が科せられている。おもしろいことに、魔術を悪用した場合の罰金の多くは、不当にも魔女だと非難・中傷した場合の罰金よりも、少額になっている。「リプアリ法」では、妖術師が加えた悪事――手足とか財産に損害を与える――は、すべて金銭で弁償すべきことになっていた。疑わしい場合には、被告は誓いを立てて身の潔白を示すことができた。『シャルルマーニュの法典』では、魔法使いを投獄し後悔させるための期間を設けていた。ケントの王ウィズリードの法律（六九〇年）では、「悪魔に供物をした奴隷は、六シリングのつぐないをするか、または鞭をうけなければならない」と定めている。

注目すべきことは、上流階級に科せられる刑罰のほうが下層階級の場合よりもきびしかったという点である。イギリス最古の教会の懲戒条令集である聖レナードの『悔悛の書』（七世紀）では、教会が重罪だと判断したことがら――魔ものにいけにえをささげること――に対して、「その人間が下層の田舎者の場合一年の懺悔、上流の場合は一〇年の懺悔」を、入獄して行なわねばならないことになっている。

国王やその一族の生命にかかわるような場合は、事情は違っていた。支配者を魔術で殺そうとする企てには、残酷な刑が科せられた。ときには魔法は、宮廷からある不愉快な人物を除くための口実に使われた。けれども、このような裁判で行なうひどい仕打ちは、既存の司法権によって規定されている手段であると解釈することはできない。

法律が公式化されることは、犯罪が存在することを意味する。魔術が完全に根絶できなかったことは、すでに錬金術に関して推測した。錬金術は、主として東洋で育成された。だからフランス、スペイン、イングランドの初期の学者たちは、錬金術のことにはほとんど触れていない。しかし西洋の著書からは、下層階級のあいだに異教的な習慣が残存していたことがわかる。すなわち、魔法、魔法の結び目、神秘的な動物の仮装、妖術師たちの夜の集会、護符、薬草、石と毒物、呪文、呪い、魔もの崇拝、そのほか、表面上平和なこの時代には、ありふれた魔法の多くの行事があった。魔術の力については、世俗の支配者も聖職者も学者も、みなが信じていた。

著述家たちは、魔術と魔法の違いをはっきり定義していない。彼らの多くは、魔術と魔法の作用を非難したが、ほんの少数の人たちだけが、それに研究の価値を認めている。しかしながら、占星術の問題では、彼らはあまり確信がなかった。彼らは、哲学の知識にもとづいて、ふつうの妖術師よりも占星術師や数学者のほうを高級なものとした。

『哲学の慰め』で有名なボエティウス（四八〇？―五二四年）も、星は高位のもので、人間と地上の事物に影響を与えていると信じた。

セビーリャのイシドール（五六〇頃―六三六年）は、哲学にはあまり精通していなかったが、純粋で単純な魔法にはかなり関心をよせていた。彼は、異常なことや奇怪なものが現われるときは、前もって何かの徴候があると信じた。彼は歴史的な調査によって、ゾロアスターとデモクリトスとを魔術の発明者と呼んだ。彼によれば、魔術は、動乱をひろめる技術である魔法や、死をひきおこす呪いとまったく同一である。未来のことは、占い術などによって知ることができよう。彼が魔術を非難するさいの議論は、教会の教父たちの言説からひき出している。

イングランドの歴史家で修道士のベーダ（六七五―七三五年）もまた、奇跡と占いを信じた。グレゴリウス大教皇（五九〇―六〇四年在位）は、主として教会の諸問題について考察している。彼がもち出した論題は、悪魔につかれた人間のことである。彼は、迷信的な物語ではものごとを軽々しく信じすぎることを摘発し、また、聖人たちが行なう奇跡についてもくわしく論じている。

以上のようなつまらない文書のほかに、古典時代の断篇をいくぶんごたごたと編集した文書もある。これらの文書は、間違って古代の有名な著者たちのものとされているが、古代の知恵の粉末は、ひからびたこの時代の栄養分になっていた。

アラブ人

ヨーロッパ人の学問は、アラブ人がスペインに侵入したとき一変した。アラブ人は、異国の学問には貪欲なほどの好奇心をもち、真にオリエント的な想像力を発揮し、さらに、国境をインダス河からピレネー山脈にまでひろげたあの充実した民族的エネルギーをもっていたため、彼らの書いたものは、活気にあふれていて、当時の西洋の受動的な知恵とはするどい対照をなしている。

七世紀には、マホメットがアラブ世界に神の託宣をもたらした。マホメットが出現する以前は、アラブ人の生活は、すべて魔術とともにあった――彼らは、よき守護神のドジンに話しかけ、まじないや蠟人形や呪いを利用した。護符は、アラブ人には力づよい保護者であり、賢者は聖歌によって未来を予言した。マホメットが新しい信仰を確立したのちも、彼らは、これまでの一切の魔術的な行事をつづけたうえに、さらにその呪文に『コーラン』の幾節かをつけ加えた。つまり、伝統的な魔術の力とともに、宗教の力も使用したわけである。

マホメット自身は、しばしば悪魔と交渉があった。彼は、強力な呪文や、結び目による呪いや、すでにプラトンが非難したある魔法の作用の被害者だった。ユダヤ人のルカイデスは、神秘的な言葉を口にしながら、ひもを結んだ。ルカイデスはこれによって、マホメットの気力をなくそうと望んだ。つぎに彼は、予言者マホメットを表わす蠟人形に釘を刺した。だが幸いにも、マホメットの夢のなかにアラーが現われ、彼の不快の原因をもらしてくれた。蠟人形とひもとは、神聖の泉のなかで見つかった。マホメットが『コーラン』の数節を吟誦すると、蠟人形を刺した穴は消え、ひもの結び目はほどけた。

マホメットは、『コーラン』をサジと呼ぶ韻律のある文章で作成した。彼がそうしたのは、重要な理由があった。アラビアの予言者たちはつねにサジの形式で神託を示していたからである。もしマホメットの法律がこのような神の言葉で書かれていなければ、人びとはそれをうけ入れなかっただろう。

すべての偉人がそうであるように、マホメットにも疑念のわく瞬間があった。自分は聖なる使命をほんとうにはたしたのだろうか。それとも、自分は悪霊にそそのかされたのだろうか。ある夜彼は、「なんじに告ぐ！」と命じる声を耳にした。その声の主は、自分は天使ガブリエルだといった。すっかり動揺したマホメットは、このことを妻に打ち明けた。彼女は、夫に真実を確かめさせる方法を思いついた。彼女は着物をぬぐと、夫にもそうするようにいった。すると天使は、マホメットが善霊に属していることを知って、おとなしく消え去った。

イスラム教が確立した以後の諸世紀には、イスラム教の指導者のスルタンたちが、被征服民のもっている知識にひじょうな関心を示し、多くの外国書がアラブ語に翻訳された。

アブ＝キンディ（八五〇年または八七三年没）は、アリストテレスの著作を翻訳した。彼は、哲学、政治学、数学、医学、音楽、天文学、占星術について書いている。

アブ＝マシャル（八八六年没、図77）は、さまざまな問題をあつかったが、隠秘論に関する著書は、中世後期の秘術師につよい影響をおよぼした。

図77　占星術師アブ＝マシャル

クスタ・イブン・ルカ（九世紀）は、アレクサンドリアのヘロンの『機械術』を翻訳した。彼はまた、護符と呪文についても書いた。ギリシアとローマの著書からの彼の引用は、彼が古典文献に精通していたことを示している。その著書『魂と精霊の違い』は、セビーリャのファアン（一二世紀）がラテン語に翻訳している。たとえばヴィルヌーヴのアルノーなどの中世の学者は、彼の影響をこうむっている。

百科事典の編集者で、哲学者・天文学者だったサビト・イブン・クッラは、もっと大きな影響をおよぼした。アルベルトゥス・マグヌス、ロジャー・ベーコン、チェッコ・ダスコリ、アバノのピエトロなど一三世紀の有名人は、彼をたびたび引用している。彼は、肖像に関する論文を書いている。サビトは、もっとも多作の翻訳者の一人であり、アルキメデス、アポッロニオス、アリストテレス、エウクレイデス、ヒッポクラテス、ガレノスの諸著書をアラブ語で読めるようにした。

アル＝ラジ（九二四年没）は、二三二篇！　という信じられぬほど多くの作品を書いたとされている。彼は、医学、人相術、薬剤、化粧品、衛生学、外科学、病気について書いた。

その他多くの人たちのうちでは、錬金術の論文を書いたハリド・イブン・ヤジド（六三五―七〇四年）、ジャビル・イブン・ハイヤン（八世紀）、伝説的な人物モリエヌスを挙げることができる。こうして錬金術は、アラブ語で書かれた文書を通じて西ヨーロッパにもたらされた。

「医学者の王」イブン・シナ（アヴィケンナ）は、物質と魂とを探究し、奇跡はけっして存在せず、すべての出来事は自然の原因からくることを証明しようと考えた。彼は、自然のふしぎな力、病気、毒物、肉体におよぼす精神の影響、星と護符の力について書いた（図78、79）。

アラブ語の百科事典『諸学索引』（九八八年）は数ページにわたって錬金術師の名を列挙しており、そのなかには、エジプト人のケメス、メディア人のオスタネス（たぶんデモクリトスの教師）、ヘルメス・トリスメギストス、ユダヤ婦人マリア、クレオパトラ、アレクサンドリアのステファノスについて述べられている。

アラブ人は七二二年にフランスで敗北したため、スペインに退却し、そこに一四世紀までに定住した。そのためスペインは、彼らによってヨーロッパにおける学問の中心地となった。一三世紀には賢君アルフォンソのもとで、異国の学問がひじょうに高い水準に達し、ルネッサンス期の学問と匹敵するほどだった。

図78　アラビアの護符　銘文は「アラーはわれらとともにあり、全能なるものはこの魔法の記号により、アラーの名において、なんじイスラム教を信じるものは呪術に害せらることなし」

図79　アラブの占星術師たち

中世の魔術師たち

ダンテは楽園で、アルベルトゥス・マグヌスに会った。

わが右に立つ人、われにもっとも近し。
そは、わが兄にして師なるコローニュのアルベルトゥス……

この詩でダンテは、他の同時代人たち――マイケル・スコット（一一七〇頃―一二三二年）とグイド・ボナッティ（一三〇〇年頃没）――を地獄に監禁した。

スコットは、魔術による犯罪のつぐないをさせられている。その魔術は、ダンテによれば詐欺であったから、二重の犯罪になる。このスコットランド人の生涯については、ほとんど何もわからない。彼は一三世紀の初めごろに死に、いまごろは地獄の第八圏をさまよい、肩ごしに後ろをふりかえっている。というのも、ここでは、未来を予言しようと企てたものは、前方をみることがゆるされないからである。

スコットは、彼自身の言葉によると、皇帝フリードリッヒ二世づきの占星術師だった。この非凡な支配者は、東西の予言者や秘術師を宮廷に招いていた。スコットは、フリードリッヒの要求で、隠秘的なものに関する広範な著作『入門書』と『細目の書』を書いた。また、人相術に関する本も書いたが、そこでは、各個人の生涯の出来事は惑星によってわかるとされた。スコットはまた、イブン・シナ（アヴィケンナ）の著作も翻訳した。

スコットは、当時にあっては大学者と考えられた。ベーコンは、アリストテレスを西洋に紹介したのはスコットだ、と間違って信じていた。ピサのレオナルドは、数に関する自著をスコットにささげた。カンタンプレのトーマやイングランドのバーソロミューやボーヴェーのヴァンサンは彼を権威ある者と呼んだが、高徳のアルヴェルトゥスは、もっと慎重だった。アルベルトゥスは、スコットの著書をきびしく非難し、彼はアリストテレスを理解していなかった、といった。それなのにアルベルトゥスは、アリストテレスの『動物誌』はスコット訳を使った！

スコットはどんな罪をおかして地獄へ永遠に追放されたのだろうか。彼は、多くの魔術作用を実験して分類し、魔術のうちでもとくに死者を呼び出す巫術を非難したけれども、これら一切の悪い面を、あまりに多く、またあまりに詳細に語りすぎた。この時代には、禁止された技法を詳細に述べたり発表することは、人びとにその技法を吹きこむおそれがあるということで、非難されていたのである。スコットは、当時の魔術的なものは何でも記述した。たとえば、魔ものは血にひきつけられるので、魔法師たちは、祭儀用の水に血を混ぜるということや、彼らは人肉をいけにえにし、自分の肉や死体の肉を嚙み切るということや、また、ハトの頭を切り落とし、魔法の円を描くために、血のしたたりおちる心臓を求めるということや、さらに彼らは、残酷な呪いに『聖書』の章句を利用するということ等々。

スコットは彼の天文学書のなかで、空中と惑星の精霊について、彫像について、昼夜にわたって行なう祈禱と呪文について語っているが、これらは、ルネッサンスやもっと最近の黒書にしばしば見かけることがらである。彼の人相術の論文には、この方面の伝統的な原理が書かれている。すなわち、星は、人間の出産に影響し、そのしるしを人間の顔につける。だから人間の容貌のうちに、その人間が天体から定められたものを読みとることができるわけである。スコットは夢判断をし、また、当時のだれもが信じたように、石や薬草にはふしぎな効力がそなわっていることを信じた。

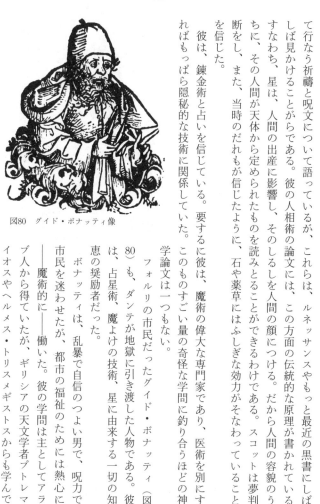

彼は、錬金術と占いを信じている。要するに彼は、魔術の偉大な専門家であり、医術を別にすればもっぱら隠秘的な技術に関係していた。このものすごい量の奇怪な学問に釣り合うほどの神学論文は一つもない。

図80　グイド・ボナッティ像

フォルリの市民だったグイド・ボナッティ（図80）も、ダンテが地獄に引き渡した人物である。彼は、占星術、魔よけの技術、星に由来する一切の知恵の奨励者だった。

ボナッティは、乱暴で自信のつよい男で、呪力で市民を迷わせたが、都市の福祉のためには熱心に――魔術的に――働いた。彼の学問は主としてアラブ人から得ていたが、ギリシアの天文学者プトレマイオスやヘルメス・トリスメギストスからも学んでいる。その出版物は、ひじょうな人気を博した。

彼は、各国の精神界と俗界の指導者たちに、自分の書いた占星術の書物をすすめた。しかし、教会関係の読者たちは、だれも彼の主張をよろこばなかっただろう。彼の主張によると、教会の基礎は、有能な占星術師の計算した吉兆の時刻に築かなければならない。占星術を信じないものには、疑いもなく神が不正にみえるはずである――だが敬虔な占星術師は、不幸が星からくるから、神に苦しめられることはない。キリストは占星術師だった。キリストの使徒たちが、キリストにユダヤに帰ることを思いとどまらせたとき、キリストは「昼間は一二時間あるではないか」と答え、正しい時刻を選べば難をまぬがれることをほのめかした。

ボナッティは、神学上の問題に危険をおかしてまで干渉した。聖フランチェスコの聖なる愛の奇跡を、彼は、惑星同士がうまく結びついたからおこったのだ、と主張した。占星術師のチェッコ・ダスコリの場合は、これと同じような主張をして不幸な目にあった。ダスコリは、キリストを星占いして、キリストは定められた時間に十字架にかけられる運命にあったのだと推論したため、フィレンツェで火あぶりになった。しかしフォルリやボローニャは、フィレンツェとは違っていた。ボナッティは、フォルリでフランチェスコ会士の無知や「白痴」に毒づいても十分安全だと感じた。「運命は、あらゆるものを支配する。けれどもテューニックを着ている馬鹿者ども(修道士たち)は、反対のことをいうだろう」と彼はいった。彼は、ドミニコ会の修道士のヴィチェンツァのファンをおろかもので偽善者だと呼んだ――しかもなおいけないことに、彼は自分の都市に、教皇の軍隊を入れないようにした。

フォルリは、新しい城壁でとり囲まれていた。この事件は、ギベリン党とゲルフ党の両方から祝福され、両党は互いに手を取りあい、過去の反目を忘れた。けれどもボナッティは、この結合を信用しなかった。そして、人間の気まぐれからおこるかもしれないわざわいから都市を守るために、占星術の規則にしたがって、真鍮の騎手をつくりあげた。

新しい城壁の構築が始まる前に、ボナッティはフォルリの人びとに、この工事を着手するために正しい時刻まで待つべきことを納得させた。そして彼は、この幸運の星座は、同時にまた、ギベリン党とゲルフ党との永遠の和解のためにも利用すべきだ、といった。両党から各一名が、この儀式に選ばれた。二人は、一個の土台石を手でもち、そのそばにはモルタルをもった石工たちが立った。決定的な瞬間がきたときボナッティは合図をした。ギベリン党の一人は、かねていわれていたとおりにした。だがゲルフ党の一人は、だまされて自党に不利なことをさせられるのではないかと思って、石を手離さずにいた。そこで怒ったボナッティは、この星座の前兆は、五〇〇年間はふたたび空に現われないだろうといって、彼とゲルフ党全体をののしった。年代記作者は、グイドが予言したと同じように、神はその後、フォルリのゲルフ党を滅ぼしたもうた、と満足そうに付言している。

ときどきこの占星術師は、自分とチェス遊びをして財産をすりへらした薬屋などの一人を助けようとしたこともあった。この場合その友人の薬屋のために、グイドは星占いと魔術の力をもたせた蠟細工の舟をつくった。そして、「これをしまっておきたまえ。だれにもこのことをしゃべってはいけない」といった。その結果、薬屋はふたたび財産を得たが、この幸運の舟は邪悪な魔術の作品ではないかという考えに悩まされた。薬屋がこの物語を司祭に告白すると、司祭は、こういう迷信の作品はこわしてしまうようにといった。薬屋はそのとおりにした――するとボナッティが警告したように、薬屋はまたもや無一文になってしまった。薬屋がボナッティに、もう一つ舟をつくってくれとたのんだとき、ボナッティは、馬鹿者め、吉兆の時刻は五〇〇年後でなければやってこないぞ、といった。

図81　アバノのピエトロ像

この強情な魔術師が、宗教裁判所の執念ぶかい追求の目をどのようにしてのがれたのか、まったくふしぎである。彼は、パリからボローニャへ帰る途中、盗賊に殺された。

教会当局と公然と渡りあわざるをえなかった人物は、アブラハム・ベン・エズラの『誕生』の有名な翻訳者であるアバノのピエトロ（図81）だった。ピエトロは人相術、土占い、予言、魔術の原理に関する作品の著者だった。彼は、一二五〇年から一三一八年まで生存した。

この温和で学識ぶかい学者は、ひろく旅行した。彼はパドヴァで講義し、そこからパリを訪れ、パリからサルディニアへ、さらにコンスタンティノープルにいき、そこでアリストテレスの『問題集』一巻を発見し、これをはじめてラテン語に翻訳した。パリでは、大学で数年間すごし、人相術の本を書いた。彼はマルコ・ポーロと知りあい、アジアの知識を得た。そしてまた、医院を開業して金もうけもした。

彼のこのような知恵と富のため、悶着がおこった。同僚のねたみの犠牲になったのである。ある医者がパドヴァの宗教裁判官に告発した。彼の書物は焼かれ、火あぶりの刑はまぬがれたものの、死後その死体は薪で焼かれた。

しかしながら、一般の人びとは、宗教裁判官の見解にくみしなかった。ウルビノ公フェデリコは、自分の彫像を邸宅の門に立てた。また一六世紀には、トリテミウスとアグリッパは、自分たちの著作といっしょにピエトロの論文を出版した。一〇〇年後には、ゾロアスターの擁護者と目されていたガブリエル・ナウデが、この不運な学者の着せられた異端の汚名をそそごうとした。

ピエトロは、土占い（テーブルの上に土をばら撒き、その土が描く模様によって未来をあばく占い術）を信じた。土占いはまた、もっと簡単な方法でも行なうことができる。紙に四列の点をいくつか印し、その点を同時に二つずつ消していくと、各列には一個または二個の点が残ることになる。その結果、各列の残る点の個数を並べると、二二二二、二二二一、二二一一、などの組合せができる。この組合せは、一六種が可能である。そしてこのうちの八種が吉兆で他の八種が凶兆である。これらの数字は、惑星や黄道十二宮と関係づけられ、未来を予言する。

ピエトロが提案したこのような方法は、こんにちもなお使われているが、他の多くの占い術のように、ただの遊戯に堕してしまっている。むかしは、こんな無害なことでも、それを奨励した人の生命が危険にさらされたとは、いったいだれが信じよう！

ライムンドス・ルルスが書いたとされる書物は無数にあるが、このカタロニアの殉難者のほんとうの著書とみられるものは、ほんの少数にすぎない。彼の主著――『大いなる術』――には、魔術はほんのつけたりに書かれているだけである。この論文は、イスラム教徒を改宗させる手段として役だつように思われる議論について、完全なスコラ学的方法を示したものである。「光輝博士」と呼ばれた彼は、同僚の学者仲間と同じく星の力を信じ、その力を医療に使おうとした。彼はまた、数というものを高く評価し、ピュタゴラス学徒と同様に、数にはふしぎな効力が与えられていると信じた。

彼の一生は熱烈なキリスト教徒の一生で、その気質は、修道院のわくのなかで平穏にすごすことをゆるさなかった。イエズス会の布教師の先駆者だった彼は、異教徒の国に旅をし、各地の習慣や知恵を学んで、それらを改宗のための宣伝に利用しようと望んだ。

このようなことは、魔術師らしくみえない。彼がもっとも熱心に希望したのは、殉難者のように死ぬことだった。彼はチュニスで、アラブ人を改宗させようとして、怒ったアラブ人の暴徒のために石を投げつけられた。重傷を負ったルルスは、数人のキリスト教徒の商人の手で船に運ばれ、故国のマジョルカ島に送られた。ちょうど故国の島が見えはじめたとき、彼は死んだ。一三一五年六月二九日のことだった。

奇妙なことに、ルルスは、抽象的に議論することに熟練していたのに、やがて実験家として名声を高めた。彼の墓は錬金術師の崇拝の対象になったが、これは、後にニコラ・フラメルがパリに建てたアーチが、錬金術師の巡礼の聖所になったのと似ている。錬金術師たちは、ルルスの墓にある円柱を数えたり、墓の彫りを調べたりした。有名な「金属の完成に達する鍵」を見つけたいからだった。

多くの人が「賢者の石」についての論文を書き、その作品にルルスの名をつけた。これらの論文には、ルルスの考え以上のことが書かれていた。というのも、ルルスの信頼できる少数の著書のなかでは、彼はむしろ錬金術に反対しているようにみえるからである。彼は、実験室のるつぼのなかでの金属の完成には達しなかったにしても、ともかく人間としての完成には到達した。彼は、軽率でうぬぼれ屋の廷臣から、自分の確信について学識ある積極的な擁護者にまでなりえたのである。

ヴィルヌーヴのアルノーは、文学的教養もない田舎の開業医から出発して、おどろくべき名声を博するようになった。二人の国王と三人の教皇とが彼の患者となり、崇拝者となり、擁護者となった。事実アルノーは、自分の医学上の革新はよろこんでうけ入れてくれるが、信仰問題に関する自分の創見は認めてくれなかった宗教裁判官たちから、身を守る必要があった。彼がなぜ、どんなことをしてでも、大学者以上になりたかったのか、また、彼がなぜ、精神的な問題でも顧問役になろうと主張したのか、その辺のことははっきりしない。彼の説教は、ポルトガルのハイメ二世や、その兄弟でシチリア王のフリードリッヒ二世に感銘を与えた。教皇たちでさえ、アルノーの治療をうけようとするなら、彼の説教を聞かねばならなかった。

ヴィルヌーヴのアルノーは個人を治療するだけでなく、国家や教会までも治療しようという大野心をもっていた。彼は聖職者たちの現状をきびしく批判し、キリスト教への反対者が現われることを予言した。さらに彼は、一四世紀の中ごろに大激変がおこることを星によって判断し、腐敗した世界の結末を予言した。

アルノーはまた、大旅行家でもあった。彼は、モンペリエ、バレンシア、バルセロナ、ナポリ、ガスコーニュ、ピエモンテ、ボローニャ、ローマ、さてはアフリカ大陸にまで足をのばしている。さらにまた、しばしば国王や教皇の親書をたずさえて、公用で外国に呼ばれた。彼は、ハイメとフリードリッヒのために夢判断をし、その運命の予言に両人を感動させた。ハイメが亡き母の妖怪に夜ごと悩まされたので、このことをフリードリッヒに手紙で知らせたところ、フリードリッヒはアルノーの書物を読むようにとすすめた。

この秘術師は、ハイメ二世に国政の改革を勧告した。さらに病院を寄付し、貧民を救済し、占い術と魔法は禁止すべきであると忠告した。さらに、裁判は金持にも貧乏人にも平等に行なうべきであり、減税すべきであると勧告した。彼は結論として、国王は利益を保持するために、民意にしたがわなければならぬことを指摘した。

アルノーは著作のなかで、錬金術が真実であることを強調している。彼は教皇庁で、教皇ボニファティウス八世の臨席のもとで金属の変成に成功した。それを目撃したジャン・アンドレは、つぎのように報告している。

「われわれの時代に教皇庁には、神学と医学の問題で権威者であるヴィルヌーヴのアルノー師がいた。彼はまた偉大な錬金術師で、だれにでも吟味してもらうためにつくった黄金の杖を提出した」。

アルノーは、ギリシア語とラテン語とアラビア語を話し、数学、哲学、医学に精通していた。また、クスタ・イブン・ルカの護符と呪文と薬草と石とに関する概説書を翻訳した。彼はその著『妖術師の否認』のなかで、魔術への対抗策を列挙している。それらは、魔法使いが行なっている対抗策と同じもので、ときにはグノーシス派の影響を示している。つぎに、一例をかかげよう。「もっとも純粋な金を、太陽が白羊宮にはいるときに鎔かせ。それで丸い印形をつくりながら、〃世の光なるイエスよ、現われたまえ。おんみはまことに、世の罪を除きたもう小ヒツジなり〃と唱えよ。……ついで、〃主よ、わが主〃の讃美歌をくりかえせ。印形はとっておき、月が巨蟹宮かシシ宮にあり、太陽が白羊宮にあるとき、その印形の片面に雄ヒツジの像と、まわりに'arahel juda v et vii'と彫りこめ。またその裏面の周囲には、〃言葉は肉となれり〃という聖句と、……中心に〃アルファとオメガと聖ペテロ〃と彫りこめ」。

その後の魔術の黒書にも、これと同じような文面が見られる。このように魔術的要素と宗教的要素を混ぜることで、正統でないことを実行するために天罰をおそれている人びとをなだめる効果があった。魔術に対抗するための式典や指令は、教会当局には衝撃だったけれども、アルノーが魔法を攻撃するときには、これらのことを、熱烈な議論とともに行なった。魔術は医術から除外しなければならない、と彼はいう。魔法使い、祈禱師、心霊術師、占い師は、科学的でない驚異を生みだす恥ずべき人間として、排撃さるべきである、と。

ところが、彼の生存中——一三〇五年——でさえ、宗教裁判官は彼の書物を読むことを禁じた。彼とカタロニアのドミニコ会士たちとの争いは、教会当局を相手にした彼の唯一の争いではなかった。ハイメ二世は、彼を使節としてフランスのフィリップ美王のもとへ派遣した。パリに着くと、アルノーは逮捕された。翌日、有力な友人が彼を保釈してくれた。ついで、パリの神学教授団や司教の列席した裁判で、彼は、神学者たちが自分に悪意をもっていることを知った。その理由は、彼が世界の終末に関して予言したためと、グノーシス説の古い言葉の魔術を復活させているように思われる、聖名に関する彼の論文のためであった。彼の書物を公衆の前で焼くことが議決された。アルノーは、フィリップ美王とボニファティウス八世に抗議した。一三〇一年、彼はフランスを去ることをゆるされた。ぬけめのない彼は、教皇の支持を得るために、自分の著作の修正した写しを教皇に提出しようとした。しかしパリの人たちはこの動きを見越していたので、彼らが非難した原著を教皇に送った。

アルノーは、教皇によって監禁された。それからしばらくして、秘密の枢機卿会議で、彼は自分のあやまりを公然ととり消さなければならなかった。教皇は彼に好意ある忠告をした。「医術に専念して神学にかかわるな。そうすれば、われわれは君を尊敬しよう」。ボニファティウスとしては、医者としての彼が必要だったのである。自分はキリスト教から教会の改革案を得たと主張していたアルノーが、こんなにも寛大なあつかいをうけたのは、おそらくこのためであろう。このように教会の仲介なしにキリスト教と交渉したということだけで、この高名な被告人は、火あぶりの刑をうけるに十分に値しただろう。もしこのとき教皇が病気でなかったなら、アルノーの最期は悲劇的だったかもしれない。アルノーは教皇の病気をみごとに治療し、その報酬にアナニ城をもらった。彼のつぎの書物は、無事に承認された。

教皇クレメンス五世は、アルノーに好意的だった。アヴィニョンでは、この予言者は「枢機卿会」に出て自説を説明することをゆるされた。彼の強硬な思想は、一三〇三年に病気を治したポルトガルのハイメ二世とのあいだに、仲たがいを生んだ。改革者のアルノーはその議論のなかで、おそらく、枢機卿に敵対しないために、世俗の政府を攻撃したのだろう。彼はフリードリッヒのもとに帰ったが、一三一一年、フリードリッヒからの親書をたずさえてクレメンスを訪ねる途中で死んだ。

以上が、まさに魔術師ということのできるこの非凡な人物の生涯である。彼に魔術的な行為のあったことは、その著書のなかで、「人間を操る者は、星の影響力を利用すれば大きな仕事をなしとげることができる」といっていることから確証される。

彼は、古代のエジプト人のように、薬草を採集するには時刻を選んだ。病人を治療するさいには、カバラ的な記号やあらゆる種類の護符を使った。また、呪文や異教的な祈禱をふくむ礼拝呪術を拒否しなかった。彼は、ギリシアの医学者ガレノス（一三一―二一〇年）にもとづいて、患者のためのにがい調合薬をつくった。彼の腎臓結石手術はもっともおそろしいものだが、教皇ボニファティウスの彼への信頼が大きかったので、それもゆるされた。

けれどもアルノーは、もっとも大切な一点で、同僚のスコラ学者と違っていた。彼は、通俗な薬品を批判していたけれども、その多くに効きめがあることを認めた。彼はベーコンやアルベルトゥスと違って、通俗的な実験を擁護した。だからその寛容さは、ある程度パラケルスス（一四九三―一五四一年）に比較することができる。パラケルススは、ヨーロッパ中を遍歴しているときに出会った理髪師、外科医、魔女、浮浪者から知識を得た人物である。

異教的な信仰がひろまって、教会がそれを根絶できなくなるにつれて、教皇の圧迫はつよまってくる。たぶん十字軍の兵士によって東方からもたらされた二元論的な異教が、多年にわたってしみこんでいた。一一世紀以来、イタリア、とくにロムバルディアでは、いくつもの宗派が公然と自説を誇示した。同地では、二つの運動が遭遇した。その一つは、南フランスの港町で発生した運動であり、もう一つは、東方からポー河流域に達した運動だった。

一〇八〇年、教皇グレゴリウス七世は世俗の指導者たちに、異教徒や魔女の迫害は穏便にやってほしいと忠告している。しかし、パウリキアヌス派、ボグミル派、カタリ派、教父派、ヴァルドゥス派、アルビ派、タルタルス派、ベガルド派、リオンの乞食派と、かずかずの宗派がおそろしい勢いで成長した。

一二〇九年、教皇インノケンティウス三世は、アルビ派とカタリ派に対する十字軍を命じた。十字軍は、ベジエとカルカソンヌをくまなく捜索した。アルビ派は、トゥルーズ伯に保護されていたが、ミュレとトゥルーズで撃破された。フランス国王が参加したこのおそろしい戦争は、一二二九年に結末をつげた。

アルビ派は、残虐な迫害をともなった戦争で敗北を喫したが、その信仰は存続した。平和条約後のほんの数年たって、教皇の勅書は、悪の原理を崇拝するルシフェル派のことに触れている。

正統派の教会と二元論者との闘争は、一三世紀を通じてつづいた。一二三三年、グレゴリウス教皇は宗教裁判所を設立した。これは、すべての異端と戦っていたドミニコ会士たちの特別法廷だった。宗教裁判所は、異端という理由で罪人を火あぶりの刑にした。けれども、二元論者は単なる異端者ではなく、キリスト教とは別個の信仰をもつ人たちであった。魔女迫害の「最古」の例は、一二七四年の宗教裁判所での、一人の魔女への有罪宣告であった。彼女は、カタリ派の運動の中心地トゥルーズで焼き殺された。

ついで、一三一六年、一三二〇年、一三三一年、一三三七年に、魔法と異端を非難する教皇の特別布告が発せられた。教会の例にならって、その後は官憲筋もこのような布告を出した。しかし、集団迫害のもっともはげしかったのは一六、七世紀で、この時代の魔女の焼殺には、経済上の要因もふくまれるようになった。

アルベルトゥス・マグヌス(一一九三—一二八〇年)

一三世紀は、もはや中世の暗黒時代とはいえなかった。キリスト教は統一され、教会のもとでヨーロッパ文明は、共通の制度と抱負とをもった同質の社会を構成した。「ローマ教皇は、天啓によって人類を永遠の生命に導き、皇帝は、哲学的な教化によって人類を現世の幸福に導くであろう」とダンテはいっている。

哲学は、教会の教理に支配されていたが、ふたたび開花した。哲学者が魔術師として迫害されたかつての時代は忘れられ、いまや、彼らの神々しい像が大聖堂の門口に刻まれた。この時代は、真に普遍的な知恵をもった学者たち、たとえば（目立った学者のほんの少数を挙げても）オーヴェルニュのギョーム、ボーヴェーのヴァンサン、カンタンプレのトーマ、イングランドのバーソロミュー、ロバート・グロステスト、ロジャー・ベーコン、ルルス、アクィナス、アルベルトゥス・マグヌスなどによって啓蒙された。彼らの論文は徹底しており、数多くの主題を取り扱っている点で、過去の論文とは違っている。

これらの人たちは、文字どおりの魔術師ではなかったけれども、魔術に関心を示していた。彼らは、魔術が研究に値するものであることを知り、そのうちの幾人かは、呪術的な実験を行なった。以前には悪魔――つまり学者もそうでないものをも罠にかけてやろうと手ぐすねひいているぬけめのないやから――の仕事だと思われていた隠秘的な技術を宗教感情からおそれていたが、そういうこともはやなくなった。悪魔の悪知恵は、賢者や聖人によって打ち破ることができたし、悪魔の力は、人類のために利用することができた。悪魔は、城を建てるといっては呼ばれ、橋を架けるといっては呼び出された。年代記作者たちは、悪魔が最後に悪のむくいをうけるいきさつや、人間がユーモアのある策略で悪魔の貪欲な牙をのがれる次第を、うれしそうに語るのだった。

しかしながら、この時代はきわめて宗教的だった。前述の学者たちはすべて聖職者だった。ギョームはパリの司教、トーマは知恵の復興期に重要な役割を演じたドミニコ会士の講師、バーソロミューはフランチェスコ会士に講義をしたし、グロステストはリンカーンの司教、ドミニコ会

図82　カトリック教の哲学的寓意

士のボーヴェーのヴァンサンはルイ九世の小聖堂づき司祭、偉大な教師で『神学大全』の著者の聖トマス・アクィナスは一六歳のときドミニコ会士、ベーコンはフランチェスコ会に加入し、一九三一年に列聖されたアルベルトゥスはラティスボンの司教、ライムンドス・ルルスは信仰の殉難者として死んだ。

これらの人たちは教会の忠実な奉仕者で、その衣鉢のもとで、過去と現在の知識が相会した。この層がどんなに広大であったかは、アンドレア・ダ・フィレンツェ（一四世紀）の絵から判断できる（図82）。絵はまず、栄光の座にある聖トマス・アクィナスが膝の上に『聖書』を開いているところを示している。彼のかたわらには、ヨブ、ダビデ、聖パウロ、四人の福音書の著者、モーゼ、イザヤ、ソロモン王という信仰の闘士たちがひかえている。その下の聖歌隊席にすわる一四人の女性像は、神学的な諸学と自由七科の擬人化である。さらにその足もとには、学芸の有名な研究者たちがすわっている。すなわち、教皇クレメンス四世、ロムバルディアのピエトロ、ディオニシウス・アレオパギタ、ボエティウス、ダマスクスのヨアンネス、聖アウグスティヌスは神学的な知恵の諸部門を表わし、それにつづいてピュタゴラス、エウクレイデス(一般にはユークリッド)、ゾロアスター(天文学)、テュバル・カイン(音楽)、アリストテレス、キケロ、ラテンの文法家プリスキアヌスがいる。

信者たちは、古代の賢者といっしょに平和に住み、魔術の発明者と思われるゾロアスターさえ、そのなかに加えている。この世界は、過去についての一段とふかい理解や、知恵についてのいっそうひろい概念からつくりだされており、むかしの諸説混合の宗教の世界のように普遍的ではないけれども、十分に理解された世界のあらゆる要素をもってみごとに整頓されている。アルベルトゥスの著書のなかには、しばしば、「私はこれをためした」とか、「私はこれを経験しなかった」とか、「私はこれが真実でないことを証明した」という文句が出てくる。これは目新しい態度で、過去の権威を盲目的に承認しなかったことを示している。アルベルトゥスがかなり客観的であったことは、彼がスコラ学の柱石として敬愛しているアリストテレスを批判していることでわかる。彼はしばしば事実を挙げたあとで、「古代人の著書には書いてあるけれども、ある種の経験では十分に証明されなかった」とつけ加えている。これらの古代人は哲学者であり、その哲学の目標は、実験によってではなく、観察と理性によって真理に達することにあった。

アルベルトゥス(図83)は、推測を立て、実験することをすすめているが、やはり哲学者である。彼の推理はみごとだが、実験は浅薄で、その結論はしばしば間違っている。科学的な問題で彼の重要な点は、その業績よりも態度にある。一例として、彼は水晶にひそんでいるふしぎな力について、もし水晶を太陽に向けるなら、ものを発火させることができる、と述べている。これは事実であるが、その水晶は凸面状でなければならぬというもっとも大切なことを、アルベルトゥスは書き忘れている。彼は、このふしぎな出来事が光の屈折のせいではなくて、水晶の本質だと信じているようである。しかしときには、知識の木から正しい果実をつんでいる。古代人は「ダチョウは鉄を食べ、消化する」といっているが、これに対してアルベルトゥスは、ダチョウは鉄を食べるのではなく石を食べるのであり、自分はこの事実を観察で確かめた、と答えている。このような一見些細な観察も、意外に重要である。アルベルトゥスの思慮ぶかい観察にもかかわらず、それから三〇〇年たっても、ダチョウはくちばしに蹄鉄をつけて描かれていた。

図83　アルベルトゥス・マグヌス像

アルベルトゥスは、称賛すべき好奇心と、学者の訓練された方法とを自分なりに統一した。これらの方法は、すでに述べたとおり、アリストテレスが確立したような生物に関する一般法測によって、特殊な記述を試みている。

アルベルトゥスが列聖されたことを記念して出版した書物には、魔術に関する師の見解が述べられていない。一部の筆者たちは、彼が錬金術と占星術とに関心を示したことさえ論駁した。しかしアルベルトゥスの論文では、魔術的な技術のことがたびたび言及されている。初期の学者で修道院長のトリテミウス（一四六二―一五一六年）によれば、「聖人中でもっとも聖なる」この人物は、自然的魔術について無知でなかったといい、このことは悪いことではないと主張する。「なぜなら、悪事を知ることでなく、実行することが悪いのだから」。ある技術を実行しないで、どうしてそれに熟達できるのか、という疑問がおこってくるだろう。トリテミウスのこの言い分は、中世の学者たちの魔術への関心を理解する鍵になるように思われる。彼らは、悪を認識し判断することができるように悪を研究しようと欲したのである。しかしまた、好奇心がそんなに強かったということは、禁じられた知恵に彼らがひどくひきつけられていたことも示している。アルベルトゥスの魔術的な実験が善であるか悪であるかは、彼の意図がどうであったかにかかっていた。われわれは、彼が知りたいというただ一つの動機から、実験したのだと考えていいだろう。

彼は、魔術的な奇跡が現われることをけっして疑っていない。事実彼にとって、魔術や錯覚は存在している。人びとは、存在しないものでも現に見ていると信じており、また、じっさいに悪魔が魔術で人間を堕落させることも信じている。これは、人の目をごまかすことよりもっとわるい。だがまた、アルベルトゥスの意見では、自然の魔術というものも存在している。これは善の魔術で、アラブ人の著書や錬金術の文献のなかに出てくる。さらに、薬草や石にはふしぎな効力があるが、このことは、教父たちの著書では語られていない。カッコウ草は占いの力を授け、美女ザクラは愛の魔力として使われ、メロピスという草は海を開発する。そのほか、クスタ・イブン・ルカやヘルメスの文書に載っているような植物は、かずかずのふしぎをひきおこす。また、病気を治す魔法の石もある。アルベルトゥスは鉱物に関する著作（一五一八年版）のなかで、石の隠された効力について広範囲に述べている。その驚異のいくつかは、自分で経験した。「宝石は、他の石よりもさらにふしぎな効力をもっている」。彼は丹念に、これらの驚異を列挙している。

インド産の紫水晶は、アーロンがいうような、酔いをさます作用がある。また、敏捷にし、喧嘩をしずめ、知識の獲得をうながし、知性を生みだす。

緑柱石は、なまけぐせをなくするのに役立つ。肝臓の痛みをやわらげ、しゃっくりやげっぷをとめ、涙もろい目にもきく。丸い緑柱石を太陽にあてると、ものに火をつけることができる。また、家庭を円満にするともいわれている。

エメラルドは、純潔を表わす。ある少女が純潔かどうかを確かめるためには、エメラルドの破片の入った混合薬を一服処方する。その少女が純潔であれば飲んでもなんともないが、そうでなければ、吐き出してしまう。またエメラルドはその所有者の財産を増し、法廷では説得力のある弁舌をさかんにさせる、といわれている。エメラルドを首飾りにつけると、癲癇《てんかん》がなおる。

リビアとブリテンでとれるメノウは、歯を丈夫にし、幽霊や憂鬱を吹きとばし、胃痛にきく。ヘビは、メノウがあれば逃げだす。

秘術師がよく使うディアコドスという石は、幻影を活発におこさせるが、死体に触れるとその効力を失うという。ヘルメスやプトレマイオスやザビド・イブン・クッラなどの秘術師の著作には、この石について、ここでは述べないような多くのことが載っている。

以上のことをアルベルトゥスは、確信をもって主張している。彼はあきらかに、これが、カルデア人やエジプト人やペルシア人のやっていたような純粋な魔術であることに気づいていない。彼はまた同じ論文で、彫りのある宝石、とくに、この彫りが人の手によらないで自然にできている場合、その宝石には神秘的な力が与えられている、と断言する。このような思想から、自分を守るための護符や魔法の像やメダルや符号がつくられてくる。

これらすべてのふしぎな効力の存在は、星に由来している。なぜなら、アリストテレスによれば、天体は地上の事物を支配しているからである。このことを信じたアルベルトゥスは、すでに占星術師としての正体を現わしている。彼は、星が事物と人間とに影響することをたびたび主張し、地球におよぼす星の力を認めている。これは、彼が好んで列挙しているいろいろな驚異からみて明らかである。

星の影響については、なおいっておくことがある。星は、あらゆる占い術の基礎である。肉体に星の痕跡を読みとることのできる人は、その運命を予想することができるだろう。人間の手や額にある凹線《おうせん》、葉脈状の形、雄ジカの角の形、石の形など、いずれの痕跡であれ、それらは惑星によってつくられた痕跡であるとされ「人相術」として研究される。

アルベルトゥスが錬金術師であったかどうかの疑問についても、やはりそうだったと肯定的に答えなければならない。彼は、門人の聖トマス・アクィナスと同様に、錬金術はむずかしいが真実の技術だと信じていた。彼は化学的な実験にさいして、哲学に妨げられることはあまりなかった。おそらくそれは、初期のギリシア人が錬金術に精通していなかったからであろう。彼は錬金術の作用を正確に記述し、独創的な考えを発表しており、彼が後世に伝えた多数の書物のうち、錬金術関係の論文がおそらく最良のものであろう。彼は鉱物に関する本のなかで、錬金術理論には多くの批判すべきもののあることをいっている。ときには、錬金術に反対しているようにみえることもある。しかし、真作と思われる『錬金術について』という論文では、錬金術の作用や、金は人工的につくられるという考えを擁護している。以下は、かれがその書物のなかで、あとにつづく錬金術師たちに忠告している言葉である。

錬金術師は沈黙をまもり、思慮がなければならない。自分の作業の結果はだれにも洩らしてはならない。

人里を離れ、孤独な生活をせよ。家のなかの二部屋か三部屋は、仕事のために清めておかなければならない。

作業には正しい時刻を選べ。——これは、有利な星座を待て、という意味である。

辛抱づよく、忍耐力をもたなければならない。

作業は、すりつぶし、昇華、凝固、煆焼《かしょう》、溶解、蒸留、凝結というように、規則にしたがうこと。

ガラス容器か、またはうわぐすりをつけた陶器だけを使用すること。

これらの仕事にかかる費用を支弁するだけの財力をもっていなければならない。

最後に、王侯貴族とは一切接触しないこと。

アルベルトゥスは、錬金術の知恵が錬金術師をたえず危険にさらすもとであることを知っていた。隣人たちは、作業がうまくいったことを君主に知らせるかもしれない。君主がいったん賢者の石からつくった金のことを知れば、この奇跡のつくり手は、のちのアレグザンダー・セリンその他の人の身にふりかかったような運命に見舞われた。錬金術師は、生涯にわたってその仕事を支えるだけの財産家でなければならない。というのも、いつ成功するという確実なめどがなかったからである。だから貧乏すれば、研究を放棄する羽目になるか、詐欺をはたらいたり偽造したりすることにもなった。

アルベルトゥスは、自分が金をつくったかどうかを述べていない。俗説によると、彼は有名な石を所有していて、だれがみても魔術的だといえそうな、金づくり以外の奇跡を行なうことができた。オランダのウィレム二世が、コローニュで彼といっしょに食事をしたときだった。真冬であるのに、アルベルトゥスは修道院の庭にテーブルを出させた。客たちが到着したとき、テーブルには雪がつもっていた。しかし、一同が席につくやいなや、雪は消えさり、庭はかんばしい花でいっぱいになった。鳥はまるで夏がきたように飛びまわり、木々には花が咲いた。この伝説は、聖人でない後の人物、つまりファウスト博士が、同じような魔術を使ってやったときと同じである。しかし、ファウスト博士が冬の花を咲かせたのは、アルベルトゥスのような自然の魔術ではなくて、黒い魔術であり、悪魔の助けを借りてやったのである。

アルベルトゥスと同時代の著者たちはまた、彼が自動機械、つまり自動人形をこしらえたともいっている。この自動人形は人間の形につくられ、アルベルトゥスの召使になった。体の各部分は特定の星の影響のもとで接ぎ合わされ、話すこともできたが、その言葉がさっぱりわからないので、まじめなアクィナスがこの機械をこわしてしまったという。いったい、こんな機械がじっさいにあったのだろうか。またあったにしても、どんな性質をもっていたのだろうか。一九世紀の隠秘論者エリファス・レヴィは、これはアルベルトゥスのスコラ学の象徴にすぎない、形は人間であるが、機械装置によって制御される、生命のない人工的なものである、と微妙な言い方をしている。

ロジャー・ベーコン（一二一四―九四年）

経験がなければ、なにごとも十分に知ることはできない。

ロジャー・ベーコン

フランチェスコ会の修道士ロジャー・ベーコン（図84）も、アルベルトゥスやその他の同時代人と同じく、知識の基礎をアリストテレスの哲学においていた。彼は、哲学的な方法によって、つまり観察と推理によって知恵を集めただけでなく、アルベルトゥスのように、実験の重要性を強調した。しかしながら、こんにちのいわゆる経験と中世の経験とはほとんど関係のないことを

図84　ロジャー・ベーコン像

記憶しておかなければならない。たとえばベーコンは、「われわれは、星が地上の物体の発生と消滅をひきおこすことを——それはだれでも見ることができる、——経験によって確定した」という。このことは、われわれには明瞭でない。そこで、いったいベーコンはどんな方法で、人間の生と死に影響する惑星の神秘な力を経験したのだろうか、という自問も出てくる。すると、この修道士は性急に、「哲学者たちが以前に明らかにしたことを経験によって確定すれば、すぐひきつづいて、地上の一切の知識は、数学の力に依存することになる」と結論するのである。

ベーコンの科学的態度を示すもう一つの例に、ハシバミの実験がある。彼は、実験科学に関する著作のなかで、一年生のハシバミの若木を根もとから切りとるように指示している。これを縦に二つに裂き、それぞれの一端を二人の人がつまんで、手のひらあるいは四本指の幅だけ離しておく。しばらくすると、この二つの部分がしだいに近づきあい、最後には一つになって、若木はもとどおりになる！「私が見聞したどんなことよりもふしぎな」この現象の「科学的な」説明は、すでにプリニウスがしており、ベーコンはその見解を認めている。その説明とは、ある事物は、場所が離れていても互いに引っぱりあう、ということである。この説明は、共感呪術、すなわち類似したものはお互いを引きつける、という見解にもとづいている。もしもだれかがベーコンに、これは呪術だといえば、彼はびっくりするだろう。彼はその報告の終りで、つぎのように述べている。「これはふしぎなことである。魔術師はこの実験を、あらゆる種類の呪文を繰りかえしながら行なう。私はこれらの呪文を無視し、自然のふしぎな働きを発見した。これは磁石の働きに似ている」。だからベーコンの意見では、魔術師とは、その現象が「だれでも見ることができるような」自然現象であることを知っているくせに、魔術的なきまり文句を唱えているいかさま師であるということになる。

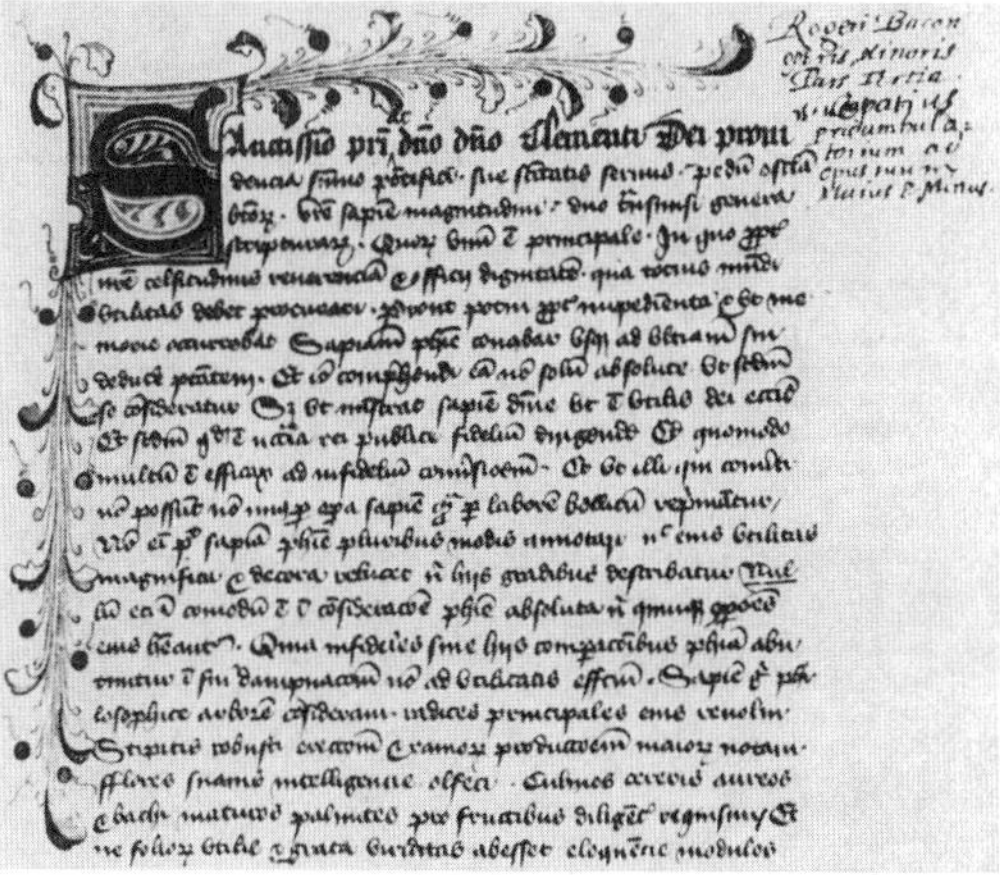
図85　ロジャー・ベーコンが書いた写本のページ

ベーコンの写本（図85）には、しばしばこれと似たような「観察」が見られる。彼は、自分が魔術師でありながら、魔術を非難している。

ベーコンの著書には、スコラ学の全盛期にはあまりなかったような活気がある。彼はときどき、焦慮と異常な神通力とが混ざりあって、おどろくべき予言を吐いている。

「まず私は諸君に、人工と自然とのおどろくべき作品について語ろう。そのあとで、それらの原因と形を述べよう。これには、どんな魔術も関係していない。なぜなら、魔術はこういう事がらよりも劣っているし、こういう事がらにはふさわしくないからである。さて、航行用の機械として、川や海を走る巨大な船をつくることができる。その船は、櫂《かい》がなくとも動く。そして一人の操縦者だけで、操縦者を満載したときよりももっとうまく操縦することができる。

つぎに、馬をつながなくても、ものすごい速さで走る車もある。鎌を取りつけたむかしの戦車がこのようなものだったと信じられる。

また、飛ぶ機械をつくることもできる。中央に一人の人間がすわって、人工の機械の翼を鳥の翼のように羽ばたかせて操縦する。

重いものを下ろすための小型の装置をつくることができる。これは、急場に役だつ。なぜなら、指三本分の高さと幅をもった、あまりかさばらない器械（滑車）によって、人は、自分と友人をあらゆる監禁の憂《う》きめから解放することができたし、また、上昇も下降もできたからである。

一人の人間が一〇〇〇人の人間を、彼らの意志にさからって強く引っぱることのできる機械をつくることができる。この機械は、ほかのものも同じように引っぱることができる。

海や川を旅行するための機械を組み立てることができる。天文学者のエティコスが書いているように、アレクサンドロス大王は、このような装置を利用した。このようなものは、飛ぶ機械をのぞけば、むかしもつくられたし、今もなおつくられている。

その他こういうものは、無限につくりだすことができる。柱とか支えや装置を使わないで、巧妙な、今まで聞いたこともないような橋が川にかけられる」。

ベーコンが、火薬や眼鏡や望遠鏡など、かずかずの発明・発見をしたとされるのも、ふしぎではない。

魔術の存在を、彼は当時の人たちと同様に疑わなかった。彼はまた、科学といろいろな黒魔術を区別することのむずかしさも認めた。そして彼は、自然的な魔術は邪悪でないから、これを承認した。だから、もし彼の議論のうちの微妙な点や未熟な点をはぎとれば、われわれは、この学者の概念が哲学者たちの概念と違っていないことに気づくだろう。つまり、善を目ざす魔術はさしつかえなく、自然的な魔術と呼ばれるが、邪悪なものを助長する黒魔術は拒否すべきだというわけである。

錬金術は、彼によれば、自然学と関連がある。錬金術は、染料その他の特質、燃える瀝青《れきせい》、塩と硫黄、金などの金属を取り扱う。アリストテレスは、錬金術については何も書いていないが、自然哲学や思弁的医学の研究に錬金術は必要である。錬金術によって金をつくることができるから、この技術は、国家の経費をまかなうことができる。錬金術は、人間の寿命をひきのばす。しかし、錬金術に従事している人はほんの少数だし、不老長寿の薬のつくれる人はもっと少ない。この技術に適する人は、タカ、シカ、ヘビ、不死鳥など、薬草や石の効力によって生命を更新する生物を知っているもっとも賢明な人たちだけである。

ベーコンによれば、飲料用の金は、ある神秘な液体には鎔けるはずである。この液体は、とくに才能に恵まれた科学者たちだけがつくりかたを知っていた。こういう金は、天然の金や錬金術による金よりもすぐれている。それが正確に鎔けたときは、もっともふしぎな働きを生みだす。この溶液には、多くのものが加えられねばならない。「海で泳ぐもの……また、空中で育つもの、海のしずくからなる花」。これに、セキチク類、葉と木片と少量の花の混合物、さらに海水から投げ出されるリュウゼン香も加えるべきである。そして最後に、もっとも重要な成分は、アリストテレスが述べているようにヘビである。テュロス人はこれを、たぶん薬味で調理して常食とした。なお、これに雄ジカの心臓にある骨を加えると、決定的な効果が生まれる。なぜなら、雄ジカは長命の動物だからである。ベーコンはここでも、類似は類似を生むという魔術的な原理にしたがって、医薬を使用している。長命の動物は、人間を長命にする！　その調合薬は老人を長命にし、肉体のあらゆる腐敗をなおすすぐれた薬だとこの修道士は考えた。彼は、この薬で人の寿命を数百年のばせると信じた。彼は、「教皇から手紙をもらって、教父時代の真相を証言した」人のことを知っていた。

ベーコンは、こんな信じられない事がらが、この漠然とした報告で十分に証明されると信じている。彼が思弁的な錬金術について述べていることは、この混乱した分野を調査しようと思う人に対するはげましにはほとんどなっていない。ベーコンによると、この技術を知っているものはきわめて少数だから、その知識を伝達しようともしないし、また、法律をごまかし詭弁を弄《ろう》するゆえに彼らが馬鹿者と呼んでいる連中に、その知識を残そうともしない。錬金術師は、哲学と神学を分離する人たちを非難する。

ベーコンはさらに、錬金術の作業はひじょうにむずかしくて費用がかかるから、この技術を知っていても、お金が欠乏して続けられなくなる人が多い、とつけ加えている。また、書物はあいまいな用語で書かれているため、理解することはほとんどできない。

ベーコンの排他的性質には、まったくいらいらさせられる。彼は、科学には打ち勝ちがたい困難があると述べていながら、科学を礼賛し、魔術とあらゆる非科学的な方法を軽蔑している。まるで彼は、一切の知識を少数の超人、おそらく一人の超人である彼自身にあやつらせているようにみえる。

彼は、人類のすべての知識は数学に依存すると述べたが、知識のうちのもっとも高貴な部門は占星術だと主張している。そして占星術は医学と錬金術と未来の占いに使用されねばならなかった。占星術は政治問題にも有用である。もし賢者がもっと注意ぶかく星を観察していたならば、最近の戦争は避けられたであろう。

人が誕生するとき、天体はその人の体質と運命を決定する。そして天体は、一時間ごとに他の星位の影響をうけるから、人間の仕事も、天界のはてしない動きに応じて変わっていく。しかし、天体は運命のおもむくところに人を向けるだけであって、運命を決定することはない。人の意志は自由だからである。

彼は、つぎのようにいう。「黄道十二宮の一部の宮が火のように熱く乾いているように、ある事物が火のような性質をもっている場合、その事物は火星的と呼ばれる。そして白羊宮と獅子宮と人馬宮がこの性質をもっている。同じ原理は、他の特徴をもつ事物、十二宮、惑星についてもあてはまる。けれども、一つ一つの事物をそれぞれ惑星や十二宮にあてはめることはむずかしい問題で、ヘブライ人の書物によらなければ不可能である」。

ベーコンも、律法教師マイモニデスすなわちイブン・マイムーン（一一三六―一二〇四年）と同様に、『聖書』は占星術の基本的なよりどころであり、星とその影響についての研究は正当な職業になる、と信じていた。この問題に関するベーコンの意見はすべての人から賛成されなかった。占星術は中世の学問にますます大きな影響を与えていたにもかかわらず、教会の公式の態度は、占星術にはむしろ反対だったからである。ともかくベーコンは、彼自身が占星術や数学と同一視している哲学がけっきょくは神学に達し、神学を強めるという信念をほのめかしている。さらにすすんで、占星術か哲学がなければ教会の教義は完全でない、とまで主張している。彼はその著『大著作』のなかで、「もし哲学の真理がそこなわれるならば、その損害は神学におよぶだろう。なぜなら教会を支配し、信者たちを指導し、宿命的な不信心者たちの改宗を助けるさいには、全面的とはいわないまでも、哲学の力を用いるのが神学の任務だからである。……」といっている。このような考え方に反対する神学者については、「しかし彼らが誤っているのは、数学によって確実にされた未来についての知識を何も知らないで非難しているからだけではない。彼が無知の結果として嫌悪している一部分のために、全体を非難することも誤っている」という。ここにもまたベーコンの誇りがみられるが、それはまったく危険な誇りでもある。

ベーコンは、言葉の力を信じた。彼はこう説明している。「話される言葉には、偉大な力があると考えなければならない。世界の始まりのあらゆる奇跡は、言葉によってつくられた。理性のある魂の独特の作品は言葉であって、魂は言葉をもつことを祝福している。言葉は、精神の集中とふかい願望、正しい意図と確信をもって発音されると、大きな効力をもつ。なぜなら、これら四つの事がらがいっしょになると、理性のある魂の実体は、急速に動き出し、効力と本質にしたがって、魂自身および外部の事物に働きかけるからである」。

彼は、実験は科学の確実性をためす唯一の確かな手段だと言明したが、このことから、彼が暗示すなわち催眠術を探究したと推察できるかもしれない。だがこの推察は、われわれが前に彼の実験をどの程度厳密に判断したらいいかを見てきたために考えられたにすぎない。

つづいて彼は、つぎのように述べている。以上のようなことも、有利な星の助けもかりず、前に挙げた効力も考えないで、魔術的なきまり文句やおろかな思想をもって行なえば、老婆の非科学的な仕事になってしまい、悪魔の助けをかりなければ、結果を出すことができなくなる。

たびたび彼は、学者の誇りと、よく表現も整合もされていない事がらに対する侮蔑とを、むきだしにしている。彼は、神学の問題に関してだけは、矛盾をうけ入れている。たとえば彼は、キリストは角ばった石であるが、そのキリストを中心に十二使徒が集まっている、などと理性に反するような神秘を述べている。宗教問題では、彼は絶対に正統派で、その生涯と研究とは教会にささげられた。彼が発見したものはなんでも、教会の威信を増す目的や、教会の計画と活動の実現を助けるために役立った。彼は実験科学に関する書物のなかで、教会は不信心者や反逆者に対抗して科学の発明を尊重し、キリスト教徒の血を惜しむようにいっている。「そしてとくに、将来の反キリスト教徒の時代の危難にそなえてそうすべきである。もし高位聖職者や王侯が研究を奨励し、自然の秘密を調査したならば、この危難にも、神の恵みとともに容易に対処できるだろう」という。

ベーコンの教えは全体としてみれば、熱心な研究家たちが主張したようなファウスト博士的な性格のものではない。彼は、科学時代の啓蒙的な先駆者ではなかった。その声は、スコラ学の砂漠のなかでは聞こえなかった。彼は、あらゆる学問、知恵、信仰を統一しようという決意で、『大著作』という独特の著書を生んだ。ここにふくまれている材料は、当時すでに多くの人に知られていたものであるが、彼独自の見解にしたがって、配列し調整している。

この書物のもっとも興味のある面は、同時代の著作にくらべて一段と個人主義的な色彩をもっていることである。ベーコンの情熱の激発のうちに彼の大きな感受性がうかがえるが、この感受性は、疑いもなく、彼が学問の退屈な方法を賛美したときに彼自身が戦いをいどんだものだった。彼の卓越した記述は、当時としては独特のものだと思われるが、そこには科学とは相容れない予言的な雰囲気がみられる（すべての発見は、純粋に科学的であるという彼の主張にもかかわらず）。これらの予言のなかで、彼は人類のつよい欲望をはっきりと表現し、それがけっきょく、偉大な発明を生み出したのであった。

悪魔

悪の原理

「君は悪魔をみくびった。だが私には、まだ納得がいかない。ひどくきらわれるからには、ひとかどのやつにちがいない」

ゲーテ

悪を知らないで、どうして善を計りえよう。暗黒の苦しみを知らないで、どうして光明を待ち望むことができよう。悪事がなければ、どんな不愉快な土地でも、人びとは暮らしていくだろう。悪は苦痛を生み、苦痛からは、よりよきものを求める欲望が芽ばえる。われわれは欠乏によって、改良と進化を望み、理想をかかげる。

もし悪魔がいなければ神もいないだろうとは、よくいわれることだが、これはけっしていいすぎではない。フランスのある神学者も、「神と悪魔とが宗教のすべてだ」と述べている。

古代の宗教は、悪は神聖なものにつきものであると考えている。初期のメソポタミア人のあいだでは、この二つの原理が混ざりあっていた。エジプトの神々の系譜では、破壊的なセトは恵みぶかいオシリスの弟になっている。ペルシアでは、暗黒のアーリマンは光明の神オルマズドの疑う思想から生まれた、と信じられた。

一神教は、古い二元論からおこった。しかし、一神教的な世界均衡論は、古い二元論的な均衡論よりも不安定である。『旧約聖書』の外典は、悪の力については口ごもっている。「トビアの物語」(前一五〇年)では、アスモデウスは神の敵である。けれども、エズドラの書では、深淵にいるヘノクとレヴィアタンとは、悪事を行なっていない。

「ヘノク書」(前一一〇年)では、悪魔は、異教徒の悪魔と同じような性格をもっている。アレクサンドリア時代のユダヤ教の作品『知恵の書』は、死はサタンによって世界に現われ、「悪魔に味方するものは、死を知るだろう」と繰りかえし述べている。

悪の問題は、幾世紀間も禁制だった。公式の教理では、善と悪とのたえまない闘争についての説明は、根拠の確実なものだけにとどめており、慣例によらないあらゆる解釈は罰せられた。この程度のきびしささえ、ヨーロッパの二元論者にとっては、神の不公平と復讐を証明しているように思えた。アルビ派が迫害者たちの残酷さを目撃したとき、また、聖殿騎士修道会士たちが不正な裁判官と対決したとき、彼らはじっさい、世の中はあべこべで、悪が善で、善が悪だと信じたことだろう。しかし、さかさにしたからといって、問題の解決にはなるまい。善と悪とは、それらの対立のなかにもなお存在し、善も悪もみずからを破壊しながら再生していくだろう。それはちょうど、錬金術のヘビが、自分の尾を食いつくすけれども、その尾は頭と同様に不死であるのに似ている。

サタンは個人主義である。彼は、明確な道徳的行為をおしつける天の戒律を、ひっくり返してしまう。彼は、われわれに未知なものを熱望する気持をおこさせ、夢と希望を与えてくれる。また、苦しさと不満とをもたらすが、最後には、よりよき善へ導いてくれる。だから彼は、主として善に奉仕している。彼は、「悪と戦い、善を生む力」である。

知識の使者は、無知であるはずはない。彼は、理想主義者であり、ドン・キホーテである。ドン・キホーテは、狂信的な信念に目がくらみ、巨人が風車であり、戦士がブタであることに気づかない。彼の大きな誇りが、自分の間違いを認めることを妨げている。J・ミルトンは彼を、屈辱をうけるよりもむしろ永遠に悩む高貴な反逆者として描写した。たしかに、サタンの本質は片よっている。なぜなら、サタンは反対命題《アンティテーゼ》だからである。

彼とその反対者とを綜合《ジンテーゼ》することができるだろうか。ゾロアスター教徒は、これを達成はしなかったが、その可能性をわれわれに信じさせてくれた。オルマズドとアーリマンとは、最後には和解するだろう。彼らは、手をたずさえ兄弟として新しい王国にはいるだろう。グノーシス派の人たちは、宇宙はこの永遠の対立を通じてしか存在せず、宇宙は一つで、善と悪とは聖なるもののうちに統一されていることを、明らかにした。ポール・ケーラスはその著『悪魔の歴史』のなかで、同じような結論に達している。「神はすべてのなかのすべてであり、行為についての最終的な権威者とみなされており、悪そのものでもなければ善でもない。だがそれにもかかわらず、神は善であり、かつ悪のなかにある。神は、成長と滅亡のなかにある。神は、生のなかにも死のなかにも現われる。神はまた、悪業につづく祝福のなかにも生きている……」。

ヴィクトル・ユゴーは、この上なく美しい詩のなかで、二元論的な偏見を示している。それによると、サタンが自分の翼から抜けた一本の羽毛を投げ捨てると、それが奈落のふちに落ち、ふしぎなことに微光を放ちながら大きくなっていった。この奇跡の羽毛から、神は、自由と呼ぶ美しい女性の天使を創造した。神とサタンはともに、父であることを主張するが、じつは彼女は、善と悪の調停者である。

サタンを擁護するこのような声は、自由な時代に発せられた。通称エリファス・レヴィこと修道院長コンスタンは、サタンに対しては公正であろうとした。けれども、彼の判定は混乱している。彼は、サタンとルキフグスとを区別しているが、後者を、彼の木馬から判断して星の光としている。ジュール・ボアは、一八九〇年に出版した『サタンの婚礼』という戯曲で、サタンを、「美しくたくましい青年で、パチパチと音をたてているその頭髪が、きらめく海のような天の星を反射している」と形容している。プシュケは、このサタンと婚約させられ、「こころよい雷電のさなかに」えもいわれぬ声が和解を告げる。

「法にしたがい、わが純なる本質は愛となるべし。われは、なんじら両人を愛す。悩みのうちに結ばれよ。最後の報いは、なんじらに約束されん。

なんじらは、わが大いなる怒りより選ばれしいとしきものどもなり。なんじらはいとおおらかなるゆえに、もっとも称えらる」。

これらの文句は、飽満したフランスのブルジョア階級の時代と環境とを反映しており、サタンは、フォリ・ベルジェールの舞台の近くで待機していた。

事実、サタンは出現した！　ベングリア氏はフォリ・ベルジェールで、『悪魔の宴会と地獄の燭台』のなかのサタンの役で出演した。フォリ・ベルジェールのような愉快な場所で悪魔を思い出させられるとは、夢にも考えなかったモンタギュー・サンマーズ師は、『魔法および魔神論の歴史』で、この戯曲は「ひととおり述べておく以上のものではない」といっている。

サンマーズの『劇文学における魔女』の章から、ルネッサンス以来舞台に上演された「悪魔劇」が莫大な数にのぼることがわかる。

図86　地獄の拷問

悪魔は、役者になることができる。その他、望むものには何にでもなれる。当時の魔神論者ドニ・ド・ルージュモンは、悪魔はいたるところにいるという。彼によれば、悪魔はいないふりをしたがる。「私はなにものでもない」と彼はいう。しかし悪魔は軍団で、定義によると、帝国主義者である。彼は、誘拐を見張っているギャングである。彼は、神聖な法の実在を疑わせる。嘘つきで、誘拐者で、詭弁家である。彼は、なにものでもないけれども、この世にいる多くの人物に扮することができる。

以上のことは、じっさいほんとうである。なぜなら、悪魔は人間の心のなかでたえず変化しているからである。それにひきかえ神は、善良で賢明な老人の像として、幾世紀にもわたってつねに変わらなかった。悪魔は、好んで近代的になりたがる。

悪魔は、いたるところにいる。しかしこの特徴は悪魔にだけあるのではない。神についても、同じことがいえる。悪魔も神も、それを信じる人にだけ現われる。サタンは、良心の苛責に悩んでいる人のところにやってくる。悪魔の妖怪は、そういう人にむかって、その人が善と認めていることに立ち帰るように強要するか、またはサタンの存在も信じているその人に、サタンに屈服するように強要するかするだろう。けれどもこういう降伏をしたからといって、とり返しがつかなくなることはめったにない。なぜなら、善は懺悔する人を歓迎するからである。

ヘラクレスは、神話上の英雄アンタイオスと戦ったが、アンタイオスは大地――彼の母なる大地――に投げつけられると力を回復した。多くの古い信仰によると、その後、生き返らせるために、神聖なものが大地に投げつけられた。錬金術師は、ヘビに大きな奇跡の力があるのは、有毒な尾に治療薬がふくまれているからだと主張している。われわれは善を信じているから、人間にとって、悪業をおかしてもおかした悪を認め訂正すればそのほうが、大地に投げつけられて痛いめにあうことをおそれてびくびくと善を行なうよりも大切である、といえるだろう。自分の行動にあまりくよくよしすぎることは、その人の生活に支障をきたすだろう。もともと生活というものは、過失がつきものだからである。

このことから、二つの物語がひきだされる。一つは、多くのくろうとすじのいうことと違って、悪魔の爪は曲がっていないことを論証する物語であり、もう一つは、悪魔は負けてもわるびれないスポーツマンシップをもって、自分の餌食をあきらめることがよくあることを論証する物語である。

中世のファウストといわれるテオフィルスは、「銀と金」が必要だったので、サタンを魔法で呼びだした。悪魔はすぐ現われた。というのも、つぎのような魅力ある呪文に抗しきれなかったのである。

バガビ・ラカ・バカベ
ラマク・カヒ・アカバベ
　カルレリオス
ラマク・ラメク・バカリアス
カバハギ・サバリオス
　バリオラス
ラゴズ・アタ・カビオラス
サマハク・エト・ファミオラス
　ハルラヒヤ。

テオフィルスはサタンに封をした羊皮紙を手渡すが、それには、彼は神と聖母と、教会で語られたり歌われたりする一切を否認すると約束されている。文書は署名され、封印される。もはや、地上や天上のどんな力も、テオフィルスを助けることはできない。彼は金持になるが、みじめである。ある日、彼はマリアの像の前にひれふす。マリアは台座からおりて、神の子を床に立たせ、テオフィルスのゆるしを乞う。しかし、キリストは黙ったままである。最後にキリストはいう、「母上よ、なぜあなたはこの鼻もちならぬ不潔な男のために、それほどまでにたのまれるのですか」。だが、マリアがつよくいい張るので、神の子もそれに応じることになる。マリアはサタンを呼び、羊皮紙を返すように命じる。サタンはためらうが、おどかされ、地獄へおりて契約書をもって帰り、「もうこれで勘弁ねがいます」という。マリアは、契約書を眠っているテオフィルスの上におき、神の子をつれて台座にひきかえす。

全財産をすりへらしたある騎士が、友人たちから見捨てられたことに気づく。彼は、馬に乗って暗い森のなかへはいっていくと、そこにはすでに悪魔が待っている。悪魔には、魂胆があった。それは、きらきら輝く金のいっぱいつまった金庫と騎士の美しい妻とを交換しようというのである。二人は同意する。騎士は宝物を積んで城に帰って、妻にいう。「ねえお前、緑の美しい森へいっしょに遠乗りをしないかい」。森には、聖母マリアを祭った小さな礼拝堂がある。妻は、ここに立ち寄ってお祈りがしたくなる。彼女が礼拝堂で眠ってしまうと、貴婦人のようないでたちをしたマリアが進み出る。騎士と聖母とはそれぞれ馬に乗り、十字路で悪魔と出会う。悪魔はめんくらって、「お前はおれをだましたな。美しい婦人を連れてくると約束しながら、天国の貴婦人を連れてくるとは」という。しかしマリアはきっぱりという、「その婦人は、これからは私といっしょにいることになりましょう。そして私の子の王国で、いつまでも暮らします。アーメン」。

悪魔がはびこったのは、一三世紀だった。この時期には、人びとに悪魔の存在を否定させようと望むものは、ほとんどいなかった。それどころか、悪魔は毎日のように、具体的に実在する証拠を示した。悪魔が人間の感官をもった現実のものとして現われることを理解するには、アクィナスの『神学大全』、ハイステルバハのカエサリウスの『奇跡に関する対話』、聖グレゴリウス一世の有名な『対話篇』、カンタンプレのトーマの著書その他のものを読めば十分である。さらに、悪魔のにおいは気持のいいものではなかった。悪魔は消えさるとき、地獄の腐敗物に

図87　悪魔に拷問される聖アントニウス

染まった硫黄のにおいをあとにのこした。この点でも悪魔は、聖人や聖女がつねにあの有名な聖なる香気を放つのにくらべて、まさに善の反対命題《アンティテーゼ》である。悪魔の容貌も、不快きわまるものだった。彼のなかに、古代の学問の推進者や将来の風采のよい反逆者を認めることは、ほとんどできないだろう。ソーイヤクの教会の三角小間には、テオフィルスと、一一世紀に想像されていたサタンとが取引しているところが示されている。この悪魔の風采は、やせ衰えて中世の戦士の鎖かたびらの前だれしかつけておらず、まるで、解雇されて鎧冑を食料と交換した傭兵のかっこうである。けれどもその顔には、いくつかの変化がみられ、夢魔を思い出させる。彼の肖像には、なにか非現実的なところがある。足と腕には溝があり、関節も筋肉も示されていない。ソーイヤクの悪魔は、まるで悪が自然に反していることを示すためのように、不自然である。

ブルジュの大聖堂の『最後の審判』(一三世紀)は、違った型の魔ものを知らせてくれる。その地獄の群れは、おそろしい容貌で、写実性があった。彼らは、できそこないの人間の形をしていた。男も女も、腹の上に頭がついており、股には翼を生やし、そのほか、ぞっとするといっていいのか、こっけいなといっていいのか、なんともいえぬ異常さを示していた。そのなかには、中世の怪物のような風変りな容貌のものもあるが、その他は人間らしい顔をしている。

この時代の人たちが、彼らをどう記述しているかを調べてみよう。ハイステルバハのカエサリウスによると、悪魔は鳥、ネコ、イヌ、雄ウシ、ヒキガエル、サル、クマの形で現われる。だがときには、上品な服装をした男、顔だちのいい兵士、がっちりした農民、美少女などの姿形も好む。さらにまた、竜や黒人や魚にも扮装する。彼はサルまねをするのが本性で、創造主が人間に与えた形はすべて模倣した。ところが模倣者だから、原物を完全にこなすことはできない。つねに、なにか見落しがある。悪魔は、人間の姿になるさい、仲間たちについてこう説明する。「われわれにはいいいい尻がないいい」。尻のような陳腐なものを、悪魔はまねすることができないのである。この理由は、魔ものにとって不快だからなのか、それとも、頭や顔の表情を完全に模倣される人間にとって不快だからなのか、その点は明らかでない。悪魔は、見落とした部分の代わりに、その背面に第二の頭をつけている。

悪魔に関して不愉快なことは、男の夢魔または女の夢魔に姿を変えて男子や女子を誘惑する力である。悪魔は具体的な姿になって、信じやすい人の寝床をおとずれる――しかし、カエサリウスの詳細な記述は省くことにしよう。要するに、悪魔は子孫をつくることができるのである。醜悪なフン族は、男の夢魔の子孫にほかならない。イギリスの大予言者マーリンも、同じようなことをとなえている。

すでに一二世紀には、悪魔が法廷で訴訟の申立てをしていることが知られている。彼は、人類とキリストを告発している。神学問題に関するこのような「法律的な」処置は、中世ではひろく行なわれるようになった。そのもっとも完全な形式は、ヤコブス・デ・テラモが一三二八年に書いた本のなかで達成された。地獄の権力者たちは、地獄の利益の公認代表者として悪魔のベリアルを選んだ。伝説によると、ベリアルは法律問題にかけては最大の専門家だからである。彼は神の前に現われ、キリストの所業を取り調べることを要求する。神は、裁判官としてソロモン王を選び、告発されたキリストは、自分の擁護者としてモーゼを要求する。『ベリアルの書』（一四七三年、アウグスブルク）のなかの木版画は、地獄の代表者がうす気味わるい仲間たちと問題を論議しているところを示している。地獄の口がぱっくり開いて、それに頑丈なつっかえ棒がしてある（図88）。

悪魔どもは、炎が吹き出ている地獄のなかにすわり、ベリアルの論説を食い入るように聞いて

図88　地獄の門の前の悪魔ベリアル

図89　大臣と道化師と悪魔

いる。彼のしぐさは当時の説教中の学者を思わせる。彼は、ルルスの記憶法にしたがって手を動かしている。もう一つの木版画には、魔ものがモーゼの面前で、冷静なソロモンに信任状を手渡しているところが描かれている。このヘブライの王は、伝説にあるように、魔ものとたびたび取引をしていたから、裁判官の役目にはあつらえむきである。ベリアルの告訴状には、「イエスと呼ばれる人物（quidam dictus Jesus）が、不法にも、地獄の権利に干渉し、彼のものでない事柄、すなわち地獄、海、大地、大地に住むすべてのものの支配を強奪した」と書かれている。ベリアルは、国王の裁判官の心証をよくすることなら何でもやってのける。彼はソロモンの前で、煽動的に踊り、ソロモンはさも満足そうに眺める。けれども、判決はイエスに有利となり、ベリアルは控訴した。

もう一人の裁判官であるエジプト王の代理ヨセフが、地獄の控訴を裁決することになる。ベリアルとモーゼは、それぞれ依頼者のために弁護し、最後に、最終決定をする委員会を構成することに妥協が成立する。ヨセフを議長として、オクタヴィアヌス帝、アリストテレス、エレミア、イザヤが問題を熟考する。キリストは無罪であることが認められる。けれどもサタンには、最後の審判の日に地獄に落とされる不正なものすべてに権威をふるってよいことが確認される。

地獄からの助力者

悪魔は大地の内部に住んでいるから、地上の出来事にかけては、物質的なものより精神的なものに関心をもつよき天使たちよりも、経験をつんでいる。悪魔は器用な職人であり、給料日によくごまかされる働き人である。

悪魔が徳のある人と取引するさいには、しばしば、善の結果が生まれる。オラウス・マグヌスというラテン名で『北方の人びと』という論文を書いたオラフ・マグヌセンによれば、スカンディナヴィアでは、悪魔たちは夜間に馬小屋で働くという。彼らは、馬小屋を掃除し、馬に食料を与える。馬たちは、悪魔が馬丁のように好意的なのに気づくだろう。悪魔はまた、鉱山でも働く。鉱道という暗い迷路も、たぶん、地獄の住居を思えば苦になるまい。概して彼らの立てる騒音は、仕事の量にくらべて大きすぎる。しかし、鉱夫が彼を苦しめないかぎり、害を加えない。スイスのダヴォス村で、一人の銀鉱夫が悪魔たちをあざけったため、不幸な結果に見舞われた。彼の頭はぐるぐる回転するようになり、以後死ぬまで、こんな不安定なかっこうのままであった。

オラウス・マグヌスによれば、悪魔はすぐれた航海者である。風雨を支配する力をもっていて、順風をおこすことができる。オラウスのバーゼル版の著書にある未熟な木版画には、悪魔が舵《かじ》のそばに立ち、左手には、思うままに風をおこす吉兆の雲を手にしているところが描かれている。この同じ絵のなかに、人びとが、重い車を一人の魔ものに引かせて空中を旅しているところがある。このような悪魔の奉仕ぶりに接すると、こんな場合の悪魔の報酬は人間の魂ではなかろうか、という疑念がわいてくる。

しかしながら、このような懸念をなくする直接の目撃者がいる。シトーの有名な修道院には、愉快で情のふかい悪魔どもが出没した。そのうちの、いたずら好きの一人の悪魔が、子ウシの尾になって見習修道士の前に現われ、顔をぴしゃりと打って消えてしまった。その後この悪魔は、ふくらんだ目をしてふたたび現われた。一二二一年、一人の地獄からの訪問者（悪魔）が、農奴として働いたことがある。この修道院はブドウ酒で有名だったから、ブドウ園は日夜見張りを立てなければならなかった。見張りの農奴はねむくなるので、悪魔を呼びだし、自分と代わってくれるなら籠《かご》いっぱいのブドウをやると約束をした。人のよい悪魔は、見張りの少年のうまい口車にのせられて、わずかな報酬のために夜どおし不寝番をした。

一一三〇年、一人の悪魔がザクセンのヒルデスハイムを訪れた。意地わるい連中が悪魔の怒りをかき立てなければ、彼はいつまでもそこに滞在したことだろう。この悪魔は、司教の邸宅にはいることをゆるされ、いい忠告をしたりおいしい料理をつくったので、家人たちの信頼をえた。この時代の司教はだれでも、汁のにじみ出るビフテキには目がなかったので、悪魔は、台所と会議室のあいだをいききしながら平穏に暮らしていた。ところが、反抗心のある一人の台所奴隷が彼をはずかしめた。悪魔は、このひどいしうちに不平を訴えたが、効果がなかったので、台所にひきかえし、六人の台所奴隷を殺して消えさった。

悪魔は、旅行家の保護者でもあって、グァダルーペからグラナダに旅をする一人の学者の前に現われた。学者が黒衣の騎手に出会ったとき、騎手は学者に、自分の黒馬に乗るように命じた。二人は、夜どおし風のような速さで旅をし、夜明けにグラナダに着いた。ふつう幾日もかかる旅を、一晩でやってのけたわけである。この魔性の騎手は、同行の旅行家になんの害も加えずに立ち去ったし、魔神論者が一致していうような悪臭もあとに残さなかった。

図90　聖カドと悪魔

悪魔が人間の率直さに無頓着でないことは、ボランドゥスの『聖人伝』を読めばわかる。ある日、アグネスという少女が評判のわるい家の前をどうしても通りぬけなければならなくなった。彼女がその家の開いた扉の前に現われると、サタンとその仲間の一団がカラスに変装して飛びおり、入口をふさいでアグネスを追いはらった。アグネスも身持ちのわるい家人たちもびっくりしたが、アグネスはすぐに、これが天からの前兆であることを悟った。その後彼女は、その家を買いとり、そこに女子修道院を建て、自分が最初の住人となった。

悪魔は悪事をするつもりでいても、聖人とか善人から公正に取り扱われると、いいことをしてしまう。悪魔は、人間の知力が涸渇したときに多くの橋をつくった。そして正式な報酬として、当然予想される人間――その橋を最初に渡る人――の代わりに、ネコかイヌかヤギをうけとった。前世紀のある通俗的な印刷物には、聖カドが、橋の建造と引替えに当惑している悪魔にネコを手渡している堂々たる肖像が描かれている（図90）。これと同じような橋は、ヨーロッパのいたるところにある。多くの場合、この橋やあの橋がだれのおかげでできあがったかを、人びとはほとんど忘れてしまっている。じっさい人びとは、他人の援助はひどく忘れっぽく、第三者の才能を自分たちのものにしてしまう。彼らはしばしば、悪魔に対して意地わるくふるまう。それは、悪意ある芸術家が仲間に対してする仕打ちに似ている。そういう芸術家は、仲間のアイデアを盗んで、それを自分のものだと称するばかりでなく、奪われたアイデアに対しては軽蔑の目をむける。

そういうわけで、もしグリヨ・ド・ジウリが、パリのサン・クルーの橋は悪魔がつくったというまぎれもない事実を人びとに想起させなければ、このことはすっかり忘れられてしまっていただろう。彼はこういっている。「有名な公園や華やかなパリの慈善市に通じ、またトロリー電車が走っているこの本物のサン・クルーの橋が悪魔の作品であることを、いったいだれが信じるだろうか」。しかしサン・クルーの人びとは、悪魔がほかでうけとった報酬以上のものを与えなかった。悪魔は、いずれまもなく死んでしまうようなやせた黒ネコ一匹で満足しなければならなかった。

スイスのシェレネン峡谷のロイス河に大胆に架けわたしてある有名な橋を構築した悪魔も、同じような報酬しかもらわなかった。現代の技術では、この峡谷にはなんらむずかしい問題はない。しかし当時としては、この場所には大きな障害があった。峡谷の一方は、ほとんど垂直な岩壁をなしており、道をつくるには、花崗岩を切りとって、石工があとを固めなければならなかった。伝説によると、一人のヒツジ飼いが悪魔に約束して、もしヨーロッパの南北をつなぐこの重要地点に橋をかけてくれるなら、最初に橋を渡る生き物をくれてやることにした。工事が完成したとき、ヒツジ飼いは橋にカモシカを追いやったため、悪魔は報酬としてカモシカをうけとらなければならなかった。

悪魔はまた、予想どおり、城壁や要塞を築くことにかけても達人である。あるとき、悪魔はレディギエールの城を包囲し、そこの城主だったフランスの貴族をやっとつかまえた。もし城主が夜明け前に逃げることができなければ、彼の魂は悪魔のものになるということが同意されていた。悪魔は、貴族が城から出られないように、短時間に城壁を仕上げることができると考えた。しかし貴族は、城壁の包囲ができ上がろうとした瞬間に、馬に乗って逃げた。城壁の間の逃げ口はひじょうに狭かったので、馬の尾がつなぎとめのところにはさまった。しかし貴族は尾を剣で切りとって逃げ、一六〇キロも疾駆した後、やっと一息ついた。こうして悪魔は、ネコ一匹も得られなかったのである！　馬のしっぽの切れはしは、いまも城壁に見られるはずである。

むかしイングランドとスコットランドとは、巨大な城壁をところどころに設けて隔てられていた（この壁はいまもあるといわれる）。セメントはひじょうに堅く、つぎめは申し分なかったので、いつのころからか、悪魔の城壁と呼ばれた！

悪魔は、しばしば描かれてきたようにおそろしくて腹黒いものではないことや、きびしい試練にあっても頭髪の一本も損なわずに帰ってくるような善良で精力的な人びとともときどき近づきのあったことは、多くの例を挙げて証明することができる。

不浄な像

「私の見た精霊は、悪魔かも知れない。この悪魔には、好ましい姿になる力がある……」

シェイクスピア『ハムレット』

悪魔が望みどおりの姿になれることは、すでに述べておいた。これは、多くの魔神論者の意見である。その他の魔神論者たちは、悪魔の標準をつくろうとして、悪魔にはすべて角が生え、ひづめがあり、尾をもっているといった。しかしながらここに、ある権威者がいて、彼は地獄の一部の住人たちに、なにものでもないものの変形でなく、特徴のある形態をもつ肉体の個性を与えた。

ヨハン・ヴィエル（図91）は、この信念に立っていた。彼は大旅行家で、新しい地方へいけば、最初に悪魔のことをたずねた。このようにして彼は、じつに多くの地獄の住人を収集した。そのうち少数の例を挙げることにしよう。これらは、名彫刻師ルイ・ブレトンが「正式の文書類によって」描いたものである。

図91　ヨハン・ヴィエル像

ベールは、地界の最大の王である。その領地は東方にある。彼には、三つの頭がある。ヒキガエルの頭と人間の頭とネコの頭である。その声はしわがれている。法律の専門家で、趣味は剣術である。彼は人間に知恵をもたらすが、姿を見せないようにすることもできる。悪魔の六万個軍団が、彼の命令に服する（図92）。

フォラスまたはフォルカスは、地獄の有名な総裁である。彼は、力強い人間らしくみえる。その知恵は広大で、ふしぎな薬草や石の効能をだれよりもよく知っている。彼もまた、人間に姿を見せないようにすることができる。しかし、それ以上のよいことができる。つまり、修辞学や論理学や数学を教える。魔術師は、彼の助けで宝物を発見したり、なくなった品物を見つけるだろう。フォラスは、人間を活発にし、器用にする（図93）。

ビュエルもまた、倫理学と論理学の大家であると同時に総裁であるが、主として植物に含まれる薬汁に関心をよせている。彼は人間になじみのある精霊を贈り、この力が人間によろこばれる。彼は、悪魔の五〇個軍団を指揮している。ヴィエルによれば、ビュエルのかっこうは五枝の星の形にみえるという。この形は、ルイ・ブレトンの独自の解釈である（図94）。

マルコキアスは、地獄の大侯爵である。ハゲタカの翼とヘビの尾をつけて現われる。「彼の口は、何かを吐いているが、私にはなんだかわからない」とヴィエルはいう。マルコキアスが人間の姿を選ぶときには、勇敢な兵士に似ている。質問すれば正直に答えるだろう。マルコキアスは、サタンの堕落前には主天使に属していた。彼はいま、三〇個軍団を指揮している。彼の望みは、一二〇〇年後に第七天の玉座に復位することである。しかしヴィエルによれば、これは望んでもむだだという（図95）。

アスタロトは強大な君主で、みにくい天使のようにみえる。地獄の竜の上にすわり、牙のような指で毒ヘビをにぎっている。過去、現在、未来の隠されたことはなんでも知っている。彼は、すべての精霊の創造や、堕落や、精霊がどんな方法で罪をおかし、どのようにして地獄へおちたかを率直に語る。アスタロトは、自分の意志で堕落したのではないと主張するが、これは、まだ

図92　ベール

図93　フォラス

図94　ビュエル

図95　マルコキアス

図96　アスタロト

図97　ベヘモト

自分の悲しみに打ち勝っていないことを示している。彼は、学芸の保護者である(図96)。

最後に、ヴィエルの『魔ものたちの偽君主国』のなかにはないが、ルイ・ブレトンが思いきって描いている重厚なベヘモトを挙げておく。ヴィエルは、彼の大著の別の項でベヘモトのことを述べ、創造主がサタンに、「ここに、私がお前とともにつくったベヘモトがいる。ベヘモトは、ゾウのように草を食い、力は腰にひそんでいる。彼の価値は腹のへそにある」といったと記している(図97)。

うす気味わるいベヘモトは、残忍な力を象徴しているらしく、ヴィエルは賢明にも彼を地獄の政府要員から除外している。ベヘモト以外の地界の支配者たちは、偉大な知恵と雑多な知識とを与えられているが、これは、古代の伝説によるもので、ヴィエルもその伝説をよく知っていたにちがいない。ヴィエルの魔ものたちは、いやらしい学者たちであり、わるずれした都市の悪魔たちである。

しかしながら、農民は古い考えにしがみついていた。田園では、悪魔は哲学を教えない。もっと実用的な忠告をし、知恵の宝の代わりにお金をくれる。悪魔は農民には、角とひづめと尾をもった古い獣のような姿で現われたし、その後もそうである。そこで前世紀の黒書では、悪魔は、進歩する文明を称賛しようとしているかのように、ときには、ふちどりのあるジャケットを着ているところが描かれている。彼は、道化帽子のように三本の角を生やし、そのヤギの足は、先祖のパン神の足である。彼はお金をもっているので、多くの人びとから好意をもたれた。しかし悪魔のお金は、いつまでも残る財産とはならない。しばらくすると、馬糞や灰に変わってしまうのである。だから魔法使いは、こういうはかない通貨を長持ちさせようとやっきになっている。それは文字どおり「熱いお金」であり、大地に投げると炎となって燃えあがる（図98）。呪文書『黒いメンドリ』からわかるように、ときどき悪魔は、雄ウシの姿になって、旧式な刺繍のあるフロックコートやひだ飾りを身につけていることがある。だがそうしたからといって、悪魔がものやわらかになるわけではない。ビロードやレースに身をつつんでいても、彼らは依然として古い悪魔であり、おそるべき怪物である（図131参照）。

図98　富をもたらす悪魔

　田園の悪魔と都会の悪魔の違いについては、ロンドンで、化学と自然哲学と隠秘論の教授だったフランシス・バレットが認めている。彼は一八〇一年に有名な『秘術師』を発表した。歴史上の変化をつよく意識したこの時期に、彼は著書のなかで、地獄の支配者たちの真の姿を回復しようと企てた。そこでバレットは、悪魔たちから、それぞれの時代に加味されてきた一切の粉飾をはぎとってしまった。この改革的な仕事のため、バレットは、自分の興味をひいたある魔ものたちの正確な輪郭を、苦労して描くはめになった。彼は、アスモデウスを、短い鼻と尖った歯をもったものとして描き、テウトゥスを、ふさふ

図99　テウトゥスとアスモデウスと男と夢魔

さしたあごひげに小さなあごをかくし、愛想のいいアングロ＝サクソン人として描いている。しかし好色な男の夢魔は、鋭いというよりもむしろ人を当惑させるうす笑いを浮かべている。これは、カバラ主義や祭儀呪術について彼がいつも講義していた女子学生たちに、つよい印象を与えたであろう（図99）。

バレットの本には、もっと多くのおそろしい肖像画が載っている――たぶんこれらは、きれいなロンドンの町のいくつかの水源地や建物の装飾から思いついたものだろう。

一九世紀の最初の四半期に悪魔に見舞われたコラン・ド・プランシは、田舎の人たちの見方を伝えている。誘惑者は、伝統的な特色として角と尾はもっているが、ひづめはない（図100）。身の丈《たけ》は二・五メートルだが、均整がとれている。ただ残念なことに、悪魔は聖ダスタンに出会って、鼻を焼け火ばしでつまみあげられ、鼻が三〇センチ以上も伸びていた！　聖ダスタンはカンタベリの大司教で、一〇世紀の人だが、こんな異常なふるまいは、イギリスの田舎の人たちの記憶からまだ消えていなかった。コラン・ド・プランシによれば、悪魔は、自分のぶかっこうの多くは人間からうけたと主張している、という。ぶかっこうは、悪魔の本質ではない。神の決定によって、悪魔は、人間からもらったものはなんでも保留しておかなければならなかったのである。「私は、放浪の始めごろは尾をもたなかったが、俗信によって私には尾がつけられるようになったのだ」と悪魔はいう。悪魔の額にある角は、貴婦人や女子修道士が「自分たちのあずかっている子どもらへのおどしにしようと思って」つけたものだった。こうして悪魔は、自分の欲しない贈りものに悩んだ。悪魔の耳がふくれあがっているのは、プランシにいわせると、魔祓師が魔ものつきに加える平手打ちをすべて悪魔がうけとめたからであって、悪魔はこの状態を要約して、「わしは、自分がみわけがつかないくらい醜くされている。魔祓師はわしに、あらゆる名前や形姿をくれた」という。

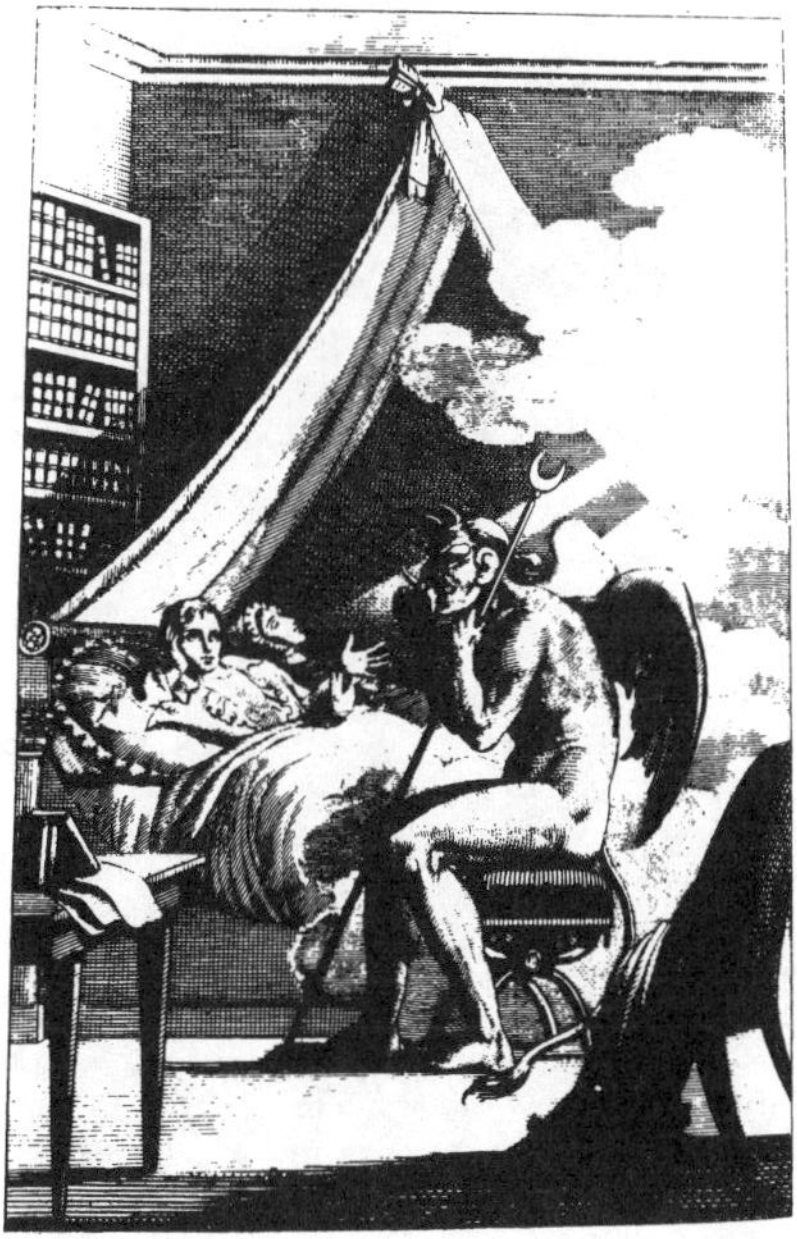

図100　悪魔と話すコラン・ド・プランシ

悪魔は何ものでもないという信念は、間違っている。なぜなら、悪魔に関して反駁の余地のないストレートな説明から、サタンには一定の原型のあることが知られるのである。プランシに現われた悪魔がそうである。彼にいわせる

図101　悪魔の署名

と、悪魔がそれぞれの時代にいろいろな形に変身するのは、単なる気晴らしにすぎない。一一世紀にプセッルスが述べたように、悪魔は、有形で物質的で感覚をもっている。そして悪魔は、存在する以上、歩くことも、書くことも、眠ることも、話すことも、絞め殺すこともできる。彼は、契約書を封印したり、署名をしたり、市長のような紋章を記したりする。また、黒書のとびらには、それが悪魔的な内容であることを示すために、奇怪な署名をしたためることもある（図101）。こうしてたしかに悪魔は、具体的な存在であり、何ものかである。造形的な表現をきらい、像の崇拝を排斥する人たちだけが、悪魔を忘却のかなたへ追いやってしまう。こういう偶像破壊者は、鏡に自分を映すさいには、そこに悪魔が現われるのではないかとびくびくするものである。しかし、芸術的創造にたずさわっている人びとは、ある点では地獄とも関連している。

ヴィクトル・ユゴーに現われた悪魔は、知的な競技者の姿をしていた。これは、思想力と体力とを結びつけようとする詩人の欲望の投影である。ユゴーは老人になっても、なお青春のシンボルにつきまとわれていたわけである。

アデルベルト・フォン・シャミッソーは、悪魔を、シルクハットをかぶり上衣のボタンをきちんとはめた、従順でもの悲しそうな市民だと考えた。だが彼は、この平凡な姿をした悪魔に、奇

図102　悪魔と浮気女

跡をおこす力を与えた。シャミッソーは、この平凡な中産階級の市民が芸術家になることを望んだ。というのも、独立の生計をいとなもうか、それとも収入を確保しようか、そのどちらとも彼はきめかねていたからである。彼は、このジレンマからのがれることはできなかった。そして彼は、ベルリン大学の教授として生涯をおえた。

コラン・ド・プランシの一生をみれば、悪魔に関するプランシの見解が明らかになる。彼は革命の子として、早くから理性だけを信じることを教えこまれていた。そして宗教へのあこがれをおさえつけ、悪魔に関する本をたくさん書き、潜在意識では、天国の裏門で神を求めた。彼は、悪魔の無害を強調している権威者たちを引用している。ジャン・ボーダンは、悪魔はよいことができ、天使はわるいことができると主張した。聖アウグスティヌスは、「悪魔は鎖につながれたイヌで、吠《ほ》えるけれども咬《か》みつくことはできない」といった。聖ベルナールは、「悪魔には悪をなす力があっても、悪をなす意志はない」といった。

プランシは来世をおそれたので、『悪魔の自画像』を発表してまもなく、カトリック教に改宗した。

魔法

悪魔つき

グレゴリウス大教皇（五九〇―六〇四年在位）はその著『対話』のなかで、悪魔をのみこんだ召使の物語を、ひかえめに述べている。彼女は、女子修道院の菜園からレタスの葉を二、三枚とって食べたところ、自分に悪魔が巣くったことに突然気がついた。魔よけの祈禱師が呼ばれ、悪魔に退散をすすめたが、この歓迎されざる客の悪魔は女がきて自分をのみこんだとき、自分はただレタスの葉の上にじっとすわっていただけだ、と弁解した。だがこの悪魔は、なんとか体外に追い出された。この奇妙な出来事は、その後の数世紀にわたるおそろしい流行病の前触れであって、このときには女子修道院全部が悪魔にとりつかれた。不変の規律によって生活を規制されている女子修道院の静けさのなかで、悪魔どもはつねにぬけめなく、修道女たちに、長く抑えられていた情熱をかきたたせ、欲望を目覚めさせ、短気の種子をまき散らした。

一七世紀末の二〇年間、悪魔どもは、ルーダンの修道院にかっこうの餌食を見つけた。ここの修道女のうちに、変な野心をいだいて他の人びとからしばしば警戒されていた一人の若い婦人がいた。彼女は天使のジャンヌと呼ばれ、ルイ・ベシエ男爵の娘だった。その修道院は貧しかった。ジャンヌは、女子修道院長がやめようとしているのを知っており、その後釜にすわるのが彼女の野心だったので、横柄にふるまうことをさし控え、けたはずれの献身と謙遜の美徳を示した。この策略は成功した。だがひとたび権威の座にすわると、もはや以前のようにネコかぶりの必要はないと考えた。

そのとき、ユルバン・グランディエ（図103）という司教がルーダンの町に現われた。彼は美男子で頭がよいので、まもなくその町の教区司祭となった。もちろんしばらくは、婦人たちから注目の的になった。彼は、いろいろな方法で未亡人を慰めたり、娘たちを楽しませたが、そのやりかたは、彼の職業にはまったくふさわしくなかった。

図103　ユルバン・グランディエ像

彼のうぬぼれたふるまいは、ルーダンに数人の恐るべき敵をつくった。グランディエは、王室弁護人のトランカンの娘を誘惑していた。また、王室顧問官の娘のマドレーヌ・ド・ブルに出会い、彼女のために聖職者の独身生活に反対する気のきいた論文を書いた。こういう醜聞が、ルーダンをわき立たせた。女子修道院では、天使のジャンヌがこれらのゴシップにふかく心を動かされ、まだ会ったこともないグランディエのことを夢に見た。彼女には、彼が光かがやく天使のように思えた。しかし、彼が彼女に話した言葉は、神聖な言葉ではなかった。副修道院の年老いた院長ムッサンが死んだとき、天使のジャンヌはその地位をユルバン・グランディエに提供しようとしたが、断わられてしまった。ジャンヌの精神錯乱はひどくなり、ヒステリックな叫び声は、修道院の夜のしじまを破った。彼女は気の弱さを恥じて懲戒をうけようと思い、修道女たちに自分をむち打つようにたのんだ。ところが、これが不吉な結果に終わった。というのも、二、三日たつと、数人の修道女がジャンヌと同じような幻覚に苦しみだしたのである。

ジャンヌは、自分がまきおこした嵐を鎮めることができないので、トランカンの親類にあたる聖堂参事会員のミニョンに助けを求めた。グランディエの敵たちは、ミニョンが詳細を注意ぶかく調べるべきである、と裁定した。なぜなら、彼らは、以前に少女に魔法をかけたかどで生きながら火あぶりにされたマルセイユの司祭ゴーフリディのことを覚えていて、それと同じ処罰がグランディエにも科されることを望んでいたからである。

魔よけの祈禱師たちが女子修道院に派遣された。奇妙な式典や悪魔退散の大げさな儀式が毎日行なわれたが、ジャンヌの乱れた心に、ついに決定的な打撃を与えてしまった。修道女たちは彼女の発作におそれをなし、悪魔が彼女や他の人たちを荒らしていると確信した。つぎつぎと彼女らは発作におちいり、わけのわからぬおしゃべりや叫び声のなかに「グランディエ」という言葉がたびたび聞きとれた。

グランディエは、修道女たちに魔法をかけたかどで敵たちから告訴され、自分が追いこまれようとしている奈落に気がついた。彼はルーダンの代官に訴え、修道女たちを隔離するように嘆願したが、祈禱師たちは代官の命令に服従しなかった。

グランディエは、別にボルドーの大司教に訴えた。大司教は自分の侍医をつかわしたが、その侍医は、苦しむ修道女たちを調べたあとで、彼女らは悪魔につかれていないと宣言した。そこで大司教は、それ以上魔よけをすることを禁じ、修道女たちを独居室に監禁するよう命じた。こうして、平和はふたたびよみがえり、騒ぎはおさまった。ところが、しばらくするとヒステリーは再発し、医師スルディは、「修道女たちは、けがれた誘惑によってつねにおびやかされている」と報告せざるをえなかった。昼となく夜となく、彼女らは駆けまわり、ユルバン・グランディエを大声で呼び求めた。

ちょうどこんなとき、州の顧問官がルーダンに現われた。その名をロバルドモンといい、その性格は、「二行の筆跡を見ただけで、つるし首にしてやる」という、彼のことわざめいた言葉に示されている。彼は天使のジャンヌとは親類で、ダンピエールという二人の姉妹の修道女の義兄だった。彼は修道院の悲惨な状態を目撃し、リシュリュー枢機卿に報告したので、リシュリューはグランディエの逮捕を命令した。一六一八年にグランディエは、枢機卿を中傷する論文を書いていた。いまや、それに対する復讐の機会が訪れたわけである。

魔よけの祈禱師たちは、女子修道院や教会にもどってきた。こんどは、事態が公然と処理されるようになったからである。ゴール師は、少数の悪魔をはらうことに成功した。彼はきわめて慎重で、悪魔と契約して署名させたほどだった。

「私は、この修道女から立ち去るとき、針ほどの長さの切り口を心臓の下につくり、その切り口は彼女の下着、胴着、上衣を血で染めるであろうことを約束します。そして明日、五月二〇日の日曜日午後五時、悪魔のグレジルとアマンも同様にしてやや小さい切り口をつくることを約束します——私は、レヴィアタン、ベヘモト、ベーリその他の仲間たちがした約束、すなわち、出るときは聖十字架教会の登録簿に署名するという約束を認めます。

一六二九年三月一九日記

アスモデウス署名」

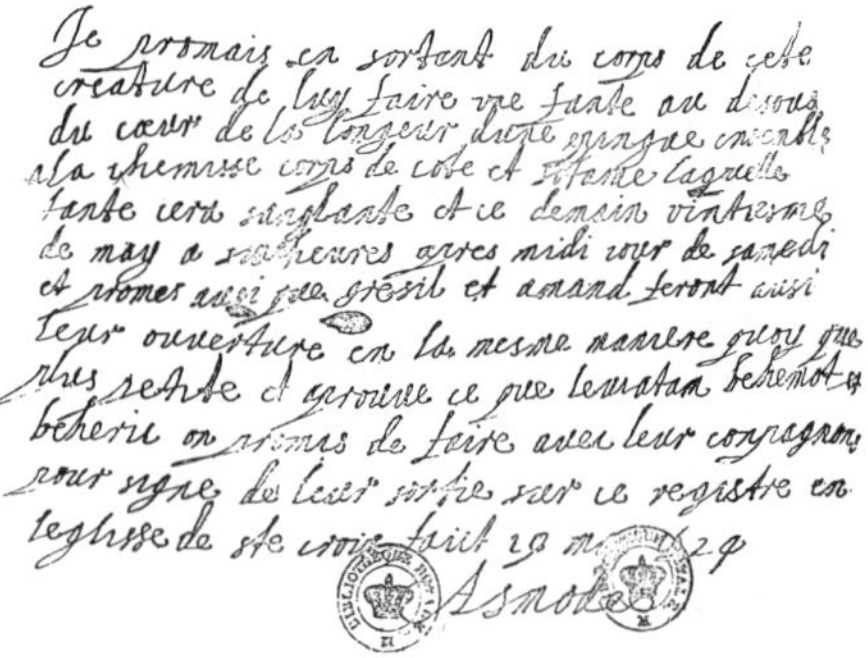
Je promais en sortant du corps de cete creature de luy faire vne fante au dessous du cœur de la longeur dune espingle ensemble a la chemisse corps de cote et estame laquelle fante sera sanglante et ce demain vintiesme de may a cinq heures apres midi iour de samedi et promet aussi que gresil et amand feront aussi leur ouverture en la mesme maniere quoy que plus petite et aprouve ce que leuiatam behemot et beherie ont promis de faire avec leur compagnons pour signe de leur sortie sur ce registre en leglisse de ste croix faict 19 may 1629
Asmodee

図104　アスモデウスが署名した文書

このめずらしい文書（図104）は、パリの国立図書館に保管されている。筆者は、天使のジャンヌである。

悪魔ばらいは、ひじょうにゆっくり進められた。ゴール師の後は、ラクタンス師とシュラン師が継いだ。悪魔たちは、別に数通の文書に署名している。一つは、一六三四年六月三〇日の日付のものである。この年、グランディエは生きながら火あぶりにされた。彼は処刑される前に、ラクタンス師やカプチン会士のトランキーユから拷問をうけた。彼の両足は折られたため、火刑柱のところまで担架で運んでいかなければならなかった。そのとき彼は、ラクタンス師に三〇日以内に天の裁きに出頭するよう要求した。ラクタンス師は、指定されたときに死んでしまった。この事件にまきこまれた他の人びと——たとえばトランキーユ——は、同じように奇妙な死にかたをした。ルーダンの醜聞は、リシュリューが祈禱師の給料を打ち切るまでつづいた。もっとも執拗に魔ものにつかれたのは、天使のジャンヌだった。色欲の魔ものイサカロンは、彼女を発作で苦しめたが、精神病医のレギュとトゥレットによれば、その発作はあるヒステリー性の典型的な徴候を示していたという。一六三七年、平和がふたたび訪れた。このとき以来、ジャンヌは神の慰みを与えられ、一六六五年に清らかに死んでいった。

グランディエ有罪の確証としては、ジャンヌその他の修道女たちの口をとおして悪魔たちがした告発があるだけでなく、グランディエ家で「発見された」ルシフェルとの契約もある（図105）。

図105　悪魔とグランディエが起草した契約書

それには、祭司が署名し、地獄の高官のルシフェル、ベールゼブブ、サタン、エリミ（？）、レヴィアタン、アスタロトが副署している。評決によれば、このような文書はすべて、グランディエとともに焼却すべきであると規定されていたが、最後の瞬間の判決が、それらの文書を救った。ただ、「処女の敵」が署名した一通の契約書は、まるで火あぶりの燃料のなかから救い出したかのように、半焼けになっている。

ルーヴィエル女子修道院では、修道女たちは、さまざまなかっこうをしたサタンのために悩まされたが、この事件もやはり悲劇的に終わった。ところがここでは、超自然の妖怪に混じって人間の妖怪が出没した。というのも、ある修道女が勇敢にも「精霊たち」の一つに立ち向かったところ、彼女が腕のなかにとらえたのは肉体と骨格を備えた男だったので、かえってびっくりしたことがあった。その男は煙突から逃げようとしたが、修道女が助けを呼びながらしっかりつかまえていたので、その修道女を煙突の中途までひきずり上げた。彼女は落下したが、そのとき、妖術師がからだに塗るために常用している油が、彼女にべっとりとくっついていた。

ここでもルーダンの場合と同様、サタンが使用して一番成功した仮面は、美しい天使の仮面だった。サタンはこの仮面で変装して、修道女たちをうまく誘惑し、神学上の重大な誤りをおかさせていた。彼の会話は異端に満ちみちていたが、ひじょうに上手な話しかたで甘い言葉の衣をきせるので、だれもさからうことはできなかった。そんなことは院長さまから教わらなかった、と修道女たちがおそるおそる反対すると、サタンは、自分は天からの使者であり、聖なる真理の天使であり、確立した教理のなかにも誤謬は多々ある、と答えるのであった。

ボスロジェ師は、これらの事実を記録する仕事をまかされた。一六五二年に発行された彼の本には、悪魔と高位の修道女たちとがとりかわした会話のおどろくべき物語が載っている。その文体は怪奇であり、悪魔的な会話からは神秘的な輝きが発散しているが、官能的な恍惚感は、規律と理性によって抑えられている。だがそれにしても、教養のあるボスロジェ師の筆が、なんという多くの愚論を紙面に記していることか！

このさわぎを挑発したのは、侍従修道女のマドレーヌ・バヴァンと修道院の理事のマテュラン・ピカールとルーヴィエルの司教代理のトーマ・ブーレとであった。マドレーヌは、ピカールとブーレの二人の聖職者に連れられて魔女の宴会にいったことを告白した。彼女は悪魔のダゴンと結婚し、彼とともに祭壇の上でおそろしい行為をおかした。彼女によれば、そこでは赤児たちが絞め殺されて食べられ、また、好奇心からこの宴会に加わったピカールとブーレの二人は、十字架にかけられ腹を切られたという。彼女の気質はヒステリックなので、この話はいちおう用心すべきだが、それでもなんだか信じたくなる。

裁判のあいだ、ルーヴィエルの修道女たちは、魔ものつきのあらゆる徴候——顔のひきつり、ふしぎな言葉での会話、魔よけの祈禱師に対する侮辱、魔ものからうけたからだの傷——を示していた。彼女らの悲鳴は、責められたブーレの叫び声や祈禱師の怒号と混じりあった。ほとんどだれもが宗教裁判官によって悩まされた。詰問、脅迫、逮捕が毎日繰りかえされた。市全体が一般的なヒステリー症状におちいったので、ついにルーアンの議会が裁断を下した。すこし前に死亡したマテュラン・ピカールの遺体は、掘り出されて公衆の面前で焼かれた。マドレーヌは教会の地下牢につながれ、ブーレは火あぶりにされた。

同じような魔ものつきの実例をたくさん列挙しても、飽きるだけである。しかし、主人公が子どもである場合を、ここでもう一つ加えておこう。

家族中でただひとり生き残ったアントアネット・ブリニョンは、遺された財産を信心ぶかいことに利用しようと思い、家のない子どもたちのために学校を創立した。一六五八年、フランドルのリールの司教の許可をうけて、その学校は修道院に変えられた。彼女によれば、少女たちは厳重な規律のもとにおかれていたという。修道院に入れられた少女たちの感想をたずねてみたかどうかについては、一言も述べていない。三年後、自費生のうちの三二人が魔女であることが発見された。これらの少女たちは、当時の考えかたにしたがって、かなり厳格な取扱いをうけた。この未成年者修道院の責任者であるアントアネット・ブリニョンの報告によると、少女たちは毎週金曜日になると、広間で自分たちのおかした過失を認めて、恥をかかなければならなかった。これらの敬虔な訓練にひきつづいて、過失をこらしめられたり、むち打たれたり、監獄と呼ばれる場所に監禁されたりした。一五歳になる一人の少女が監獄の扉の錠をはずして学級にもどってきたのを、ブリニョン夫人は魔法のしわざと考えた。その少女は、黒衣の人が監獄から救いだしてくれたのだ、と主張した。三人の主任司祭が呼ばれ、罪人を取り調べたところ、彼女には悪魔がいることを発見した。むちで打たれることになっていた別の少女は、自分のおかした「犯罪」はある人の助けによったもので、もしむち打ちをしないならなにもかも告白する、と申し立てた。

「彼女を私の部屋のわきに連れていくと、彼女は私に、その悪魔は美しい若者で、彼女よりすこし背が高かった、と話した」。そのような子どもの悪魔たちは、ほかの少女たちも喜ばせたにちがいなかった。というのも、それからしばらくして、三二人の見習修道女たちが、小さな男の悪魔たちについて、彼らが親切で、夜も昼も愛撫してくれ、魔女の祝典などにお供してくれたことを語ったからである。少女たちは、ブリニョン夫人の修道院では愛情に飢えていたので、冒険にみちた生活を空想して悲しい生活を埋めあわせていたことは、まず間違いなさそうである。少女たちは、閉じ込められて棒で打たれるよりも、魔よけをうけたがった。

またブリニョン夫人は、二二歳の娘をあずかったところ、彼女の告白は精神が攪乱した人の告白だったと報告している。その娘は、八カ月にわたる魔よけと悔悛の秘跡とをうけて、「悪魔たちが毎日男や女の愛人を連れてくる」悪魔の夜会にきちょうめんに出席していたことを認めた。

魔よけの祈禱は、訓戒、祈禱、訊問、処罰とともにつづけられたが、ついにブリニョン夫人には、悪魔がゆがんだ口をした皺くちゃの少女の姿に見えてきた。この富裕な老嬢が、修道女たちに適当と認めた取扱いをそのままつづけたかどうか、また、娘が魔よけの祈禱をうけ、訓戒されて処罰されたかどうかについては、なんの報告もない。

三人の主任司祭は辛抱しきれなくなり、この事件は法廷にもちこまれた。裁判官は、このような「犯罪」にはきわめて寛大だった。一人の娘だけが、——彼女は死刑を願っていたが——投獄された。この物語を載せた小論文は、「娘のその後については全く不明である」と、おだやかな言葉で結んでいる。

悪魔の宴会

ありもしない魔女について述べてはならぬ。

ハンガリーのコロマン王

すみきった夜のさびしい道を、男女の群れがよく知られた集会所に向かって歩いていくのが見うけられた。老いも若きも、森から野原から彼らを呼び集める泣くような声の呪力に魅せられたようにふらふらと歩きつづけた。荒れた道の十字路には、主人が彼らを待っていた。婦人たちは杖とほうきをもち、その上に蠟燭をつけていた。彼女らは、集会場に到着すると、ほうきにまたがり仲間の輪に加わって叫びながら跳ねまわった。かがんでいる魔女たちのなかから出てくる叫び声が、彼らに答えた。悪魔の宴会は、望ましくない見物人にじゃまされることはめったになかった。その叫び声や音楽が信心ぶかい人たちのところに聞こえてくると、彼らは戸をしめて十字を切った。魔女迫害にもっとも大胆な人たちも耳をとじた。というのも、彼らは、サタンが悪魔の宴会に出席していて、どんな武器も、暗黒の主人に対してはほとんど歯が立たないことを知っていたからである。

集会は好んで朽ち木とか道標、絞首台の近くで行なわれた。魔術的な儀式という口実のもとに、肉欲の祭典がグロテスクな盛儀をくりひろげた。古い異教的な儀式が、もはや、亡びさった過去の復活としてでなく、異端と魔法から生まれた邪悪な活動とみなされた場合、悪魔の宴会は不吉なものとなってきた。中世には、悪魔とともに魔女も登場した。一一世紀の初めごろ、歴史家のマームズベリのジョンは、一人の魔女が鉄の矢じりで飾った悪魔のウマにさらわれた物語を述べている。彼はまた、ローマの大通りで二人の老婆が、男たちをウマやラバに変えて駄獣として売りさばいていたことも報告している。サリズベリのジョンも、悪魔がヤギやネコの姿で現われる魔女の宴会のことを報じている。悪魔の伝承がはっきりした形式をとるようになった一三世紀には、ボーヴェのヴァンサンが、集会に飛んでいく魔女たち、つまり「さまよえる貴婦人たち」のことを述べている。オーヴェルニュのギョームは、女妖術師がその上に乗って中空高く飛ぶ杖や棒について語っている。

一八世紀まで、魔女は風の速さに乗って飛ぶことができる、と一般に信じられていた。魔女をそのような方法で運んだのは、たぶん、魔ものか、ヤギや怪獣の姿をした悪魔か、それとも、魔法をかけられた杖、ほうき、熊手か、魔法の棒であったろう。有名な魔神論者のグァッツォはその著『悪行要論』(一六〇八年、ミラノ)のなかで、翼のある異様なヤギにまたがっている魔女を描写している(図106)。コンスタンス出身の有名な法学者のウルリッヒ・モリトルは、怪物ラミアに関する報告(一四九八年)を、未熟だが人目をひく木版画で解説している。そこには、二人の魔女と一人の魔法使いが、それぞれロバとタカと子ウシの頭をつけて、いっしょにフォークに乗っている図があった(図107)。魔女が動物に変身できることは、一般に信じられていた。だがときには、バッコス祭の慣例のように、魔女たちは動物の仮面と毛皮をつけていた。じっさい、悪魔の宴会の行事の多くは、ディアナ神や、交差路を支配する両頭神のヤヌスや、プリアポス神や、バッコス神などの古代の祭礼を思い出させる。戸外での

図106　野生のヤギにまたがる魔女

図107　悪魔の宴会（サバト）へ出発

夜の集会では、信仰の擁護者たちはひじょうに勇敢に戦ってきたが、そういう集会は、田園の宗教の名残りだった。しかしいまや、動物の毛皮や角は、悪魔に属しているものと考えられるようになった。変装はしばしば本物ととりちがえられ、まもなく、悪魔の宴会において毛皮を着た主人または座長は、サタン自身だと信じられるようになった。

このような魔女の集会は、どういう目的をもっていたのだろうか。また、その場合どういう儀式が行なわれたのだろうか。かなりの多くの人たちは、妖術師たちが神秘的にほのめかしているこの宴会を、こわごわではあるが知りたがっていた。われわれは魔女の告白を基にして、細目を再現することができる。けれども、そのいずれもが、じっさいにおこったことと一致するかどうかは、確言しにくい。なぜなら、拷問をうけながらでは、魔女たちは、裁判官の望みどおりのことしか白状しなかったからである。邪悪な女たちの多くは想像力を欠いている上に、白状することが拷問を止める唯一の方法だったので、喜んで暗示されるままの答えをしていた。地方の特殊性によって報告はさまざまであるが、夜間に空中を飛ぶさいに香油が必要だという点では、すべての魔神論者と魔女は一致している。魔女たちは、その催眠性の香油を、魔法の杖にも自分自身にも塗らなければならなかった。こういう魔女用の香油は、中世の発明ではなかった。作家のアプレイウス（後二世紀）はその著『転身譜』のなかで、すでにその使用法を述べている。この特殊な塗剤によって、魔女は種々の動物に変身することができるのである。アプレイウスの小説の主人公――たぶん著者自身だろう――が、屋根裏部屋の扉の隙間からのぞきこんでいると、扉の後ろで魔女のパムフィラが「用箪笥を開いて、そこから数個の小箱を取り出した。その一つの小箱のふたをはずして香油を流し、両手で頭のてっぺんから足の爪先まで、しばらくのあいだすりこんだ。つぎに、ランプの上で長いこと低い声でぶつぶつつぶやいた後、ぴくぴくと手足を痙攣させた。すこしのあいだ静かにしていると、ついに柔らかな羽が彼女の体に生えはじめ、丈夫な翼になり、鼻は固くなり、曲がってくちばしになり、爪はおしつけられて鉤形になった。こうしてパムフィラは、フクロウになった」。

悪魔の宴会の時刻がくると、魔女たちは不安になり、むずむずしたり痛みを感じたりした。魔女たちはこの肉体的な徴候を、主人が、自分の召集を無視されたため、待ちくたびれて怨んでいる合図だと解釈した。そんな場合、魔女たちは、人気のない屋根裏部屋や地下室など暖炉づきの部屋に姿を消した。暖炉が必要なのは、それが煙突を通って空中に通じていたからである。

彼女らは魔女用の香油を体に塗るあいだ、たえず呪文をとなえていた。突然、彼女らは飛び立った――または、飛び立ったと考えた。これは、有毒な香油が脊柱に作用するからだそうである。発作がおこり、昏睡状態のうちで、魔女は悪魔の宴会に臨んでいるものと考えた。近世のある魔神論者は、魔女の飛行能力を、空中浮揚のようなある隠秘的な現象で説明しようとした。彼は聖

図108　悪魔の祝宴

者の伝説を基にして、ある種の発揚状態では人間は空中に上昇してある場所から他の場所に移動することができる、と公言している。このような空想的な主張にたいして、魔女が苦痛を感じない昏睡状態でかたくなに横たわっているありさまを見たという、もっと確かなむかしの証人を挙げることができる。魔女たちは目が覚めると、空中を飛んでいた経験を語り、悪魔の宴会で仲間とともにした食事について話した。

　魔女たちの食事は、悪魔の宴会の儀式ではもっとも重要な儀式であった。魔女たちは、悪魔の宴会には、たとい徒歩でいかなければならないときでも、本人自身が出席することになっていた。グアッツォの著書の挿し絵には、平地での宴会が描かれている。男も女も、手ごろなテーブルに悪魔とともに席をしめ、裸で角のはえた子どもが、食器をもって給仕している。このような神話的な子どもがいなかったら、この集会はふつうの饗宴と変わらなかっただろう（図108）。この宴会では、ブドウ酒、肉、バター、パンを飲み食いした。金持も貧乏人も同席することになっていたので、金持がその費用をひきうけた場合は、しばしば食事は盛りだくさんだった。ときどき、貴族がその集会の元締めをつとめた。彼は注意ぶかく身元をかくして、悪魔に変装した。スコットランドでは、バーウィックシャーの魔女を率いていたジョン・フィアンは、拷問をうけても、元締めだったボスウェルの伯爵を裏切ることを拒んだ。伯爵は、部下たちに教権反対の革命的な偏見をふきこんだらしい。

モリトルの著書のなかには、三人の裕福な市民の妻の集会を描いた絵が載っている（図109）。食事は、悪魔の不在中に行なわれているから、酔うこともなくいたって質素である。お化けが描かれていないから、説明を読まないと、これが魔女の集会だとは気がつかないだろう。しかしモリトルは、悪霊がある宿屋に出没したときの異様な出来事について書いている。悪霊たちは、近所の人たちの容貌をしていたが、じっさいは悪魔で、聖ゲルマヌスが魔よけの祈禱をすると、姿を消してしまった。

図109　魔女の集会の食事

モリトルがその著書を出版した時期（一四八九年）からみて、彼は、むしろ懐疑的であるように思われる。モリトルは、魔女のせいにされた悪事のほとんどは悪魔がしたのだと信じていた。彼の著書は、当時は信用されていたけれども、悪魔の力をかなり限定しており、魔女の力にいたってはさらに限定している。彼はしめくくりとして、つぎのように要約している。

図110　四人の魔女（アルブレヒト・デューラー筆）

「私よりもすぐれた意見をもち、私がすぐにも服従できるような博士たちの判断は別として、悪魔というものは、独力でも、または人間の力をかりても、暴風雨をまきおこしたり人間や動物に害を加えたりすることはできない。また悪魔が、人間に子を生みにくくさせるのも、いとも慈悲ぶかき神からそのような力を授けられなければ、不可能である」。いいかえると、魔女は神から認可された活動のために処刑されてもいいものかどうか、疑わしいということになる。さらにモリトルは他の個所で、魔女の宴会は、じつはある邪悪な婦人の想像のなかに生じたものにすぎず、集会は単なる錯覚だ！　と公言している。

この初期の懐疑主義者の声に対して、学者のあいだではほとんど反響がなかった。なるほどモリトルの著書は何度も版を重ねたが、悪魔の宴会の信仰を人びとの心のなかから根絶することはできなかった。美術家は、夢幻的な裸体の群れに興味をいだいて、魔女を描いた。デューラーは、イスラエル・ファン・メケレンの印象的な彫刻を模写した。それは、いまにも出発しようとしている四人の魔女の絵である（図110）。レオナルド・ダ・ヴィンチは、魔法の鏡をあやつっている魔女を描いた。ハンス・バルドゥングは、魔女を好みの画題として選んだ（図111）。暗い背景をもった一五一四年の彼の絵は、悪魔の式典の熱狂した場面——一人の魔女が雄ヤギに乗って空中を飛んでいる——を表現している。魔女のもつ棒は、先が二叉になっていて、そこに悪の酒のはいった壺をはさんでいる。下方には、年齢の違った四人の女がすわっている。まわりの地面には、人間の頭蓋骨その他の骨、ウマの頭蓋骨、数本の熊手など、魔術用の道具が散らかっている。一匹のネコが、土製の壺のふたに手をかけている中年の女に背をむけて、かがみこんでいる。その壺からは、魔法の力で霰《あられ》の嵐をおこすために、ヒキガエルなどの「材料」を混ぜて煮こんだ、身の毛もよだつ蒸気が吹き出ている。一人の老婆は金属の皿をもちあげており、皿には、半身が鳥で半身がヒキガエルの怪物が料理されてのっている。この老婆は、呪文をとなえながら、瘦せ衰えた両腕を上げている。その左には、若い婦人が酒杯を上げている。後方には水さしがある。魔女の熊手

図111　悪魔の宴会（サバト）の魔女たち

にかかっているいくつかのソーセージは、呪文が終わって食事のときに食べるのだろう。陽気に鳴いているヤギは、即席の台所を検分している。場面は、朽ち木のかたわらである。

魔女が酩酊すると、異様な形をした木の幹は、かがり火の明滅する光のなかで、両手をゆり動かす巨大な悪魔に変わった。夜明けになると、この悪魔はふたたびもとの木にもどり、その折れた手足を、無残にも朝霧のなかにさらした。オンドリが鳴くと、魔女たちは静かに別れた。オンドリは、光と敬虔な不寝番との象徴なのである。太古から、オンドリは魔ものを防いでくれるものとされていた。ヘブライ人は、気味わるい訪問者を追い払うには、オンドリが羽ばたきさえすればよいと考えていた。またオンドリは、魔術を行なうためにも使われた。

グアッツォは、悪魔の宴会について、芸術性はあまりないが、それでも啓示的な表現法で、いっそうくわしく伝えている。彼は、ミラノのアムブロシウス修道会のすぐれた会士で、悪魔の宴会で行なわれる不正行為を、あきれるほど徹底的にあばいている。彼によれば、集会では、両親は子どもを悪魔のところに連れてゆき（図112）、生死に関係なく、魔女の意志にしたがってその子どもは再洗礼をうけたり、けがらわしい会衆によって料理されて食べられたりする。新参者は、成人であると子どもであるとを問わず、洗礼の儀式を我慢してうけなければならない、とグアッツォはいう。そして洗礼の儀式は、サタンによって、つぎのようにして進められる。

まず第一に、新参者は、キリスト教信仰を否定し、神への忠誠を撤回しなければならない。聖ヒッポリュトスによれば、彼らは、「私は、天地の創造者を否定します。私は、洗礼を否定します。私は、以前に神にささげた崇拝を否定します。私は、あなたと団結し、あなたを信じます」

といわねばならない。

第二に、悪魔は爪でもって、好んで新参者の眉の上にしるしをつける。するとこのしるしは、洗礼を無効にする」。このようなおそろしい契約のあとで、悪魔は、ときには汚れた水で、信者に再洗礼をする。

第三に、悪魔は彼らに新しい名前を与える。たとえばロヴェレ・デ・クネオの場合には、バルビカプラ、すなわち「ヤギひげ」と再命名した。

図112　子どもを悪魔に提供する妖術師たち

第四に、悪魔は彼らに、代父および代母とともに教会の秘跡を否定させる。

第五に、このあとで悪魔は、新参者の着ている衣服の切れはしや、何か「彼ら自身のもの」や、しばしば彼らの子どもを要求する。

第六に、そこでまた彼らは、地面に描かれた円のなかで悪魔に忠誠を誓わなければならない。グアッツォによると、その円は「神の足台」すなわち大地の象徴である（このアムブロシウス会の博士は、あきらかにまだ地球を平らな円盤だと考えていた）。この式典によって、悪魔は自分が神であることを、彼らに納得させようとした（図113）。

さらには悪魔は彼らの名前を、一名「死の書」とも呼ば

図113　悪魔の招魂

れる黒い本に書きとめる（第七）。そして毎月または二週間に一度、彼らは悪魔のために一人の子どもを絞め殺すことを約束しなければならない（第八）。

だが、これでも十分ではなかった。というのも悪魔は、忘れられるよりも評判をとりたがったグアッツォ会士のように、徹底することを好んでいるらしいからである。悪魔の信奉者たちは、魔ものに食べられないようにするために、魔ものに贈物をしなければならなかった（第九）。この種の賄賂は、すじ道をとおすために、色の黒いものでなければならない。

第一〇に、「悪魔は、信奉者のからだのどこかに、ちょうど逃亡奴隷が烙印を押されるように、しるしをつけた。彼はこれを、すべての信奉者にでなく、変心しやすいと考えられる人びと、なかでも婦人にほどこす。彼らはかならずしも、同じところにしるしをつけない」。グアッツォの説明によると、このような行為は、割礼式を愚弄することになるという。それでは、なぜ婦人が古い割礼式まがいの儀式に加えられているか、という疑問については、この器用なアムブロシウス会士は、つぎのように即答する。『新約聖書』では、聖十字架のしるしが割礼式にとって代わったし、このしるしは男女の別なく、すべての赤児につけられている、と。

第一に、新参者は、悪魔の崇拝者が教会の面目をつぶしてまでもおかさなければならぬさまざまな侮辱や不信心を、まとめあげる。彼らは、十字架のしるしや聖水や聖なる塩とパンを使うことをやめるだろう。また一定の日には、魔女の宴会へ、いい、もし可能ならば飛び立つだろう。やがてそのうちに、だれもが無精でなくなるだろう。彼らは、悪魔から悪業をまかされ、改宗者をつくらなければならなかった。だがこれは、魔女もまた悪魔との契約や集会について沈黙を守ることを約束しなければならないので、なかなかむずかしい。そこで、もし彼らが隣人たちに不幸を加えようと企てて失敗すれば、災厄は悪人にもどってくる、ということになる。

悪魔の義務は、漠然とではあるが規定されている。悪魔は、つねにその崇拝者を支援し、祈りをかなえてやり、死後の幸福を与えるであろう。

こんなあやふやな保証のために魔女がこれらの約束をはたすということは、おどろくほかはない。地獄の大王でも自分の信徒たちを絶対に手助けできないことは、はてしない魔女狩りによってわからなかったのだろうか。サタンが裁判官をおそれていることや、また、告発された魔女に自殺をそそのかすためでもないかぎり、サタンはめったに牢獄に入ろうとはしないということは、ごく一般に信じられていた。サタンがけっして約束を守らず、どんな約束にも拘束されないと考えていることは、無知文盲の人でさえ知っていたはずである。

また同様に、裁判官も被告人に対していつわりの約束をした。裁判官が被告人に自由をゆるすということは、暗黙のうちに現世の肉体的苦痛から解放するという意味だったし、また、新しい家を建ててやるという約束は、火あぶり用の燃料のことであった。経験ゆたかで有名な法学者たちは、よい結果になると信じられるようないつわりの誓約をすすめた。『国家論』という名著を書いたジャン・ボーダンは、別著『魔ものつき』のなかで、「無実の人びとの生命を救うために嘘をいうことは、必要にして称賛すべき美徳であり、その人びとを亡ぼすような真実を述べることは、非難さるべきである」と述べている。

悪魔の分け前

魔法を放棄することは、じっさいには『聖書』を放棄することである。
ジョン・ウェズリ、一七六八年

悪魔は、堕落した新プラトン派的な性格をもちつづけているかぎり、教会にとって危険な存在ではなかった。しかし、中世的なサタンの出現によって、すべてが変化した。サタンもまた、唯一者であった。神学者は、唯一者の悪魔サタンを考えるさい、その信仰個条をむかしの二元論にそって処理した。悪魔は、強力になるにつれて、天の神の決定によって自分に割りあてられていた分け前を要求した。そして自分の地位を地上に確立し、自然界のいたるところに住みついた。この世にあるものは、おそろしくはないまでも、疑わしいものになった。

サタンは、一つの個性になった。その個性は、サタンが醜いとか美しいとか、手ごわいとか情けぶかいとかはさておいて、サタンの実在やサタンの力にくらべると、それほど重要ではなかった。多くの人は、サタンの力とすすんで妥協した。

黒死病が全人口に大打撃を与えたとき、地上におけるサタンの支配は無敵の観を呈し、その力は教会の権威を侵害した。神学は、独裁を欲したが、自分の創造物のなかにおそるべき挑戦者のいることを知った。多くの農奴はこのことに気づいたが、まんざら不満でもなかった。なるほど教会は、上層階級と下層階級とを統一していた。主人と召使は、城の礼拝堂で聖歌をいっしょに歌ったし、聖体がかかげられると、いっしょに頭を下げた。しかし、ヨーロッパ全体にわたって深刻になっていく無秩序と圧制のため、農奴は絶望の淵にたたきこまれた。彼らは、修道士と貴族のために汗水を流さなければならなかった。そのみじめさは、こんにちでは想像もつかぬほどである。中世では、公然と反乱をおこす望みがすこしもないことを、彼らは知っていた。つぎつぎとおこる農奴の蜂起は、一時的に連合した世俗的な権力によって、残虐な仕打ちで鎮圧された。

農奴は絶望のあげく、夢のなかに逃避した。そして、地中の宝を守っている地の精のような隠れ場に追いやられていながらも神秘な生活をつづけていた古い神々を呼び立てた。これらの神々は、ひじょうに小がらで醜かったが、慈悲ぶかい行為にあふれていた。またこれらの神々は、自分たちと同じような褐色のしわだらけの皮膚をした人間を好んだ。妖精は、樹木や泉のなかに住んでいた。それは、超自然的な美しい女性だった。そして、家臣たちが村の女に加えた残酷な行為やはずかしめの話を城主がすると、どっと笑いだすような高慢ちきの奥方よりも、妖精のほうがずっと有力で、美しかった。

初期の反乱からわかるように、大衆は、教会には根ぶかい不満をいだいていたので、変革のための闘争なら、いつでも生命を投げだそうとしていた。国家と教会が既成の社会を擁護するために手を結んだので、反乱は鎮圧された。しかし徹底的な変化を望む気持は、貧しい人びとにはずっとつきまとっていた。おとぎ話では変形ということが、ふしぎの大切な要素である。カボチャが馬車に変わり、ぼろぼろの着物がぴかぴかした衣装になり、粗末な食物が豪華な食事になる。人肉を好む年老いた魔女がお菓子の家に住んでいる。こういう彼女こそ、森のなかの社《やしろ》に住み、人身御供の儀式をしたり、参拝にくる帰依者の供物をうけたりする魔女でなくてなんであろう。

おとぎ話には、古代の信仰が生き残っていた。それは悪魔が与えた欺瞞だと司祭が主張しても、地方の人びとはこれらのイメージにしがみついていた。貧しい人びとには、古い神々のほうが新しい神よりも好ましかった。なぜなら、新しい神の代理人は苛酷な主人であり、その象徴は流血と苦難だったからである。

ある魔女は、自分の悪魔は顔を頭部の前後に一つずつもっている、とド・ランクルに告白した。「まるでヤヌス神が描かれているように」と、博識のこの裁判官はつけ加えているが、彼の言い分はまったく正しかった。もう一人の魔女は、自分の情夫である悪魔は人間の顔をもった雄ヤギにそっくりだといった。これは、むかしの牧羊神パンにほかならない。

悪魔の力が確立するとともに、古代の遺風や、農奴の娯楽や、いたって無邪気な物語までがサタンふうになり、古い伝説や呪術的な伝説を知っていた婦人たちは、それらをむかし話のいわゆる魔女や悪の妖精の話に変えた。五月祭前夜のドルイド教の祝典や、バッコス祭や、ディアナ祭など伝説的な集会は、魔女の宴会となった（図114、115、116）。神聖な炉《いろり》の象徴であるほうきは、依然として性的な意味をもちつづけながら、悪の道具となった。古代の性的な儀式は、自然界の豊

図115　魔女の宴会（サバト）

図116　サバトへの出発

図114　悪魔の宴会を司るサタン

饒をうながすためのものだったが、今や、禁じられた肉欲のあらわれとなった。『旧約聖書』よりずっと以前の社会的風習の名残りである乱婚についても、裁判官は、もっとも神聖な法に違反するものと判決した。農民は、この古い伝統に関しては違った感じ方をしていた。というのも、農民は領主から、嫉妬してはならないと教えこまれていたから、農民の妻や娘は、貴族が欲しがればいうがままにされていた。農民にとって夜会の人たちは対等であり、喜んでなにもかもを分かち与えるような人たちだった。だから農民は、南洋諸島の未開人がかつて感じたり、現に感じているのと同じ感情をもっていた。それは倒錯ではなくて、原始的で無邪気な風習だった。悪魔の宴会で農民は、好き勝手に自由にふるまった。同時にまた恐怖もいだいたが、圧迫されつづけた生涯のうちで、これだけが農民にある威厳と自由の感覚を与えた。

この宴会で農民は、人間の感情までも規制しようとした教会の干渉をうけることなく、思うぞんぶん興奮することができた。もしこれがサタン的だというのなら、サタンに味方してもいい、と農民は考えた。

ヨーロッパに悪魔の宴会や魔女が存在したのは、圧迫されながらも、過去の打倒された神々（彼らの圧迫された兄弟）に帰依している、慣習に従わない人たちがいたからである。農民がずっと住みついていたヨーロッパには、彼らの古い風習がふかく根を下ろしていたから、新しい宗教はヨーロッパ人にとって性に合わなかったということ、この事実は、こんにち、ともすれば見落とされがちである。

宗教がこうむっていた怨恨の大部分は、それがなにか異国的なものであり、東方の遠いところからやってきたという感情に根ざしていた。この古風な嫌悪の情は、現代にもなお生きている。こんにち、一〇〇〇年間もキリスト教化されてきた国民が、異教徒の風習をふたたび採用した場合、その国民は、祖先が住んでいた土地と彼ら自身との結びつきを、改めて思い出すものである。

迫害は、反抗とその指導者もつくりだした。そして、自然と、自由と、既成の秩序への憎悪を代表したサタンは、一個の政治的人物像となった。魔法は、カトリック教徒やプロテスタント教徒や国家の指導者が定めた法律では、刑事犯罪だとされた。自由の叫び声が聞こえたり、独創的な思想が表明されたりした場合、指導者たちはこれをサタンのしわざとみなした。

それでも、秩序と統一の理想が達成できると思われた中世では、魔女迫害は比較的穏便なかたちで行なわれた。だがその後、社会秩序がいよいよ乱れてくると、支配者の絶望は、宗教や国家を擁護するやり方に現われてきた。そして魔女の火あぶりは、もっともおそるべき狂宴に変質した。

古い教会の権威はよろめいていたが、改革された信仰も、魔女に対しては容赦しなかった。カルヴァン主義は、すべての幸福は罪である、と宣言した。カルヴァン主義のスコットランドでは、裁判官たちはますます熱意を燃やして処理したが、彼らの苛酷な理想も、駆逐された感情が人心に与えた魅力に対しては、もろくも敗退を喫してしまった。自然界の事物の調査は、最初はおずおずと、手さぐりで、新しい世界をつくりだしていったが、薬草や医薬をあつかった魔女は、この方面の先駆者と呼ぶことができよう。

魔女

ピエール・ド・ランクル（一六三〇年没）は、悪天使と魔ものとは一致しないというテーマに関する著書のなかで、魔女の宴会の全活動についてくわしく述べている。彼は、告発された魔女たちから資料を集めていた。一六〇三年、バイヨンヌ地方とラブール地方の魔女のふえかたが気がかりだという訴状が、ボルドー議会に提出された。ピエール・ド・ランクルは調査をまかされ、この微妙な仕事をみごとにやってのけた。一六〇九年から一六一〇年にかけて、この王室顧問官は多数の魔女を告発した。監獄がせまくて、魔女を全部収容しきれなかったほどである。美術の研究者であり保護者だったド・ランクルは、名文の著書のなかで、これらのすべての活動について報じており、友人でときには協力者だったジャン・デスパニェが序言として、優美なラテン語の一文を寄せていた。

この著作の目的は、何よりも、魔女裁判が「他の帝国、王国、共和国、州よりも、法律的に礼儀正しく」行なわれたことを証明することにあった。ド・ランクルにとっては、彼が裁いた罪よりも、訴訟手続のほうにずっと関心があるようにみえた。しかしこれは、外見上のことだった。というのも、この王室顧問官は、魔女がせんさく好きの判事を喜ばせるために潤色して話した答弁に、魅せられていたからである。彼女らがそんなに愛想よくしても、火あぶりの刑をのがれることはできず、判決を引きのばすだけに終わった。ド・ランクルは、悪魔の宴会に出席したというだけの事実で、死刑を判決するに十分だときめていたからである。彼はその著書を大きな銅版画で飾った。そこには、夜会の全式典の印象的な全景が描かれている（図117・118）。この絵の中央下（A）には大なべがあって、魔女たちはそのなかに毒を入れている。吐き気をもよおすような蒸気が、魔女や魔ものや身体の破片や不快な昆虫をつつんでいる。その右側（B）では宴会が開かれていて、さまざまな社会的地位の婦人たちが悪魔たちと同席し、おそろしい食事――料理した赤児――を食べている。図の左端（C）では、大なべの毒に使うヒキガエルを、子どもたちが見つめている。

　このような毒物はいろいろな目的に用いられた、とド・ランクルはいっている。それは緑色の液体であったり、また、犠牲者の衣服にふれるだけで死んでしまうほど強力な軟膏《なんこう》であったりした。粉末でもききめのあるこのような混合物の調剤法は、小さい子ども時分に教えられていた。魔女のリヴァッソーは、毒物の成分をつぎのようにあばいている。「彼らは、燃えている石炭の上に、皮をはいだネコとヒキガエルとトカゲとマムシとヘビをおき、石炭が灰になるまでそのままにして毒物をつくる」。人を刺す虫がつかまれば、その毒が利用された。アンドロジナという少女の告白によれば、魔女の軟膏は、扉の錠にさす油にも使えたという。ジャン・ボーダンが報告しているその少女の申立てによると、一五六三年ジュネーヴで、この手口によって一家が皆殺しされたという。しかし、悪の粉末のもっとも一般的な使用法は、穀物や果物や小ムギを有毒にすることだった。「ラブールでは、彼らはバスク語で、〝これは小ムギに、これはリンゴに〟といいながら、粉末をまく。ブドウには〝花になれ、果物になるな〟という」とド・ランクルは述べ

図117　サバト（ド・ランクル筆）

図118　ド・ランクル筆の銅版画から

ている。

ド・ランクルのこの銅版画とその線描画のなかで、子どもたちの後ろに群がっている見物人たち（D）は、すべて財産もあり社会的地位も高い男女で、悪魔のお供をしている。その背後（E）では、六人の裸体の魔女が、女たちの管弦楽にあわせて、背中を内側に向けあって輪舞しており、右方（B）の宴会を開いて食人している後ろ（F）では、女性と悪魔が若木のまわりで別な踊りをしており、中央には魔女たちがほうきにまたがって空を飛んでいる（G）。そこからあまり離れていないところ（H）では、四本の角を生やしその上に鬼火をともしている雄ヤギの姿をした悪魔が王座を占めている。この首領の両側を、悪魔の宴会の女王と皇女が守っている。また、彼にむかって、魔女と、チョウの羽根をつけた悪魔（I）がひざまずいて子どもを差し出している。

以上は、ド・ランクルが、ラブールの魔女から知った詳細である。彼女らは、このことを拷問をうけることなく自由に報告してくれた、とド・ランクルは保証している。疑いもなく彼女らは、真実を自白させるために一六世紀の法律が規定した拷問の方法よりも、自由意志による告白のほうを選んだのだった。これらの田舎娘たちは、お互いに幻想的な告白をしあったが、その多くは、再現をはばかるような内容のものだった。

しかしながら、顧問官の二、三の言葉は、裁判や処刑が行なわれたさいの幻想とサディズムの雰囲気をだいたい伝えている。ド・ランクルは、デサイユと呼ばれる魔女が首つり役人の接吻を拒んだことを、おどろきながら報じている。この絞首刑吏は「男前のいい若者」で、火刑柱に縛りつけられている少女に「ゆるしの接吻」をしようとして失敗したのである。「彼女は、悪魔の背にしばしば口づけしていた愛らしい唇を、汚したくなかったのだった」。また別の個所でド・ランクルは、つぎのような話を述べている。一五、六歳の若い魔女がすっかり告白した後で、自分は悪魔のつけた印からすべての魔女や魔法使いを見破ることができると宣言し、釈放された。彼女は男女を審査するように命じられ、多くの善良な人びとを火刑柱に送ったという。

ド・ランクルは、スペインの宗教裁判所の大量処刑についてはあきらかに満足の意を表しながら報じ、その微細な点にふれている。スペインの宗教裁判所の堂々たるすばらしさに、彼はひじょうな感銘をうけ、ラブール地方を「改良」するためにできるだけのことをした。

ド・ランクルがその時代の例外的な人物だと考えるのは、誤りであろう。魔女の問題は、一つの学問を生みだし、多くの学者団体が従事した。彼らは、不法でも無知でもなく、反対に学識の精華を代表していた。たとえば、魔女裁判ではどんな方法を使っても卑劣ではないとしたジャン・ボーダンは、法律にかけては大権威者だった。あの聖バルトロメオ祭の虐殺の夜、彼にとってはほとんど運命を決することになった寛容さを生涯示したということは、むしろ意外である。パリにおける新教徒大虐殺のあとで、彼は、新教徒を擁護し、寛容をすすめたという嫌疑で、パリを去らねばならなかった。

人情味のあるすぐれた法学者で、ブルゴーニュ地方の裁判官、さらに聖クロード法廷の裁判長だったアンリ・ボゲ（一六一九年没）は、執念ぶかく魔女に訊問した。彼はその著書『妖術師論』のなかで、狂信ぶりと残酷さを示している。この本は、すくなくとも一一版を重ね、長いあいだフランス議会と執行官管轄区のための権威書になった。それは、おそろしい、ばかげた、下品な些末事の集成だった。ボゲは、約六〇〇件の魔女事件を判決し、裁可した。

ニコラ・レミ（一五三〇—一六一二年）は、いくつかの法律関係の要職についた後、ロレーヌのシャルル三世公の秘書官に任命され、それから一年後には、ナンシーの大審院の一員となった。彼は、『ロレーヌ史』など数冊の大著を書いた。だが、彼のもっとも有名にして悪名高い論文は『魔神崇拝論』である。これは、魔女裁判の調査とその結果の分厚い集大成で、魔力、呪文、悪魔の宴会、それに、被告人の自白から集められた魔女に関する何百という細目に関する知識が示されている。この学者は、約九〇〇人の魔女に死刑を宣告したが、この注目すべき数字は、彼の公職在任の年限一五年で割ると、平均一週間に一人以上となる。

以上の例は、これらの学者たちの博識と高潔さが、彼らの残忍と偏見と両立するという明白な矛盾を、融和させようとしているものといえよう。

ここに、二つの可能な解答が考えられる。その一つは、魔女というものは存在せず、裁判官のほうが愚かで人でなしだったとする解答であり、もう一つは、魔女は実在し、裁判官はおそろしい義務を遂行したのだとする解答である。だがどちらの説明も、誤っている。

迫害者が考えていたような魔女は存在しなかった。魔女は、ほうきで飛ぶことや霰の嵐をひきおこすことはできなかったし、ヘビやヒキガエルのシチューは、ほとんど毒をふくんでいなかった。だがじっさいに、魔女というものは存在したし、悪魔の宴会のようなものもあって、ボスウェル伯爵のような重要な人が出席した。

裁判官のほうは、世論に反するような議決を宣言しなかった。反対に彼らは、大衆の意見とだ

図119　魔女ヘンドリックス（ハインリヒ）の火あぶりの刑

いたい一致していた。さらに、魔女が存在するという信念と、魔女は全滅しなければならないという決意とは、一六世紀のあらゆる階級——反抗的な農民と保守的な市民、カトリック教徒と新教徒、宗教裁判官と世俗の裁判官——を一つに結びつけた珍重すべき紐帯だった。

ここに、一五七一年にオランダのアムステルダムで、一人の女性が魔女として惨酷な火あぶりをうけている図がある（図119）。女性の名はアンネ・ヘンドリックス（またはハインリヒ）。ここでは、死刑執行人が、薪をたっぷりと山積みにせず、魔女を火あぶりするという原始的な方法が見られる。罪人を梯子《はしご》に縛りつけ、その梯子を屈強な死刑執行人が十分に燃えあがった火の上にひっくりかえそうとしている。そのそばには、拳《こぶし》を腰にあて、帽子をかぶった傲慢な判事が、満足そうにこの拷問を眺めている。彼は、この刑罰が教訓的で愛国的で申し分ないという態度をしているようだ。

ヤン・ファーガソンのような近代の哲学者は、無謀な魔女迫害にもいい点のあることを示そうとした。精神的な努力の結果としておこった流血の惨や迫害がなければ、人類の進歩はないだろう、と彼は主張している。彼は、「流血は流血を呼ぶが、無気力は死滅を呼ぶ」ともいっている。

こんにちわれわれは、過去に想像されたものよりもずっとおそろしい迫害を目撃しているので、流血をともなう実験については慎重になった。少数の人たちを圧迫し絶滅することが、圧迫者にとって、なんらかの——たといわずかでも——いい結果をもたらすということをもう一度証明するには、長い時間がかかるであろう。

図120　斧の柄から乳をしぼる魔女

魔女には、わるい魔女（黒い魔女）ばかりではなく、よい魔女（白い魔女）もいた。たとえば、一六世紀の著書に、一人の年老いた魔女が、乳が不足したときに、斧の柄から乳をしぼったという記録が残っている（図120）。彼女が、斧の刃を家の柱に突き刺すと、乳が柱から斧をつたって桶に流れ出たという。これを見ている二人の女も、さも嬉し気な様子をしている。この図のバルコニーの下では、魔女には不可欠な大なべから湯気が出ている。右方の家畜小屋では、やせたウシが、自分の出なくなった乳の代用品を見ておどろいている。

上流階級の人たちが悪魔の宴会に出席し、政治をになう人たちがこれらの愚弄的な反逆を奨励したことは、魔女には悪い結果をもたらした。魔女の集会では、いろいろの違った考えも、共通して現われた。金持ちの見物人の大部分は、何か禁じられたものを見たい一心で集まった人たちであって、その好奇心は、既存の権威がすべての階級のあいだで基盤を失いつつあったことを物語っていた。

支配者たちが、このたわむれに参加している上流の人たちを顧慮することなく、魔女の根絶に意見の一致をみていたことは、当然である。ものごとのけじめをつけようとはせず、不信実な田舎娘と交わっていた人びとも、やはり根絶されなければならない。ある程度は、嫉妬と憎悪と貪欲とが、迫害の蔓延を助長したかもしれない。だがこれらの動機は、ヨーロッパを幾世紀にもわたって荒廃させたおそろしい嵐の説明としては十分でない。ヴュルツブルクの司教管区にある被処刑人の名簿抄録が、このことを例証しているように思う。

第六回火刑、六人

評議員会執事ゲーリング

カンツラー老夫人

洋服屋の太った妻

メンゲルドルフ氏の女料理人
身元不明人
身元不明の女
第八回火刑、七人
評議員でヴュルツブルクのもっとも太った市民バウナッハ
大聖堂の副監督の執事
身元不明人
小刀研ぎ師
収税吏の妻
二人の身元不明の女
第一一回火刑、三人
大聖堂の唱歌隊の副司教シュヴェルトレンサッカーの家政婦
シュティーヘルの妻
吟遊詩人ジルバーハンス
第一三回火刑、四人
法廷の老鍛冶屋
老婆
九—一〇歳の少女

その妹
第一四回火刑、二人
前記の二人の少女の母
リーブラーの娘
第二四回火刑、六人
ゲベルの子どもで、ヴュルツブルクでもっとも美しい少女
各国語に通じたすぐれた音楽家の学生
修道院付属食堂からきた、ともに一二歳の少年
シュテッパーの下の娘
橋門の見張番の女
第二五回火刑、七人
修道院付属新食堂の聖堂参事会員ダヴィト・ハンス
評議員ヴァイデンブッシュ
バウムガルテンの宿屋の亭主の妻君
老婆
ファルケンベルゲルの小さい娘は秘密裏に処刑され、棺架の上で焼かれた
町会執達吏の小さい息子
大聖堂の副司教のヴァグナーは生きながら焼かれた

第二八回火刑、六人
肉屋のクネルッツの妻
シュルツ博士の幼女
盲目の少女
ハッハの聖堂参事会員シュヴァルツ
大聖堂の副司教のベルンハルト・マルク
第二九回火刑、五人
パン屋のフィエルテル
クリンゲンの宿屋の亭主
メルゲルシャイムの執達吏
パン屋の妻
太った貴族の女

この抄録からもわかるように、犠牲者たちは、彼らが魔法使い、魔女と信じられていたというただ一つの理由で死刑にされたのである。貪欲が、あわれな身元不明人を処罰するはずはなかったし、嫉妬が、二八回目の火刑で盲目の少女を殺すはずはなかっただろう。過去をきずきあげてきた伝統そのものをおびやかすような社会的、道徳的な破局の恐怖から生まれた火刑ならいざ知らず、無実の子どもたちを火あぶりにするとは、じっさい、なんというおそろしい憎悪であろう。階級内部に分裂が始まった。ある集団は、むかしの精神的な理想にしがみつき、もっとも厳格な宗教上の理想をひたすら追求することによって、希望と救済を求めた。すなわち、断食、誠実、純潔、自戒、天上からくるものへの精神の集中、快楽の放棄、実りゆたかな大地がそこに住む人たちに与える一切の物質的な幸福の拒否、規律、あの世のための準備を、彼らは追求した。彼らはこのような超人的努力によって、悪疫や闘争や破滅を避けたり、また、神の唯一の栄光のためにすべての活動を調整することで、父なる神の怒りをしずめたりして、気運を逆転しようとした。

もう一つの集団は、大ざっぱにいって唯物主義といえるような方向にむかった。大地は快楽を与えてくれるが、それは罪悪ではなく、人間の福祉に必要な娯楽だった。発見や発明からは、新しい必要品が現われた。資本は膨張し始め、産業は小規模ながら自立した。病気は悪魔のしわざだとは、いわれなくなった。魔女とならんで非難された科学者が、人間の本性について研究し始めた。血を流すような外科手術を教皇が禁じていた時代はすぎさった。革命的な一六世紀には、快楽の権利を主張する一般的な人間性の声がしだいに大きくなり、幸福はもはや少数者の特権とはみなされなくなった。封建制度下の厳格な位階組織は崩壊し、都市は自由を獲得した。下層階級の人びとは、騎士の特権について考え、疑い始めた。

農民はマクシミリアン皇帝の宮殿に、中傷文を掲げた。

アダムが耕し、イヴが紡いでいたころ、
いったい、貴族なんかいたのか。

これにたいして皇帝は正直に答え、彼の固い信念にしたがっていった。「私は、みなと同じ人間だ。わがほまれは、ただ神によってのみ授けられた」。

隣人を破滅に追いこむ悪女にもまさる魔女は、この混乱のまっただ中にいた。魔女は、キリスト教の理想主義者たちがあらゆる手段をもって闘っていた相手と、じつにおそるべきことに握手をした。だが、怒れる十字軍戦士たち自身も、増大する時代の風潮におし流されないわけにはいかなかった。血管のなかの血は循環しているとあえて主張した科学者のセルヴェトゥスをジャン・カルヴァンが火刑に処したとき、カルヴァンはなお、自分の理想にしたがって行動していた。

ところが、魔女迫害はやがて一つの産業になった。この迫害を行なうために、裁判官、獄吏、拷問吏、執行吏、指物師、書記その他の専門家を雇っていたので、裁判を中止すれば、経済危機をひきおこしたであろう。自分の生計が迫害の仕事で維持されていることを知っている人びとは、裁判の継続に関心をよせていた。魔女は、のがれるすべはなく、自白しなければならなかった。だが魔女たちは絶望していたので、自分の訴訟を主張するよりも、もっともおそろしい死のほうを選んだ。これらの裁判に反対した分別ある人たちの一人で、イエズス会

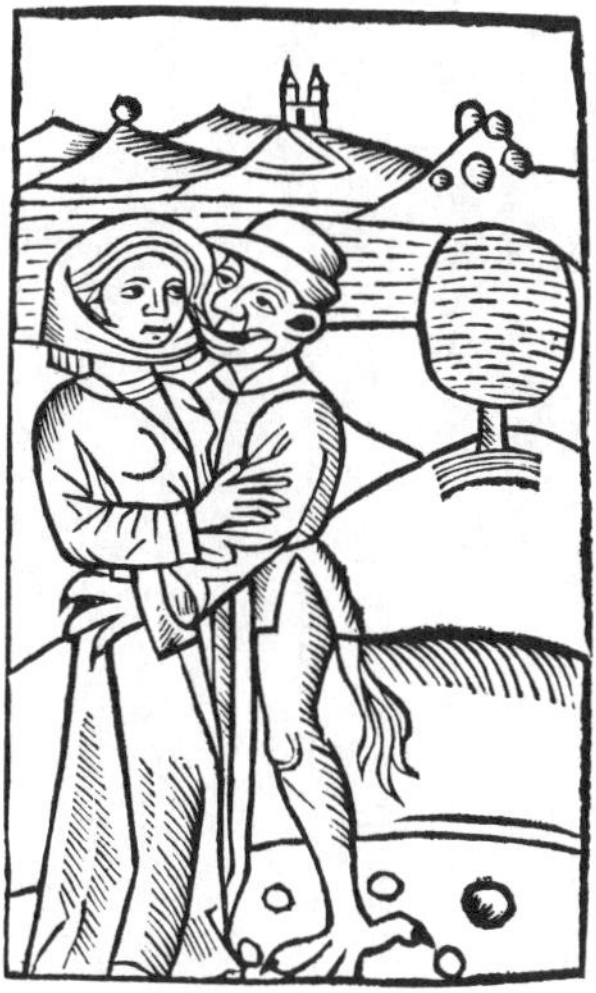

図121　恋をする魔女

士のフリードリッヒ・フォン・シュペー（一五九一―一六三五年）は、つぎのように述べている。「私はたびたび思うのだが、われわれのだれもが魔法使いでないというただ一つの理由は、われわれのだれもが拷問をうけなかったという事実による。最近ある宗教裁判官が、もし自分が教皇の地位につくことができれば、そのとき自分は、魔法使いであったと白状するつもりだ、と誇らしげに語ったが、この点にこそ、真実がふくまれている」。

聖堂参事会員ロースの主張によれば、理想主義の名のもとに行なわれる戦争も、物質的な利害によって左右されるという。彼は、魔女裁判を「新発明の錬金術」と呼んだ。というのも、それによって人間の血液が、金や銀に変わるからである。

理想を擁護することは、職業とはなりえない。それは神命でなければならない。ところが魔女迫害者は、職業的な誇りをもった職人だった。首つり役人は、魔女がひどく反抗すると憂鬱になった。反抗は個人攻撃にちかいものだったので、体面を保つため、彼は被告人を拷問にかけて殺してしまった。こうすれば、彼の名誉はそこなわれなかった。この場合の殺人の責めは、悪魔がひきうけることになるからである。このような職人を養育することは、これらの裁判が最初に象徴していた高貴な抱負とは反対の結果をもたらした。この職業はひじょうに栄えたので、首つり役人の妻は絹の衣服をまとい、美しい輓具《ばんぐ》をつけたウマとか美しい彩色の馬車を乗りまわした――もちろん、だれもそれを非難しようとはしなかった！　魔女狩りのときは、首つり役人の助手たちは、ブドウ酒やビールや食物をたらふく飲み食いした。こんにち伝わっている宿屋の勘定書が、この事実を証明している。魔女を焼くたびに、首つり役人は謝礼をうけた。彼は他の職業につくことをゆるされなかったために、自分の職業に全力をつくさねばならなかった。拷問吏は、やがてその仕事をいつまでもつづける確実な方法を発見した。つまり、拷問をうける魔女たちは、共犯者の名を挙げることを強要された。こうして、一つの裁判から百の裁判が生まれた。これは、いわばサタンの永久運動だった。

歓楽は罪悪だった。教会が定めていない大衆娯楽は、抑えつけられた。けれども、魔女処刑にさいして、古い教会暦には見られなかったような新しい悽愴な快楽がとり入れられた。処刑場は、もはや絞首台の場でも、うす気味わるい場所でもなかった。好奇心のある連中を収容するだけの広さの公共広場でさえあれば、それでよかった。火あぶり用の薪束《まきたば》からさほど遠くないところには、食物を売る屋台店や露店があって、地方からきた見物人たちは、みやげもの、ロザリオ、聖画、臨時に刷ったパンフレットなどを買うことができた。

ときには数人の魔女が、また、ときには一〇〇人もの魔女が、一日のうちに火あぶりにされた。見物人の多くは、サタンに憑かれたような不安に駆りたてられたが、このため被告人は、群衆からはほとんど一顧の同情もうけることはできなかった。シラーがいったように、このような処刑は、恐怖感と滑稽味を兼ね備えていた。そして、古代のいけにえを、見世物という堕落した形式で復活させた。スペインの宗教裁判では、被告人に硫黄色のシャツを着せ、厚紙の三重冠をかぶらせた。そしてそのシャツや冠には、悪魔や、炎や、燃えている薪束に載っている人間の頭部が描かれている（図122）。処刑場に進んでいく行列は、むかしの異教徒がにせの国王を犠牲にするときの祝典に似ていた。ゲルマン系の国々では、冬を象徴する像をつくってから火を放って焼く

図122　死刑を宣告された妖術師

謝肉祭に、いまでもこの慣習が残っている。こういう過去の異教徒の名残りと似たことは、宗教裁判の火あぶりの刑のさいにも、判決が下される前に死んだ被告の詰めものの像を焼くような場合にもみられる。この詰めものの人形は、行列のなかで柱にくくりつけて運ばれ、死者の棺とともに薪束の上で燃やされた。判決は、広場で行なわれた。絞首台が建てられ、それとともに王、女王、貴族、顧問官そのほか宗教裁判関係のすべての役人の特別観覧席が設けられた。儀式は一日中つづいた。判決は特別の壇からなされ、被告人は広場の中央にある円筒形の籠のなかに立って、刑の宣告を聞かなければならなかった（図123）。古代ローマの競技場で使われていたような大きな天幕が、陽よけのために広場に張られた。群衆を活気づけた神聖な憤激は、慰安気分で行なわれるはでな式典のために抑えられた。

この神聖なお祭りさわぎは、被告人に着せる地獄服その他のさまざまな衣装によって、さらに興を添えた。これらはすべて、大衆に感銘を与えるために考案された。

効果はいろいろだった。一時的に飽きがきたかと思うと、それにつづいてさらに欲望がつのっ

図123　宗教裁判

た。不安は衰えなかった。悪魔自身を裁判に連れてくることはできなかった——ただ、悪魔の友人だけが出頭した。つねに魔女のほうが、数多く狩り立てられた。老いも若きもその見世物を見たが、これは人びとの精神に危険な影響をおよぼすものだった。訴訟手続が教会の手中にあるかぎり、信者たちはその正当性を疑わなかった。しかしいまや世俗の裁判官たちは、心理的な事件に経験をつんでいた聖職者よりも、いっそう狂信的で苛酷なふるまいをした。世俗の裁判官の行為は、自由に批評ができたから、まじめな見物人のなかには、これらすべての訴訟手続の合法性について、疑いをさしはさんだ人もいたにちがいない。

　迫害がひろまって重大化してくると、辺鄙な地方の無知無能な世俗の裁判官は、裁判のやり方を知っておかなくてはならないという難問に直面した。イングランドでは、魔女刺しが発明されて、一時的ではあるが混乱をおさめるのに役だった。この考案によって、出血するかしないかが、無罪か有罪かの証明のきめ手になった。たいくつな訴訟手続は、もはや魔女の断罪に必要ではなくなった。この慣習は、新しいものではなかった。しかし以前は、このやり方は、有罪かどうかではなく単に容疑があるかどうかを決める方法としてしか考えられていなかった。イングランドの裁判官は、ジェームズ王の著書『魔神論』(一五九九年)にはげまされて、罪人さがしにはもっとも原始的な方法さえ躊躇なく使った。

C・レストランジ・エヴァンは、ニューキャッスル=オン=タインの町の魔女刺しの光景を述べているが、これは町の住民にはお祭りさわぎであっても、不幸にして起訴された婦人にとっては、そうではなかった。

「魔女発見人が到着すると、治安判事はすぐに触れ役に町中をまわらせた。触れ役は鈴をならしながら、捕えた婦人が魔女であることについて不平を申し立てたいものは、指定の人のところへその不平をいいにくるように、と叫びまわった。三〇人の婦人が公会堂につれてこられ、裸にされ、みんなの前でからだに針を刺された。大部分のものが有罪になった」。

魔女発見人は、一人の婦人が有罪となるごとに二〇シリングの支払をうけた。そしてエヴァンの付言によると、青ひげのように残酷な魔女発見人は、二二〇人の婦人を殺したと自白した後、けっきょく首つりの刑に処せられた。

前記の訴訟手続に出席していたホブソン陸軍中佐は、容疑者の一人を救おうとした。「上品で善良そうな」婦人が取調べをうけているあいだ、ホブソンは、彼女が評判のいい婦人で、裁判をうける必要のないことを認めた。検察官は、職業上の誤りを傷つけられたので、「町では彼女のことを魔女だといっていたから、彼女は魔女だ！　といった。……そしてやがて、みんなの見ている前で、彼女の衣服を、頭の上にまくしあげて腰まで裸にした……」。ところが、針で刺しても血が出なかったので、検察官は彼女を有罪にした。

この婦人にとって幸いなことに、「おそれと恥ずかしさで、彼女の血液は全部体内のある部分に凝固してしまい」そのため出血しなかったのだとホブソンは述べた。彼は、彼女を再召喚することを要求し、「スコットランド人にもう一度同じところを針で刺すようにたのんだ。すると、血が噴きだしたので、スコットランド人は彼女のからだをきれいにしてやってから、彼女は悪魔の子ではない、といった」。

ホブソンは、魔女発見人をおどしてうまくその婦人を救った。ところで、このこころみは、他の被告人たちに関しても適用できたはずなのに、だれもそのことは考えなかった。勇敢なホブソン陸軍中佐でさえ、あえてそこまでは主張しなかった。これらの田舎娘にあまり同情を示すと、その人自身が火あぶりや首つりの刑で一命を失うかもしれなかった。

ヤン・フォーガソンが報じている別の例も、同じ系統のもので、理想の追求がとんでもない方向に曲げられてしまったいきさつを示している。

「そのころ、パターソンという男がインヴェルネスの町にやってきた。彼は、魔女を調べながら国中を旅している男で、一般に刺し屋と呼ばれていた。彼は、魔女たちを裸にすれば、呪文のかかった斑点《はんてん》を捜しだしてそれを見せることができる、と豪語した。……彼はまず、彼女らの頭髪を切り、その髪を石皿《いしざら》に集めた。それから、針で刺し始めた。……この悪人は莫大な金銭をかせぎ、二人の召使をしたがえていた。だがついに、この人物は男装した女性であることがわかった。こういう残忍苛酷なふるまいは、卑劣な悪党のぺてんによって支えられていたのである」。

裁判のさいの訴訟手続は、悪魔の宴会のときもたぶんそうだっただろうが、気まぐれで、無政府状態で、混乱していた。じっさい、魔女の集会の場合にさもあろうと思われるような恐怖を、迫害者自身が繰りかえしつくりだしていた。針で刺すことは、ふしぎにも、悪魔が魔女にしるしをつけることに似ていた。被告人が拷問される前に飲まされた魔法の汁は、悪魔の宴会の食事をまねたものだった。魔女を裸にして毛を剃ることは、サタンの前で踊るのと劣らぬ、淫奔《いんぽん》な行為だった。

教皇インノケンティウス八世の命令で、ドミニコ会士のシュプレンガーとクラマーとが有名な『魔女を打つ槌《つち》』という魔女裁判の案内書を発表したとき、二人は、妖術師の悪業は異端の部に分類すべきだと考えた。この二人は、一三七六年に『宗教裁判官のための規則書』という大冊を編集したアラゴンの宗教裁判所長、ニコラ・エイメリクから始まった伝統をうけついでいた。『魔女を打つ槌』は、このような事件は聖職者の法廷で裁くべきだと断言している。しかしシュプレンガーらの著書は、異端者と魔女は「さわぎをおこさないで」裁かなければならないと賢明な忠告をした教皇ボニファティウス八世(一二九四—一三〇三年)の勧告にはしたがっていなかった。エイメリクの著作は、教会内部の法律専門の選ばれた人たちのあいだでだけ回覧された写本だった。ところが『魔女を打つ槌』は、初版が一四八五年で、それから数多くの版を重ねた。この本は、たいへんな評判になったため、自然に一般の人びとの手にもわたった。近代的な配布手段として印刷機を利用したさいシュプレンガーは、こう考えただろう——念入りに書いたこの著作がひろく流布すれば、妖術者が呪文によって教会に危険をもたらそうとしていることに気づかない人たちの目を、開くことになるだろう、と。だが彼自身は、異端と魔法とはエイメリクの時代このかたその意義が変化し、一般的な宗教的反抗という危険はどんな圧力をかけても避けられないことを自覚していなかった。彼は、教会に対するあらゆる反対を大きくひとまとめにして絞め殺そうとしたが、その成果はほとんど、というよりまったくなかった。この本が出てから三〇年後には、ヨーロッパの人口の半分が「異端」になった。これらの新教徒全部を焼き殺すだけの十分な薪も、キリスト教国にはなかっただろう。

新教徒が自分たちの魔女迫害の基準書として、『魔女を打つ槌』を採用したとき、もはや宗教改革と魔法とが同じ一つの袋にはいりきれないことは明らかになった。シュプレンガーよりも先見の明のある神学者でさえ、この局面の変化を予知することはできなかった。

魔女裁判は、かなりのあいだ新教徒とカトリック教徒の国々で、依然としてつづいた。

一六六九年、スウェーデンのモーラ村に魔女が流行病のように発生した。魔女たちは、ブロクラ山という仮想の山で行なわれる悪魔の宴会に、約三〇〇人の子どもを連れていった。十字路にくると彼女らは、「先導者よ、ここへきて私たちをブロクラへ連れていってください」と叫んだ。するると、灰色の上着を着て赤と青のストッキングをはいた「その人」が現われた。「彼は赤いひげを生やし、色とりどりのリンネルをまきつけた山高帽をかぶり、ストッキングには長い靴下止めをしていた」。要するに、それは典型的なスウェーデンの悪魔だった。彼は、魔女や子どもたちを一匹の巨獣にのせて、教会や高い城壁を越えて連れていった。自白した二三人の魔女は焼き殺され、一五人の子どもも同じ運命にあった。九歳から一六歳までの三六人の子どもはむち打ちの刑をうけ、さらに二〇人が三回の日曜日ごとに手を打たれた。そして、「前記の三六人の子どもも、このようにして一年間にわたり、一週に一度ずつむちで打たれた」。

処刑は、一六七〇年八月二五日におこった。この話を公表した主任司祭のアントン・ホルネックは、つぎのようにつけ加えている。

「その日は、すがすがしく晴れわたり、太陽はきらきらと輝いていた。幾千もの人たちがこの光景を見んものと出席した」。

一六八七年、ドイツのアレントゼーでは、三人の魔女が処刑された。それは、スザンナとイルゼと彼女らの母のカタリナの三人だった。この新教徒の処刑には、塗油の式が行なわれた。

「途中で、祈禱と、勧告ならびに讃美歌の歌唱とが交互に行なわれた。ゼーハウゼン門の前には円型場がつくられ、人びとが〝神よ、われらが父なる神よ、われらのなかに宿りたまえ〞と讃美歌を歌い終わるまで、スザンナは引きまわされた。彼女の首が切り落とされると、人びとは〝おお、聖なる亡霊よ、なんじに恵みを垂れたまえ〞と歌った。つぎにイルゼが引き出されて、同じ讃美歌を歌いながら、同じように殺された。

「歌がつづいているあいだに、カタリナは薪束の上におかれた。彼女の首は鉄の鎖でしばられていて、それがとてもきつくしめられているので、顔はふくれあがり土色になっていた。たきぎの束に火がつけられ、すべての出席者――聖職者、学童、見物人――は、彼女のからだが火のなかで燃えきるまで歌った」。

フランスでは、事態はいくぶんましだった。一六六九年に、エルヌールとシャルル・バルヌヴィーユという二人の兄弟は、クタンスやカランタンやアイ・デュ・プュイ地方の魔女の増加がただごとでないと、ルーアンの議会に苦情を申し出た。五〇〇人に嫌疑がかけられ、そのうち一〇〇人が司祭だった。この事件は、すぐにも大規模な迫害になろうとしていた。六カ月にわたる魔女狩りの後、一二人に対しては、即座に処刑が宣告された。さらに三四人の火あぶりが決定された。そして少数の人たちがすでに処刑されてしまったとき、ルイ一四世はこの乱行の停止を命じ、死刑を終身追放に減刑した。善良なルーアンの議会は、はげしい抗議文を王に送り、古来の伝統は守るべきだと訴えた。王は、これをきっぱりと拒否するとともに、起訴はすぐ中止するよう指令した。この指令は守られた。

イングランドでは一六三八年に迫害は新しい段階に達した。迫害は大陸とは違い、概してそれほど残酷ではなかった。婦人たちは特別の道具で拷問されることはなく、「水による試罪法」をうけた。すなわち、彼女らが泳げば有罪にされ、沈めば無罪になった。けれども、信じられないほどひどい残虐行為も、まれではなかった。一六〇八年、マル伯爵は枢密院に、つぎのような摘発の報告をした。

「彼女らは、つねに自分を抑えて最後までよく辛抱したにもかかわらず、ひじょうに残酷なあつかいをうけた後、すぐに焼き殺された。あるものは、罪を否認して神を冒瀆しながら絶望のうちに死んでいき、またあるものは、半焼けのまま火から飛びだしてきたが、すぐまた火のなかに投げこまれて焼き殺された」。

イングランドの魔女の多くは絞首刑になった（図124）が、火あぶりの刑をうけた魔女も多数いた。少数のものは鍋の刑、すなわち生きながら煮られる刑をうけた。

図124　イングランドにおける魔女の処刑

図125　宗教裁判の拷問室

スコットランドの裁判は、いっそうひどかった。一六七八年にプレストンパンズの二人の老婆が処刑されたが、この二人は生前、一七人も告訴し、これらの告発の犠牲者たちのうち九人は、有罪の宣告をうけた。

一六七九年、一団の魔女がボロウストゥネスで発見された。彼女らは、悪魔の宴会に出席して悪魔と交わったことや、それに似たような犯罪を自白した。アナプル・トムプソン、マーガレット・プリングル、マーガレット・ハミルトン、ベッシ・ヴィッカーその他のものは、「魔法のいまわしき犯罪」によって有罪とされた。彼女らは、「死ぬまで杭に針金でしばりつけられ」た後、焼かれて灰にされた。

一六九六年のこと、一一歳の少女が、カサリン・カムベルという女中が缶からミルクを飲んでいるところを見つけ、母にいいつけてやるとおどかした。すると女中は怒って、「お前さんの魂なんか、悪魔が地獄へ投げこんでくれればいい」と答えた。少女は発作におそわれ、女中に向かってわめきちらした。まもなく、多くの人がこの事件にまきこまれ、そのうちの五人が、一六九七年に焼き殺された。被告の一人だったジョン・リードは、牢獄のなかで首をつって自殺した。処刑された人びとは、一七歳の乞食の少女、一四歳と二〇歳になるその従姉妹たち、その祖母、ジーン・フルトンであった。残る二〇人は、それより軽い刑を宣告された。

こうして、ミルクをちょっと飲んだだけで、このように残虐な結果を生んだ。クリスティアナ・ショウという名の魔ものつきの少女は、成人して糸紡ぎが上手になった。彼女は友人の援助で、有名なレンフリッシュ陶器を紹介した。そして大臣と結婚し、一七二五年に、夫や子どもたちからひじょうに悲しまれながら死んだ。

グアッツォによって伝統が十分によみがえっていたイタリアでは、一六四六年の全面的な裁判が多くの人たちを悲惨な目にあわせた。未決囚全部の罪を宣告するのにまる一年かかった。ドメニカ・カメッリ、ルチア・カヴェデン、ドメニカ・グラティアディ、カテリナ・バロニ、チネヴラ・ケモラ、イサベラ・グラティアディ、ポロニア・グラティアディ、ヴァレンティナ・アンドレイは、ノガレドの巡回裁判によって死刑を宣告された。処刑は、オーストリア人の首つり役人レオナルド・オベルドルファーによって執行された。

一六七〇年にロンドンで放免されたクェーカー教徒のウィリアム・ペンの裁判について、判事のジョン・ハウエル卿はつぎのようにいった。「いままで私は、スペイン人たちがどういう方針と分別から宗教裁判をやりつづけてきたかを、理解することができなかった。しかし、スペインの宗教裁判のようなものがイングランドにできなければ、われわれはたしかに、よくならないであろう」。この判事は、マグナ・カルタ（大憲章）を公然と嘲弄した。

しかしながら宗教裁判は、国際関係に依存する貿易国であり将来の植民帝国として伸展しつつあったイングランドの利益とは、まさに正反対の制度だった。

リスボンとマドリードの偏見をもった裁判官たちは、異端と魔法、宗教上の反逆と外国人の信仰箇条、科学と魔術のそれぞれを、けっして区別しなかった。彼らは、死ぬまで中世的な概念にしがみついていた。新教徒、カルヴィン主義者、ツヴィングリ主義者、ユグノーもやはり異端とみなされ、あらゆる非カトリック的なものが挑戦をうけた。魔女、一夫多妻者、ユダヤ人、冒瀆者、イギリスの貿易商、占星術師は、聖庁の牢獄に投げこまれた。一七世紀には、宗教裁判官は、持主のイギリス人が芸をしこんだウマに火あぶりの刑を宣告した。こういう逆行した精神状態は、スペイン帝国没落の前兆だった。フィリップス・ファン・リムボルク(一六三三―一七一二年)は、その著『宗教裁判の歴史』のなかで、つぎのように述べているが、その言い分はまったく正しい、「人間の所信に関することの奇怪な裁きは、知性をもたずに知的世界の支配権をにぎろうとしている。それは、スペインを中世に固定しておくために復活するかもしれない」。彼が予知したように、その政策は事実復活し、ナポレオンが廃棄するまでつづいた。

最後に、ニューイングランドでは、魔女迫害はおそく現われ、ひじょうにおだやかに行なわれた。アメリカに植民した人たちは、あちこちにひろく散在していて、生活の必要に追いまくられていたので、お祭りさわぎにつぶす時間がなかった。残酷な行為にも、旧大陸で高度に発達したような洗練さがなかった。

ニューイングランドで処刑された魔女の数はとるにたりなかったし、その処刑にも、とくにヨーロッパの南方で演じられたようなあの華やかさはなかった。サレムの魔女たちは、その地方の前からの慣習にしたがって絞首刑にされた。一般に信じられているように、火あぶりにされたのではない。

一六九二年にサレムの事件があってからまもなく、人びとはこれを災難だと語った。魔女裁判の歴史のうちでまことにおどろくべき独特の事実として、マサチューセッツの裁判官と陪審員とが行なった取消しと悔悟の公表がある。この風変りな文書の一部は、つぎのように書かれている。

「われわれはここに告白する——われわれは、暗黒の力の神秘的な妄想を理解することも、それに逆らうこともできない。……さらに考慮をめぐらし、見聞をゆたかにするにおよび、われわれは無知無学のうちに、だれかが無実の罪を、われわれ自身やわが主に仕える人びとに着せようとする、その手助けをしているのではないかという危惧をいだいている。……よってわれわれは、ここにすべての人びと（とくに生存中の被害者たち）に、われわれの過誤についてふかい責任を感じるとともに、遺憾の意を表明する。……このためわれわれは心痛し、動揺している。……われわれが不当な危害を加えた諸氏には衷心よりお赦しを願う次第である。と同時に、われわれのだれ一人も現在の心境を忘れず、あのような動機からあのようなことを二度とくりかえさないことを、全世界に向かって声明する。われわれが罪のつぐないをしようとしていることを諸氏に認めていただくとともに、あわせて、この世のために神から授けられた遺産が、諸氏に加護を与えんことを祈る。

（陪審長）トマス・フィスク、（年長の）トマス・パーリ
ウィリアム・フィスク、ジョン・ピーボディ、ジョン・バチェラー、トマス・パーキンズ
トマス・フィスク二世、サミュエル・セイアー、ジョン・デーン、アンドリュー・エリオット、ジョセフ・エヴリス、（年長の）H・ヘリック」。

ここに、文末の署名をすべて列挙したが、これは責任者の名前をもう一度あばくためではなく、

栄誉をささげるためである。彼らは、洞察、正直、謙遜によって人類につくしたのである。キットレッジが述べているように、彼らの魔女裁判の取消しと悔悟とは、たまたま、イングランドにおける魔女の教理の反対者たちにとって、この上なく効果的な議論として現われた。そういう意味で、この宣言は、アメリカ史上の偉大な文書であるばかりでなく、全人類の福祉を推進するものである。

イギリスの文献に現われた魔女論争

ほうきの柄にまたがり、人間同様血肉をもった精霊によって、われわれのうちのだれかが煙突から運び出されると考えるよりも、われわれの悟性が、われわれの混乱した心の発現によってその座を奪われると考えたほうが、どれだけ自然であろう。

モンテーニュ

一五九七年にロンドンで発行された『魔神論』という本は、一六世紀末に魔女が一般にどのように信じられていたかをよく伝えている。その著者は、ほかならぬイングランド国王ジェームズ一世である。この小論は、質問をするフィロマテスとそれに答える賢明なエピステモンとの対話形式で書かれており、国王らしい魔神論者が、その時代の魔法と呪術から生じたもっとも重要な問題をまとめている。

この本は、事実と直接に取り組んでおり、著者は他の人とは違って細目に迷わされることなく、

図126　魔法の専門家（マシュー・ホプキンス筆）

この禁制の技術の原理、作用、懲罰の実態に終始している。

『魔神論』はきびしく批判され、グリロ・ド・ジヴリは著者を不吉な人物と呼んで、著者を追憶のなかで傷つけた。一八六一年にはラン・E・リントン夫人が、彼の名前は「悪徳、気ちがいじみた臆病、極端な利己主義、恐怖のために呪われている」と書いた。また一九〇四年にはトレヴェリアンが、この国王を、新しい「死刑法」を制定したために非難しており、ロバート・スティールも同様に、「ジェームズ王の第一回の議会のとき、エリザベス女王の慈悲ぶかい条例が廃止された」と批判している。そしてスティールによれば、新しい条例のもとで七万人が処刑されたという。

これらの記事をわれわれはジョージ・ライマン・キットレッジに負っているが、彼は、王室づきの魔女専門家の名誉回復を企てている。その著『イングランドにおける魔法の今昔』（一九二八年、マサチューセッツ州、ケンブリッジ）のなかで、利用できる記録（それは不完全であるかもしれないが）によれば、ジェームズ王の治世では、わずか四〇人そこそこの人数――一年平均二人――しか処刑されなかったことが証明されている。キットレッジによれば、ジェームズ王は懐疑的で、裁判官にはいい影響を与えた。彼は、隠秘論者のジョン・ディー博士を保護し、悪名高い魔法使いのフォーマンやラムなどの悪党を大目にみた。さらにキットレッジは、スコットランドの魔法に関する法律はジェームズ王がつくったのでなく、その法律は王が生まれる以前に制定されたものであること、だから、王がスコットランド人にそれを教えたわけではないこと、また魔法に関するそのような信念は人類の先祖伝来のものであり、ジェームズ王の死後も一〇〇年以上つづいたこと、スコットランドの魔女迫害の最悪の時期は彼の治世と一致しないこと、などを断言している。

ジェームズは、彼の従兄弟のボスウェル伯がアグネス・サンプソンから魔法使いのかどで告発された有名な一五九〇年の裁判に関係した。王はそのとき一七歳だった。彼は、魔女たちの審問に出席したし、拷問のときにも立ち会ったといわれている。

彼の著作を読むと、彼は王者にふさわしく、伝統以外のものはなにも擁護することができなかったようである。そして、独創的な考えは得意ではなかった。彼は『魔神論』のなかで、ヨハン・ヴィエルやレジナルド・スコットの新しい考えに論駁している。ジェームズ王が懐疑的になるのは、つねに宗教的な根拠からであり、軽信なカトリック教徒どもの迷信に烙印をおす機会を逃がすはずはない。

彼はオオカミ憑きを信じず、オオカミ狂いは自分をオオカミと考える人たちの病気であるとしている。また、カトリック教徒が、悪魔を追いはらう十字架の力や神の御名の力を信じているのは、迷信だと言明している。魔よけの儀式にはいい効果もあるが、その儀式をつくりだした概念は、間違っている。こういう一種名状しにくいような事がらは、人を納得させることはできない。しかしながら、名声の高い人びとにかぎり証人として認めるべきだという彼の示唆は、一六世紀から一七世紀の初めまでのフランスのやりかたの改善になっている。さらにジェームズ王は、夢魔の存在を、それが肉体をもったものであろうと幽霊の形をしたものであろうと、いずれも否定し、夢魔を自然の病気と呼んでいる。悪魔は、カトリック教徒の時代には頻繁に現われたが、いまではそれもまれになった。「なぜなら、以前はわれわれがひどい誤りをおかし、そのもやが悪魔に暗い影を投げて、悪魔同士をなれなれしく往来させたからである」。そしてついに、サタンとベールゼブブとルシフェルとは同一のものとなる。以上のようなことは、だいたいジェームズ王が行なった改革が示唆するすべてであるが、これらはじつは彼自身の発明ではない。『魔神論』の第五章で、彼はディー博士や他の魔術師たちを寛大に取り扱ったことに関する手がかりを述べている。なぜ王侯がしばしば魔術師を召しかかえているかというフィロマテスの質問に対して、エピステモンは、悪風はよき法律のように解釈することができない、と答えている。

ジェームズ王の『魔神論』の第一部は、魔術と、巫術すなわち死者による予言とに費やされている。魔術師は、血で書いた契約書にしたがって悪魔に命令をくだす。悪魔は、魔術師の死後にその命令をひきうける。悪魔は、好奇心、燃えるような復讐心、貪欲、この三つの情熱によって人間にはたらきかけ、禁じられた行事にひきつける。天文学は認められているし、必要でさえある。占星術は、季節、天気予報、簡単な治療について、適度に行なわれている場合には違法ではない。しかし、政治とか戦争などを占星術で予想することや、星にあまり信頼をおきすぎた予言は、土占い、水占い、数占い、人相術、手相術とともに、すべて完全な違法行為であり、きびしく禁じられている。そのような技術の研究と知識は違法ではないが、しかしそれらを実行することは、違法である。

ジェームズ王は、第二部では魔法をあつかっている。魔女は悪魔に命令しない。魔女は悪魔の烙印をおされた悪魔の奴隷にすぎない。ジェームズ王は、魔女は憂鬱病患者だというヴィエルの説に論駁している。王によれば、憂鬱病患者は痩せていて青白く、孤独を求めるが、魔女は肥満していて金持で世才にたけ、肉体的快楽にふけっている。そして違法か合法かにかかわらず、仲間づきあいと歓楽を好む。

魔女は、じっさいに、そして空想のなかで飛翔する。飛翔が神聖な勤務らしくみせかける。魔女二〇人に対し、男の魔法使いは一人である。なぜなら、イヴの物語からわかるように、婦人は誘惑に弱く、ヘビにたやすくつかまえられるからである。ジェームズ王はさらにつづける。魔女は邪悪な目的のために悪だくみに磨きをかける。悪魔は、病気をおこす石を魔女に与える。魔女が使う毒は、自然のものではなく悪の力でつくられたものである、等々。

魔女は、男女の人間の愛憎を意のままにし、神がゆるす程度の暴風雨をおこすことができる。また、人間を気違いにすることもできれば、精霊を送り出し、人や家に出没させることもできる。つまり、人を魔もの憑きにさせることができる。

魔女は、宗教上の違犯者や、大きな過失をおかしたもの、信仰に弱点のある人、また善良な人にもその忍耐心をためすために、罰として悪を加える。

敬虔なる人びとがもっとも保護されるといっても、だれひとり安全なわけではない。あらゆる邪悪は、悪魔を執行人として従えている神の意志によっておこる。悪魔は牢獄につながれた魔女を訪れる。死者の肉体を身につけて、睡眠中の男や女と情交する夢魔として現われる。なぜ悪魔は、悪の目的のために善良な人びとの死体を利用することができるのかというフィロマテスの質問に対して、エピステモンは『マルコ伝福音書』第七章一五を引用して、「なにかが外から人のなかに入って、人を汚すことはない。かえって、人のなかから発してくるものが、人を汚すのである」と答えている。

第三部と最後の部でジェームズ王は、精霊、幽霊、死霊、ジイム、イイム、妖精などいろいろな種類を解説して、その学識をあらためて証明している。王は、男または女の夢魔の悪業についてくわしく述べている。王によれば、この二つの悪魔は、フィンランド人やラップランド人、さらにオークニイ諸島とシェトランド諸島の住民など、未開人のあいだではひじょうに頻繁に現われる。

魔女の認定は、刺すことと飛走することできめられる。また殺されたものが出血すれば、涙を流すことと同様に、魔女の証拠になる。第三部の第六章でフィロマテスは、魔女がうけるべき罪について質問している。

エピステモン――魔女たちは、神の法、民法、帝国憲法、すべてのキリスト教国の国内法にしたがって死刑にさるべきである。
フィロマテス――どんな種類の死刑なのか教えてください。
エピ――一般に火あぶりの刑であるが、それぞれの国の法律や慣習によって任意にきめられるべきである。
フィロ――しかし、例外になるような性別とか年齢、身分はないのですか。
エピ――全然ない……
フィロ――それでは、青少年も助からないのでしょうか。
エピ――さよう。私の結論に間違いはない。
フィロ――あなたは、魔法に関係するすべての人びとを有罪とするのですか。
エピ――もちろん。

そしてこの愛すべき会話は、つぎの言葉で終わっている。
「……世界の完成とわれわれの救済が近づきつつあることに、サタンは怒りを燃やし、その怒りを彼の手先を使ってぶちまけている。サタンは、自分の王国が終末を告げようとしていることを知っているからである」。

ジェームズ王の意見は、当時の一般の意見と一致している。しかしながら、彼がおずおずながらも裁判官を和らげようとしたことは、好意的にみるべきである。また一五九七年に、スコットランド全土に山積していたすべての起訴を彼が取り消した事実も、忘れてはならない。しかしこの見かけ上の進歩も、このスコットランドの事件のころに出版された『魔神論』によって否認された。人びとは、ジェームズ王が熱心すぎる治安判事たちに、もっと力づよく警告するものと期待していたかもしれない。しかし彼の著書は、寛大よりも、寛大を取り消すほうが正しいとしているように思われる。この本を読んで察しられることは、世論が、王のスコットランドにおける立場を、イングランドの魔女裁判で今後とられる新方針の合図だと解釈するのではないかと、ジェームズ王自身が懸念していたということである。論争点に関する王の意見は、決定的に重要だったにちがいなく、この問題がすでにひろく論争されていたことは、ジェームズ王がフィロマテスにさせた懐疑的な質問や、さらに『魔神論』よりも一一年前に出たレジナルド・スコットの著『魔法の発見』からも知られる。スコットはヴィエルの学生である。ヴィエルはまた、アグリッパ・フォン・ネッテスハイムから懐疑主義を習得した。アグリッパの著『技術と科学のはかなさ』は、浅薄で大ざっぱな記述だが、そこでは、メッツの宗教裁判官のサヴィニと著者が交わした論争が再現されている。

その著によると、アグリッパは、メッツ市で告発された一人の魔女をかばった。宗教裁判官は、「あわれな田舎の婦人を屠殺場で歓迎した」。裁判官のおもな論証は、嫌疑をかけられているその婦人の母親が魔女として火あぶりに処されたということだった。この意見に対してアグリッパは、洗礼の恩寵を申し立てて論争した。サタンがわれわれから追い出されると、われわれは「新しいキリストの創造物となる。そして人間がこの創造物から引き離されるのは、ただ自分自身の罪によってである。人間が他人の罪のために苦しむということは、真実にもとるのである」。裁判官は、一言も答えられなかった。「残忍な修道士は、人びとの面前で非難され恥をかいた。そして以後は、その残酷さのために悪名がとどろいた。また、メッツの教会内にいて、あのあわれな婦人を告発した連中は、大きな罰金を科せられた」。

アグリッパは、このような勇敢な立場をとったため、裁判官からひどくにらまれた。アグリッパの死後、ヴィエルが恩師を擁護するためにできるかぎりのことをしたにもかかわらず、アグリッパの名は魔法使いの嫌疑をかけられたままであった。

悪魔は神学の教理とは分離できなかったし、いまもそうなので、ヨハン・ヴィエル（図91）は地獄が存在することを主張した。しかしこのブラバントの医師は、悪魔の助けをかりながらむなしい言葉を用いて活動する魔女の存在を認めながらも、そういう活動はなんの効果もないことを強調している。魔女の活動は、真実の知識にもとづくものではない。幻想が、魔女を導く唯一の教師である。魔女は、家畜に治療をほどこすことはできないが、ある毒物を使って害を与えることはできる。魔女は、悪魔の命令を遂行したのだと考えているため、理解する力をすっかりなくしてしまっている。彼女らは、空中に混乱をまきおこしたり、その他のありえないような事がらをひきおこすことができると、おろかにも信じている。魔女のすることは、彼女らがばかげているのと同じくらい奇妙である。魔女は異端者ではないが、おろかものである。魔女が悪だくみをいだいていても、罪とすべきではない。なぜなら、子どもや憂鬱病患者の邪悪ではあるが影響力のない意図は、罰すべきでないからである。自分の愚行を後悔し認めるものは、ともかくゆるされるべきであるが、強情をはる場合でも、教皇の定めた罰金で十分である。魔女は、けっして残酷に処刑すべきではない。

一五六七年にヴィエルが発表したこの考えは、ジェームズ王の妥協案とは本質的に違っている。ヴィエルの考えは、裁判官が何百人という絶望した婦人を焼き殺したことを誇っていた時代に、多くの魔女を治したという正当な満足感をもって報告することができた一人の医学者から発しているのである。

ドイツでは三人のイエズス会士が、魔女の罪の清めに着手した。アダム・タンナー(一五七二―一六三二年)とパウル・ライマン(一五七五―一六三五年)の二人は、魔女に対する訴訟は慎重にやってほしいと裁判官につよく忠告した。フリードリッヒ・フォン・シュペー(一五九一―一六三一年)は、一六三一年に匿名で『犯罪の防止』を出版した。彼は三〇歳そこそこのころ、ヴュルツブルクの司教からなぜ髪が白くなったかと訊ねられて、こう答えた。「私が死にいたらしめた多くの魔女のことに心を痛めたからです。だれ一人として罪はなかったのでした」。オランダでは、一六一〇年に魔女狩りは廃止された。ジュネーヴでは一六三二年に廃止された。このことから、ジェームズ王の懐疑主義や寛大さを過大評価すべきでない。王が魔女に刺すことと飛ぶことを認可したことは、非道な行為をあおる合図になった。

だがここで、ジェームズ王にある程度の懐疑主義を示唆したレジナルド・スコットに話をもどしてみよう。スコットの著書『魔法の発見』の数章の表題は、著者の啓蒙性をよく示している。「あの男の夢魔は、自然の病であり、その治療法は、ここに述べる(魔術的療法以外の)治療法と同一である。

魔女に科される四つの大罪について。そのすべては、完全に答えが出され、つまらぬこととして論破された。

魔女の告白に関する論駁。とくに（悪魔との）同盟に関して。

第一部の結論。第一部では、魔女担当者と宗教裁判官の横暴なる残虐性を前もって示してあるから、読者におかれては、第一部を熟読されんことを要望する。

かりそめの妖怪について。福音書の説法によっていくらかは改善されてはいるが、人びとはいかにして化け物をおそれるようになったか。また、キリスト教の奇跡の真の効果について」。

スコットの考えは、見たところ不毛の地に蒔かれたようだが、魔女論争に関する文献は、一七世紀まで中断することなく現われた。ジェームズ王の『魔神論』は、一六〇三年に再版された。一六一六年には、ジョン・コッタが『魔法の裁判』を発表し、そのなかで、彼は魔女の教理を全面的に認めてはいるが、ヴィエルの場合のように裁判官に警告を与えている。一六一七年には、トマス・クーパーが『魔法の神秘』を公表した。彼の意見は、カルヴァン派の牧師で一六〇八年に『呪われた魔法の技術に関する論説』を出したウィリアム・パーキンズと、根本的に一致している。同様に、アレグザンダー・ロバートの『魔法論』（一六一六年）も、保守的である。ロバートは、「リン王に仕えた聖書係」だった。リチャード・バーナードの『偉大な陪審員のための案内書』は、この問題に関するイギリス教会の見解を示すもので、留保条件がいっぱいついている。つづいて、プラトン学派のヘンリ・モアの『無神論の矯正法』があるが、モアは、魔法は不可視の世界の実在を証拠だてるものだと信じている。

この論争的なテーマをあつかった筆者は、もっと多く挙げることができる。しかしながら、その人たちも、イギリスにおいて魔女の信仰の最後の「偉大な」擁護者ジョセフ・グランヴィルの前には、影がうすくなってしまう。一六六六年以来新たに創立された王立学会の一員として、またバスの大修道院の院長として、グランヴィルの意見はかなりの重みをもっていた。彼は魔法について三冊の本を出版した。『当代の霊魂滅亡論の打倒』は四版を重ねた（一六六八—六九年）。そして一六八一年には『勝ち誇る霊魂滅亡論』として再版された。

グランヴィルの書物は、無知な女性からえた説をこじつけて証明を加えた衰えつつある技術に、最後の魅力的な仕上げをほどこした。それは二部に分かれている。第一部は魔女が実在する可能性を取り扱い、第二部はそれを証明している。

その本の第二部の扉には、悪魔のさまざまな現われかたが、まずいけれども啓示的に描かれている（図127）。この版画は、六つの小さな絵に分かれている。最初の絵は、モントペッソンという人の屋根の上で、不気味な仲間をつれて太鼓をならしている悪魔が示されている。それにつづいて、黒衣をまとった聖職者としての悪魔の絵、空中を飛行している男の絵、本来の姿をした悪魔が魔女の眉の上にしるしをつけている絵、モントペッソンの子どもが悪魔の力で空中に引き上げられている絵、そして最後に、天使が（それとも悪魔が）寝ている婦人のところに現われた絵となっている。愉快なことにグランヴィルの序文から、「魔女や妖怪は馬鹿げた、信じられない、たわけた、ありえないものだとかたく信じて疑わぬ」人びとのいることがわかる。そこで彼は、

図127　悪魔のさまざまな出現の仕方

「事実のどんな証拠をもってしても、少数の不屈な人たちの頑固な偏見をとり除くにはけっして十分でないことを、あらかじめ覚悟している。だから私は、彼らのひどい非難をうけるはずだと思っている」。

これらの予期していた非難にも妨げられないで、グランヴィルの本は、一六八三年、一六八九年、一七〇〇年、一七二六年と版を重ねた。ところが一方、われわれの知るかぎりでは、ジョン・ワグスタッフの懐疑主義的な著書『魔法問題討論』は、再版されなかった。ジョン・ウェブスターはその著『想像された魔法の展示』(一六七七年)のなかで、悪魔と魔女のあいだには肉体的な結びつきがあるという考えに依然として固執しているが、その他の点ではまったく懐疑的である。彼は、魔女の邪悪な活動の現われを、詐欺とぺてん、憂鬱と空想のせいにしている。また、悪魔や小悪魔が魔女のからだをなめるということ、人間と精霊のあいだに肉欲的な交接があるということ、魔女はイヌやネコに変身できるということ、魔女は暴風雨などをおこすことができるということ、を全面的に否定している。イングランドではスコット以来、このテーマをこれほどみごとにあつかった本は、ほかには一冊もなかった。

一八世紀の初めには、たぶんグランヴィルの成功に励まされてか、魔法の擁護者たちが少数の論文を発表した。リチャード・ブールトンの『魔術全史』は、魔女裁判や妖怪変化に関する不完全な著述である。ジョン・ビューモントの『精霊論』(一七〇五年)は、モンタギュー・サマーズによって、理性的で保守的な傾向を示す健全な書物と呼ばれている。だがこの書はむしろ、つねに耳鳴りに悩まされていた精神病患者の著述と呼ぶべきだろう。彼は、耳鳴りは前兆だと考えている。「耳鳴りは、自然なものではない。自然なものとどこか違っている。多年私は、耳鳴りがするたびに私に関する評判やうわさを知らされた。耳鳴りは、このごろ私がときどき経験する病的なものの影響ではないのである……」。

魔女論争の最後を飾るものは、フランシス・ハッチンソンの『魔法史小論』(一七一八年)である。ハッチンソンは国王の礼拝堂づき常任牧師であり、聖エドマンズ＝ベリの聖ジェームズ教区の牧師だった。『聖書』は、彼に魔女信仰のむなしさの証拠を与えた。「あなたは、むなしい偶像に心を寄せる者を憎みます。しかし私はただ、主を信頼します」(『詩篇』第三一章六)。「しかし、俗悪で愚にもつかない作り話は避けなさい。信心のために自分を訓練しなさい」(『テモテ前書』第四章七)。

ハッチンソンは、一七一二年に魔女として起訴されたジェーン・ウェンハムの裁判を、広範囲にわたって取り扱っている。彼女は、ポウェル判事の信念に反して、正式に有罪の判決をうけた。しかしながら、彼女はまもなくゆるされて、プラマー陸軍大佐の保護のもとにおかれた。プラマーの死後、彼女はカウパー伯爵夫妻から少額の年金を与えられたが、一七三〇年に死亡した。裁判後イギリスには、広範囲にわたる『ウェンハム文献』が氾濫した。「私は、ハッチンソンは、イギリスの最後の魔女をわざわざ訪問し、彼女についてこう語っている。「私は、彼女が信心ぶかく落ち着いた婦人であることを、つよく確信している。……本書を読めば、不幸にして貧乏の状態で、彼女が住んでいたような野蛮な教区に住み、彼女が出会ったような事件に出会うならば、だれでも、彼女を見舞ったような騒動に遭遇すると考えない人はいないだろう、と私は確信する」。

その本の結論で、彼はつぎのようにいっている。「以上によって私は、あのような場合の告発や迫害、絞首刑は、悪を救済するどころか、ますます増大させるし、一国の国民があのような状態にあれば、それはひじょうな災難であることを、はっきりと示した」。

悪魔の儀式

黒い魔術

……呪文を唱えると、急流は逆流し、大洋は凍り、風はおさまり、太陽は止まり、月はそのあわを生じ、星は天球からもぎとられ、昼は亡び、夜は無限につづくであろう。

アプレイウス『転身譜』第一巻

さて、話題を魔女から「黒い」魔術師に転じ、後者の秘密の儀式を暴露してみたい。この儀式こそ、黒い魔術師が地獄の魔ものたちを呼びだし、彼らを隷属させる手段だった。このように魔術師は、悪魔の奴隷である魔女とは違って、命令するのである。彼は、もの知りであり、自分の魂を高い値段で売りつける。さらに、秘本である魔法書すなわち黒書によって、悪霊の奇妙な名前をおぼえ、彼らを支配する方法を知っている。

『大魔法書』には、魔術師への有名な教訓が記録されているが、それはつぎのような言葉で始まっている。「おお人間よ、か弱き死すべきものよ、なんじ自身の無恥厚顔におののくがよい」、

「かかる深遠なる知恵にむやみに留意してはならない。なんじの領分よりも高くなんじの魂をかかげよ。そして、何ごとかを企てんとする前には、断乎たる決意を固むべきことを、われより学べ」。

地獄の魔ものを操縦するには、ずるがしこくやらなければならない。彼らは、騎手の臆病さに気づいているウマのようなものである。あらゆる手を使って、騎手を落馬させようとこころみる。すぐに感動したり、妖怪や地鳴りをこわがる人たちは、地獄の魔ものを呼びだすことは控えたほうがよい。というのも、これらの魔ものは、最初はおそろしい姿をして現われるからである。悪魔は、呼びだされると、人の姿になる前に、奇怪きわまる形をして現われる。もし魔ものを呼びだす人が、安全な円のなかに静かに立っていることができないで、魔法の線から指一本でも出たりすると、その人はずたずたに寸断されてしまうだろう。悪魔は魔術師に仕えるのを嫌うのである。ただ、高価な人間の魂という報酬があるからこそ、悪魔は隷属を承知するのである。彼らは、規則をおかした魔術師を不意に捕えては喜ぶのである。

『聖なる王』という本には、つぎのように書かれている。「地獄との契約を結びたいと思えば、まず、だれを呼びだしたいかを決定しなければならない」。地獄の下級の魔ものでも望みがかなえられるときには、サタン自身をわずらわせる必要はない。「呪文をとなえる二日前に、一度も使ったことのない新しい小刀で野生のハシバミの木から一枝切りとらねばならない。その枝は、一度も果実がなったことのない枝でなければならず、しかも、太陽が地平線からのぼる瞬間に切りとらなければならない」。

「このあと、薬屋が販売している血玉髄と二本の神聖な蠟燭《ろうそく》を手に入れ、呪文がじゃまされないで実行できるような、さびしい場所を選べ。悪霊はこわれた建物を好むから、廃墟となった古城はうってつけである。自宅の離れの部屋も、やはりあつらえむきである。血玉髄でもって床の上に三角形を描き、三角形の二辺に蠟燭を立てよ。三角形の下辺のところにＪＨＳの聖なる文字を書き、その両側にそれぞれ十字を書け（図128）」。

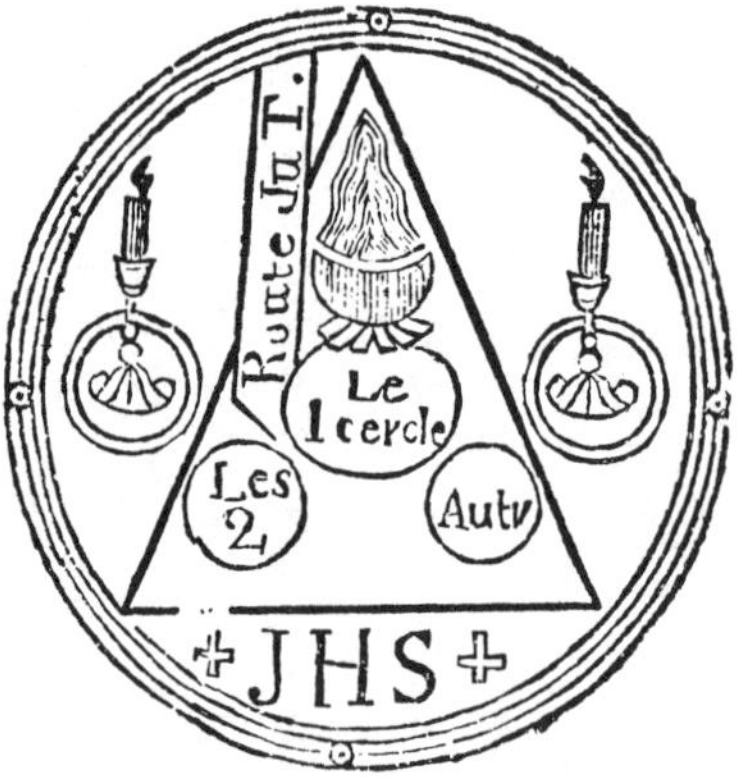

図128　魔法の円

「ハシバミの枝をもち、呪文と要求を書きこんだ紙をもって、三角形の内側に立て、そして希望と確信をいだいて悪霊を呼び出せ」。

「〝ルキフグス皇帝よ、不逞の悪霊たちの支配者よ、私はいま、陛下の大臣である偉大なルキフグス・ロフォカルスをお呼びして契約に署名したいと思っていますので、どうかお力をお貸しください。また、ベールゼブブ王子が私の企てを守護してくださるよう、お願いします。偉大なアスタロト大公よ、大公にもよろしくお願いします。偉大なルキフグスが悪臭を消して人間の姿と力をそなえて私のところに現われ、これから署名しようとしている同意書にもとづいて、私に必要な一切の富をお恵みくださるようにしてください。おお、偉大なルキフグスよ、今おられるところからここにきて、私に話してください。もし閣下がここにくるおつもりがなければ、私は偉大な生き神と聖子と聖霊の力によって、むりにも閣下においでいただかなければなりません。すぐにおいでください。さもなければ、私の強大な言葉の力と、ソロモンが不逞な悪霊たちと契約を結ぶときに用いた偉大なソロモンの鍵とによって、閣下を永遠に苦しめます。ですから、できるだけ早くお見えください。さもなければ私は、つぎのような鍵の力づよい呪文を唱えて、あなたをたえず苦しめます。〔アグロン・テタグラム・ヴァイケオン・スティムラマトン・エロハレス・レトラグサムマトン・クリオラン・イキオン・エシティオン・エクシスティエン・エリオナ・オネラ・エラシン・モイン・メッフィアス・ソテル・エムマヌエル・サバオト・アドマイ〕、お願いします。アーメン〟」。

この呪文には抵抗できない。呪文を唱え終わる前に、ルキフグスは現われて、こういうだろう。

「さあ、やってきたぞ。何が欲しいのだ。なぜわしが休んでいるのをじゃまするのか。返答してくれ」。

魔術師「私は、閣下ができるだけ早く私に富をお恵みくださるように契約を結びたいのです。さもないと、私は閣下を、あの鍵の呪文によって苦しめます」。

ルキフグスは、外交上の慣例にしたがって、既定の儀式ばった態度でつぎのように答えるだろう。

「二〇年後に、わしがおまえを好きなようにしてもよいということを了解の上で、おまえの魂と肉体を引き渡してくれるのでなければ、わしはおまえの命令にしたがうことはできない」。

ここが重大な点である。魔術師は、自分を守るべきであって、どんなことがあっても自分を引き渡してはならない。彼は、なんの約束もせずに、ルキフグスをしたがわせるようにつとめなければならない。しかし、そういう策略もほとんど役に立たない。というのも、悪魔は、報酬がなければ、ものを与えることをしないからである。ところで黒書によると、この危険な暗礁をまわりみちする方法がある。すなわち、円の外側に契約書を投げればよい。契約文は、真新しい羊皮紙に書き、自分の血で署名しなければならない。文面は、つぎのように記す。「偉大なルキフグスが私に富を与えてくれれば、二〇年後に、偉大なるルキフグスに謝礼することを約束します」。最初ルキフグスは、この婉曲な文書をうけ入れないであろう。だが魔術師はこれをつよく主張し、堂々と訴えたり、悪魔を打ち負かすあのソロモンの鍵の呪文を唱えたりして、ルキフグスをふたたび出現させることになる。

「なぜおまえは、わしをまだ苦しめるのか。もしおまえがわしをひとりにしておいてくれるなら、ここからあまり遠くないところにある宝物をおまえにやろう。わしのほうの条件は、おまえが毎月第一月曜日に貨幣一枚を献納することと、毎週一度、夜の十時から朝の二時のあいだにわしを訪問することである。わしは、おまえの契約書に署名した。さあ拾いあげるがいい、もしおまえが約束を守らなければ、二〇年後には、おまえはわしのものになるのだ」。

この黒書がはたして真実を伝えているかどうかについては、多少の疑問がある。というのは、悪魔は署名をしないのがふつうなのに、ルキフグスが署名している点が変なのである。取り決めた条件は、悪魔にとっては不利なので、ルキフグスは、その不当な契約の写しを要求しようとさ

図129　隠された宝物を示す悪魔

図130　隠された宝物を示す悪魔

えしない。ルキフグスは、図129に示されているような姿で現われるだろう。魔術師は、つぎのように答える。

「私はその宝物をすぐにも手に入れたいので、約束の宝物を私に見せてくださるなら、私は閣下のいわれることに同意いたしましょう」。

ルキフグス「見せてやるから、わしについてきて宝物を取るがいい」（図130）。

すると魔術師は、魔法の三角形から図128に示されている地点に踏みだし、悪霊に導かれて宝物のところまでいき、その宝物に魔法の杖で触れる。彼はまた、宝物の上に契約書をおき、それから運べるだけのお金をもって、あとずさりしながら魔法の三角形のところにもどる。それからつぎのようにいって悪霊に別れを告げる。

「おお、偉大なるルキフグスよ。おかげ

図131　黒いメンドリの秘伝で現われた妖怪

で私は満足です。もうあなたとお別れしますから、ご安心ください。どこへでもお好きなところへ立ち去ってください。ただし、さわぎたてたり、いやな臭いをさせないでください」。

　これが、悪魔を呼びだし、すぐに金持になる簡単な方法である。その他の黒書には、ずっと複雑な儀式が規定されてある。しかしながら、やはり簡便さがとりえの黒色の若いメンドリの儀式がある。著者によると、魔術師は、まだ卵を生んだことのない黒いメンドリをつれて十字路のところにいき、その場所で真夜中に鳥を半分に切り、つぎの呪文をとなえる。「エロイム、エッサイム、われは求め、訴えたり」。それから顔を西にむけてひざまずき、自分の前にあるイトスギの杖をもって大声で訴える——すると、「彼」がすぐに現われる（図131）。

　ソロモン王は、地獄との一切の交渉の支配人だと考えられ、彼の呪文の「原」典が数多く魔術師たちのあいだに伝わった。用語は、ローマ字で書かれたヘブライ語だった（図132）。ソロモン王の印章は、もっとも効験のある魔法の図案だとみられ、アバノのピエトロは、これを空気の精霊を呼びだすために推奨した。それは、月がふくれるときに行なわれる。ピエトロは、もう一つの魔法の図案として四つの同心円を、春の日曜日の午前一時に善の精霊を呼びだすために推奨している（図133）。それは、見たところ白い魔術（善魔の力による）の円であり、ヴァルカンとは、主にしたがう空中の王天使の名前である。トゥスとアンダスとキナベルとは、彼の聖なる使者たちである。日曜日の最高位の天使たちは、ピエトロによれば、ミカエルとダルディエルとフラタパルとである。この天使たちを運ぶ風は、北風である。彼らは、紫檀《したん》からつくった香料で効果が生まれる魔術の式典に、呼びだされることもある。

その他の魔法の円や記号は、間違ってホノリウス教皇が書いたとされている珍重な黒書や『小アルベルトゥス』や『赤い竜』のなかに載っている。一六世紀の大魔法師ヨハン・ファウスト博

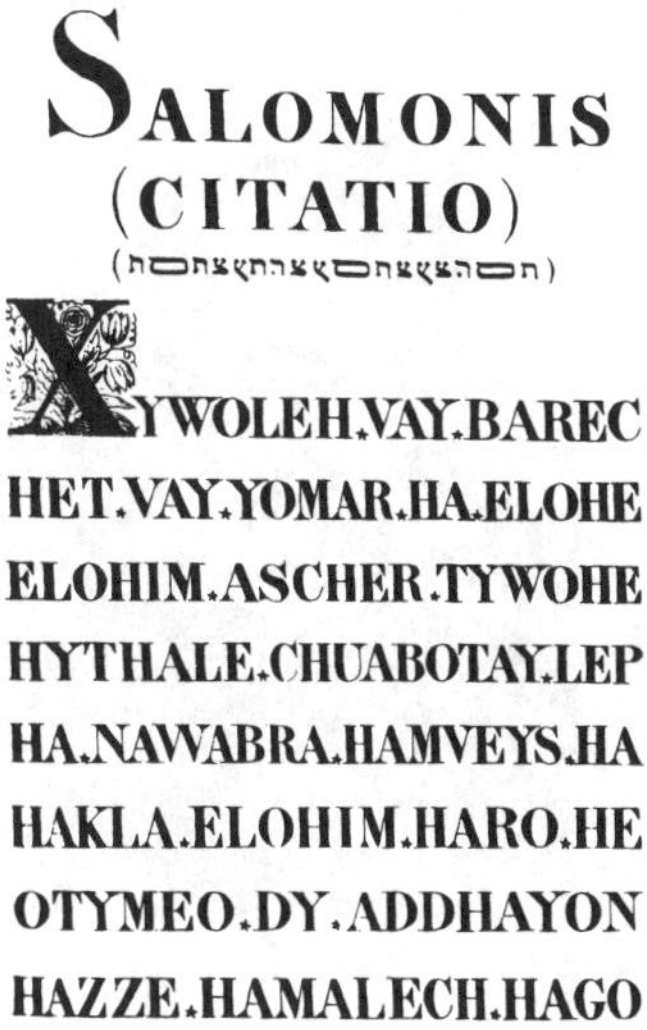
SALOMONIS
(CITATIO)
XYWOLEH.VAY.BAREC
HET.VAY.YOMAR.HA.ELOHE
ELOHIM.ASCHER.TYWOHE
HYTHALE.CHUABOTAY.LEP
HA.NAWABRA.HAMVEYS.HA
HAKLA.ELOHIM.HARO.HE
OTYMEO.DY.ADDHAYON
HAZZE.HAMALECH.HAGO

図132　ソロモンの鍵による呪文

図133　アグリッパの偉大な魔法の円

図134　ファウスト博士像

図135　ファウスト博士の魔法の円と杖

士の作といわれている一連の著作は、とくに暗示的な象徴を例示している。

ファウスト博士（図134）の『地獄の威圧』の翻訳は、教皇アレクサンデル六世（一四九二―一五〇三年）時代にローマで印刷されたといわれるものなど、数種ある。しかしながら、ファウストがその隠秘的な仕事を一五二五年まで、いや一五三〇年になってもまだ始めていなかったことはわかっている。この事実から、この小論文にはいくぶん疑念が生じてくる。だがともかく、そこに示されている魔法の絵は、ひじょうにみごとである。図135は、ヘブライ文字を書きこんだファウストの魔法の円と杖を示している。もう一つの年代不明の『地獄の威圧』が、一九世紀のある隠秘論者の蒐集のなかから発見されたが、その扉のページには、クリトリンゲンまたはクニットリンゲン出身のマキシムス師という有名な妖術師の、人目を引く空想的な肖像画がある。ファウ

図136　魔法の円

図137　魔法の円と文字

スト博士の作とされている第三の黒書はパッサウで印刷され、年代は一四〇七年になっている。これは活版印刷が発明される以前であり、ファウストが生まれたときよりも一〇〇年も前である。この本には、奇妙な円が描かれており、その円のなかの十字は、全体が宗教的でない図案の一部になっている。たぶん、悪魔を欺くためにこのような構図にしたのだろう（図136）。

ファウスト博士の『偉大にして強力な海の幽霊』とは、一六九二年にアムステルダムで印刷された黒書の標題で、キャベッジ・ブリッジにいる販売人のホルベック・ベーカーが入手した。その序文でファウストは、ベールゼブブが、従僕の悪霊メフィストフェレスを自分に送ってよこした取引の要約を述べている。そして、「このようなことは、偏見をいだく人びとや、こんな契約は結ばれるはずがないと否定する人びとからは、ただ疑われるだけだろう」といっている。魔法の円をつくることは、どちらかといえばむずかしい作業である。それは、金属板を切り取ってつくらなければならない。そして金槌で一打することに、「悪霊や悪魔に負けずにつよくなれ」といわなければならない。中央の三角形（図137）は、絞首台からとった三つの鎖でつくり、打つ釘は、車裂きの刑や他のおそろしい刑に処せられた犯罪人の額に突き刺した釘でなければならない。つぎに魔術師は、神聖な祈りをあげて神に話しかける。祈りは心をこめてとなえなければならないが、そのあいだに、「イン・ゲ・トゥ・イ・ゲ・シ・サン・ミム・タ・チュ」という叫びが混ぜられる。

感動を装ってアーメンを唱えた後、サタンに対する呪詛を述べなければならない。「地獄のイヌよ、永遠なる呪いの深淵に転落せる精霊よ、悪魔の怨霊の大群のただ中に雄々しく立てるわれを見よ」――さらに、こういう自慢をもっと唱える。サタンは、魔術師の願いを満たす前に三度呪詛されなければならない。ひどい言葉をあびせられて、彼は追いたてられる。この小冊子は、つぎのような言葉で終わっている。

「お金と宝石を手に入れ、ルシフェルが去ってしまえば、讃美歌を歌って神に感謝せよ。貧しき人びとと改宗者を忘れるな」。

『赤い竜』と『教皇ホノリウスの魔法書』とは、地獄のおもだった悪霊たちとその署名について教えている（図138）。ルシフェルは皇帝で、その署名は四本の角をもった頭である。ベールゼブブ王子は、不快な横顔で表わされている。アスタロト大公は、署名など無用だと嘲弄しているかのように、舌を出している。ルキフグスは、内閣総理大臣であるが、アメリカのインディアンに似たところがある。陸軍長官のサタナキアの署名は、昆虫のような形である。アガリアレプト陸軍大将は、署名として二つの頭を使用する。陸軍中将のフリュレティは、ぎこちなく描かれたウマのひづめと、彼の抒情的な名前に不似合いなするどい横顔で特徴づけられる。サルガタナス准将の署名は地獄のチョウであり、陸軍元帥のネビロスの署名は、一枚の葉と、胴体が昆虫で顔が赤児の虫である。これらの半分公式の画像は、そんなにおそろしくはない。これらは、大胆なユーモリストが描いた風刺画なのだろうか。

LUCIFER, Empereur.		ルシフェル (皇帝)
BELZÉBUT, Prince.		ベールゼブブ (王子)
ASTAROT, Grand-duc.		アスタロト (大公)
LUCIFUGÉ, prem. Ministr.		ルキフグス (総理大臣)
SATANACHIA, grand général.		サタナキア (陸軍長官)
AGALIAREPT., aussi général.		アガリアレプト (陸軍大将)
FLEURETY, lieutenantgén.		フリュレティ (陸軍中将)
SARGATANAS, brigadier.		サルガタナス (准将)
NEBIROS, mar. de camp.		ネビロス (陸軍元帥)

図138　悪魔の権威ある署名

魔術師が悪魔を呼びだすやり方と密接に関連しているのは、死者の招魂という古くからの巫術である。施術者の要求があれば、死者の魂は墓から現われて、未来を明かし、彼らが生前隠しておいた宝物について教えてくれる。

夜間に徘徊する死者は、呼びだされなくともしばしば現われる。ときには、うす気味わるい行列をつくり、恐怖におののく市街を静かに行進する。地中海

図139　魔術をあざける哲学者

沿岸の国々ではまだこの信仰が生きており、多くの町では住民が、さまよえる死者をおそれて、日暮れになると家のなかにとじこもる。

この亡霊たちはよくしゃべり、こうしてその出現は一段と恐怖を増す。シェイクスピアの『ハムレット』にも、「経帷子《きょうかたびら》を着た死者がローマの市街でキーキーギャーギャーしゃべっていた」と書いてある。

亡霊は、生前に悪事をおかしたとか、大切なことをやりとげなかったとか、墓のなかまで秘密をもちこんだとかのために、墓のなかで安閑としておれないのである。幽霊はこの世にもどってくるけれども、生活からきり離されているので、その行動は不自然で理解できない。彼らは、金庫を守ることはできるが、それが埋まっている場所をあばくことはできない。動かずに、じっと見てぶつぶついうだけである。彼らは足を動かさずに歩き、いまはもう味わうことのできなくなった生活の喜びを忘れかねて、生前に好んだ場所に出没する。彼らは、暖炉のそばの揺り椅子に腰をおろし、半ばくずれかけた手で、そこにあるむかしのパイプをつかもうとする。ときには、以前の行動を再現したり、気味わるいふるまいで愛する人たちをこわがらせたり、気違いじみた行いをする。巫術師は、亡霊を呼び集めて命令する方法を見つけた。亡霊は巫術師の質問に忠実に答えなければならず、巫術師に退去を命じられたら、墓のなかに消え去らなければならない。また巫術師の呪文によっては、朽ちた棺のなかの遺体はもとどおりの形となって、忘れられた過去からよみがえる。

別名をタルボットと呼ばれる悪名高いエドワード・ケリーは、ジョン・ディー博士にひじょうな影響を与えた巫術師だった。ディー博士は、隠秘論や錬金術の新しい探究を目ざしてケリーとともにイギリスを去ったほどである。ケリーは一五九七年、脱獄しようとして死んだ。ディー博士は故国に帰り、回顧録を書いた。それは『ディー博士と若干の精霊とのあいだの多年にわたる交渉に関する忠実なる実話』と題して、一六五九年に出版された。この著作には、巫術の実験については何も述べられていないが、それにもかかわらず、彼とケリーとは、イギリスを出発する前にさびしい墓地で死者を呼びだしたことが知られていた。初期の図版は、無味乾燥だが、不気味な効果はすこしも弱められていない。そこには、魔法の円のなかにいっしょに立っている二人が描かれている。ケリーは片手に魔法の杖をもち、片手で黒書を読んでおり、ディー博士はおびえながら、あやしく燃える松明《たいまつ》をかざしている。二人の前には、死者が経帷子を着て立っている(図140)。円の上には、ラファエル、ラエル、ミラトン、タルミエル、レクスという文字がはっきり読める。そしてここでも、白呪術の聖天使たちがもっとも悪質な黒魔術に悪用されることが示されている。

『赤い竜』には、死者を呼びだすきわめて奇妙な方法が書いてある。「死者と語る大いなる術」

図140　死者を呼びだすディー博士とエドワード・ケリー

の章では、真の巫術師であれば、真夜中にクリスマスのミサにきちんと出席することはぜひ必要である、と述べられている。聖体がかかげられると、彼は腰をかがめて低い声で、'Exurgent mortui et ad me veniunt'（「死者は立ちあがり、わがもとへきたれり」）とつぶやく。このあとで、巫術師は教会を去り、最寄りの墓地にいかなければならない。最初の墓のところで、つぎのようにいう。

「天地万物を混乱におとしいれる地獄の魔ものよ、陰気なる住家を立ち去りて、三途の川のこなたへきたれ」。

しばらく沈黙したのち、つぎのようにつけ加える。

「なんじもしわが呼ぶ人を意のままにしうるならば、乞う、なんじが王のなかの王の名において、彼をわが指定せる時刻に出現せしめんことを」。つぎに巫術師は、一握りの土をとって、それを穀粒のようにまきながら、つぎのような言葉をささやきつづける。

「朽ちはてし遺体よ、眠りから覚めよ。遺体より踏み出て、万人の父の名のもとに行なうわが要求にこたえよ」。

巫術師はひざまずき、目を東に向ける。そして「太陽の門が開く」まで、こうしていなければならない。ついで人骨を二本集めて、それをX型にしておく。それから墓地を去って、最初に出会った教会にその二本の骨を投げこむ。そのあと、北に向かって正確に五九〇〇歩だけ離れたところで、大地に横たわり、手は脚の上におき、目は月のかかる天の方向に向ける。この姿勢で、「われはなんじを求め、見ることを得ん」と唱えながら死者を呼びだす。

幽霊は、いちはやく現われるだろう。そして、「選民の王国にもどれ。なんじがここにきたれるは、うれし」という言葉を唱えると、消えさる。巫術師はその場所を離れて最初に実験を始めた墓に帰り、左手で石の上に十字を描く。

黒書の指令は、つぎのような言葉で終わっている。「上述の儀式は、どんなに些細な事がらも忘れてはならない。さもなければ、地獄の罠に落ちこむ危険がある」。

七人の肖像

秘術師《マグス》

秘術師は、隠秘な秘密を所有している人、秘伝の知識に精通している人と考えられる。彼はその知識を、自分のためだけでなく、同胞のためにも利用する。彼は「白い」魔術師であり、自然の驚異よりも自然そのものについて瞑想することを好む。彼は自然のうちに、おどろくほど活動的な力を発見するが、他の人たちは、ありふれたことしか見ることができない。彼にとっては、神の力は神一人に集中しているのではなくて、宇宙の万物に浸透しているのである。

東方の三賢人は秘術師であった。幾世紀にもわたって、彼らは神学者たちの心を奪ってきた。一部の人びとにとって、彼らは占星術師だったが、彼らは救世主を認めてからは、自分たちの不完全な知識を放棄した人びとだ、と信じられた。けれどもまた一方では、彼らは真の賢人で、あの天界の前兆にしたがってベツレヘムのまぐさ桶に導かれていった人びとだ、とかたく信じられた。彼らは、天空を飛んだのは実物の星ではなくて、自分たちの内心の光をひきつける光、つまり啓発の光だったのだ、と推測した。

東方の帝国の君主たちは、このような秘術師を宮廷にかかえていた。秘術師たちは顧問官となり、流行病、飢饉、戦争のときには、その言葉が、不利な出来事の進行を止めることができた。古老の秘術師は、社会の精神的指導者であって、社会の基礎をむしばむような悪事をはたらく妖術師とは正反対だった。彼らは、予言者の草分けだった。しかし、彼らの力はけっきょく消散してしまい、彼らの光は新しい信仰をもった聖者に与えられた。非正当的な理論や実践からは善は生まれてこないと信じている神学は、その結果として、秘術師と妖術師と魔女のあいだに何の区別もつけなかった。

いまや秘術師は、公式の地位につくことはできなくなったが、キリスト教の賢者たちが秘術師を非難したのは、その学識ではなくて、異教的な信条だった。古代の知識の貴重な断片は蒐集されて、新しい世界像のモザイクに組み入れられた。ルネッサンス時代には、古代の呪術の影響が新たにつよまってきた。世俗的な学問は、宗教によって指導されたにもかかわらず、人間の思想のもっとも奥底にはいりこんでいった。多くの人びとは、以前には禁じられていた学問を熱心に探究した。印刷機械はすでに全速力で動いており、一五〇〇年までに八〇〇万冊以上の本がヨーロッパに氾濫していた。そのなかには、『聖書』や公認のギリシア語の本だけでなく、呪術的な要素の濃厚な著作もふくまれていた。占いの技術は高く評価され、手相術、占星術、人相術、さらにそれに似たような隠秘術が流行した。そして以前にはキリスト教の教理が禁じていた諸問題に大胆に意見を表明した一部の著作家たちによって、呪文や善霊や悪霊の呼出しまでも是認された。

オリエントは、以前にもまして人びとを魅了した。十字軍の遠征は、東方を西洋にいっそう近づけた。膨張しつつある貿易が地中海をのり越えたとき、東方の神秘も、さほど不可解なものではないように思われた。また、アメリカの発見とともに、ヨーロッパの均衡は破れた。ドイツ農民戦争における暗黙のうちの社会革命、宗教改革、ハプスブルク家による政治的な拡大、一部はアメリカからの厖大な金の輸入からひきおこされたインフレーションのために悪化した経済、さらにトルコ人のたえまない侵入による脅威、これらが社会不安の雰囲気をかもしだした。これらの事態は、社会機構を弱めたが、新しい思想や長いあいだ圧迫されていた思想にとっては好都合だった。

魔術は、はっきりと学問の一部門となった。秘術師は、むかしの光彩は失ったが、公然とキリスト教社会に仲間入りした。だが同時に、批評家が立ち上がって、魔術の奇跡を信じている人びとをののしった。

懐疑主義は、愚行を称賛することにはけ口を見出した。すべてはむなしい。人間は罪人であるが、それにもましておろかである。魔術の本を買っても理解できない人たちは自嘲した。『愚者の船』の著者セバスティアン・ブラントによれば、愚者の踊りのお先棒をかつぐのは自分だ、というのも、自分は、読みもせず理解もしない無数の本をもっているからだ、という。魔術はまた、聖職者を隠秘なものの渦にまきこんでしまった。ベネディクト会士のトリテミウス（一四六二―一五一六年）は、自分で天使たちの名前やその統治について、またカバラ（ユダヤの神秘学）の神秘なアルファベットについて書いた後、アグリッパに、魔術について書くようにすすめた。

アグリッパの啓示的な論文『隠秘哲学』（三巻）には、呪術師や奇跡を行なう人のための教示が書かれている。彼は、「清浄」と「威厳」を奨励している。魂は、奇跡をつくりだす唯一のものであるが、「その魂が、肉体とのあまりにも頻繁な交渉によって圧倒され、肉体を知覚するだけのものになると、その神聖な本質を指揮するに値しなくなってしまう」。このような道徳的な戒律は、奇跡が通俗的な事柄になっていたことをわれわれに銘記させる。

ルネッサンス時代の秘術師は、むかしの賢人たちと同様に、善によっても悪によっても支配されうる呪力が、可視の世界にも不可視の世界にも存在すると信じた。

このように呪力に両義性があるため、西洋の秘術師をはっきりと定義づけることはできないのである。黒い魔術師のファウストは、白い魔術師のパラケルススを啓発した力と同じ力を利用した。ともに魔術の促進者だったいかさま師と学者のあいだには、わずかの差異しかない。しかしながら、両者のうちの悪いほうでさえ、なんらかの点でよい影響をおよぼした。両方の魔法は、自然の神秘についての関心をかきたて、懐疑主義者の批判的な態度に挑戦した。魔術師は、個人というものはだれの援助もうけずに自分の知性や知識の力によって偉大な仕事をなすことができるという、そういう個人の価値を示して、社会的な差別を一掃した。

もしも「純潔や威厳があること」が敬虔や服従よりも大切であるならば、身分や民族や信仰は、もはや規準にはならない。

その上、古代の魔術に専心することは、言語や古代の学問の研究を促進することになった。そしてついに、それは実験科学一般を刺激した。このような事実に照らしてみると、魔術は間違った行為とは呼べなくなり、西洋における知的活動の重要な推進者だとみなされてくる。秘術師の特徴は、隠秘的なものを擁護する幾人かの有名人の略歴を示せば、もっともよくわかるだろう。

ピコ・デッラ・ミランドラ（一四六三―九四年）

ポルタの『天界の諸相』から複製した木版画には、ピコの容貌が加わっている。彼の皮膚は黄味がかった微妙な色をしており、からだは均整がとれている。目は小さく、白目もやはり黄味がかっていた。顔は細長く、鼻もすらりとしていた。唇は上品で、顔全体が若々しく、美しく、天使のようだった。

ポルタは歯切れのいいイタリア語で、'Fu di tanta altezza d'ingenio' といっているが、それを訳すと、ピコは威勢がいい、という意味になる。「彼の記憶力は、不死鳥の記憶力だった。彼の演説と著述は、つきることを知らなかった。彼は哲学者であり数学者であり、また神学者の秘密も探究した。彼はきわめて気品のある着物をまとい、ほとんど飲み食いはしなかった。研究と不十分な休養に疲れきって夭折した」。

ミランドラ伯ピコ（図141）は、一四六三年にモデナに近いミランドラ城で生まれた。彼は、おどろくほど早熟だった。彼のこの早熟は、造形美術に決定的な推進力を与えた後に二七歳で死亡した画家のマサッチオの早熟と好一対である。二四歳のときローマにいき、そこで公開討論のために九〇〇にのぼる題目を発表した。その多くは魔術や、後章で論じる密儀のカバラに関するものだった。これらの隠秘的な学説によって、キリストの神性を証明しようとしたが、ピコの計画は、教会の承認を得ることはできなかった。教皇インノケンティウス八世が魔法の問題に対して厳格な態度でのぞんだことはすでに述べたが、この教皇がピコの全学説を調査するための委員会を任命した。その答申は、ピコに不利なものであった。すなわち、四つの主題は無分別で異端だと判断され、他の六つも、それほどきびしくはなかったが非難され、三つの主題は虚偽で異端で誤謬があるといわれた。

ピコは著作のなかで、夢や巫女《シビュラ》や精霊や前兆や、さらに鳥や腸によって未来を予言することに賛意を表している。最後の鳥と腸による予言法はまぎれもなく異教的であるから、ローマの神学者たちがこれを黙認しなかったことは確かである。カルデア人の神託やオルフェウス教の賛歌などを好んだ彼の傾向は、いっそうローマの神学者にはうけ入れられなかった。彼の命題のいくつかは、新プラトン派的なにおいがする。彼は新しいプラトン派のプロクロスのように、下位の神々について語っている。

図141　ピコ・デッラ・ミランドラ像

しかし、ピコの究極の目標は、むかしから多少とも知られている魔術的思想を復興したり、新しい魔術的思想を導入したりすることだけにかぎらなかった。彼の野望は、ルネッサンスの学者がふたたび研究し始めた公認のアリストテレス哲学とプラトン哲学を調和させることであった。彼は、前からヘブライ人の教師たちのすすめで研究していたカバラを利用して、これをなしとげようとつとめた。

ピコの災難は、ローマからの非難とともに始まった。彼は、弁明を申し出て、一四七八年に発表した。そのなかでは、否認された一三の命題を擁護し、裁判官こそ異端だと非難し、そのうえ序文で、裁判官たちは正しいラテン語も使えないことをほのめかした。これには、「どもりの野蛮人たち」も閉口した。宗教裁判権のある二人の司祭が、この反逆者を起訴した。そしてローマ教皇の勅書によって、その主題を印刷することは禁じられてしまった。ピコはフランスに逃げたが、そこでローマ教皇の使節に捕えられ、ヴァンセンヌの牢獄に閉じこめられた。ロレンツォ・デ・メディチその他の人たちの調停によって、彼はフィレンツェに帰ることをゆるされた。教皇インノケンティウス八世は、無言ではあったが、敵意をいだいていた。ピコが宗教裁判からゆるされて安全になったのは、教皇アレクサンドル六世のときからであった。これは、彼が一四九四年に三一歳で死ぬ一年前のことだった。

トリテミウス（一四六二―一五一六年）

トリテミウス（図142）がハイデルベルクで研究していたころ、ふしぎな教師に出会い、神秘的な学問を教わった。一四八二年、トリテミウスがトリエル地方の故郷の町トリテンハイムに帰る決心をしたとき、その教師は、道中で君は君の人生を開く鍵を見つけるであろう、といった。トリテミウスがシュポンハイムに着くと雪がひどく降っていたので、ベネディクト会の修道院に宿を求めた。ところが、その修道院の生活に心をひかれ、彼は修道士になる肚《はら》をきめた——これが、あの教師がいったすばらしい鍵だった。二一歳で彼は、一四八三年に死んだ老修道院長のあとを継いだ。トリテミウスは、修道院が完全な崩壊状態にあることに気がついた。建物のあちこちは崩れおちていたし、借金、混乱、怠惰、無知という障害と闘わなければならなかった。しかし彼は、これらのほったらかされていた問題をきちんと整備したので、まもなくシュポンハイムのベネディクト会は有名になった。

図142 トリテミウス像

彼は修道士たちに、多くの技術を教えた。羊皮紙をつくらせたり、金色の大文字で飾った本を書かせたり、園芸をやらせたりして、つねに彼らに仕事をさせた。借金は返済され、お金がどんどんはいってきたので、トリテミウスは珍重な手写本を買いこんだ。一五〇三年には、彼の図書館は二〇〇〇巻の蔵書があったが、これは当時としてはめずらしかった。フランスやイタリアやドイツから人びとがやってきてこの収集を見、また、有名な博識家である修道院長に会見した。諸侯や国王はシュポンハイムに使者を送り、マクシミリアン皇帝は政治問題に関してこの聖職者の忠告を求めた。すでに一四八二年に、トリテミウスは皇帝の宮廷に呼びだされて、皇帝の結婚問題に関して勧告したといわれている。皇后のブルゴーニュのマリは、事故の結果死亡していたので、マクシミリアンは再婚を望んだ。伝説によると、トリテミウスは皇帝に、死んだ皇后の霊を呼びだして、だれを配偶者として選べばよいか彼女に決めてもらうように忠告したという。呪文がとなえられると、マリは美しい姿で現われた。マクシミリアンは、魔法の円を離れて彼女を抱こうとした。その瞬間、彼は雷に打たれて大地に倒れ、妖怪は消えた。だが消える前に、彼女は未来の多くの出来事を明らかにし、後継者として、ガレアッツォの娘ビアンカ・スフォルツァの名をあげた。

一五〇五年、トリテミウスは最高司法官フィリップの邸宅に呼びだされた。そこで彼は、ハイデルベルクまで出かけた。ところが同地で、彼はひどい病気にかかってしまった。そのころ、シュポンハイムの修道士たちは、厳格すぎる修道院長を修道院から追っぱらって、もっと余暇と自由を得ようとして暴動をおこした。これにすっかり失望したトリテミウスは、修道士たちやあのすばらしい図書館を見捨てることはつらかったが、シュポンハイムへは帰らなかった。ヴュルツブルクで彼は、聖ヤコブ修道院の監督をたのまれ、一五〇六年にそこにはいり、執筆したり訓戒を施したりしながら、死ぬまで留まった。彼は、聖ヤコブ修道院に葬られた。

トリテミウスの著作の大部分は教会に関する論文であるが、魔術についても書いた。彼は錬金術にひどくとりつかれ、自分の著書のなかで、金属の変成は可能であり、適当な操作をすれば賢者の石を得ることができる、と公言している。彼によれば、賢者の石は、見ることのできる世界の霊魂である。修道院長は、世界の霊魂は聖なる源から流出している息だと断言しているので、世界の霊魂は神の息の化石だといえるかもしれない。この意味でわれわれは、トリテミウスが、神はあらゆるものに浸透しているといった言葉を理解してよいだろう。この信念は、トリテミウス以後にひろまったが、その理由は、一六世紀の中ごろにコペルニクスが新しい宇宙像を発見したからである。それは、中心に太陽があって、そのまわりを惑星が地球とともに回転している宇宙であり、この発見によって、キリスト教教理の古い位階制度が破壊されてしまったのである。つまり、新しい宇宙像では上下の別がないから、神は上にありえないことになる。また宇宙の外側にはなにもない。そのため、神の新しい住まいを捜さなければならなかった。そこで、神の住まいはいたるところにあるという信念が、ひろくいきわたったのである。

トリテミウスはとてもつつしみぶかくて臆病なうえに、聖職者だったので、既存の伝統に反することをしたり口にしたりすることを欲しなかった。彼は、ありとあらゆる種類の秘密の書き方を発明し、それによって深遠な思想を、外見上は無害なテキストらしくみせることができた。

彼がパラケルススやアグリッパに影響を与えたという事実は、彼が魔術的な学問に共鳴していたことを十分に物語っている。彼はしばしば、本心をあらわに示さないような言葉を使って語っている。たとえば、シシと小ヒツジがいっしょに住めば、黄金時代がやってくる、といった。この聖書ふうの象徴のなかで彼は、神の火であるシシと、聖なる光すなわちキリストがひそかにいっしょになれば賢者の石が得られる、という思想を表現したのである。

彼が隠秘的なものを愛好していたことは、アグリッパの著書『隠秘哲学』を読んだあとで、アグリッパに与えた忠告のなかに示されている。

「あなたにいっておきたいことがもう一つだけあります。けっして忘れないでください。それは、大衆には通俗的なことだけを話し、高級なあらゆる秘密は、あなたの友人たちのためにとっておくこと、つまり、ウシには乾草を与え、オウムには砂糖を与えるということです。よくあることですが、あなたがウシの足に踏みつぶされないように、私のいうことを理解してください」。

「七つの第二原因」に関するトリテミウスの著書は、たしかにウシのために書かれたのではないし、かといって、その本にはオウムがとやかくいえることもあまりなさそうである。七つの第二原因とは、七人の最高位の天使のことであり、トリテミウスはそれらと七つの惑星とを関連づけている。神は、第一原因である。第二原因は、世界政府を託されている神の閣僚である。たとえば、土星の精霊または天使はオリフィエルで、彼は天地創造の直後に宇宙を治めた。彼の支配は、世界の第一年目の三月一五日に始まり、三四五年四カ月のあいだ治めた。彼の治世では、『聖書』の「創世記」が伝えているように、人間は野獣のように粗暴で野蛮だった。オリフィエルのあとを金星の天使アナエルが継ぎ、三四五年から七〇五年まで支配した。トリテミウスは、天界の精霊たちの王朝の時代を、ガブリエルの統治が終わる一八七九年までとしている。そのあいだ、七人の天使たちが順番に治める。そして天界の制度は不変であるから、人は過去の秩序から未来の秩序を予言することができる。

　近代の隠秘論者たちによると、これらの一見つまらないことに多量の魔術的な知恵がふくまれているという。さらに彼らにいわせると、それらの知恵はある規約書に述べられており、それぞれの言葉には二重の意味があったが、トリテミウスは、この神秘的な作業を解く鍵を死ぬまでもらさなかったという。それらの言葉はある組合せにしたがって読まなければならないので、もとのラテン語からの翻訳では、その本当の意味を失ってしまうことになる。

アグリッパ・フォン・ネッテスハイム（一四八六—一五三五年）

ルネッサンスの渦《うず》のなかで、当時の隠秘論者のうちでたぶんもっとも重要な人物だったハインリヒ・コルネリウス・アグリッパ・フォン・ネッテスハイム（図143）は、一つの地位から他の地位へ、国から国へ、栄光から牢獄へ、しずかな研究から戦場へ、富裕から貧困へと追いやられた。彼は博学の人として、同時代の偉大なヒューマニストであるメランヒトン、エラスムス、カンペッジョ枢機卿などと文通した。アグリッパは、生来傾倒していた隠秘的なものの知識について執筆するようにと、修道院長のトリテミウスにすすめられた。そのころ真の開花期を迎えていた新プラトン説を彼がうけ入れたことは、中世のアリストテレス説に対立するものとして、ヒューマニストたちによって擁護された。アグリッパは新プラトン派のプロティノス、イアムブリコス、ポルフュリオスなどを研究しているうちに

図143　アグリッパ・フォン・ネッテスハイム像

超自然的なものや隠秘的なものに没頭するようになり、これらの哲学者に対する彼の熱意は、学者としての批判力をおさえつけてしまった。隠秘的な思想のあらゆる流れに心をむけて、ミランドラのようにさまざまな魔術の教義を調停し、哲学とカバラを統一しようと努力した。しかしながら後年アグリッパは、おそらく反宗教改革の影響のもとで、自分の魔術に関する著書を取り消した。以前は信じやすかった彼は、こんどは疑いぶかくなり、芸術でも学問でも確実なものは何一つなく、この世で信頼できる唯一のものは宗教的信仰であると告白した。軽信からまったくの不信へ発展する人間のこのおどろくべき能力を解釈するためには、秘術師としての彼の生涯のいろいろな挿話をたどってみることが興味ぶかいだろう。

彼はまだ青年のころ、マクシミリアン皇帝の危険な使命をおびてパリに赴いた。同地で彼は、数人の若い学者や貴族に会い、彼らとともに秘密団体を結成した。彼らは、世界を改革するために秘密計画をつくり、お互いに援助しあうことを約束した。会員の一人でカタロニアのヘロナ出身の若い貴族は、自分の領地の農民たちが家族を立ちのかせて権力をにぎったことを知った。アグリッパの指揮と一隊の軍人の援助によって、これらの貴族の「組合員たち」は、反乱している農民と遭遇した。けれども、ヘロナの領主の権利を回復しようとした彼らの努力は失敗し、この団体は解散した。

一五〇九年、アグリッパはドールに着いた。当時ここはブルゴーニュとともに、マクシミリアンの娘であるオーストリアのマルガレーテが君臨していた。アグリッパは、ある友人の助けをかりて、大学で講義する許可を得たので、彼は大学でロイヒリンのカバラ的な論文『ふしぎな言葉』を解説した。また、マルガレーテの後援をうけようと思って、『女性の高貴』と『婦人の優越』とを書いた。彼は、『聖書』や教会の神父や哲学から借りた議論によって、女性を崇高な文句をならべて賞めあげた。この著作は、「尊厳にしてきわめて寛容なる女王、神聖なるマルガレーテ」にささげられた。

マルガレーテの寵愛はなかなか実現しないのに、アグリッパの敵はすぐ現われた。とくに、彼がユダヤのカバラに共鳴している点を危険な異端とみなした聖職者たちがいた。マルガレーテが住んでいたネーデルランドのガンでは、フランチェスコ会士のカティリネが女王の前でこの不信心なカバラ主義者を反駁する説教をした。そして彼は、敵たちから女性賛美の本の出版をじゃまされた。彼は主義主張を放棄してイギリスにいき、その後さらにコローニュにいって、そこで公開講演を行なった。財政的な面のだらしなさで、彼の悪名は高まり、さらにいろいろな失敗のために、崇拝者や後援者は遠ざかっていった。

一五一五年、彼はマクシミリアンの軍隊にしたがってイタリアにいき、戦場で騎士の称号を与えられた。サン・クロアの枢機卿は、教皇会議の代表として彼をピサに派遣した。これは、彼が教会との関係を改善し、彼に親愛な手紙を送った教皇レオ一〇世を喜ばせる最後の機会だった。しかし教皇会議は解散し、集会は中止された。

アグリッパは、これまでの軍隊や教会での経歴を捨てさって、トゥリンとパヴィアでヘルメス・トリスメギストスに関する講義を行ない、金よりも名声を得た。一五一八年、メッツの領主は彼を、市の弁護人、特別評議員、講演者に選んだ。それから二年後、彼は前章で述べたように、魔法のかどで不法に起訴された無実の田舎女を救ったことで宗教裁判官のサヴィニと喧嘩をして、この地位を去ってしまった。その後、彼はコローニュで講演をし、さらにジュネーヴやフリボールでも講演をし、フリボールでは医者を開業した。

ついで一五二四年、彼はついにフランソア一世から年金を与えられ、王の母であるサヴォアのルイ公爵夫人の侍医に任命された。彼女はアグリッパに、星で未来を占ってもらいたいといったが、彼は、自分の能力はもっと大切な事がらに使わなければならないと答えた。公爵夫人がリヨンを去ったとき、彼はそれにしたがわなかったので、その名は年金受領者名簿から除かれた。

一五二九年、気まぐれな運命がもう一度ほほえむかにみえた。彼は四人の後援者から呼出しをうけた。それは、イングランド王ヘンリー八世、ドイツ皇帝の首相、イタリアの侯爵、ネーデルランドの総督であるオーストリアのマルガレーテである。『婦人の優越』を書いてから二〇年後に、やっとマルガレーテを味方にひき入れたように思えた。そしてアグリッパは修史官に任じられた。

彼が有名な『芸術と学問のむなしさについて』を出版したのは、このころだった。そのなかで彼は、すべての人間の思想や活動はむなしいと主張した。そのためふたたび、彼の敵たちは激怒した。ローマ教皇の遣外使節のカムペギウス枢機卿とデ・ラ・マルク枢機卿とは、彼を擁護しようとしたがむだだった。彼の皇室修史官としての年金は取り消され、借金の返済ができなくなったためブリュッセルで投獄されたが、一年後には出獄した。そしてついに、以前に執筆して出版されないでいた『隠秘哲学』が出版されたのである。その内容は、すでに『芸術と学問のむなしさについて』によって取り消されていたので、時期おくれの出版は、信じられないほどの混乱をひきおこした。ところで『隠秘哲学』のほうは、人間は知恵の力によって奇跡を行なうことができるという楽観的な信心を吐露していた。ふたたびアグリッパはドイツを去る決心をし、けっきょく、グルノーブル在住の、プロヴァンスの歳入徴収官M・アラールの家に難をのがれ、そこで一五三五年に死んだ。

『隠秘哲学』は、西洋の隠秘論に大きな影響を与えたので、ここで簡単に要約しておくだけの価値はあるだろう。アグリッパによれば、魔術とは力づよい能力で、神秘に満ちており、もっとも秘密な事がらの深遠な知識、それらの事がらの本質、力、特色、実体、効果、また、それらの事がらの相関関係や対立関係をふくんでいる。それは哲学的な学問であり、かつ物理学、数学、神学である。われわれは、物理学を通じてものの本性を学び、数学を通じて大きさやひろがりを理解し、天体の運動を計算することができる。神学を通じて、神、天使、魔もの、さらに知性、魂、思想を知るようになる。物理学は地上的なものであり、数学は天上的なものであり、神学は原型的な世界に関係している。

秘術師は、自分を研究してしだいにその知恵を増し、石を研究して星の本質を学ぶであろう。そして彼の知識は、惑星からさらに崇高なものへ導かれていくだろう。アグリッパは、火、水、土、空気の四元素から始めている。この四元素は、三つの形式で現われる。すなわち、地上では四元素は混合していて不純であり、星にあっては純粋であり、第三の形式としては、変化することができ、すべての変形の媒介である合成された元素がある。彼は、元素はこの地上にも全宇宙にも、精霊や天使のなかにも、さらに神のなかにさえ見出されるという新プラトン派の意見を肯定している。

元素から、事物の自然の価値が生まれる。しかしそれは、隠秘的な価値ではない。後者は、世界霊魂による思想を通じて事物のなかに注入される。

隠秘的な価値を確かめるためには、類似によって世界を探究しなければならない。たとえば、地上の火は天上の火を刺激し、目は目を治療し、不妊は不妊をつくる。だから、いけにえの火は神聖な火または光に反応し、カエルの目は人間の盲目を治療し、ラバの尿は女性を不妊症にする。類似した事物のあいだには一致があるように、敵対している事物のあいだには不一致がある。たとえば、経験からわかるように、ヒマワリと太陽のあいだには一致があるが、ライオンとオンドリのあいだには、ちょうどゾウとハツカネズミのあいだのように、敵対がある。自然を通じて魔術を行なうためには、これらの共感と反発を認識することが、秘術師の役目である。

惑星には、相互の類似とか敵対はともかくとして、同じような傾向がみられる。このような関係が利用されると、魔術的な結果が生みだされる。なぜなら、すべて下方にある事物は、上方にある事物に服従させられるからである。個々の物体だけが星に依存しているのではなくて、全州、全国、全王国にも惑星や黄道十二宮が割り当てられているのである。秘術師は、このような天界の星の位置を跡づけて、上方からの効力を和解させる。人馬宮は、この星座の効力を地上にもたらすから、人馬宮の護符をウマの首につけると、ウマの幸福が保証される。ウマと人馬宮は類似しているからである。こうして、うまく準備され整備されたさまざまな発案によって、有利な感応の力は、星からだけではなく、善魔や神からもひき出された。

アグリッパは、これらのおどろくべき発案を列挙している。それらは、火と煙、香油、植物、動物、金属、身ぶり、言葉などである。彼は、占いと前兆の本質をくわしく説明した後、このような神秘的な予言は共感と反発についての知識から生まれる、と述べている。霊感のある人が、地上の事物と天上にあるそれらの主人との関係を知れば、俗人たちにはわからない将来の事件の前兆を発見するだろう。

自然界の効力は数とか度量衡によって管理されているので、数学的な科学は、秘術師にとっては欠くことができない。さらに、光や運動や世界の調和の根源も、数学からきている。世界構築の計画を知るためには、世界をつくりあげている比例を理解する必要がある。数というものは、地上界と天上界にわたって、おどろくべき包容力のある力を隠している。そこで、すべての数の基礎である一という数は、すべての創造の原因である唯一の神を表わしている。アグリッパによると、ピュタゴラス派の人たちは、元素や惑星の神々にささげられた神聖な数があるとした。これらの数は、魔術的な図式に使用されるべきである。数学の知識は、宇宙の調和の反映としての音楽の和声にも必要である。

第三巻でアグリッパは、すべての魔術を行なうさいには、宗教が必要であることを主張している。「宗教は、もっとも神秘的なものであり、人が口にしてはならないものである。というのは、トリスメギストスもいっているように、宗教を大衆に打ち明けることは、宗教に対する侮辱だからである」と、彼は述べている。宗教は魔術の完成であり鍵であり、人間の尊厳さに導く修行である。アグリッパの宗教概念は、正統派からかけ離れたものであり、どちらかといえば、キリスト教と新プラトン説とカバラとの混合である。彼は、惑星の精霊、善魔と悪魔、呪文となる星形、神の聖なる一〇個の名前について語り、呪力をそれらに帰している。彼は、天使の言葉を知っており、また星の精霊や、元素や、世界のすみずみのことと同様に、天使の名前も知っている。彼は神聖なカバラの象形文字の秘密を暴露している。これはすべて、超自然なものを呼びだす方法を秘術師に教える意図をもってなされている。彼の言葉によると、「人は、宇宙のように不死ではないが、理性的である。人間の知性と想像力と魂とをもってすれば、全世界に働きかけることも、それを変形することもできる」からである。

パラケルスス（一四九三―一五四一年）

パラケルスス（図144）のモットーは、「なんじがなんじ自身でありえなくとも、別人になるなかれ」という文句だった。医者で占星術師で人類学者で神学者で神秘論者で秘術師であるパラケルススは、まったく無類の人物である。知識が多岐にわかれ、信仰が相反する教理に分裂し、地球が宇宙の中心としての誇るべき地位を失おうとしているとき、つまり、統一されていた古い世界機構が崩壊したときにあたって、パラケルススは、その知識と実際と信仰を一つのものに織りこむという、不可能に思われていたことをやってのけたのである。

ただ彼は、魔術の理想を追求するさいに、思想のあらゆる部門を統一することがまだ可能だった過去の中世に自分自身がかたく結びついていることを、うっかり暴露している。

しかし彼の経験主義は、過去への愛着とは相容れない。彼が同僚の医者たちの貧弱さを非難して、ガレノスの著書を公然と焼いたとき、彼は自身の世界を、慣習的でない別な方法で一つに結合すべきことを明らかにした。彼は、ほこりにまみれた書物の研究によらないで、実地の調査によって、事物の真の性質を知ろうとした。

これらの大胆な見解は、過去の人びとがゆるぎない信念をもってしがみついていた古典的権威に対して、批判的態度をとらせることになった。自然こそ最高の権威である、なぜなら、自然は人間と違って、誤りをおかさないからである、とパラケルススは信じた。自然界のあらゆるものは、神聖な計画によってきずかれた宇宙のからくりに関係している。物質的な世界のさまざまな形態や出来事は、みな深遠な意味をもっていて、それぞれが神聖なものの現われなのである。

図144　パラケルスス像

パラケルススによると、人間の最初の医者は神で、神は健康のつくり手だった。というのも、肉体は単独のものではなくて、魂のための家だからである。だから医者は、肉体と魂の二つを同時にあつかい、それらを調和させるようにつとめなければならない。そしてこれこそ、ただ一つの真の健康である。このような霊肉の調和は、世界の事物と神聖なものとが人間において結合していることを示す。宗教（religion）という言葉は、ラテン語のレ＝リガレ（re-ligare）すなわち再結合するという言葉からきている。治療の手順にも、この特徴が関係している。宗教は、医療の基礎である。パラケルススの予言によると、自己認識をやりとげない人の最期は悪いという。なぜなら、そういう人は、自分に与えられた性質を知らないからである。正しく健康に生きることとは、真実の自己との調和を達成することである。だから医者は、同時に占星術師でなければならない。そして天体の調和とその影響について知っていなければならない。さらに、魂の要求を理解するためには、神学者でなければならない。肉体の必要を理解するためには、人類学者でなければならない。物質世界のいたるところにある調和的な混合物に見出される普遍的な物質を感知するためには、錬金術師でなければならない。また、原初的で創造的な宇宙の諸力についても、それらが普遍的で人間自身のなかに存在するから、それらも意識しなければならない。さらにまた医者は、古代人が論証したように、この世界には論理を超越した何かが存在することを認めるには、神秘論者でなければならない。このようにして神秘論は、その体系を完成することになる。

神は事物を創造するにあたって、それらの事物にさまざまな特質、つまり、それらの事物が独自に存在できるような諸力を与えた、とパラケルススは断言する。したがって、星が独自に動いているように、人間にもみずからを助ける能力があるのだから、神の調停をたえず求めるべきではない。

天体は人間に影響を与える。天体には、ギリシア＝ローマの神々が住み、消滅すべき光――なぜなら、すべての創造物は死滅するから――を発している。ただ一つの神だけが、不滅の聖なる光を発し、その光は、人間の内部にある不滅なものによってうけとられる。これらの二種の光は、すべてのものの本質である。

占星術師は、星の消滅すべき光を探究し、それを考察することによって知識を得る。人間は、星くずからつくられるが、星は人間の兄貴分として、理性と芸術と科学を流出している。これらすべては、死滅すべきものである。占星術師は、キリストやその使徒や予言者については研究しない――宗教と神秘論とが、これらの高度な機能を満たしてくれる。

人間は、星からくる光に感じやすい。その光にひきつけられることは、神々しいことであるが、同時に死滅する運命を背負う。それはキリストの出現以前にあったし、いまもなおあって、ますますつよくなってきている。キリストがこの世に生きていたあいだは、天文学者や秘術師や占い師は、ものわかりよく自分たちの技術を放棄して、永遠の光にしたがった。つまらぬものから偉大なものになろうとして、占星術を撤回して聖パウロにしたがったアテナイの裁判官ディオニュシオスのことを、パラケルススは指摘している。われわれはすべて、それぞれ星によって与えられた本質にしたがって偉大なものになるために努力すべきである。

しかし不幸にして人間は、自分の本質についても、自分の内部にある二重の光についても、盲目である。二重の光が完全に分裂すると、人間は病気にならねばならず、肉体は、生気を供給している流れから切り離されてしまう。たいていの人は、ほんとうに信心ぶかくもなければ科学的でもない。「もしキリストが天上から降りてきても、話し合える人をみつけることはできないだろう。もしユピテル神が惑星からやってきても、この地上で彼に質問できるものは、星からきた祖先たちの集めた知恵を復誦している各学派の人たちだけであろう。ところが、古い学派は亡んでしまい、その後継者たちは、消滅すべき光に盲目になっている」。

人間を新しい科学や芸術に導く啓蒙の光が流れてくる星空に目をむける人の、なんと少ないことか。たとえば、音楽は金星からもたらされているのである。もし音楽家がその光をこころよくうけ入れたならば、依然として機械的に反復されている過去の歌曲よりも、もっと美しく、もっと天上的な音楽を創造するであろう。

＊

一人の医者が述べたこのような詩的な表象は、ガレノスの薬草学にもとづく知識しかない同僚の医者たちの手にはおえなかった。彼らの処方は、複雑で高くついた。彼らの俗物根性は、パラケルススが服装に無頓着だったり、ぞんざいな言葉を使ったり、ラテン語よりもむしろドイツ語で執筆したりするやりかたを、ひどくきらった。これらの善良な有産階級の連中は、彼をやくざものときめつけた。彼らは、彼の魔術の記号や護符を、異教的とみなした。これに対してパラケルススは、こう説明した――物質世界では、すべてのものが関連しあっていること、護符に刻まれた特定の惑星の記号には、その星の力が与えられていること、魔法のメダルに使う鉱石も同じ惑星と関係があるため、護符の力をつよめていること、これらの記号は、地上の物体につけられた署名と同様に、星によって刻まれたしるしであること——だがこれらの説明もむだだった。

パラケルススは自説を、中世の実在論——観念は抽象ではなく、実在である——に由来する具体的な形で表現した。あらゆる事がらを目で見、手でさわれるようにしようとした彼の意志は、ときとして彼に幻想的な主張をさせているため、寛大な批評家の笑いをさそった。たとえば彼は、森の神ファウヌスや海の妖精ネレイスのような神話上の生物がじっさいに存在するとか、一寸法師のような人造人間をつくることができるとか、公言している。こまかく眺めると、このような主張は意味をなさない。だがパラケルススの学問体系の一部としてみると、それらは、全体のなかへ論理的に配置されている。

もっと重要なことは、このような誤りにもかかわらず、パラケルススが空想的な方法で病気を奇跡的に治療した点である。ところが、合理的なガレノス学派の医者にかかった患者のほうは、死んでしまっている。パラケルススは、彼の神話的な物語よりもこの事実のために、学者たちから反撃をうけ、町から町をさまようことになった。無骨な性格とかんしゃくのため、彼は和解することを拒み、知恵を求めて大道に出没する放浪者になった。彼は外科の著書のなかで、旅をしてまわった多くの国々を挙げている。「どこにいっても、私は熱心に探究し、医師からだけでなく、床屋、婦人、妖術師、錬金術師、修道院の人たち、下層民、上流人、知識人、無学な人から、真の医術の経験を集めた」。

彼は、田舎の人たちの簡単なやりかたの多くが、学者の使う複雑な合成剤よりもすぐれていることを認めた。彼の処方は簡単であり、確信によって自信と楽観を生みだしたこの人物から処方が与えられると、ふしぎなほどよく効いた。彼は、病気をおそれることは、病気そのものよりもさらに危険だといっている。

彼は、幼年時代から手がけていた錬金術の研究から、医薬として鉱物を使うことを思いついた。こうして彼は、科学に医療化学という新しい一部門を加えた。彼は、梅毒を水銀で治療するのに成功し、また、スペイン人がサント・ドミンゴから輸入した癒《ゆ》瘡木《そうぼく》をすすめた。

錬金術は、パラケルススとその一派によって完全に変えられた。彼は、錬金術の仕事はなによりも、不純なものから純粋なものを分離することであり、いろいろな種類の原生物質を引きだしてくることだ、といっているのである。自然が不完全なままにしておいたものは、それが金属だろうと鉱物だろうとその他のどんなものであろうと、錬金術によって完全なものにされるであろう。ここに錬金術は、初期の束縛から解放される。パラケルススは、金は錬金術的な方法によってつくりだすことができると主張する。しかしながら、その物理化学的な手順は貧弱であった。もっとも美しい金をつくるには、物理化学的な手段によらなければならないという考えは、錬金術の意味を拡張して、実験の主目標は人間の完成にあるという理解にまでひろがった。

神秘論者で秘術師としてのパラケルススは、予言にはひじょうな関心をよせた。人間はそれ自体が疑わしいから、予言は不確実な技術だ、と彼はいう。あやふやな人間は確実なことは何一つなしとげられないし、ためらいがちな人間は何ごとも完成させることはできない。

予言は、本質的に想像力と信仰を必要とする。同様に医学も、薬草の性質と治療につよく結びついた想像力を利用する。想像力のある人は、薬草の隠された性質をあばくことができる。

「想像力は、太陽に似ている。太陽の光は触れることはできないが、家を燃やすことができる。想像力は、人間の生活を導く。もし人が火を思えば、彼は火のなかにあるし、戦争を思えば、彼は戦争をひきおこすだろう。すべてのことは、太陽たろうとする人間の想像力だけに依存している。人間は、自分が欲することの全体を想像するというわけである」。

知性については、パラケルススは二種類――肉欲的な人間の知性と、精神的な人間の知性――があるという。予言は、彼がガバリス（Gabalis）と呼んでいる精神的なものによってひきおこされる。「人間は、過去の書物からと現在の書物から未来を予見できることを、諸君は知るべきである」。彼は、こんにちのいわゆる透視について述べたのち、「人間はまた、友人やそれをとりまく環境を見る力をそなえている――たといその友人が、そのとき何百里と離れていようとも」といっている。

別な個所で彼は、おみくじによる占いの実際について語っている。しかしその慣習的な儀式は、占いに荘厳味を添えるために工夫された単なる迷信にすぎない、と彼はいう。ともかく、占いを行なう人びとは、これを支配している法則について無知である場合が多い。

彼は、ほかにもいくつかの超自然的な能力について述べ、科学者にふさわしい徹底ぶりで、これら暗黒の分野を探究している。

ノストラダムス（一五〇三―六六年）

私の書物は、私がこの世から去った後のほうが、私の生存中よりも、いっそう役だつだろう。

ノストラダムス

すべての予言者や占星術のうちでもっとも偉大なノストラダムスすなわちミシェル・ド・ノートル＝ダム（図145）は、フランスのサン・レミに生まれた。彼の予言は、たいていの予言にみられる下品な言葉づかいに習って書かれているが、その予言の多くは、この占星術師の死後数世紀間におこった出来事について人目をひくような解釈をくだしている。この予言者が挙げている名前までも、ときには、予言された事件に関係のある名前と一致している。ここに、その一例がある。

女房から引き離された亭主は、もどってくると、司教冠を授けられるだろう――五〇〇人の連中が、タイルの上で争いをくりひろげるだろう――裏切者は、ナルボンと呼ぶ男、それに油槽《ゆそう》を見張っているソールスがいる。

この一見馬鹿げた文句も、フランス革命のある事件を予言しているものと解釈される。マリ・

アントアネットから引き離されたルイ一六世（彼は、別のところでも同じようなあつかいをうけた）は、ジャコバン党員から三角頭巾（司教冠）と三色の帽章を与えられた。これは、彼が一族とともに逃亡の途中ヴァレンヌで逮捕され、そこから連れもどされた後のことであった。争いは二カ月後にテュイルリ宮殿（以前のタイル工場の跡に建てられたため、この名がついている宮殿）で発生した。これは、五〇〇人のスイス人守備隊の反抗が原因だった。裏切者のナルボンヌ＝ララ伯爵は、ルイ一六世が反逆の疑いで急遽解任した陸軍大臣だった。ソールスは、ヴァレンヌに雑貨店をもっていた。彼が王室一家を逮捕したのである。逮捕のとき、マリ・アントアネットは、ソールスの店の油缶と蠟燭のあいだにかがみこんでいた。以上のことはすべて、ノストラダムスが死んでから二二五年後の一七九一年から九二年にかけておこった。ここに出てくる名前の綴りが一致しないのは、フランス語の綴字法が変化したためとみることができる。

Dieu se sert icy de ma bouche
Pour t'anoncer la verité
Si ma prediction te touche
Rends grace à sa Divinite

図145　ノストラダムス像

　ノストラダムスのこのようなおどろくべき予言や解釈は、ピエール・リゴーの著作や、テオフィルス・ド・ガランシェルの英訳本や、L・ピッソ、A・ル・ペレティエ、トルネ＝シャヴィニ、P・ピオブの諸著書や、ヘンリ・ジェームズ・フォーマンの近著『予言物語』に数多く載っている。

この偉大な予言者については、見落とされている事実がある。それは、彼が予言のほかに、化粧品について、香料について、砂糖と蜂蜜と調理用のブドウ酒でジャムをつくる方法について執筆し、それがしばしば版を重ねたという事実である。このことは、ノストラダムス博士もまた、プロヴァンスのルネ国王の侍医だった祖父のジャック・ド・ノートル＝ダムのように、薬草や鉱物の学問に精通していたことを物語っている。ノストラダムスは、当時のもっともすぐれた医者の一人だった。彼がモンペリエの大学で医学の勉強をしているとき、たまたま各地で同時にペストが発生したため、彼は勉強を中断し、ペストの撲滅を援助した。ペストに対して免疫になっていたらしいノストラダムスは、町から町を旅して奇跡的な治療をほどこした。エイクスでは、感謝した市民たちが彼に年金を贈ったが、彼はそれを孤児や未亡人に分け与えた。リヨンに滞在して手厚いもてなしをうけたのち、プロヴァンスのサロンに落ち着いた。彼の『諸世紀』と呼ばれた予言集は、化粧品に関する本よりずっとおくれて一五五五年に出版された。これらの予言は、ものすごい感銘をまきおこし、あらゆる階級の人びとがサロンにやってきて、予言者の予言や忠告を求めた。サロンは目だたぬ町だったが、彼のおかげで有名になった。

隠秘論や魔術にひじょうな魅力を感じていたカトリーヌ・ド・メディシスは、自分の宮廷に数人の占星術師と予言者を召しかかえていた。そのなかには、賢者というよりもむしろ妖術師だったルッジエリといういかがわしい人物や、彼女から占星術師用の円柱（いまもパリに残っている）

を建ててもらった数学者のレイニエなどがいた。また、有名なリュク・ゴーリクもいた。彼は、カトリーヌの夫のアンリ二世に、一騎打ちを避けるように警告した。その理由としてゴーリクは、星が、アンリ二世の頭を傷つけるか盲目にするといっておどしていた、と申し立てた。

国王アンリ二世は、むしろ懐疑的な人だったが、一五五六年にパリにやってきたノストラダムスを呼びだすことに反対はしなかった。王妃は、三人の息子の未来を知りたがった。息子たちはブロアに住んでいたので、ノストラダムスは王妃の息子たちに会うために、そこにやらされた。彼はパリにもどってくると、三人はみな王位につくだろうと予言した。彼は、真実を知りつくすことは害になるとしばしば口にしていた手前、それ以上あけすけにいいたくなかった。カトリーヌはこの予言を信じたが、ノストラダムスは、三人の息子が、じっさいそうなったように、相ついで同じ王位につくことを意味していたのかもしれない。

ノストラダムスは、宮廷に敵をつくった。そしてとくに、彼の影響が王妃におよぶことをおそれていた連中からいじめられた。

ある詩人、たぶんベズかジョデルは、この予言者の名前をもじって辛辣《しんらつ》な二行連句を書いた。

Nostra damus cum falsa damus, nam fallere nostrum est.
Sed cum falsa damus, nil nisi nostra damus.
（われわれは嘘をつくことで、自分のものを与える、そうするのが仕事だから。
だが嘘を分け与えてしまうと、あとには自分自身以外には与えるものが何もなくなる。）

けれども、翌年アンリ二世が奇妙な事情のもとで死ぬと、あらさがしをしていた連中は、黙ってしまった。アンリ二世は、妹のマルグリット・ド・フランスとサヴォア公の結婚を祝福していたが、そのとき馬上試合が催された。アンリは若いモンゴメリ伯を招いて、槍で一戦まじえようといった。モンゴメリは、はじめはこの栄誉を辞退したが、ついに王の望みに応じた。そこで、事故がおきたのである。このイギリス人の槍が、アンリの黄金のかぶとの網を突き破って王の目を刺し、むごい傷を負わせたのだった。

こうなると、リュク・ゴーリクの警告が思い出されるが、ノストラダムスの『諸世紀』の第一巻第三五節にも、つぎのように書かれている。

若いシシは、老いぼれたシシを
芝生の一騎打でやっつける。
若いシシは、金ぴかの籠にいる老いぼれシシの目を突き刺す。
二個所の傷が一つになって、無惨な死をとげる。

さらに第三巻第五五節には、つぎのように書かれている。

片目がフランスを牛耳るときは、

宮廷に大騒動がもちあがる。
ブロア公はその友を殺害し、
王国の病気は治るが、疑いは倍加する。

瀕死の「片目」のために悶着がおきたことは、宮廷のだれもが知っていた。アンリは、その傷がもとでまもなく死んだ。しかしその他の個所は、どういう意味だろうか。ノストラダムスによって三人とも王位につくことになっていた王子たちは、悲しい運命を味わった。長男はわずか一六歳でフランソア二世となったが、一年後に死んだ。次男は一〇歳でシャルル四世として、母親の摂政のもとに王位についた。カトリーヌ・ド・メディシスは、予言された王冠とは一つの同じものではなかったかと疑い始めた。一五六四年、彼女はノストラダムスの忠告を聞くために、ペストで荒廃したサロンへシャルルとともに旅をした。予言者が悲しむ母親に何を語ったかは、ほとんど知られていない。ユグノーの嵐がフランスにまきおこって、王国の支配権は、当惑している母親と息子に二分された。流血に満ちた聖バルテルミ祭の前夜は、恐怖と憎悪をもたらし、シャルルは領地を混乱状態におとしいれたまま、二一歳で死んでしまった。

三男は戴冠してアンリ三世となった。彼はヴァンサンに住み、妖術や隠秘を愛した。ときどき彼がヴァンサンにあるパリ塔にひきこもると、人びとは彼の魔法について、おそろしい話をささやきあった。彼の死後、子どもの皮膚をなめした皮と、不敬な銀製の道具類がそこで発見されたので、彼の反対者たちは、得たりとばかりこのことをパンフレットにして流した。

アンリ三世は、ブロア市に国家の代表者からなる三部会を召集した。それから彼は、友人のギーズ公を暗殺した。

ブロア公は、その友を殺害するだろう。

…………

内乱が勃発し、パリに革命がおこった。一五八九年、ちょうどアンリがパリを包囲攻撃しようとしていたとき、ジャック・クレマンと名乗る修道士が、フランスのこのもっとも不適任な王を暗殺してしまった。こうして、カトリーヌの家族に関するノストラダムスの予言は、かなえられたことになった。しかしこの予言者は、生き長らえてそれを目撃したわけではない。ノストラダムスは一五五六年、『諸世紀』のなかで予言したような事情のもとで死んだ。彼が最後に会った王室の一人は、シャルル四世だった。この王はそのとき、彼に国王づき顧問官と侍医の称号を与えた。ノストラダムスは水腫に苦しみながら、「寝台とベンチのあいだで」生きていた（ベンチとは、書きもの机の腰掛のことである）。一五六六年七月一日の朝、彼は机にむかったまま死んでいるのを発見された。これより一〇年以上も前に、この予言者は自分のことについてつぎのように書いていた。

監禁同様の王から贈られた大使職をしりぞいて、

彼は無為のうちに、神に召されるだろう。
近親者と血盟の友すべてが、
寝台とベンチのあいだで死んでいる彼を見つけるだろう。

ギョーム・ポステル（一五一〇—八一年）

博学な秘術師は、心身両面の治療者だと考えられた。彼らは、同胞を援助しようと望んでいた。これをやりとげるためには、まず、人間が調和を保ちながら結合できるような世界組織を確立することが必要だった。これは、人間は存在するあらゆるものの模写であるという信念を、すべての秘術師がいだいていたからではなかろうか。

図146　ギョーム・ポステル像

ギョーム・ポステル（図146）は、これら理想世界の建設者の一人だった。ノルマンディのドルリに生まれ、早くから逆境に育った。八歳のとき、両親を流行病で失った。一三歳で学校の教師になった。彼は、わずかなかせぎを貯めてパリにいき、聖バルブ学院に入学した。そしてすすんでヘブライ語とギリシア語を学び、まもなく当時の怪物とみられるようになった。

ドイツ皇帝カール五世はそのころチュニジアで闘って、フランスをおびやかしていた。フランスの国王は、ドイツの圧迫をねらっていたオスマンと条約を結んだ。フランスの大使はポステルをコンスタンティノープルに連れていき、そこでポステルは東洋語の知識を活用した。自分の仕事をうまくやりとげた後、ギリシア、小アジア、シリアを旅行した。旅行中、新ギリシア語、アルメニア語、スラヴ語を学んだ。パリに帰ると、フランソア一世にすすめられて数学と東洋語の教授の席をひきうけた。学者生活は、これで安定したかのようにみえた。彼には、多くの支援者や崇拝者がおり、そのなかには王やその妹もいた。

しかしここで、予言者として、また改革者としての彼の経歴が始まった。彼は信望のある職を放棄して、社会を完全に新しくつくりなおすことを望みながら、ヨーロッパ中を旅してまわった。彼は数回にわたって、ヨーロッパの有力者から栄誉ある地位を申し出されたが、いつもこれを断わった。彼はオリエントから、古代アラビア語やヘブライ語で書かれた珍重な著作類をたくさんもち帰っていたが、それもいまや、貧乏のため売らなければならなかった。

ある目撃者の報告によると、ポステルはヴェネチアで、イスラム教やヘブライ教やキリスト教などすべての宗教を一つに融合すべきだと説教しているのを聞いたそうである。ポステルは、フランス国王の主権のもとに、既知の全世界を統一し、精神的な問題については、世俗的な集会で選ばれた教皇が治めることを望んでいた。彼は、一つの宗教、一人の王、一人の教皇、一つの政府、一つのヒューマニティをとなえたが、この計画は、多くの学者や政治家の関心をひいた。当然ドイツは、フランスの主導を計画したことに腹を立てた。ところがおかしなことに、ドイツ皇帝はポステルを保護し、アラビア語の本の印刷を監督させるためにヴィーンに派遣した。ポステルの反対者たちも、その学識を考慮して、彼を寛大に取り扱った。彼は危険な改革家というよりは、むしろ夢想家のようにみえたのである。しかしながらポステルは、自分の計画についてはひじょうに真剣だった。その計画は、野心的であると同時に非現実的だったが、人間の知性の力についてのゆるぎない確信を立証している。

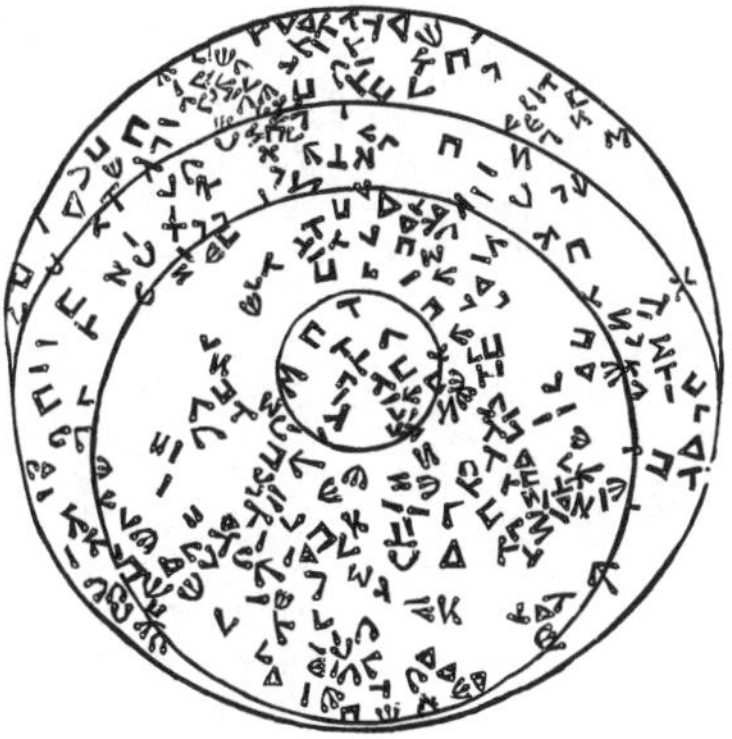

図147　天界のアルファベット

ポステルは、自分の思想は神聖な啓示によって得た、と主張した。このヘブライ語の学者は、神の意志を星のなかに読みとった。永遠の法は、古代ヘブライ語で天空に書かれていた(図147)。星のあいだに線を引くと、文字や言葉ができる。この考えは、のちになってリシュリューの図書館員でカバラ主義者のガッファレルによって採用された。

ポステルはまた、キリスト教信仰の純化と完成にも関係した。彼はグノーシス派的な意味で諸説混合主義者だったので、女性に関してはグノーシス派的な関心をよせていた。魂は男性的な部分（アニムス）と女性的な部分（アニマ）に分かれており、脳と心臓にそれぞれ別居している。彼によれば、キリストは、魂の男性的な部分を救ったが、低級な女性的な部分は、まだ救われていない。そしてこの部分は、ある婦人の助けがなければ罪から救いだすことができないという。選ばれた婦人の救済者に、彼はヴェネチアで会った。彼女の名前はジョヴァンナといい、五〇歳だったが伝道が完了しないうちに死んだ。しかしその精神はポステルに浸透し、彼は自分のことを男でもあり女でもあると考えた。

もしポステルが一般的なキリスト教思想や政治計画を固持しておれば、公然と敵意をうけるようなことはなかっただろう。だが理想主義者で秘術師だった彼は、イエズス会の創始者のロヨラに心をひかれて、ロヨラをローマに訪れた。二人は了解しあったようにみえた。ポステルは、イエズス会の新しい信者として入会した。しかし一一カ月後には、オリエントの本を読んだり、改革的な計画を立てたことがロヨラに反対されて、彼はそこを去らなければならなかった。

罷免にひきつづいて、彼は監禁された。そして、宗教裁判所の牢獄で余生を送るように宣告された。しかしローマに反乱がおこり、囚人たちは解放されたので、ポステルも逃亡した。彼はふたたび旅をして、ついにパリに落ち着いたが、そこには東洋語の教授の席が、彼のためにあけられていた。

ポステルの学科はひじょうな人気を呼んだので、大学の教室には聴講生がはいりきれないほどだった。その講義のなかの神秘めいた言葉は当局に報告され、ポステルは自説のいくつかを改めるように命じられた。けれども、自説取消しの命令には屈しなかった。彼は堂々と自説を守った。

ヴェネチアの聖少女ジョヴァンナについての見解をすこし改めたにすぎない。彼はこのことについて、カトリーヌ・ド・メディシスのために書いたが、この文書は一度も印刷されなかった。いまはパリの国立図書館に保管されている。

けっきょく彼は、サン・マルタン・デ・シャンに隠れ家を与えられ、そこで余生をすごした。そこでは彼は、一部の人たちがいっているように囚人ではなく、しずかに研究をつづけたし、友人、研究家、後援者はもちろん、彼のすぐれた修辞学のために その信念や学識に帰依していた人たちとも会見した。

ジャンバッティスタ・デッラ・ポルタ（一五三八―一六一五年）

ポルタ（図148）はルネッサンスから、想像力、思想の柔軟性、知的探究への趣味をうけついだ。彼は魔術を基盤として、世界を錬金術的に解釈した。彼が実験したもののうちの少数は科学的だった。彼は暗箱にレンズを取りつけたので、写真術の父と呼ばれている。また、その他の光学器械も発明し記述している。彼が人間の目を研究したことは、現代の眼科学にも役立っている。

ポルタは晩年になって、動物・植物・鉱物界の珍種を集め、庭には外国産の植物を植えた。旅行者たちはナポリにいくと、よくこの私設博物館――この種のものでは、もっとも早いものの一つ――や植物園を訪れた。おそらくポルタのこの活躍に刺激されて、イエズス会士アタナシウス・キルヒャー（一六〇一―八〇年）は、ローマであの有名な蒐集を始めたのだろう。

ポルタの師は、ヴィルヌーヴのアルノーだった、と書いている文献もあるが、アルノーは、ポルタが生まれる二二七年前の一三一一年に死んでいる。だが、アルノーの著作がポルタに影響を与えたことは、確からしい。なぜなら、アルノーの著作にある項目がポルタの著『自然の魔術』にも出ているからである。両者とも、実験の重要性を強調している。しかしながら、ある一点では、この二人の医者の意見は、まったく違っている。それは、星が、人体や人間の容貌や顔色や運命におよぼす影響についてである。

ケイシー・A・ウッドの書いた記事（一九三五年、ニューヨーク）は、ポルタの『天界の諸相』にもとづき、このナポリの医者は占星術を信じていた、と結論している。ウッドは、「迷信」を教会の影響だとしている。しかし、どちらの言い分も間違っている。教会はけっして占星術の推進者であることを自任したことはなく、また前述の本のなかでは、ポルタは、人間の顔色も性向も星に由来するのでなく、人間の気質に由来することを、幾度も述べている。「占星術師によれば、星座の全体は、絵画の力がいろいろな色彩に由来しているのに似ているという。人間の誕生時の天の様相は、その人の習慣や癖や病気の傾向を規定する、こう占星術師は語っている。しかし、ものごとはそうはならない。それらの傾向は、星に由来するものではない。われわれは、それらは気質に起因すると言明したい……」。

このような気質はどのようにして生じるのだろうか。農村の人たちのように骨身を惜しまず働く人は、喉が渇いて暑くなり、水分を汗として流してしまう。彼らは、両親と同じような粗末なものを食べている。このような習慣のため彼らの気質は、しずかに暮らし、滋養のある食事をとり、たびたび休息する人たちの気質――平静で、流動的で、皮膚がやわらかい――とは、違った方向に発展する。

「人間の形態は、天からの贈物であるが、惑星の天からではなく、神の天からである。そしてこの神は創造者として、個人に性格を付与する。こういう性格とか特徴は、天国や天使や、そしてついには美と光輝と荘厳が統合されている神そのものを模してつくられるから、美しく、かがやかしく、荘厳になるだろう……」。

ポルタは、家がらがいやしくとも学識と名誉をきわめた人を幾人か知っているので、下位から上位にむかおうとする自由意志とその可能な発展を擁護している。

図148　デッラ・ポルタ像

このナポリの医者が天の恵みをうけていたことは、疑う余地がない。ポルタは六歳でラテン語とイタリア語で作文を書いた。一五歳のとき、『自然の魔術』三巻を書いたが、これは何度も版を重ね、のちに彼は増補した。青年時代、彼は兄とともにイタリア、スペイン、フランスを旅し、学者をおとずれては話を交わした。一五六〇年、ナポリに帰るとすぐに、自然の秘密に関する学会を創設したが、教皇パウルス五世に閉鎖を命じられた。ポルタは、その学会の活動を説明するためにローマに召喚され、説明は了承された。以後彼は、もはや干渉されなくなった。

彼は二編の悲劇と多数の喜劇を書き、そのうちの一つは一八世紀になってもなお上演された。それは『占星術師』で、一七七三年にロンドンで上演された。『曲線の原理』は、幾何学に貢献しており、また建築の論文や水力学の書物もあるが、もちろんこれらは、魔術の論文に入れることはできない。

しかしながら、彼の世界像は魔術的で、ピコ・デッラ・ミランドラの世界像に似ていた。ピコもときとしては占星術を拒否したが、その他の魔術的信仰は承認していた。ポルタの体系は、魔術的＝心霊論的形而上学であり、つねに彼を、植物と動物と人間のあいだの類比に関する結論へ導いていった。類似の気質

図149　動物界と植物界の隠秘的な親近性

は、外見上は無関係な種々の器官にも見出される。形の似ている動物と植物は、相互に関係している。雄ジカの角のような形をした葉は、シカの性格をもっている（図149）。ウマは高貴な動物である。だから、頭を高くもたげ、直立して歩くことは、高貴のしるしである。ロバに似た人は、この動物に似て臆病で、愚鈍で、神経質である。ダチョウに似ている人は、性格もダチョウに似ていて、臆病で、優雅だが悪意があり、鈍感である。ブタを思わせる人間は貪欲漢で、がつがつ食べ、粗野、かんしゃくもち、無規律、下劣、知性と謙譲の欠如など、あらゆる性格をそなえている。同様にしてワタリガラスに似ている人間は厚顔無恥であり、雄ウシに似ている人間は、頑固で不精でかんしゃくもちである。シシのような唇をもっている人は、情けぶかく、寛大で、勇敢であり、雄ヒツジを思わせる人は、臆病で、意地わるく、みすぼらしい。

医者を開業しているあいだに、ポルタは患者を観察し、性格や体質を研究する機会がたくさんあった。この研究調査の結果は、彼の著『人相術』におさめられている。それは印象的で、なるほどと思わせるような体系を提示しているため、簡単に捨てさるべきものではない。

ポルタの初期の人相術の実験は、一八世紀の哲学者ヨハン・カスパー・ラヴァター（一七四一―一八〇一年）に影響を与えた。ラヴァターは、人間を容貌によって判断する技術について多くの本を書いた。彼が苦心してまとめあげた体系は、形態学的、人類学的、解剖学的、演技的、図式的な研究をふくんでいる。ラヴァターはポルタの著書から引用し、またポルタの描いた挿し絵を挿入している。ウシのような顔を描いているポルタの木版画（図150）について、この温厚なラヴァターが立腹して述べている。「一〇〇万人のなかに、これほどまで野獣に近い人間が二人

図150　ウシの性質をもつ人

といるだろうか。もし、こんな人間がただ一人いたとしても、その人間のほうが、ウシよりもどんなにすぐれていることだろう」。

ポルタは、プリニウスのような古代人の考証にもとづいて、ある生物たちは互いに引きあい、他の生物たちは互いに反発しあうという考えを、自説のなかにとり入れた。創造は、この二つの原理にもとづいて行なわれ、そのためすべてのものは、平衡を保ち、結びついているのである。

ポルタはその著『自然の魔術』のなかで、この二原理を不一致および一致として言及しながら、こういっている。「一部の事物は、まるで相互に同盟しているかのように結びついている。また、他の一部の事物は、互いに違っており不一致である。つまり、互いのうちに互いが恐怖となり破壊となるような何かをもっている。だから、そこではどんな理性らしいものも現われることはできない」。

彼は、このような相互作用の例をたくさん示している。イチジクの木につながれた野性の雄ウシは、交感によって馴らされる。しかもその交感は、両者の本質にまでしみわたるため、牛肉をイチジクの葉とともに煮ると、ひじょうにやわらかくなるほどである。ポルタによると、この事実はゾロアスターも知っていたという。このような効力は化学的にも利用され、イチジクの乳状液は他の成分とともに、ウシの血の乾燥を防ぐ薬剤になる。

ポルタのこの魔術書には、ほかにもふしぎなことが数多く書かれている。動物は腐敗物から自然発生するというおどろくべき説は、これまでしばしばいわれてきたが、ポルタもこの説を主張している。彼は、小ムギの重さを増すことによってパンを重くする危険な方法を述べているし、正直な読者が切実に知りたがっていた宝石の偽造法などについての指示も与えている。自然学に関する章には、人間を一日だけ狂人にするにはどうするかとか、薬用植物で眠らせるにはどうするか、などという項がある。この章はまた、楽しい夢やいやな夢を見る方法についても論じている。マメ、レンズマメ、タマネギ、ニラ、ニンニクなどを食べさせると、そういう夢が見られる。ポルタの著作の一部には、蒸留、花火、料理、狩猟、漁獲その他、生活を楽しくする事がらが書かれている。

弱い目の人のために、凸レンズや凹レンズや、そのほか光学的なふしぎな工夫について述べており、彼がごったまぜと呼んでいる最後の章では、「古典的な順序によらないで設けた」少数の実験を列挙している。そのうちの一つはランプによる実験であり、熱心な彫版工がそれを印象的に描いている。ここにその実験の全文を引用するが、そうすれば読者は、雌ウマの排泄物の信じられないくらいおどろくべき効験を、吟味したくなるだろう。「哲学者のアナクシラウスは、蠟燭の芯の燃えて黒くなった部分をもてあそぶのがくせだった。そしてそのさいの気の迷いから、プリニウスの言葉を信じてよいなら、人間の頭が怪物のようにみえたという。この話を古代人の

図151　自然魔術によっておこった驚くべき変形

記事から見つけたとき、私はひじょうにうれしかった。ところで、新しく子をはらんだ雌ウマの排泄物をとり出し、それを新しいランプで燃やすと、人間の頭がウマの頭のようにみえる。このことは、私がためしたわけではないから、真実かどうかわからないが、私は真実だと思う」(図151)。

こうしてポルタの本は終わっているが、その結論は、序文で「私は、祖先の人たちのいったことを観察してみよう。ついで、自分自身の経験によって、それが正しいかどうかを示そう」と述べていることとは、いくらか矛盾している。

＊　デッラ・ポルタの著『自然の魔術』は『自然魔術』であり全三巻ではなく全四巻であると、深井繁男氏よりご指摘があった。詳細は解説文を参照。

カバラ（ユダヤ教の神秘説）

キリスト教的カバラ主義とユダヤ人

ルネッサンスのヒューマニストたちは、古代の芸術と学問の美を再発見した。異教徒の文献は、立派な著述をするための理想とみなされた。古代語は、ひろく研究されるようになった。ピコ・デッラ・ミランドラ、ロイヒリン、ピストリウス、メランヒトン、エラスムスは、洗練されないラテン語やギリシア語で書いたり話したりするなまはんかな教養人を軽蔑した。アグリッパは、反対派の連中にたいする駁論として、彼らはラテン語文法を無視し、偶像崇拝（idolatry）をYを使って書いている事実をあげている。そしてアグリッパは、こういう連中には、たぶん正しい主張を擁護する資格のないことを示唆した。

トリテミウスは、言語についての知識は他のどんな学識よりも大切だと考えた。彼は、全人類にわかる秘密の世界語をほのめかした。そしてバベルの塔の時代の言語の混乱を思い出して、言葉によって神の呪いが人類から除かれるかもしれないことを示唆している。

中世では、ヘブライ語はまったくおろそかにされていた。おそらくライムンドス・ルルスを除けば、キリスト教徒の大学者でさえヘブライ語を無視した。少数の呪術師はヘブライ語の知識を望み、自分たちの呪文のなかに、一般に知られているエロヒム（神）とかアドナイ（主）などの言葉を挿入したり、ユダヤの魔術書から、かならずしも意味のはっきりしないカバラ的な語句のつづりかえを借用したりした。

中世初期には、ユダヤ人はアラブ人の知恵の宣伝者だった。けれども、キリスト教徒とユダヤ人のあいだの文化交流は、後には困難になった。迫害が、知的交流の方向を変えてしまったのである。ユダヤ人の研究は、彼らの聖書とカバラだけにかぎられた。さらにユダヤ人は、近隣のキリスト教徒から採用したり、または太古から伝えられていたかずかずの通俗な迷信や魔術的な習慣にふけっていた。とくにドイツの北部では、ユダヤ人は妖術師、毒殺者、媚薬調剤師とみなされていた。そして伝染病の流行した時代には、彼らは、近隣のキリスト教徒たちを多量の毒薬を使って殺したと非難された。ユダヤ人は、自分たちの社会も他の都市と同じく病疫に見舞われていると弁解したが、むだだった。迷信から宗教的倫理への通俗な論理のすりかえによって、ユダヤ人が病気になることは、犯罪人に対する聖なる処罰だとみられた。

中世の科学は、蔓延していく病気にたいして何の手段も与えなかった。ところがこの場合ユダヤ人は、呪術のかどで不当に非難されながらも、魔術をじっさいに行ない、多くの呪術的な慣習をヘブライ宗教のなかにとり入れていった。

ユダヤ人も他のヨーロッパ人と同様に、ルネッサンスから力づよい影響をうけた。いまや新しい精神が、隔離された彼らの場所にまで浸透し、ユダヤ人街の陰気な路地にも、「生きることは、すばらしいことだ」というフッテンの楽天的な言葉がこだました。

博学の非ユダヤ人たちは、ユダヤ人が他の古代民族が滅亡しさった後も長く生き残っているのは、ある超人的な知識のためだと信じ、ユダヤ人のこの秘密に心をひかれたにちがいない。好奇心が偏見に打ち勝った。ヘブライ語は、彼らの隣人であるユダヤ人から学ぶことができた。ユダヤ人は、祖先の言葉でお祈りを暗誦し、古来のみごとな形をした文字で本を書いていた。

この知的交流は、聖典の翻訳者を求めていたヒュマニスティックな教皇や高位聖職者によって奨励された。イタリアでは、かなりのユダヤ人が大学で教鞭をとって公共生活に参加した。パドヴァで講義したラッァロ・デ・フリジェイスも、その一人である。その他のユダヤ人は、哲学問題の権威者として有名になり、たびたび学問的な論争の調停を依頼された。また、マントヴァでは、最初の書籍印刷業者がユダヤ人の医者エリアだったことも意味ぶかい。ユダヤ人のもつ知識や知恵についての関心が高まったのは、ヒュマニストたちが、中世におけるアリストテレス哲学のきずなから解放してくれるような哲学的または形而上学的な体系を探究していたからである。そしてヒュマニストたちはそういう体系を、カバラという秘伝的な教義のなかに見出したのである。

ユダヤ人の学者は、ヨーロッパの知的生活に活発に参加していたので、もはや非ユダヤ人の同僚にカバラを隠しておくことはできなかった。やがてキリスト教的カバラ主義者たちが立ち上がり、そのなかには、巧妙に博識をふりかざして教師にいどむものもいた。

ピコ・デッラ・ミランドラは、ヘブライ語文法の知識を得て、カバラやタルムード（ユダヤ教

図152　ヨハン・ロイヒリン像

の聖典）を調査した。彼は自分のまわりに、ユダヤ人教師をおいていた。たとえば、有名なエリア・デル・メディゴ、フラヴィアス・ミトリダテス、ヨハナン・アレマンノなどがいた。ピコはその著『ヘプタプルス』のなかで、創造の七日間についてカバラの立場で執筆した。

　精選された難解なカバラの原文を載せたピコの『精選カバラ』は、一五六九年にヴェネチアで出版された。カバラ思想はまた、彼の九〇〇の命題（『カバラ哲学および神学の結論』）のなかでも述べられている。ピコは、非ユダヤ人では最初のヘブライ語写本の収集家である。

　彼のあとを継いだのがヨハン・ロイヒリン（一四五五—一五二二年、図152）で、彼は自著に、「カプニオ」というギリシアふうの名で署名した。ヘブライの知識にロイヒリンが関心をいだくようになったのは、一四九〇年のイタリア旅行中にピコに会って目覚めたからである。ロイヒリンもピコのように、ユダヤ人の学者からカバラの知識を求めた。その教師のなかには、哲学者スフォルノのオバディアやアレクサンドル六世以来の教皇の侍医エムマヌエルなどがいた。ロイヒリンは、ヘブライ語文法とヘブライ語綴字法《ていじほう》のほかに有名な二つの著作、『ふしぎな言葉』（一四九四年）と『カバラの術』（一五一七年）の著者であった。彼はヘブライ語聖典を、洗礼をうけたユダヤ人ペッフェルコルンの非難から守った。ペッフェルコルンは、ドミニコ会士の支援をうけて、フランクフルトやコローニュにあるヘブライ語聖典を全部焼きすてることを要求していた。けれどもロイヒリンの好意的な報告によって、マクシミリアン皇帝はその布告を取り消した。

ルターの後継者だったジョン・ピストリウス（一五四四―一六〇七年）は、カバラ説のもっとも重要な著作『カバラの術……第一巻』（一五八七年）を編集した。この書は、ひろい影響をおよぼした。トマス・ブラウン卿はその書物を典拠としたし、その後の一世紀間に、イングランドの他の学者たちもそれを使用した。ピストリウスのこの文集は、改宗したユダヤ人パウルス・リキウス、律法教師ジョセフ、ロイヒリン、レオン・エブレオの諸著作や、ピコの九〇〇の命題に関する注釈からなっている。ピストリウスは、カバラ説の文献が厖大な量になることを知らなかったので、それを全部発行しようとした。「他は第二巻につづく」と序文に書いているが、この計画は実現しなかった。

コルネリウス・アグリッパはその著『隠秘哲学』（三巻）のなかで、字句によるカバラを説明している。これは、ヘブライ語句の綴り変えや魔方陣や計算によって発見される天使の名前を使って行なうふしぎな操作である。その第二巻では、数に内在する魔術的な効能が語られている。第一章には、つぎのような暗示的な標題がついている。「数学の必要と、計数術だけによってなされている多くの奇跡について」。アグリッパは、カバラ的な操作の実際を強調した。この操作は、彼によれば、自然呪術のうちで無視されてきた部分だった。

ギョーム・ポステルは、数多くの著書のなかに秘伝的な教義の知識を注入した。一五三八年、

図153　ロバート・フラッド像

彼はヘブライ民族とその言語の起源に関する本を出版し、また一五四七年には、『隠された事物の鍵』を発表し、そのなかで、神を知るための研究には聖なる文字の「捜査」によって導かれなければならぬことを主張している。彼は『イェジラ（創造）の書』をはじめてラテン語に翻訳し、これを一五五二年、パリで出版した。

　イングランドのカバラ主義者のうち最大の人物で、たぶん教養の全体を把握した唯一の人は、ロバート・フラッド（一五七四—一六三七年、図153）であった。彼は、プラトン哲学とアリストテレス哲学を調和させようとこころみた点などは、ピコに似ている。彼はアリストテレスの一〇個の範疇を、カバラにおける神のさまざまな顕現である一〇個のセフィロト（数または範疇の意味）と同一視しようと企てた。彼は、有名な先輩たちと同じように、ユダヤ人の学者と知りあっていた。そしてそれらの人たちやアグリッパの影響をうけ、バラ十字会員を弁護するために『モーゼの哲学』（一六五九年）と『最高善』（一六二九年）を書き、錬金術と魔術とカバラを擁護した。彼はユダヤ人の神秘論者たちに同意して、病気は魔ものによってひきおこされると信じた。『疾病に関するすべての神秘』（一六三一年）という彼の著作は、この確信にもとづいている。

初期のキリスト教的カバラ主義者たちが与えた刺激は、一七世紀と一八世紀にわたってつづいた。一六四二年には、ケーニヒスベルク大学教授シュテファン・リタンゲルが『創造の書』のラテン語訳を出版した。

クノル・フォン・ローゼンロート（一六三六—八九年）はある律法教師の助けを借りて、『カバラの解明』を編集した。それには、『ゾハル（光輝）の書』の最古の三つの断篇のラテン語訳と、そこに現われている文字の玄妙な意味についての広範な注釈がふくまれている。『カバラの解明』には、さらに数篇の論文がはいっており、そのなかには、一六世紀にカバラの一派を創始したイサーク・ルリアの著述や、同じ時期に学校を創設したモーゼ・コルドヴェロの著述がある。この二人の同時代人は、神聖なカバラのとり上げ方によって、それぞれ特色をもっている。ルリアは夢想家で、その空想力のため、真の伝統からはずれてしまい、コルドヴェロは、定められた方向にしたがっていた。この二人が『カバラの解明』に登場しているという事実は、意味ぶかい。ローゼンロートは、さまざまな特色のある書物を編集しており、貴重な経典とならんで、とるにたりないような書物も出版した。『カバラの解明』は、このような欠点があったにもかかわらず、古いヘブライの教義に関するもっとも重要な出版物の一つであり、いまなお現代の学者たちから典拠として使用されている。

『聖書』の秘密

カバラというのは、形而上学的または神秘的な体系で、それによって神の選民が神と宇宙を知るのである。カバラは、選民をふつうの知識以上に引き上げ、創造の深遠な意味と計画を理解させる。これらの秘密は、『聖書』のなかに伏在しているが、『聖書』の字面だけを理解する人にはつかめないだろう。『旧約聖書』は象徴の書物であり、その叙述はいわばマントのようなもので、崇高なる天啓はそのマントのなかにつつまれている。「マントを法と考える人にわざわいあれ」。そういう人にとっては、『聖書』の簡明な物語が真実のすべてである。もしそうだとすれば、『聖書』を書物のなかの書物と呼ぶことはできないだろう。もしこんにちの賢者たちが会合して、同じような書物を共同でつくるなら、その書物は、もっと首尾一貫したものとなり、あいまいさや恐ろしさは少なくなるだろう。

聖書に使われているヘブライ文字は、事物や事件や思想を記録するために人間が発明した単なる記号ではない。文字や数は、神聖な力の貯蔵所である。アグリッパによれば、「不動の数字や文字は、神の助けで清められて神性の調和をただよわせている。そのため、天上の生物はそれらをおそれ、地上の生物はそれらにおののく」。

カバラ主義者の仕事は、伝統的な方法を使って、この隠された意味を解くことである。こうして集められた真理は、カバラの創始者たちが確立した原理と一致する。けれども、だれが創始者だったのだろうか。歴史や伝説は、この点でまちまちである。カバラの諸著書によると、聖書時代に、神みずからが人類にカバラを示したことになっている。すなわちアダムは、天使ラジエルからカバラの書物をうけとり、その知恵によって、堕落の悲しみを克服し、威厳をとりもどすことができた。ラジエルの書はソロモンに手渡され、ソロモンはその力によって地上と地獄を征服した。別の物語では、『創造の書』はアブラハムが著述したものだとされている。しかし、シナイでモーゼが聖書の神秘的な解釈のしかたの鍵を授かったというのが、一般に行なわれている意見である。エズラ（前五世紀）以前には、このような解釈をくだしたものはだれもいなかった。イェルサレムが崩壊して約五〇年後に、律法教師アキバは『創造の書』を書き、その門人の律法教師シモン・バル・ヨハイは『光輝の書』をつくった。つねに奇異がまつわる伝説については、このくらいにしておくが、カバラの起源を紀元前におくことは、まったくの間違いではない。文書にもとづく天地創造論は、前一五〇年間にイスラエルに存在していた。またヘブライの聖職者たちは、他の国々の聖職者のように口伝にも留意したことであろう。そういう経験的な知識が聖典とともに存在したことは、モーゼの天啓に触れている『エズラ書』から推察することができる。「なんじこの言葉を宣し、かつ隠すべし」。

このような古い荘厳な時代のおもかげは、カバラに関する数多くの書物では、はっきりしない。しかし、カバラの思想は多くは後一、二世紀に書かれた黙示録のなかにひそんでいる。だが、カバラの教義が明確な形をとり始めた時期は、もっと後におかなければならない。五九一年から一〇三八年までつづいた教長《ガオン》の時代に、新プラトン派とピュタゴラス派の影響が、学問の大部分を思弁的な性格をもつ形而上学的な体系に変えてしまった。この変化がおこったのは、パレスティナではなく、バビロンだった。ここでは、ユダヤ人学院の院長である教長たちが、宗教問題を決定していた。秘密を知らすだけの値打ちのあるりっぱな人は、メックバリムと呼ばれた。最古のカバラ説の書物である『創造の書』は、教長の時代に書かれた。けれどもカバラという言葉は、一一世紀以前の文献には現われていない。だが、『光輝の書』がつくられたと思われる一三世紀になると、カバラは多数の文献にひろまった。『光輝の書』は、カバラの知恵の柱として、聖なる書とみなされていたし、今もみなされている。この書が、現在の形になったのは、有名なモーゼ・ド・レオン（一二五〇―一三〇五年）のおかげである。

人間は世界機構の計画を把握することができるとか、思弁によって（まったくではないにしても）神を理解することができるというようなカバラの基本的な思想には、非ユダヤ的な哲学や秘教の影響がうかがわれる。

世界は数と文字を基にして構築されているというカバラの思想は、ギリシア哲学からきたものである。プラトンはその著『ティマイオス』のなかで、宇宙を成立させている比率を取り扱っている。新ピュタゴラス派の哲学者は、数と文字を、超自然的な力を賦与された神として理解した。また、天地創造にさいしての神の存在の表われであるセフィロトの思想も、古代のヘブライ神学とは相いれない。セフィロトは、新プラトン派の英知、すなわち可想的世界と物質的世界の媒介者、に似ている。

一〇個のセフィロトは、原初の人間であるアダム・カドモンのなかにふくまれている。この人間については、パウロが「神、精神の世界においては天のアダムを、物質の世界のためには土よりなれる地のアダムをつくりたまえり」（『コリント前書』第一五章四五―五〇）といって、示唆しているように思われる。ヘブライ語聖典『ミドラシュ』によると、最初のアダムがメシア（救世主）で、その霊はつねに現存するという。事物や生物は物質的に創造される以前に観念として存在するということは、プラトンやゾロアスターによっても述べられていた。さらに、カザラのエン・ソフすなわちセフィロトを流出させる無限の神性は、ズルヴァン・アカラン、すなわち万物を流出させる神化された空間＝時間というゾロアスター教の教えに似ている。

さらにこのような類似は、カバラの教えと、それに対してグノーシス派の教義、アレクサンドリア派の教義、フィロンの哲学、ストア哲学などのあいだにも存在する。

もっとも初期のカバラ主義者たちは、これらの教えの影響を無視することを好まなかったし、またこれに抗することもできなかった。そこで彼らは、神の霊感をうけているため変更をゆるされぬ現存の聖典をそこなうことなく、これらの教えの影響をうけ入れるにはどうすればよいかという問題に直面した。彼らが見つけた解決は、古い原文のなかに、発見したいと思っている事がらを読みとることであり、また、彼らの思想は最初から聖典のなかに隠されていたのだと断言することだった。このことを証明するために、彼らは、文字の価値を変えるようなやりかたとか、さらにまた、ある文字を他の文字で代用するという方法に訴えた。こうしてカバラの教えに一致するような新しい言葉をつくったのである。このやりかたは、さまざまな思想にも同じように活用できる。事実、以前にも『タルムード』を解釈するために、このやりかたが利用されていた。

図154　カバラの寓意

さらに、聖典占いから魔術的操作への移行は、ほんの一歩にすぎない。そして実際的なカバラは、話し言葉の力によって、おどろくべき効果をひきおこそうとつとめる魔術にほかならない。

　カバラの理論と実際のあいだのこの明らかなずれは、新プラトン説のなかにあるずれに匹敵する。新プラトン派のプロティノスは、グノーシス派を攻撃したが、それはグノーシス派の人びとが、話し言葉は魔ものを追いはらうことができるという信仰をもっていたからである。ところが彼は、自分の門人たちが呪術的な慣習にふけるのを妨げることはできなかった。理論が実際的な応用を要求するのは、理論の本質である。われわれは、実際の応用を非難する代わりに、むしろ、実際の応用がどの程度まで理論によって鼓舞されたかを自問すべきだろう。カバラの原典を読むと、そこには魔術がたくさん盛られていることに、すぐ気づくだろう。というのも、原典で確立されている現実と理想のあいだの類似は、思想の秩序は自然の秩序と同一視できるという魔術的な信仰の所産だからである。カバラ主義者たちの確信するところによると、われわれの感官でとらえられる一切のものは、神聖な思想を啓示することができ、また、英知の世界におこるあらゆることは、物質の世界に現われるであろう。

文字の魔術

言葉は虚空のなかへは落ちず。

（『光輝の書』）

一部の博学な研究者たちが、ユダヤ人の学者にしたがって形而上学的思弁の荘厳な王国にはいりこんでいたあいだに、他の研究者たちは、カバラの書物が暗示しているように思えた実際的な応用に心を奪われていた。カバラについての真の知識がキリスト教徒の西洋で衰え始めたときにもなお、聖書占いや魔よけ術や、さらに一般的には魔術が、魔術師の心にずっとつきまとっていた。

カバラを使って奇跡を行なったユダヤの達人たちに関する空想的な報告書によって、言葉のもつ力が、いよいよつよく信じられるようになった。一六世紀の師匠ケルムのエリヤは、『創造の書』の助けをかりてゴレム（この言葉の意味は、無形の物質）という人造人間をつくった。エリヤが、粘土製の像の額に神の秘密の名前を書くと、その像には生気が芽ばえた。その後、プラーハの律法教師ユダ・レヴ・ベン・ベザレルも、同じような芸当をやってのけたという。彼は、どんどん大きくなっていく怪物におどろいて、ゴレムの額に書かれた秘密の言葉を消すと、その人造人間はふたたび生命のないかたまりに変わってしまった。この事実によって、奇跡は言葉だけによってなされることが、はっきりと立証された。もっとも、一三世紀には、ヴォルムスのエレアザールが、このような怪物をつくるためにひじょうに複雑な秘法を示したことがある。エレアザールは、伝説では天使ラジエルの著述とされているカバラの書物の、ほんとうの著者ではないかと考えられている。この書物には、ガブリエル、ミカエル、ラファエルなどのような有名な天使をモデルにしてつくった天使たちの変名、異名、別名が書き散らされている。

カバラ主義者たちは、このような名前を、その天使独特の活動や機能に合致する語根名でつくり、それにel（神）という意味の接尾語をつけた。たとえば、アダムに秘教（ヘブライ語でRaz）を示した天使はラジエル（Raziel）、悪（ヘブライ語でSam＝毒）の天使はサマエル（Samael）、月（ヘブライ語でYerah）の天使はヤルヒエル（Yarhiel）、というぐあいである。

この簡単な規則や、さらにもっと複雑な規則も、『タルムード』時代に公式化され、中世になるとそれらが精巧に仕上げられた。ここではそのうちの三つの規則を、象徴主義的なカバラの主要な方法として考えてみたい。これらは、ヘブライ語の聖書に書かれている文字や言葉の隠された意味を発見し、魔術用に新しい言葉や語句につくりかえ、数をこしらえあげる方法である。

ゲマトリアというのは、いくつかの言葉の数値を計算して、それらの言葉のあいだの関係を発見する手順のことである。同じ数値をもっている言葉は、互いにとりかえることができるし、その数によって新しい意味を示すことができる。ヘブライ語はギリシア語と同じく、数字は文字によって示される（図155）。エホヴァ（Jehovah または Yehova）すなわち יהוה の数値は、一〇、五、六、五で、合計二六である。神の名にふくまれているこれらの数は、神秘的に解釈された。そしてこれと同じような計算からカバラ主義者たちは、神のもっとも強大な名は、七二個の文字をふくむべきことを発見した。この名を知ることは、人間として最大の力を身につけることだった。

　ゲマトリアによる聖書解釈の例としては、アブラハムが三一八人の家の子を率いて、捕虜にされているロトを救ったという『創世記』第一四章一四をあげることができる。アブラハムは、神を味方にしているのに、ほんとうにそんなに多くの人を必要としたのだろうか。これについてゲマトリアは、アブラハムの家令だったダマスクスのエリゼル（Eliezer）の名の合計が、

ר	ז	ע	י	ל	א
200	7	70	10	30	1

つまり三一八であり、さらに、アブラハムは四人の王を打ち破り、一人の人間の援助でロトを救った、と答えている。ゲマトリアによると魔術師は、同じ数値の言葉を混ぜ合わせて、力をもつと思われる新しいわかりにくい言葉をつくることができた。

　ノタリコンの方法というのは、ヘブライ語の言葉はすべて略語とみなし、一つの言葉の各文字は他の言葉の頭文字であるとするやりかたであった。そのほか、言葉の最初と最後の文字が分離されて、新しい言葉に配列されることもあった。有名な護符や呪文は、ノタリコンを使

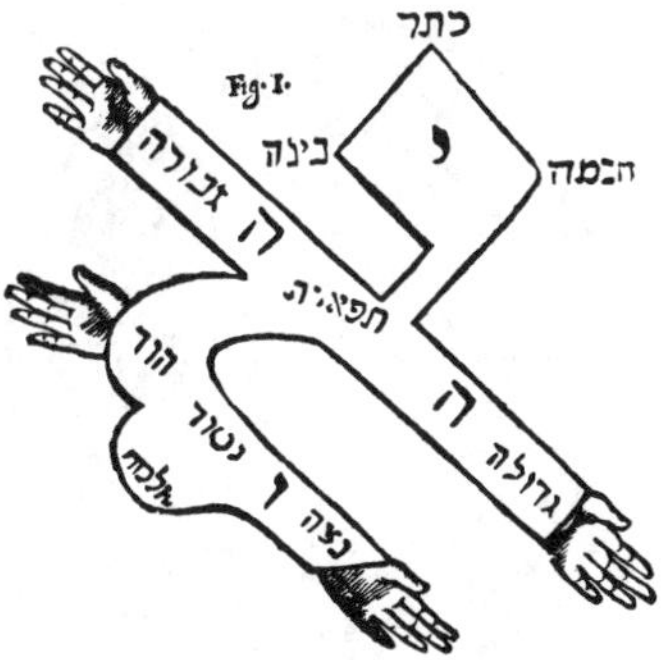

図155　ヘブライ文字アレフに関するカバラ的な表意文字

図156　アグリッパのカバラ的な護符

って発明された。魔法の円のなかにしばしば書かれるアグラ（Agla）という言葉は、Atha Gibor Leolam Adonai（おお主よ、おんみは永遠に強し）という祝福の最初の文字を集めてつくられている。『創世記』は、ベレシト（Bereshit）――はじめに――という言葉で始まっている。ノタリコンによると、この言葉は「神は蒼穹《そうきゅう》と地と天と海と深淵とを創りたまえり」という文の頭文字に分解することができるという。ノタリコンの方法のもう一つの例は、アグリッパがその著『隠秘哲学』に載せている護符である（図156）。その中央には、アラリタ（Ararita）と書かれており、その所有者には、神聖な言葉のすべてのなぞを解く力が与えられる。また所有者は、邪悪な呪いから守られており、彼の望みのすべてはかなえられるだろう。

アラリタは、つぎの文章の頭文字からできている。「唯一なる神、神の統一の原理、神の同一性の原理、神の変化する姿は一つなり」。これをヘブライ語で書くとつぎのようになる（右から左へ読む）。

אחד ראש אחדותו ראש ייחודו תמורתו אחד

テムラは、言葉の文字をとりかえたり、転置したり、順序を変えたりする方法である。こういう語句のつづりをかえることによってどんな言葉にも隠された意味が生まれてくる。

ヘブライ語のアルファベットの二二文字をある特別な順序にしたがって二行に書くと、上下の関係におかれた文字は、互いに入れかえることができる。正常にならべたヘブライ語のアルファベットは、図161にある。つぎの図式に示すように、文字を一一個ずつ二行にならべると、AはLと、BはTと、GはShというぐあいに、それぞれ関係づけられる。その結果 AL BT GSh DR HK WTz ZP Chl TS YN KM というアルファベットができあがる。

א	ב	ג	ד	ה	ו	ז	ח	ט	י	כ
A	B	G	D	H	W	Z	CH	T	Y	K
ל	ת	ש	ר	ק	צ	פ	ע	ס	נ	מ
L	T	SH	R	K	TZ	P	I	S	N	M

この秘密のアルファベットは、最初の二つの結合から、アルバト（Albath）と呼ばれている。同じような配列にもとづいて、アルファベットのかずかずの違った組合せができあがる。それらは、最初の二文字の組合せにしたがって、アブガド（Abgath）、アグダト（Agdath）、アドバク（Adbag）、アブバト（Abbad）などと呼ばれる。カバラ主義者は、このようなアルファベットを用いて、『聖書』のいたるところに隠されている意味を発見し、一つの言葉から別の言葉をつくりだした。このことはとくに、ヘブライ語にはそもそも母音が明瞭に示されていないことを思えば、なおさらのことだった。だから、神秘的なアルファベットがなくても、子音で書かれている聖典では、言葉のうちにいろいろな意味を読みこむことができる。たとえば、英語の boat を

BTと書いた場合を考えてみるとよい！　これは、bat, but, beat, bit, bait, bet とも読めるはずである。

さらにカバラ主義者は、数に言葉をあてはめ、言葉に数をあてはめて、全世界の組織や天使の名や神の名を発見し、天使軍を三億一六五万五一七二名と数えているが、これもそうおどろくにはあたらない。

以上のようなことが、聖典のなかから隠された意味を引き出し、言葉を呪術的な操作のために用いる象徴主義的なカバラのやり方であった。

さて、話を終わる前に、現代のパレスティナにあった物語をお話しして、カバラ主義者がいまもなお、テムラによって奇跡をおこすことができることを説明してみたい。第二次大戦中にドイツ軍がギリシアを占領したとき、シリアにいるユダヤ人は、ドイツ軍がシリアに侵略してくるのではないかと、ひじょうに心配した。連合軍の作戦は、この形勢をくいとめる効果はないように思われたので、ユダヤ人はカバラ主義者たちに助けを求めた。彼らは、ひきこもって瞑想にふけり、徹夜した後、待ちかまえている群衆の前に進み出て、危険は避けられたと言明した。彼らは、シリア（סוריה）の文字を、ただ配列を変えただけでつづられるヘブライ語のロシア（רוסיה）という文字に転置したのである。「彼らが魔術によって引きだしたことと、ちょうど同じことがおこった」。というのは、ヒトラーは、中近東に対する進撃を続行する代わりに、まもなくソヴィエト連邦を攻撃したからである。

カバラ主義者は、言葉や数の力によって精霊を呼びだし、火事を消し、病気を退散させた。し

図157　カバラ的な寓意

かし少数の非ユダヤ人たちは、知識を別の目的に使った。彼らは、カバラ説から集められた論議によって、ユダヤ人学者をキリスト教に改宗させようとした。

『光輝の書』によれば、神アダム・カドモンの最高の顕現は人間の形をとるが、その理由は、人間の姿は天地にあるもののすべてをふくんでいるからである、という。神は人間の姿を自分自身として選んだのである。非ユダヤ人のカバラ主義者にとって、人間の姿をした神とはキリストにほかならなかった。さらに『光輝の書』によれば、神は「天人」を創造した後、降臨するための馬車の御者にこの天人を使ったという。

ハインリヒ・クンラートの図（図157）では、聖なる流出物エン・ソフの中核は、救世主の姿によって占められている。救世主は、復活と不死の象徴である不死鳥の上に立っている。光り輝く中心からは、この図において円形にならんでいる一〇個のセフィロトに相当する一〇個の神の名称が放射している。そしてセフィロトは、図の外円をなしている十戒に光線を投げかけている。セフィロトと十戒のあいだにはさまって、ヘブライ語のアルファベットの二二文字が配合されている。輝く光のなかには、יהשוה（イェシュア）すなわちイエスの五文字がちりばめられている。この図によってユダヤ人を改宗させることは、まずできなかっただろう。なぜなら、クンラートは、無量にして無限定な存在物であるエン・ソフのなかへキリストをおき、キリスト教的カバラ主義者もユダヤ人のカバラ主義者も認めていた教理――アダム・カドモンはセフィロトのなかにふくまれているという教理――を無視したからである。

クノル・フォン・ローゼンロートの著『カバラの解明』（一六八四年、フランクフルト）のなかの、カバラ主義者とキリスト教徒の哲学者のあいだの奇妙な対話もまた、ユダヤ人を改宗させる目的で書かれている。そこには、アダム・カドモンがキリストにほかならないことを証明するためのすべての論議が列挙されている。著者によると、この小論文は、「ヘブライ語のカバラの教義を新しい改宗者の教理に適用したもので、ユダヤ人が改宗するのに有益な仮説を提供する目的をもっている」。

この対話のなかで、キリスト教徒の哲学者が権力をふるっていたことは、いうまでもない。半ば改宗したカバラ主義者は、つぎのような言葉で会話を始めている。「わが友よ、改宗が何よりもさし迫った問題であることを、ご存知なのだろうか」。おそらく、こういう議論では、望ましい効果はほとんどあがらなかっただろう。というのも、アダム・カドモンには、あまりにも多くの属性が与えられていたからであり、しかもそれらの属性は、うまくこじつけなければキリストの属性と同一視することはできなかった。『光輝の書』は、アダム・カドモンの特性をつぎのように述べていた。「神は、古代人中の古代人、未知なもののうちの未知なものとして、とくに老人の姿をして現われる。しかし神は、その存在をわれわれに知らせる姿になったとしても、やはりなお未知である。神の外衣は白く、その風采は輝いている。また神は意のままになる火花の王座に座を占めている。神の頭部の白い光は、一〇万の世界を照らしている。……顔の長さは、三七万の世界にあたる。神は、面長《おもなが》と呼ばれている。これは、古代人中の古代人にふさわしい名前である。……」（図158）。

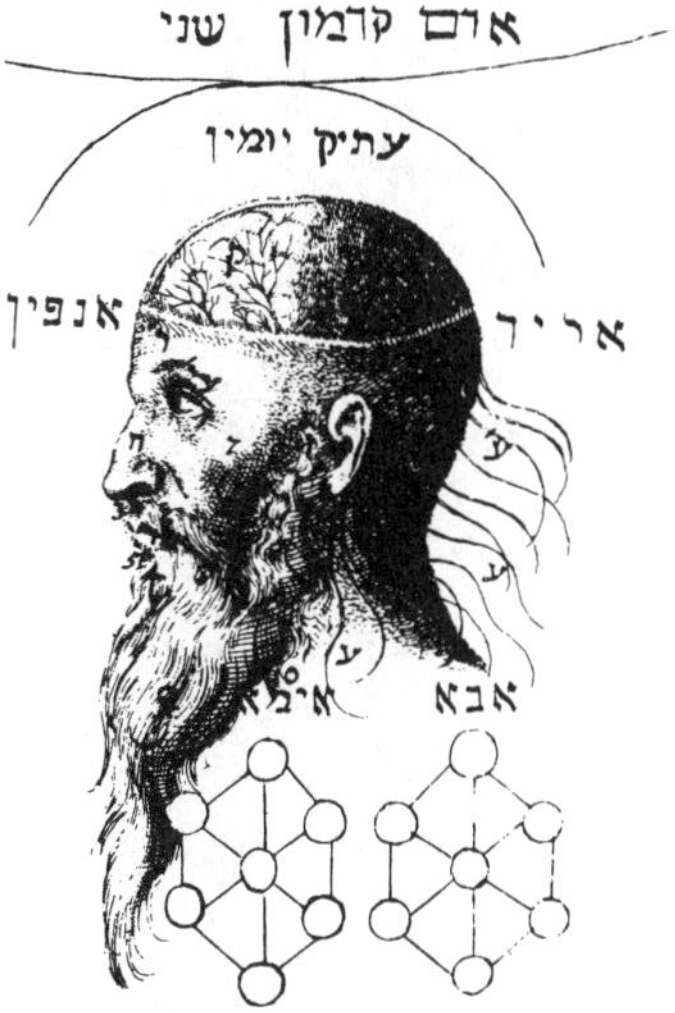

図158　アダム・カドモンの頭部

アタナシウス・キルヒャーは、このような難点に気がついて、同僚たちよりもさらにさらに力づよく、カバラの新生面をひらいた。彼は、カバラの原型をほとんど残さなかった。キルヒャーは、有名な一〇個のセフィロトを、永遠なるもの（神）に関するキリスト教の一二の名称でおきかえた。彼によれば、神の七二の隠された名称は、God, Dieu, Dio, Gott という各国語で発音された神の名にすぎないという。その反カバラ的な構想によると、地上のどんな言葉であっても、熱烈な信仰で神が呼び出された場合、複雑な呪文や奇怪な名称で呼ばれるときよりも、神はより即座に救済を与えるだろう。

『創造の書』

『創造の書』の梗概を簡単にお話ししておくことは、読者に、理論的なカバラの性格を大づかみに理解していただくのに都合がよい。

ユダ・ハレヴィによれば、「この書は、変化と多様性のただ中に、〈ある整合するもの〉からだけ導き出すことのできる調和と統一が存在することを示して、われわれに唯一神の存在を教えてくれる」。

『創造の書』は、唯一神によって創造され維持されている宇宙の形成をあばいている。あらゆるものは、流出によってこの神から生じた、とされている。

『創造の書』は『聖書』とは違って、神は宇宙を、無からではなく神自身からつくった、と述べている。神は宇宙の質料であり、形相である。あらゆるものは、神のうちにある。神は、すべての事物や生物の底にひそんでおり、それらは、神の知性の象徴をふくんでいる。全体、神、宇宙は、完全な統一体である。創造における統一のきずなは、ヘブライ語のアルファベットの二二文字と、最初の一〇個の数（最初の一〇文字で表わされる）である。これらの二形式の記号は、知恵にいたる三二のおどろくべき道と呼ばれ、それらにもとづいて、神の名が打ち立てられている。これらの記号は見ることのできる思想にほかならず、物体や物質よりもすぐれている。神の息吹きは、ヘブライ語の文字のなかにある。それらの文字は、人間のものであり、同時に神のものでもある。

それらは、三つの違った形態に区別されるはずである。セファル、すなわち比例と重さと運動と調和を表わす数。シプル、すなわち「光あれ、と命じたまえば、光ありき」という言葉のような、生きた神の言葉と声。最後に、書くことを意味するセフェル。神の書は創造であり、神の言葉は神の書であり、神の思想は神の言葉である。思想、言葉、文書は、神にあっては同一のものであるが、人間にあっては三つのものである。一から一〇までの数は、存在するすべてのものの基本的な形式であり、一〇という数は世界計画の基礎である。これらの数によって、知性は、世界の存在と神聖なる活動を知覚する。一〇個の数は、セフィロトと呼ばれる。

一〇個のセフィロトの名前は、以下のとおりである。ケテル（王冠）は、全実体の理想的原理で、それ自身のなかに他のすべての存在物をふくんでいる。コクマ（知恵）は、全生命の原理。ビナ（知性）は、理解力をもったあらゆるものの原理。ケセド（善）は、すべての美質の模範。ゲブラ（力）は、報酬または処罰の配分の原理。ティフェレト（栄光）は、美しく完全であるすべてのものが集中する原理。ニサ（勝利）は、永遠なものと永続するものとの原理。ホド（名誉）は、高位の存在物の栄光に属するすべてのものの原理。イェソド（基礎）は、低位の存在物に流れ落ちるすべてのものの原理。マルクト（王国）は、すべてのものを高位から低位に伝達し、低位なものが高位なものに同化するのを助ける環。

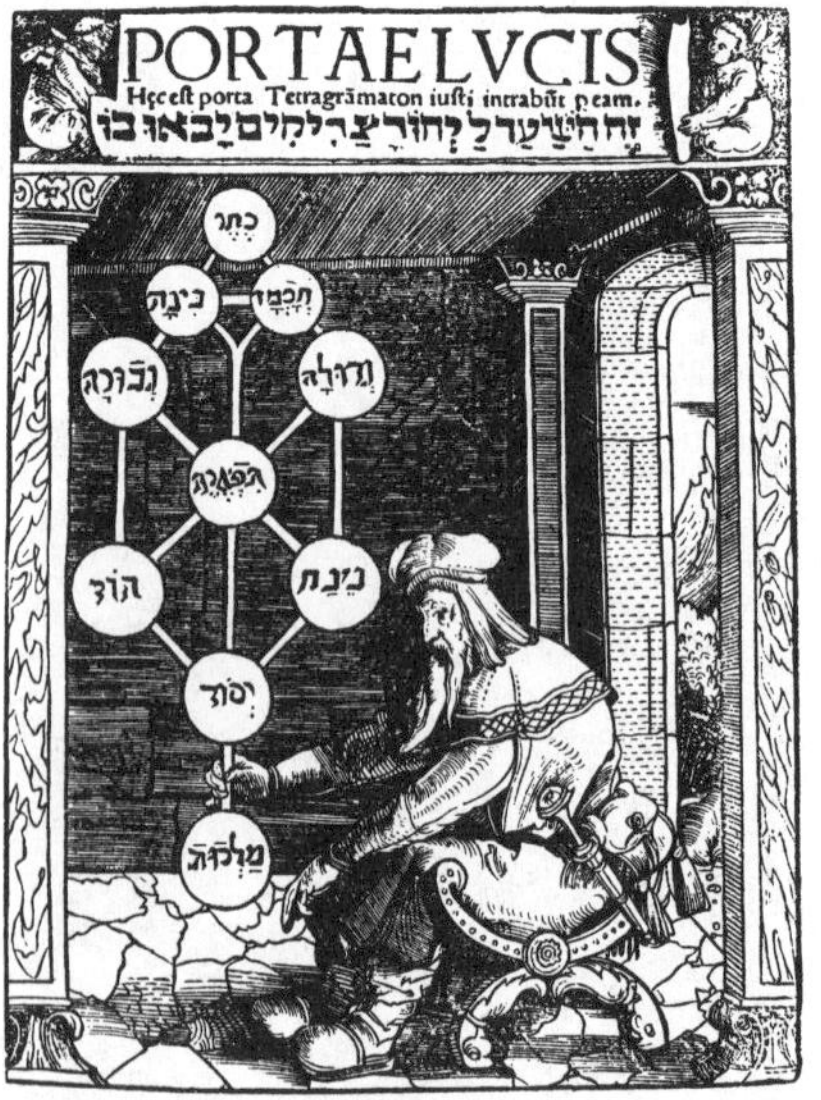

図159　セフィロトの木（リキウスによる）

パウルス・リキウスの著『光の門』（一五一六年、アウグスブルク）では（図159）、第四のセフィロトであるケセドがゲドゥラ（壮大）におきかえられている。またキルヒャーの『ヘブライのカバラ』（一六五二年、ローマ）では、ゲブラの代わりにパカド（恐怖）が示されている（図160）。

セフィロトは、神聖な流出物であり、無限なものの諸相である。「セフィロトには、未来においても、過去においても、現在においても、さらに善または悪においても、結末というものがない」。

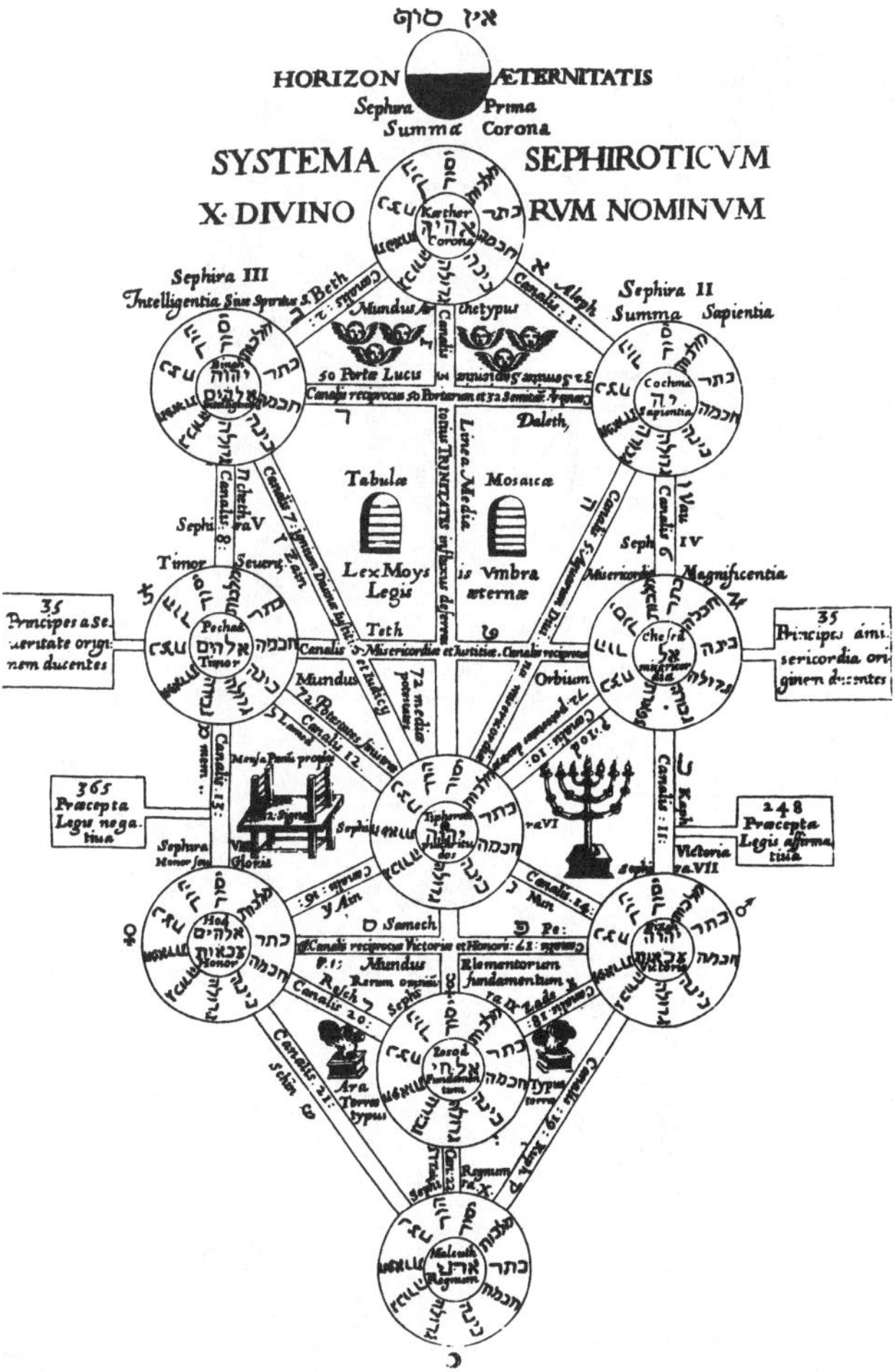

図160　セフィロトの木（キルヒャーによる）

セフィロトは、高くおかれればおかれるほど、ますます神聖なものに近づく。第一の流出物であるケテルは、神の霊である――コクマは、その霊から発する神の息吹きである。コクマには、二二文字が刻まれている。三は息吹きから流れ出る水であり、四は水から生まれた火であり、これにつづく六つの数は、世界の四つの果と、その高さと深さを表わしている。

元素は、相互の間から発した。そして最高の所から遠くなればなるほど、ますます粗大になった。空気は、もっとも高くもっとも微細な元素である。地（圧縮した水）は、元素のうちでもっとも高貴でない元素である。

あらゆるものは、神の胸部から流出した。この流出は、光または炎の放射によって象徴される。

神の言葉は、神の霊と同一視されている。それは、生み出す元素であり、宇宙の本質であり、絶対的な形相である。

神の聖なる霊と神の声と神の言葉とは、まったく同一である。

神は、言葉であり、それが世界となった。

このような概念とともに物質は一つの原理に還元され、一つの法則のもとに服す。

知ることのできる、物質的な世界にかかわりのある文字はすべてのものに刻印を残している。すべてのものとは、われわれが宇宙の最高の知性を認識するための記号である。こういう記号の媒介によって、聖霊はその本体を現わすのである。

神は、無限の方法で文字を混ぜ合わせたり、組み合わせたりして、あらゆる形式の魂を創造した。神は、口にすべからざる崇高な名を、文字によって確立した。

人間は、言葉と文書によって、隠された神聖な秘密の多くを洞察することができ、さらに言葉と記号をもって、奇跡をおこすことができる。そういう可能性は、『創造の書』には述べられておらず、ただ後世の文書や伝説に述べられているだけである。

『創造の書』によると、ヘブライ文字は三つの型に分類される。それは、Aleph-A, Mem-M, Shin-Sh の母文字と、二つの音をもつ七個の二重文字と、一二個の単一文字である（図161）。

アレフ（Aleph）は空気である。なぜならこの文字は軽い気息音で発音されるから。メム（Mem）は、閉鎖音だから水である。シン（Shin）は、歯擦音だから火である。このようにしてカバラでは、おなじみの四元素の代わりに、三元素が知られている。

三、七、一二は、世界を構築している数である。それらは、三つの自然界を循環する。

世界全般の構図のなかを、

時間の区分のなかを、

Final Letters.	Figure.	Names.	Corresponding Letters.	Numerical Power.
Mother	א 1	Aleph	---	1
Double	בּ 2	Baith	B	2
	ב	Vaith	V	--
	ג 3	Gimmel	G	3
	ד 4	Daleth	D	4
Single	ה 5	Hay	H	5
	ו 6	Wav	W	6
	ז 7	Zayin	Z	7
	ח 8	Cheth	Ch	8
	ט 9	Teth	T	9
	י 10	Yood	Y	10
Double	כּ 11	Caph	C	20
	כ	Chaph	Ch	--
Single	ל 12	Lamed	L	30
Mother	מ 13	Mem	M	40
Single	נ 14	Noon	N	50
	ס 15	Samech	S	60
	ע 16	Ayin	---	70
Double	פּ 17	Pay	P	80
	פ	Phay	Ph	--
Single	צ 18	Tzadè	Tz	90
	ק 19	Koof	K	100
Double	ר 20	Raish	R	200
Mother	שׁ 21	Sheen	Sh	300
	שׂ	Seen	S	--
Double	תּ 22	Tav	T	400
	ת	Thav	Th	--

図161　ヘブライ語のアルファベット

人間のなかを。

火は天の物質、水は地の物質、空気は両者の媒介、すなわち支配者にして調停者でもあり、神の息吹き、または言葉である。

火は夏、水は冬、空気は春と秋である。なぜなら、時間も季節も、人間や世界と同じような数の配置をふくんでいるからである。

人間においては、三という数は頭部と胸部と腹部である。

七個の二重文字は、本質において二重であり、その結果は、善と悪の反対感情が両立する。カバラ主義者は七つの惑星——その影響は、カルデアの星神たちとまったく同様に、惑星の位置によって変化する——を知っている。時間の領域では、七は一週の昼と夜を表わし、人間では頭部の開口部、つまり二つの目、二つの鼻孔、二つの耳、一つの口を表わす。

宇宙には黄道十二宮があり、時間には一年の一二カ月がある。人間には一二の能力がある。それは、見る、嗅ぐ、話す、聞く、栄養をとる、生殖する、触れる、動く、怒る、笑う、考える、眠る、である。

要するに、アルファベットの二二文字によって表わされる知性の具体的な形は、存在するすべてのものの形でもある。なぜなら、人間と時間と宇宙を除けば、無限なものだけが考えられるのである。したがって、この三つの領域は、真理の忠実な証人と呼ばれている。

文字と言葉の世界は、階段式に組み立てられている。一は三を支配し、三は七を治め、七は一二よりもすぐれている。しかし、この体系のどの部分も、他の部分から切り離すことはできない。それらは一つである。けれども、それらの成分の多くは対立しており、互いに反対しあっている。最後に、人間の上に、宇宙の上に、時間の上に、文字と数またはセフィロトの上に――神が存在する。神は、二元性もどんな限定もゆるさない。神は無限なゆえに、あらゆるものに関与している。

神は法に屈しない。法は、神が具体化したものだからである。神は法である。事物や生物は神に近づけば近づくほど、神の光に浴する。カバラ主義者にとっては、悪は単独の力ではなく、光の不足または欠如である。

『創世記』にあるように、世界の始まりは神の言葉である。また同じく、『聖ヨハネの福音書』では、言葉は肉体となった。しかし、カバラ主義者にとっては、言葉は神とともにあるのではなく、神そのもの、または三倍のエホヴァの一部である。すでにみたように、エジプト人も言葉を同じように重視し、言葉がなければ何ものも存在しないとした。彼らは言葉の発明を、知恵と呪術と筆写の神トートに帰した。カバラ主義者は、言葉にはもっと大きな力があるとしている。彼らにとっては、言葉は、宇宙のなかではっきり認められる原理であり法則である。

彼らは、言葉のなかに、思想に関する不変の記号を発見する。これらの記号は、あらゆる存在領域で繰りかえされ、またこれらの記号によって、存在するすべてのものを一つの計画に還元することができる。けっきょく、一という数は、神のもっとも崇高にして絶対的な現われ、すなわち神の思想と英知である。

魔術

ふしぎな洞窟

この夢幻境の建築師、思いのままにふるまう私は、宝石づくりのトンネルの下、
手なずけた大海原をくぐらせた。

シャルル・ボードレール

秘伝的な学問の本質は、不変であって、発展も改良もなかった。そして最初から、全体として存在し、そこに到達するには、ただ一つの進路しかなかった。その教義は、現象を研究する方法を教えなかった。ただ、達人がしたがうべき道を示したにすぎない。

クンラートの著『永遠の知恵の円形劇場』のなかにある一枚の絵（図4）は、岩を切り開いてつくった知恵の洞窟を示している。研究者が光明に近づくにつれて、洞窟はしだいにせまくなってくる。七本の光線が洞窟を照らし、通る人を慰める。そこにはつぎのような戒めが刻まれている。「なんじ自身を清めよ。清浄なれ。神には賛美と供物を、劣れるものには賛歌をささげよ、云々」。学問的な銘文はなく、秘密はあらわれていない。戒めは、単なる倫理的な戒律であって、

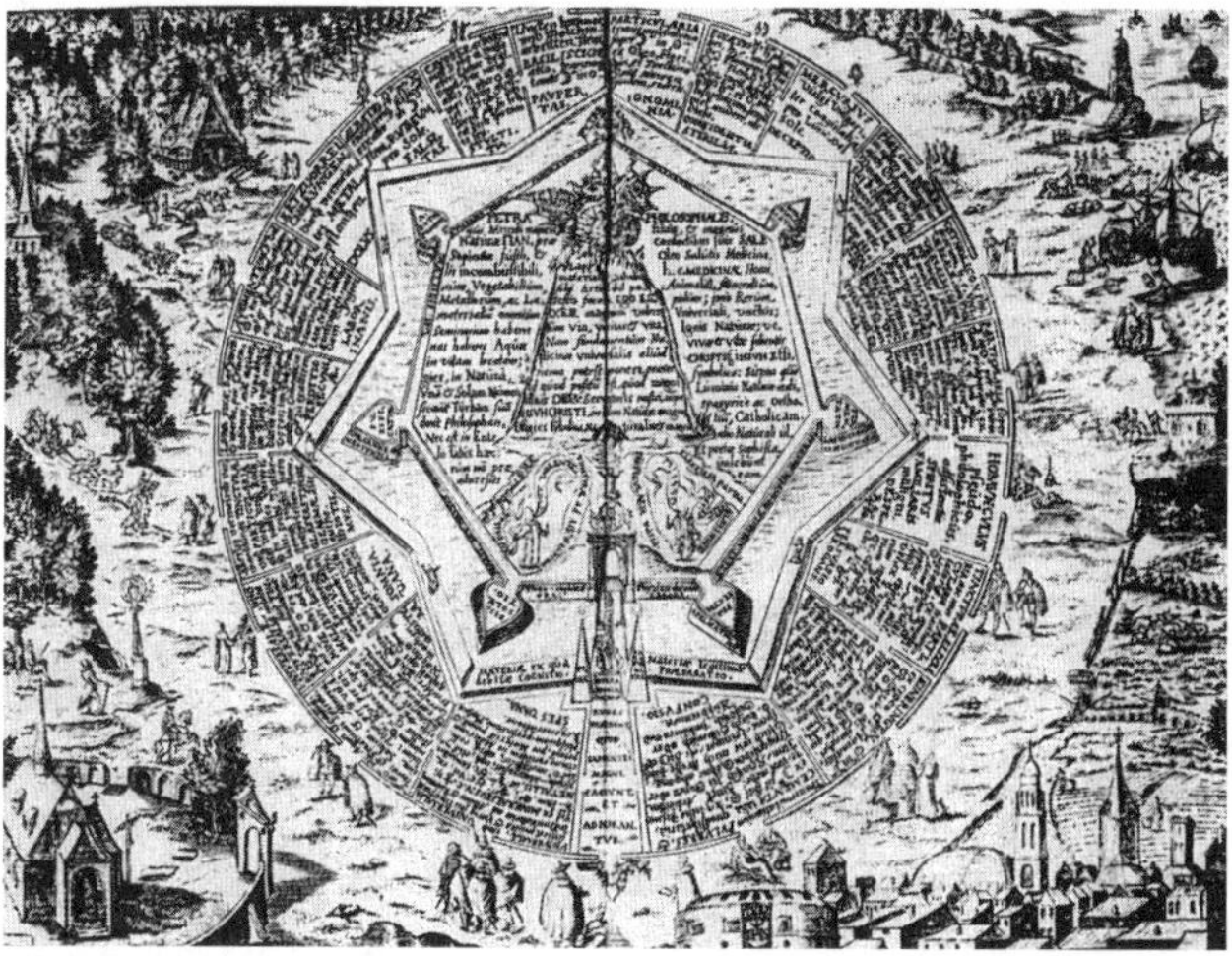

図162　ヘルメスの要塞

あらゆる進歩向上の基礎になる。

　クンラートのもう一つの絵（図162）は、難攻不落の要塞に住むヘルメスの竜の姿のなかに、秘密の教義を表わしている。

　そこには二一の入口があり、求道者を聖所に招いているようにみえるが、そのうちの二〇の道は出口のない部屋に通じている。隠秘論の研究者は当惑しながら、つぎからつぎへと道をさまようだろうが、ヘルメスが見張りをしているはね橋には、なかなか達しないだろう。しかし、いったん正しい通路をみつけると、達人は下位から高位へ昇進する。

　アグリッパは、円や三角形に囲まれている人間のさまざまな態度を示している。彼によれば、世界は人体の比率に合わせてつくられているので、調和のとれた身ぶりで動く人間は、世界の調和を表現しているこ

図163　人体の比率とその隠秘的な数

とになる。そういう人間は、万物と関連している（図163）。人間のからだが理想的な数字にしたがって動くとき、人間は、密儀で行なわれる最古の聖なる舞踏の魔術的な意味をつかんだことになる。こういう動きは、神々を喜ばせるとともに、和音を発するときに振動する弦楽器のように、惑星にまで反響をおよぼす。舞踊は、治癒力をつくりだす。人間は病気になると、宇宙と不調和になる。彼が自分の動きを、星の動きに合わせると、ふたたび調和をとりもどし、健康を回復する。

歌や音楽が真の魔術であるなどと、いったいだれが信じよう！　だが、もっとも荘厳な伝統を認めるなら、このことについては、なんの疑念もありえないのである。軌道をまわっている惑星が音をだすことは、ピュタゴラスの発見だと伝えられている。ピュタゴラス派の人びとによると、われわれに天上の音楽が聞こえないのは、われわれの耳がその音を聞きとるように調整されていないからであって、それはちょうど、われわれが目をつぶらないままで太陽を見つめることができないのと同じだという。

キケロの『共和国』中の一篇「スキピオの夢」のなかで、小スキピオは、すばらしい交響曲でふるえている星へ、祖父が連れていってくれることを夢みている。大スキピオがいうには、「おまえは、あの音楽が聞こえるだろう。あれは一様でない音程からなっているが、その音程は完全な比例にしたがって計算されているのだよ。そして、天体の動きによって再現されているのだ。深い音はかん高い音と混じり、たえず変化する和音に統一されている。というのも、これらの巨大な動きが沈黙のうちにおこるはずはないし、また自然は、かん高い音が一方の極から反響し、深い音が、もう一方の極から生じることを欲しているからなのだ。こうして、回転のいっそう速い星の世界は、むやみと高音をだしながら回転するが、それより下位にある月は、にぶくて、うつろな音を発する。……そこで、天体は……七種の楽音をつくりだしている。七という数は、存在するすべてのものの核心だ。そして、竪琴でこの天上の和音をまねる方法を知っている人びとは、みずからこの崇高な領域へさかのぼっているわけだ。これは、天分によって自分を高め、神聖な知識を得た人びとのやりかたと似ている……」。

音楽は調和であり、調和は宇宙の神秘である。

音楽は、魔術的なやりかたで病人を治す。この信仰はひじょうに古いけれども、キルヒャーとカスパー・ショット（一六〇八—六六年）がこれを説明している。

アスクレピオスは、熱病は歌で治るといった。ダモンは音楽で大酒飲みを治した。歌や、笛と竪琴の演奏も、やはり魂を治療する。エムペドクレスは、音楽によって殺人者にいまわしい犯罪をやめさせたではないか。また、聖なるテルパンドロスは、レスボスの叛徒たちを歌でなだめたではないか。ローマ人のメコルナは、アウグストゥス帝にテレンティアを取られたので煩悶した。彼は三年間不眠症に耐え、ついに音楽でその苦しみを治した。

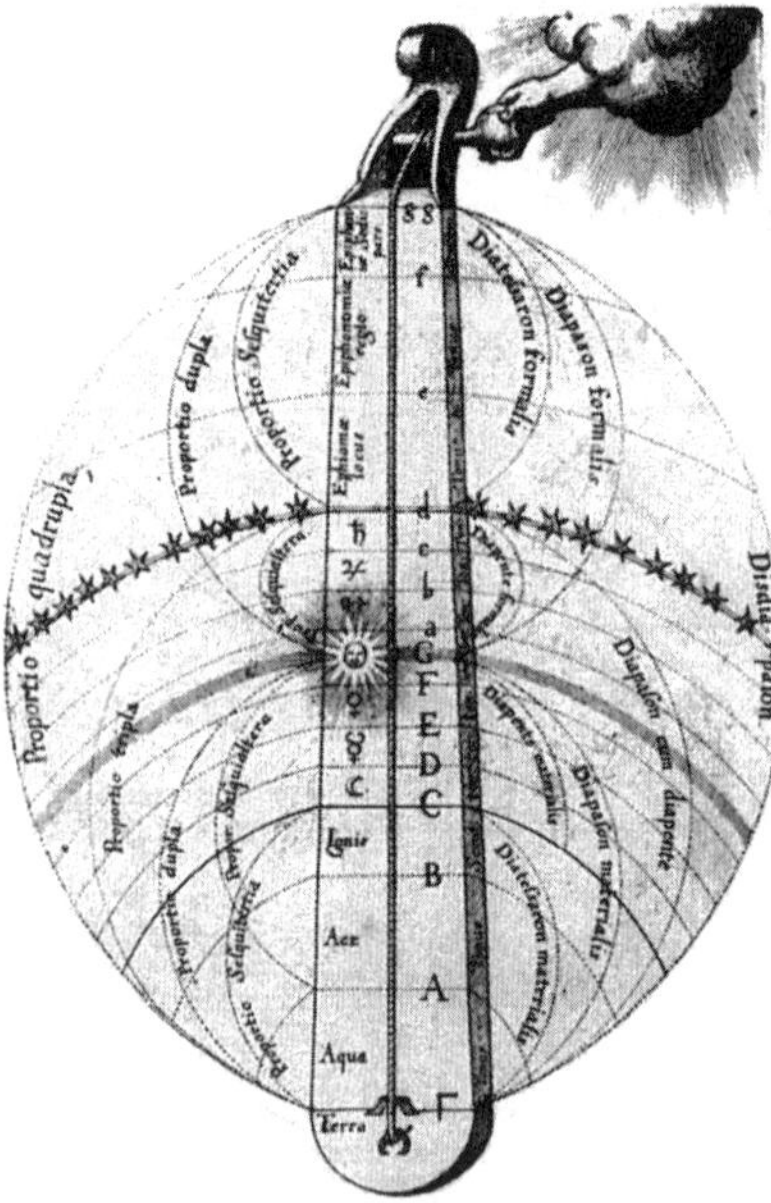

図164　一弦琴にたとえられた宇宙

宇宙がその上に成り立っている比例的調和は、音程のそれである。ロバート・フラッドによれば、神の天球をふくめた全世界は楽器のようなものであり、その鍵盤《キー》は、天使軍、恒星、惑星、元素のあいだの音程から成立している。神はこの楽器を調整し、楽器の紐《ひも》は大地に結びつけられている（図164）。第一の全協和音は神から太陽にいたり、第二の全協和音は太陽と地球を結んでいる。世界は音楽の法則にもとづいてつくられているので、世界の模写である人間もまた、この神秘的な鍵盤をふくんでいるはずである。フラッドはこのことを忘れなかった。彼はそのすぐれた論文『魂の音楽について』のなかで、天上の和音に調合した人間、つまり小宇宙の像を示している。人間は、頭のてっぺんから腰まで、肉体だけでなく魂や精神もふくめて、音の階梯に組み入れられている。上方の頭部から心臓までは精神の全協和音があり、下方の肉体の全協和音と区別されている。この区分は、任意なものではない。すなわち、大宇宙では太陽が生命を与えるように、小宇宙（人間）では心臓が太陽の役割をはたす。昼と夜、日の出と日没も、フラッドの巧妙な計画のなかにはいっている（図165）。

フラッドのこれらの詩的なイメージは、音楽は自然のなかで万物を結びつける力を発揮するというアグリッパの考えを基にしていた。アグリッパは、つぎのようにいっている。「和音は、もっとも力づよい抱擁者である。それは、天上の影響力を誘い、愛情、意図、態度、観念、行動、性癖を変える。……それは、獣やヘビや鳥をおびきよせ、こころよい曲を聞かせる。……アレクサンドリアの湖にいる魚は、和音を楽しむ。音楽は、人間とイルカのあいだに友情をつくった。竪琴の演奏は、極北の白鳥を感動させる。音楽的な声は、インドゾウを魅する。元素そのものが音楽を喜ぶ！　フレシアの泉は、ふだんはおだやかだが、トランペットがひびきわたると歓喜して、岸辺に水があふれ出る。またリディアにある妖精の島々は、音楽がかなでられると岸を離れて沖のほうに移動し、そこで踊りだす。トランペットがやむと、島々は流れもどって岸に接する」。

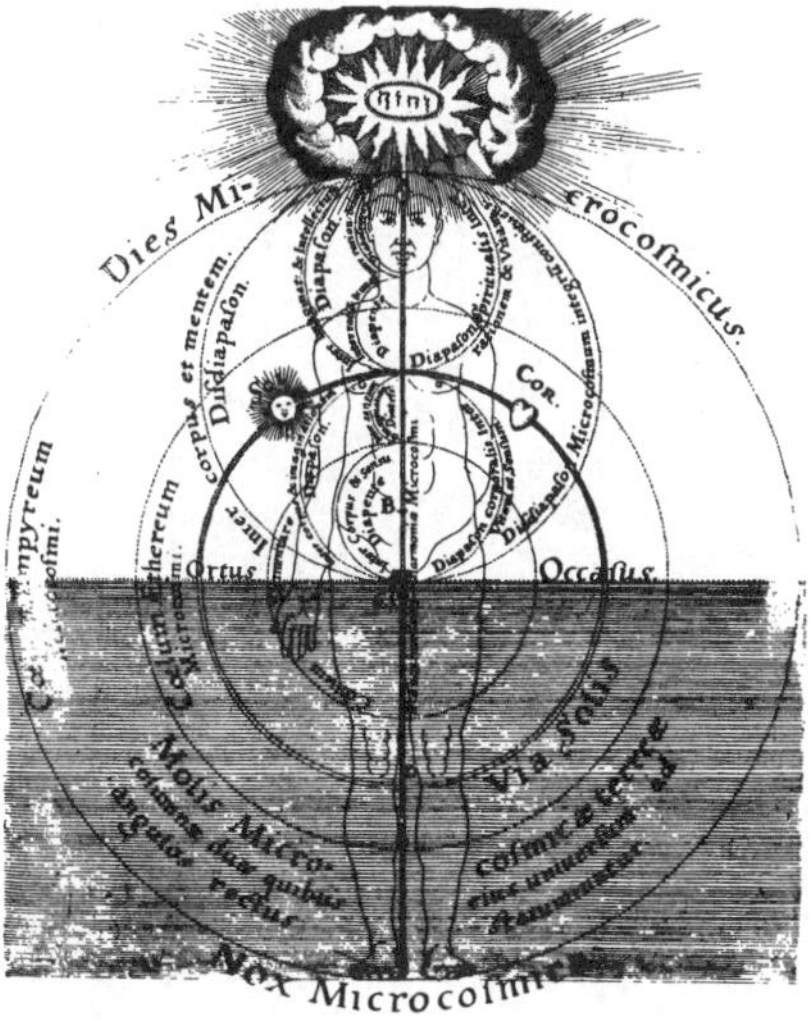

図165　小宇宙としての人間

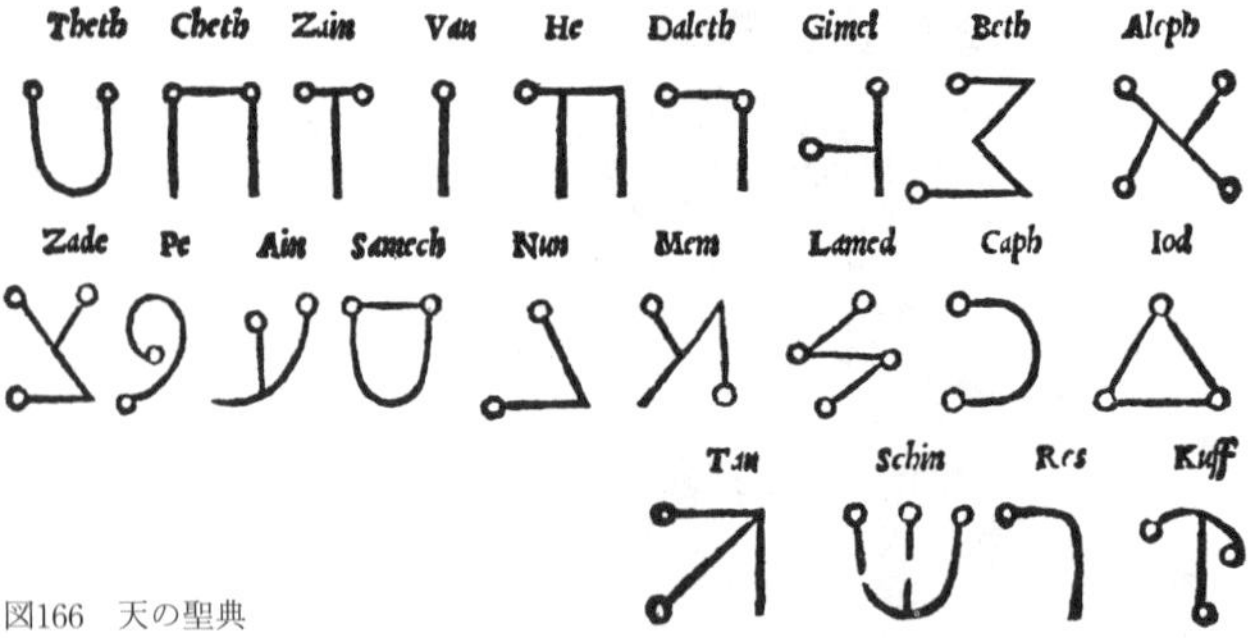

図166　天の聖典

舞い、歌い、音楽を奏でることは、白い魔術の作用である。同様に読み書きも、カバラから知ったように、魔術的行為である。『光輝の書』には、こう書いてある。「世界をつつんでいる空のひろがりには、いたるところに図像がある。これらは、われわれが秘密やもっとも深遠な神秘を知るための記号である。これらの記号は、賢者にとって思索と喜びの主題である星座群から形成されている……」。

「朝早く旅をする人は、東方を注意ぶかく見るがよい。そこには、上昇し下降しながら空を移動している文字のようなものを見るであろう。これらの輝かしい文字によって、神は天地をつくりたもうたのである……」。

古代の賢者たちの忠告にしたがって、多くの秘術師が星空を吟味した。ポステルは、天上からの予言やカバラ的な神秘を読みとった。アグリッパは、天の神秘的なアルファベットを書きとめた（図166）。ジャック・ガッファレルはその著『前代未聞の驚異』に、徹夜してまとめた天体図をつけ加えている（図147）。

彼は、つぎのように述べている。「太古から、オリエントの人びとは、惑星の予言を読みとってきた。われわれヨーロッパ人は、このおどろくべき技術をまったく無視してきた。ロイヒリンは、われわれにその方面への注意をうながした最初の人であり、そのあとを継いだのは、ピコ・デッラ・ミランドラだった。……護符や彫りこみのある石や金属板には、呪力がそなわっている」。人びとが美しい絵画に感動したり、画家や彫刻家の手になった作品の前で泣いたり微笑したりする事実について、もしもその表現された場面と自然とのあいだに魔術的な共感のようなものがなかったなら、いったいどう説明したらいいのだろうか。ガッファレルの時代の秘術師たちは、カルデア人やエジプト人の考え——芸術的活動は魔術的操作であるという考えで、J・G・フレーザーが共感呪術の法則と呼んだ原理にもとづくもの——に固執していた。おそらく、むかしのヘブライの立法者たちも、そのような考えを近隣の民族とともにもっていただろうし、また、実物そのものの表現は、本質において宗教や魔術に反するものとしてすべて禁止したであろう。

占星術

世界を支配するふしぎな秩序と、それに関連してたえず変化している人間の状態とを理解するためには、天からの影響を測定する手段を発見しなければならない。世界時計を調べて、その歯車を支配する法則を見出さなければならない。指針盤から、時計がいつ時を打つかを知ることができなければならない。

天体の運行に関する数学的知識は、文明の発祥と同じくらいに古い。ご存知のように、カルデア人、エジプト人、アッシリア人、ペルシア人は、われわれのもっている望遠鏡や精密な器具を使わないで、多くの重要な天文学的事実を発見した占星術の巨匠であり、老練な数学者だった。小型の望遠鏡が最初につくられたのは一七世紀の初めごろで、一六六三年以前には望遠鏡はまだ使用されなかったということを、忘れないでおこう。ルネッサンス時代の天文観測者は、観測用に、視線を導くための棒または定規を使用した。コペルニクスとティコ・ブラーエは、このような器具を使って観測した。

後世の人びとにとっては、望遠鏡なしで天空を精査するなどは想像もつかないことである。初期の占星術師は、風変りな器具にかこまれて描かれており、その器具のなかには、ふつう、ぶかっこうな小型の望遠鏡がふくまれていた。プランシの『地獄の辞典』に載っているノストラダムスの「肖像」の望遠鏡は、この型のものである（図167）。予言者用の先のとがった帽子と魔術師用の長い外衣は、まったくの想像である。占星術師は、気どった服装はけっしてしなかったのである。彼らは、そのころの学者と同じように簡素な服装をしていた。ギョーム・ポステルの肖像（図146）は、一六世紀の学者の肖像である。ウィリアム・リリの肖像（図168）は、一七世紀半ばのイングランドの学者を示している。ロバート・フラッドの『両世界の歴史』（一六一七年）のなかの銅版画（図169）には、戸外の研究で下絵を描くさい頭を守るため毛皮の裏をつけた帽子をかぶり、地味な衣装をした占星術者が描かれている。

この三枚の絵には、小型の望遠鏡が描かれていない。ことにフラッドの著書は、ガリレオが新

図168　ウィリアム・リリ像

図167　ノストラダムスの風変りな像

図169　星占いをする占星術師

図170　占星術師の寓意的な像

発明の望遠鏡をすでに使用していた時期以後の一六一九年に発表されたというのに。事実、この絵の器具は、貧弱さが目立っている。アーミラリ天球のほかは、占星術を思いおこさせるものはほとんどない。机、眼鏡、コンパス、インク壺、ペンが備品のすべてである。

　占星術師は学者であって、いかさま師ではなかった。占星術の知恵は、数学にかなり熟達することと、原典を研究するのに語学の知識を必要とした。

　星は、人間と国家の健康や活動の吉兆とも凶兆ともなる。偶然に左右されるものは何一つない。すべてのものは、秩序立った世界のなかで統制され導かれる。人が生まれるときの天の様相が、その人の未来に刻印をおす。しかし、星の影響はこれだけではない。この最初の刺激以後も、星は力をおよぼしつづける。支配者たちは、自分たちの利益と国家の利益のために、つねに占星術師を宮廷に侍《はべ》らせた。星占いをするまでは、戦争を宣言したり、建築を始めたり、金融上の契約をしたりすることはなかった。つぎに占星術師は、天体のホロスコープをつくった。これは、計画した行動にとりかかる時刻に、星々がおよぼすと思われる影響の全般的効果を示した表である。この表は、以下の原理と方法によって仕上げられた。

惑星と黄道十二宮は、つねに蒼穹に現われるが、その全部が見えるわけではない。あるものは地平線上にあり、またあるものは地平線の下に沈んでいる。占星術師にとっては、天体の影響、その強さと弱さ、その高揚と下落を知るために、目に見える天体の特質を判定できる規則を確立することが必要だった。ある種の惑星または恒星は、天の特定の点または領域では強力であり、他の領域ではその影響は無視できるほどだと考えられた。そこで、方法の基盤は、これらの領域を定め、星の世界の組織を確立することであった。

惑星は、もっとも重要な天体だとみなされた。なぜなら、惑星は、それぞれ個々の進路を進むからであり、独自の法則によって活動し、集団的に動く恒星とは逆の方向に動いている。それぞれの惑星の巡行路の長さは、まちまちである。月の描く軌道の直径は、土星の軌道の直径よりもずっと小さい。月は一カ月で地球を回るが、土星は軌道を一周するのに三〇年かかる。各惑星は、それぞれの軌道をもっている。占星術で定められている惑星の記号は、つぎのようであった。

♄ 土星　☉ 太陽
♃ 木星　♀ 金星
♂ 火星　☿ 水星
☽ 月

各惑星の行程は、長さこそ違うが、いずれも、天の一二区画を示す黄道十二宮を通る。黄道帯の内側の輪は黄道、すなわち、太陽が地球のまわりを一年で一周して描く大円である。

　黄道帯の北側の宮は、次に示すとおりである。

♈ 白羊宮（おひつじ座）　♋ 巨蟹宮（かに座）
♉ 金牛宮（おうし座）　♌ 獅子宮（しし座）
♊ 双子宮（ふたご座）　♍ 処女宮（おとめ座）

　南側の宮は、

♎ 天秤宮（てんびん座）　♑ 磨羯宮（やぎ座）
♏ 天蠍宮（さそり座）　♒ 宝瓶宮（水がめ座）
♐ 人馬宮（射手座）　♓ 双魚宮（魚座）

占星術師は、すべての惑星に二つの宮、すなわち本部を与えた。一つは夜の宮であり、もう一つは昼の宮である。太陽と月は、それぞれ昼と夜の特別すぐれた天体なので、ただ一つの宮しかもたない。太陽は獅子宮に住み、月は巨蟹宮に住む。黄道帯は、太陽と月の半分に分割された。それぞれの半分には、六つの宮がある。月（夜）の宮は、宝瓶《ほうへい》、双魚《そうぎょ》、白羊《はくよう》、金牛《きんぎゅう》、双子《そうし》、巨蟹《きょかい》であり、太陽（昼）の宮は、獅子《しし》、処女《しょじょ》、天秤《てんびん》、天蠍《てんかつ》、人馬《じんば》、磨羯《まかつ》である。

　これは、占星術による第一の分割である。重要なことは、惑星がその宮にはいると、その惑星は力または影響力を獲得する、ということである。惑星は、夜は夜の宮にいるときもっとも強く、昼は昼の宮にいるときもっとも強い。

　しかし、各惑星の最大の力は、その宮にあるのではなくて、別の度数にあるので、事態はいっ

惑星	宮		高揚	下落
	昼間の宮	夜間の宮		
☉	♌		♈ 19°	♎ 19°
☽		♋	♉ 3°	♏ 3°
♄	♑	♒	♎ 21°	♈ 21°
♃	♐	♓	♋ 15°	♑ 15°
♂	♏	♈	♑ 28°	♋ 28°
♀	♎	♉	♓ 27°	♍ 15°
☿	♍	♊	♍ 15°	♓ 15°

図171　惑星の宮とその高揚・下落

そう複雑である。たとえば、伝統によれば、太陽は白羊宮の一九度にあるとき、最大の影響力をもち、もっとも弱い位置は、高揚とは正反対の天秤宮の一九度である。この位置は、下落または墜落と呼ばれる。なぜこれらが、太陽の力の上昇と下降を示しているかは、知られていない。

その他の惑星にも、高揚と下落がある。それらは、図171に示してある。

惑星の力については、第三の区分があり、古代の占星術では重要な役割を演じていた。全天球が三六〇度に分けられるから、黄道十二宮の各宮は三〇度である。各宮の一〇度は、この角度（デカノス）を通過中に影響力をおよぼす惑星にささげられる。このような一〇度のデカノスが三六個存在し、惑星はそのなかで交互するが、太陽と月は除外される。

昼と夜の宮、高揚と下落およびデカノスを使って、占星術師は、黄道十二宮と惑星を対応させる体系を確立した。彼らは、これらの方法によって、惑星の有利なまたは不利な位置に応じて吉凶のさまざまな影響を判定することができるだろう。惑星の個々の特質は、カルデア時代からほとんど変化せず、その位置に応じて特質が強調されたり制限されたりしている。

ところで、占星術師は天のどの地点から、彼の疑問についての解答を得るのだろうか、それを知る必要がある。もっとも重要な地点は、誕生やもくろみの瞬間に東の地平線に出現する黄道またほ太陽の軌道の度数であって、それは、ホロスコープに記される。もともと、大事なことは数学的な点ではなく、東方に出現するある重要な星であった。

黄道の出現する度数は、星位と呼ばれた。この度数をふくんで出現する黄道宮は、天宮図と呼ばれた。この名は、後になって全星座に与えられたが、これは検討を要する主題である。その他に、重要な点が二つある。それは、西方における度数(すなわち、黄道の消滅する点)と、太陽の軌道の中央にある両極の中心である。東方に出現する度数から始まって、領域の一二分割がなされ、そこには、一二の問題に対する解答がふくまれた。一二の問題とは、(一)生命、(二)健康、(三)天性、(四)土地と祖先の墓、(五)妻または都市、子ども、兄弟、両親、(六)健康と病気、(七)結婚、(八)死、(九)神、宗教、旅行、(一〇)住所、国家、名誉、芸術、性格など、(一一)友、慈愛、(一二)敵、監禁、であった。

一二の領域は、一二の問題をふくむとともに、可視的な天のなかの一二の細長い縞に相当する分割であって、一般には、四角形の図表のなかに描かれている(図172)。

星の解釈は、図173に説明されている星の相によって導かれる。この図では、白羊宮と天秤宮と

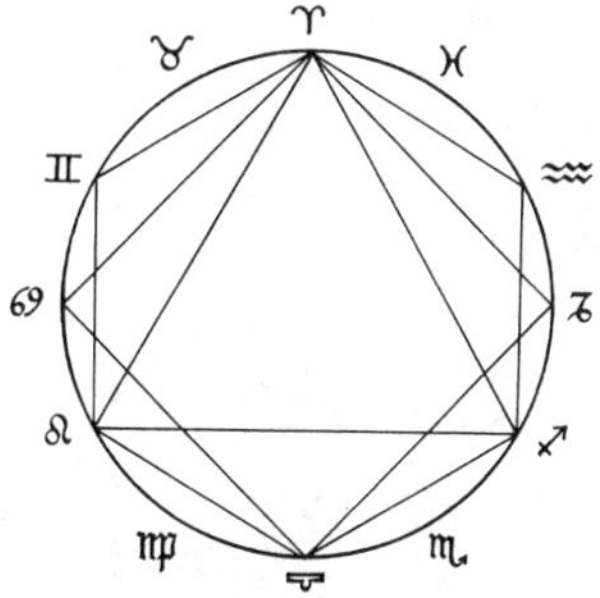

図173　天宮図の12分割

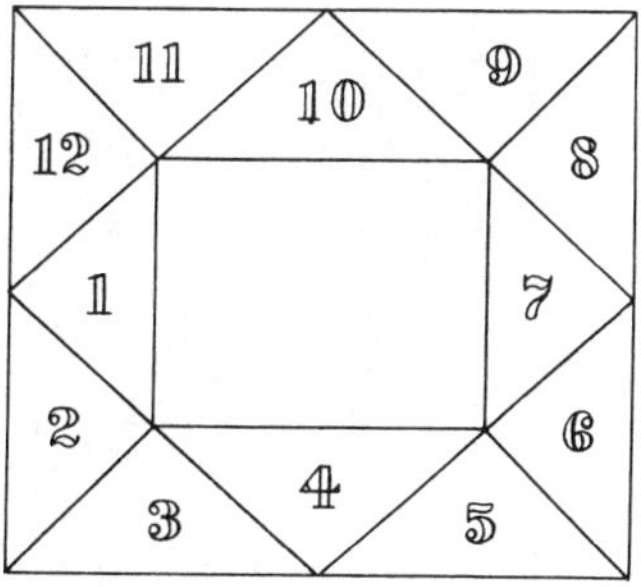

図172　惑星の配置

は相対している。これは衝と呼ばれ、☍の記号で記される。この図のなかで、白羊宮、人馬宮、獅子宮を線でつなぎあわせると、トリン（三分の一対座）と呼ばれる三角形ができ、その記号は△である。白羊宮、巨蟹宮、天秤宮、磨羯宮のあいだを線でつなぐと、四角形すなわち四分の一対座ができ、その記号は□である。一つおきの宮を線でつなぐと、六角形すなわち六分の一対座ができ、その記号は✳である。

たとえば、ある惑星が白羊宮にあり、もう一つの惑星が天秤宮にある場合には、それらは衝で、不運だと判断される。三つの惑星がそれぞれ白羊宮、人馬宮、獅子宮にあれば、三分の一対座で、幸運である。同様に、六分の一対座も幸運である。四分の一対座は、不運である。最後に、合というものがあり、その記号は☌である。これは、二つの惑星が一つの度数にあることを意味し、占星術師によれば、二つの惑星は味方でもあり敵でもあるから、吉でもあり凶でもある。

惑星に個性があるばかりでなく、黄道帯の各宮にも、固有の性格が与えられている。金牛宮は、女性的、夜間的、憂鬱《ゆううつ》質、獣性、狂暴性のある宮で、冷たくて乾いている。双子宮

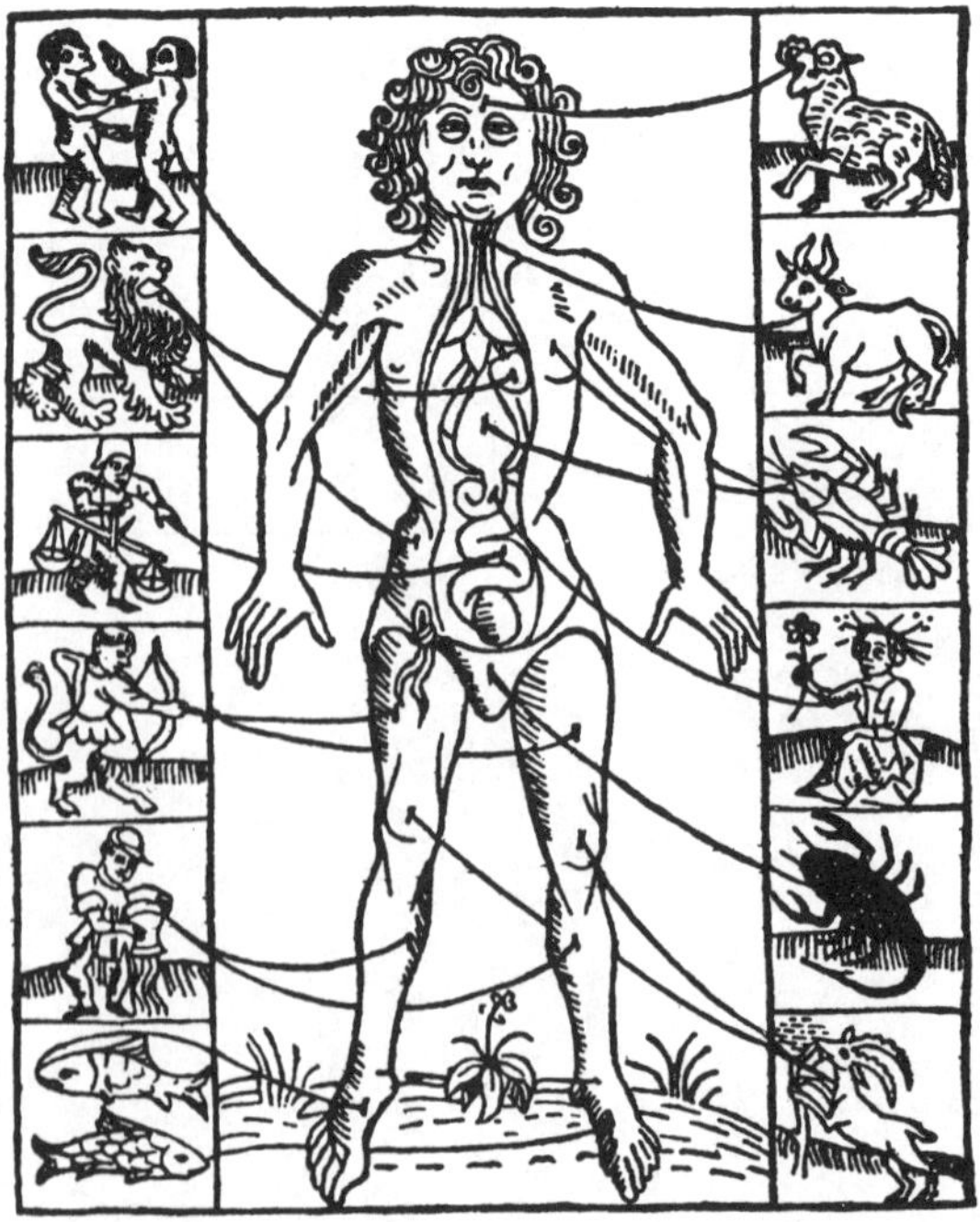

図174　黄道十二宮と人体の各宮の関連

は、男性的な宮で、熱くて湿っており、昼間的、大気的、両性的、などである。巨蟹宮は、女性的、夜間的、粘液質で、冷たくて湿っている。獅子宮は、昼間的で、熱くて乾いており、獣性、胆汁質、不毛である。これらすべてのものを組み合わせて、占星術は、星の解釈の巧妙な方法を発達させた。友好的な力とそれに反抗する力とは互いに戦ったが、両者の強さはたえず変化した。そのそばには、無関心な星々があった。下落の段階にある他の

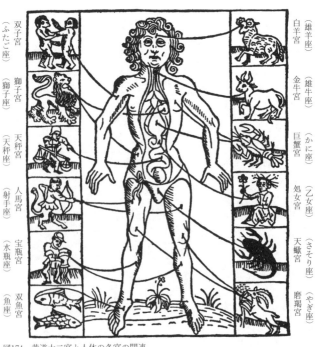

星々は、いたずらに事物の進行を変えようとした。こちらでは、惑星が友好的な三角形をなして集まり、吉兆の宮に住み、新しく生まれるものにもっとも輝かしい生涯を約束した。

占星術は、星にたいして人間の徳を与えた。そしてこんどは星が人間に現世の贈物をおしつけている。太陽が東から昇り西に没するように、人間の思想も、すべてを包含する永遠の運動のなかで、星へと昇り、ふたたび下降する。

また占星術では、黄道十二宮が人体の各部にそれぞれ影響するものと考えられた（図174）。たとえば、白羊宮は頭、金牛宮は首と肩、巨蟹宮は胸と胃と口、処女宮は腹（とくに胃の下部）、天蠍宮は性器、磨羯宮は膝、双子宮は両腕、獅子宮は心臓、天秤宮は腸、人馬宮は腿、宝瓶宮は臑《すね》、双魚宮は両足に、それぞれ影響を及ぼすものとされた。

ほくろ占い

『光輝の書』によると、「……すべてのことは、天上におこると同じように、この地上にもおこる。……宇宙をつつむ天空には、恒星や惑星によってつくられた多くの図形が見られる。それらは、隠された事がらや深遠な秘密を啓示している。これと同様に、人体をつつんでいる皮膚にも、星にあたる形や特徴が存在する」。

この言葉を文字どおりに解釈した秘術師たちは、予言の手がかりを求めて皮膚を調べた。彼らは、この道の保護者として古代ギリシアの伝説的な人物メラムプスを選んだ。彼の小論文は、ほくろを解剖学上の位置にしたがって解釈している。

メラムプスによれば、「男の額《ひたい》のほくろは、健康と幸福を意味し、女の額のほくろは、強者、たぶん支配者になることを意味する。男のまゆ毛のそばにあるほくろは、美しい貞節な婦人との幸福な結婚を予言しているが、少女の場合にも、同じような幸運を予言している。鼻梁《びりょう》にあるほくろは、男の場合も女の場合も、欲望と放縦を意味する。鼻孔のほくろは、たえず旅行することを意味する。男女の唇にあるほくろは大食を表わし、顎《あご》のほくろは金銀を所有することを表わす！　耳のなかや首にあるほくろは吉兆であり、富と名声を予言している。しかし、えり首のほくろは凶兆で、打ち首になる前兆である！　腰のほくろは、不運で、嘘《うそ》つきで、子孫の不運を意味する。肩にあるほくろは、とらわれの身と不幸を予言している。胸のほくろは、貧乏を予言している。手のほくろは、たくさんの子持ちを告げており、腋《わき》の下のほくろは、富める美しい夫または妻を約束していて幸運をもたらす。心臓と胸と腹にあるほくろは、暴食を意味しているから不吉である。大腿部《だいたいぶ》のほくろは、吉兆であり、富を予言している。下腹部のほくろは、男にとっては放縦の前兆となるが、女にとってはその反対である」。

メラムプスは、この小論文の結論として、ほくろの解釈にはもっと念入りな方法があることをほのめかし、また、ほくろがからだの右側にあるか左側にあるかを観察すべきである、なぜなら、左は不吉で不健全な意味をもち、右は一般に富と誠実を予言しているから、とつけ加えている。さらにメラムプスによると、ほくろにはそれに対応するほくろがあるという。顔のある部分のほくろは、それと一対をなすほくろを胴体にもっている。

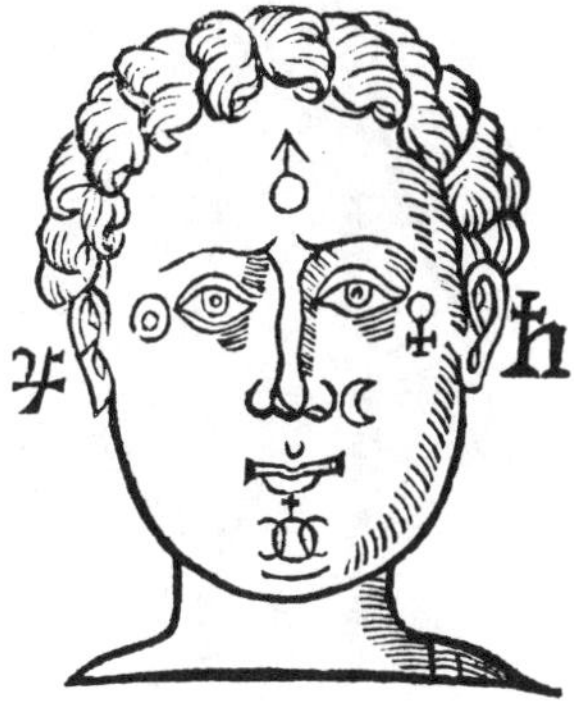

図176　頭部における惑星の位置

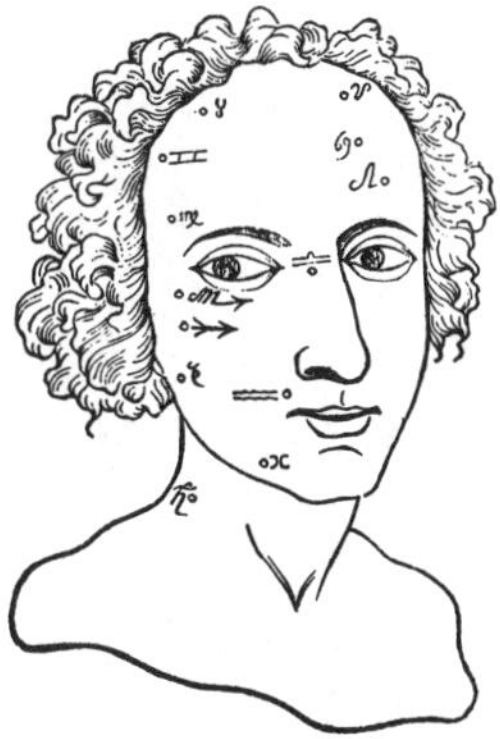

図175　ほくろと黄道十二宮の関係

西洋の占い師たちは、このような不十分な指示には満足せず、ギリシアの隠秘論者の理論を基にして、さらに精巧な体系を打ち立てた。

ジロラモ・カルダーノは、ほくろ占いに黄道十二宮を加えることによって教義をいっそう精密にしている（図175）。彼によると、額のほくろは、それが白羊宮、金牛宮、双子宮、巨蟹宮、処女宮、獅子宮のどれを示しているかをきめるために、正確な位置の確定が必要である。鼻梁にあるほくろは天秤宮に関係があり、頬骨の部分のほくろは天蠍宮と人馬宮に、顎のほくろは磨羯宮に、鼻と上唇とのあいだのほくろは宝瓶宮に、下顎のほくろは双魚宮に、それぞれ関係がある。えり首のほくろは打ち首を予言しているというメラムプスの見解を認めて、カルダーノは、バビロニア人が偉大な不幸と呼びならわしていた土星の宮をそれにあてている。

ミルモンタンの副司教で天文学の教授だったジャン・ベロは、カルダーノやメラムプスとは違い、土星を左の耳においている。ベロによれば、火星は額を支配し、太陽は右眼を、金星は左眼を支配する。月は鼻に、木星は右耳に、水星は下顎に、それぞれ影響を与える（図176）。

ほくろから未来や性格を予言する技術は、リチャード・サーンダーズが『自然とその意義の解明……』を出版した一七世紀の末までは、ほとんど進歩しなかった。彼は、顔のほくろとからだのほくろとの相関関係を注意ぶかく調べた後、その研究成果を一枚の銅版画とともに発表した（図177）。このほか、星図を模して女体に散らばっている約一五〇のほくろを示している（図178）。これらすべてのほくろは、その所有者のさまざまな性格や運命にしたがって解釈される。さらにサーンダーズは研究をすすめ、ちょうど天体軌道の円運動に対応する円運動が人間にあることを示唆するかのように、全体を円で構成した版画のなかにきわめて奇妙な顔を再現した（図179）。

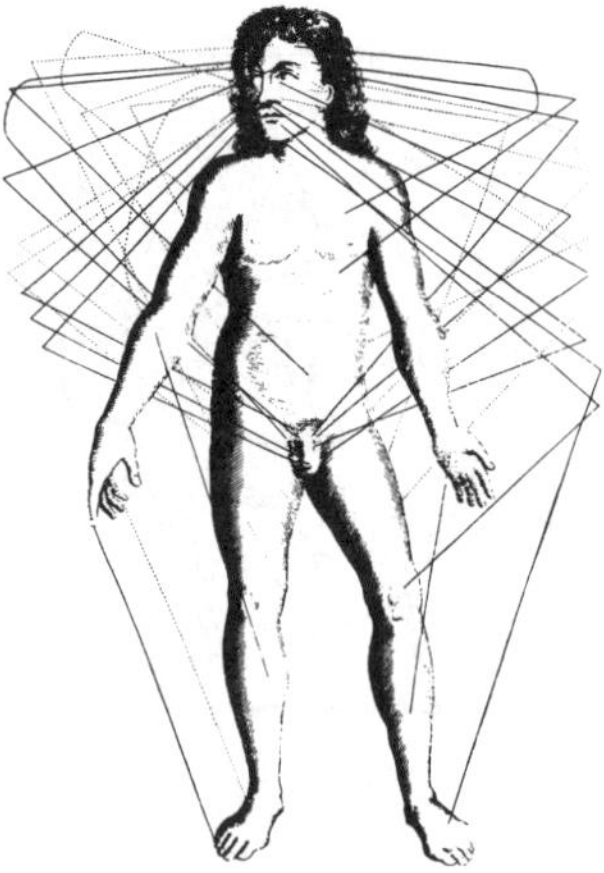

図177　身体のほくろと顔のほくろの関係

図178　人体の主なほくろの分布

その顔は、番号のついたほくろでおおわれており、本文には、それらのほくろのことが手びろく触れられている。たとえば、上額部の右側にある1の数に関して、サーンダーズはつぎのようにいっている。

「土星（惑星もまたサーンダーズの図解には記されている）の線の下でこの線に触れない額の右側にほくろのある男女は、胸の右側にもう一つのほくろをもっているだろう。この一組のほくろは、建築、種まき、栽培、耕作について幸運を主張するだろう。そしてこのほくろが、ハチ蜜《みつ》色やルビー色に輝いていれば、その人は全生涯にわたって幸運だろう。もし黒色なら、その人の境遇は変わりやすいだろう。もしレンズ豆のようなら、その人は昇進して家門の第一人者になるだろう。女性にとって、それは遺産と形見を意味する。このほくろは、金星、水星、火星の性質をおびており、その名称を琴座の一等星からうけている」。

図179　顔のほくろの解釈のための頭部

メラムプスの伝統にしたがって、サーンダーズは首の後ろの左側にほくろのある人に、凶を予言している。図179では、このほくろは8の数がついていて、額の1の数に対立し、きわめて不幸である。なぜなら、サーンダーズは、これを入獄と呼ぶといっているからである。もしそれがハチ蜜色をしていれば、その人はつまらぬ理由で監禁されるだろう。多くの敵や論争が、彼にふりかかってくるだろう。もしそのほくろが赤ければ、彼はすぐ放免されるだろうが、黒ければ、牢獄で生涯を終わるだろう。婦人にとっては、運命はいくぶん寛大であるようにみえる。というのは、もし婦人が同じようなほくろをもっていれば、悩み、出国または二人の夫を意味し、かならずしも幸福から不幸への転換を示すものではないからである。

サーンダーズのほくろに関する著作は、この占い術の礼賛であるが、その礼賛も、へつらって解釈されているほくろをちりばめた魅力的な若い女性のいくつかの肖像画を別にすれば、まったく色あせてしまう。

観額術

彼女は手と額を、占い師の吟味にささげようとしている。

ユヴェナリス

ほくろの教義は、関連するもう一つの隠秘学によって光彩を失ってしまった。もう一つの隠秘学とは、額に刻まれたしわから、その人の性格や運命を判断する観額術である。この占い術の発見は、ジロラモ・カルダーノとされているが、じつは、観額術に関しては、彼の論文より以前にすでに論文が出ていたのである。

観額術は、占星術の計算と、経験的に集めた知識との混合である。占星術は、からだの各部が星に影響されていることを教えており、額は人体のどの部分よりも天にいっそう近いので、額のしわの研究はとくに重要である。

いったんこの考えがうけ入れられると、占星術の数学から得た結果を、自然から集めた観察で制御することが必要になった。カルダーノは、何百という額を調査し比較した。これは、骨の折れるたいくつな仕事だった。彼の著書には、頭部と前額部の天体境界線を描いている約八〇〇の木版画がある。

図180は、人間の額における惑星の位置を示している。額は、水平線によって七つの区画に分けられている。惑星の順序は、占星術の場合の順序と一致する。土星が「もっとも高く」、以下順次、木星、火星、太陽、金星、水星、月となっている。このように惑星の影響範囲が理論的に確立されると、実地の観額術師が患者を調べる場合、額の大きさに応じて狭かったり広かったりする患者の惑星帯を識別するために、額に七本の等間隔の平行線を引くことになる。

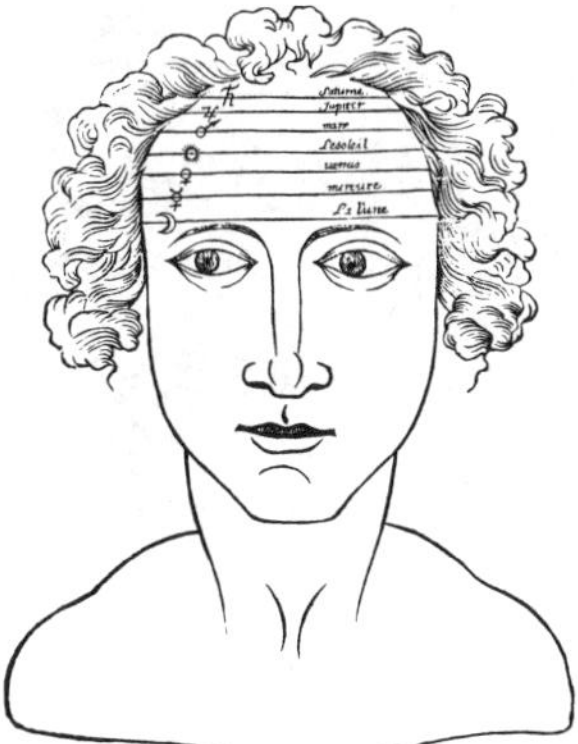

図180　額の惑星の位置

木星帯にあるしわには、木星のもつ性格、すなわ

図181　温和で成功する男子の額

図182　喧嘩ずきで人殺しの男子の額

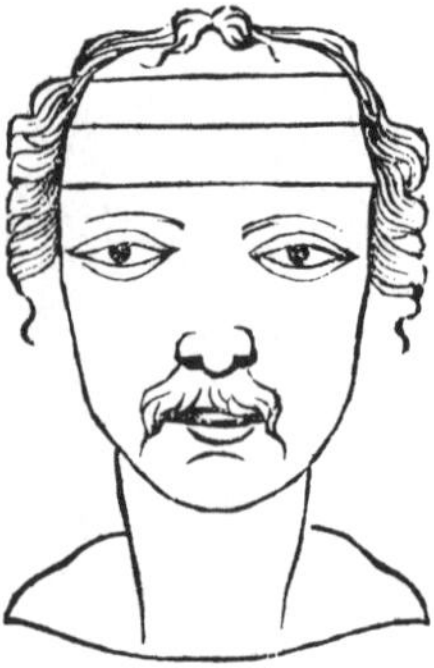

図183　聖職を予言する高貴な男子の額

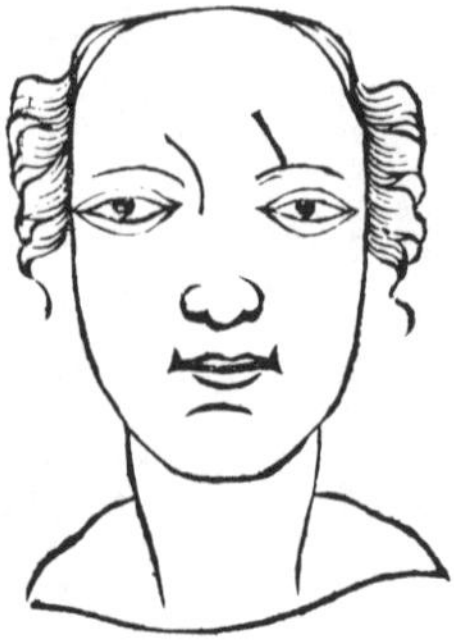

図184　惨死の運命にある男子の額

ち雅量や高貴や誇りが与えられる。もししわが一つの惑星帯から他の惑星帯にまたがっていれば、二つの惑星は合の状態にあることを意味し、二惑星の性格が互いに作用し強化しあう。観額術は、小宇宙（人間）の占星術にほかならないが、この小宇宙については、ずっと以前から存在が承認されていながらも、これまで一度も組織的に考察されたことはなかった。

カルダーノが提出した実例のうちの少数を考えてみよう。図181は、額の上方に三本の平行なしわのある男子である。カルダーノによれば、

「それは、温和でもの静かな性格を示している。この人は、農場を所有し、さまざまな成功をおさめるだろう。彼の運命は不安定である。彼は頭を怪我する危険がある」。

「額の下の部分に三本のしわがあるときは、その男の怒りっぽい性格を表わしている。この人は、人を殺すだろう」と、カルダーノはいう（図182）。

三本のしわが互いに離れているときは、聖職者の義務と幸運、それに知性と善良を予言している（図183）。

左のまゆ毛にとどく短い斜線のしわ（図184）は、惨死を予言する！ まっすぐで一端が曲がっているしわは、病気、虚弱、その他の悩みを意味する（図185）。

図186にあるような、すこしばかり傾いた一本のしわは、敵に勝利をおさめ、武運のあることを予言し、女子には、幸福と夫に対する優越を告げている。

しかしながら、惑星によって刻まれたもっと複雑なしわ模様もある。たとえば、図187にあるしわは、火とか魔法とか呪文による死を示している。

図188の、ものうげな笑いの男子は、幸運な生活ができないだろう。なぜなら、彼のしわは、頭部の傷による惨死、または家族の手によって殺されることを予言しているからである。

一六四八年、フィリップス・フィネラは観額術に関する著作を出版した。この著作はひじょうに珍しく、粗い木版画全部が完全にそろった二巻本は、めったに見つけられない。

図189は、フィネラによれば、海で死ぬ運命にある男子の柔和な顔を示している。そのくねくねしたしわは、大洋のうねりを思わせる。だから観額術師のこの予言は、推定によるというよりは、呪術的な類似によるものである。

図190に描かれているような一本のしわをもつ男子は、太陽から月に旅するように運命づけられ

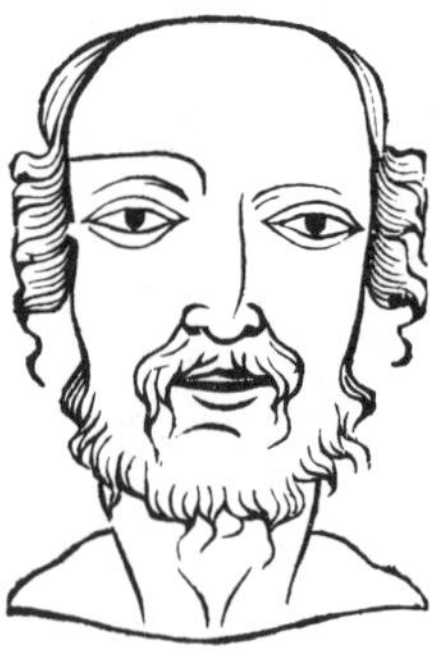

図185　虚弱な男子の額

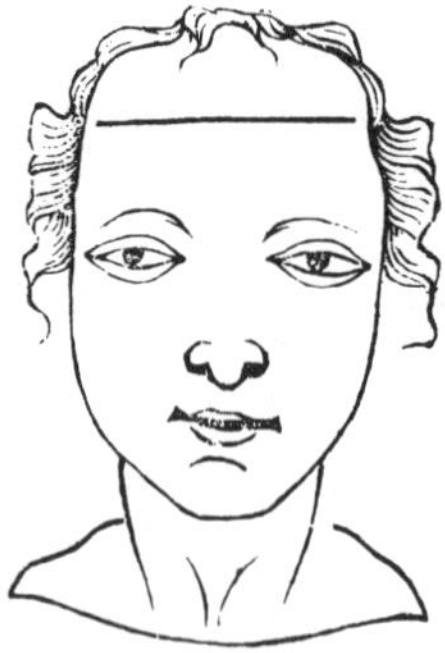

図186　戦いに成功する男子の額

図187　変死する男子の額

図188　頭部を傷つけられる運命の男子の額

ている、とフィネラはいう。この男子はまた、金星や水星の性格ももっている。こういう人間は、けっして安定して落ち着くことはないだろう。女子にとっては、このしわは、さらに大きな凶を示す。というのは、彼女は怠惰のために不活発になり、貞操観が軽薄になり、気性が移り気になるからである。

図189　溺死する運命の男子の額

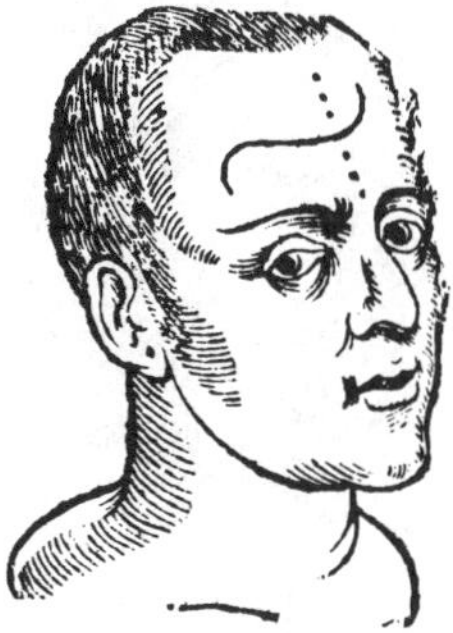

図190　不安定な男子の額

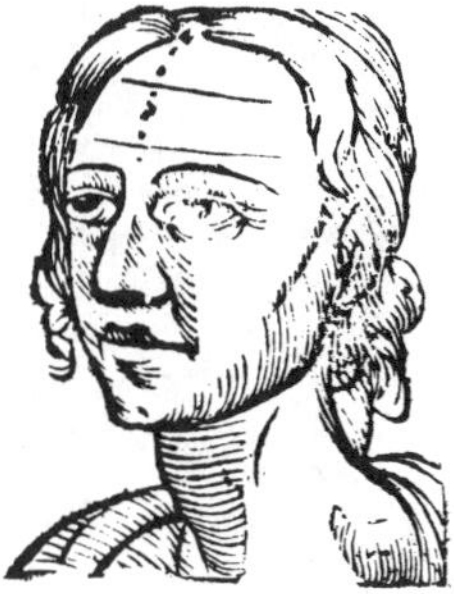

図191　幸福に恵まれた女子の額

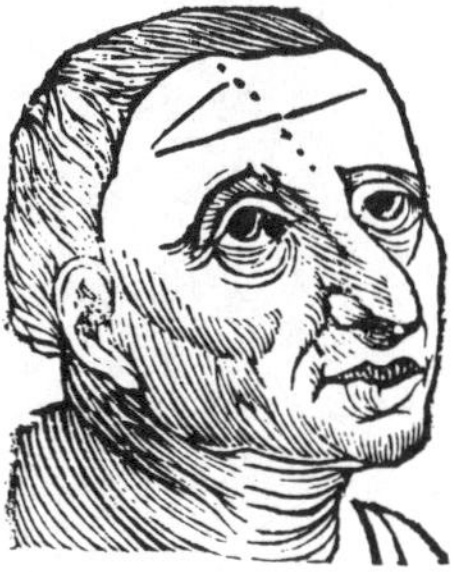

図192　情愛のある男子の額

著者は、図191の女性像によって自分自身の性格を描写したように思われる。彼は、つぎのように述べている。「彼女は、王侯から重用され、忠告を求められるだろう。未来を予言することは、彼女の生まれつきの性向であり気質である」。

フィネラの説を図解しているこの額の絵の全部にある小さな点々

図193　高潔で聡明な男子の額

図194　悪徳の女子の額

は、あきらかに惑星帯の境界である。しかしながら、著者はそれらの惑星を、伝統では承認されていない順序においているように見える。カルダーノは、正しく木星を上から二番目においているが、フィネラはときおり、この宮を金星に指定している。図192は、彼によると、二本のしわは太陽と金星の連結として互いに交わっているという。フィネラは、その新解釈を説明したり弁明したりしていないので、このような不一致がいっそうわれわれを混乱させてしまう。

図193の男子は、顔つきに疑惑、不安を表わしているように思われる。けれども、これらのしわは吉兆だとフィネラはいう。この男子は、有名になり、確かな根拠をもつ教義を確立する学者になるだろう。また、彼の道徳はすぐれており、信頼するにたる人物である。

最後に、歯痛に悩んでいる女子（図194）は、不吉で身持ちの悪い性格である。彼女の偽善的信仰や悲しげな態度を信じてはいけない。彼女は淫乱なおそろしい怪物であり、親友を裏切るもの、多くの恥ずべき行為の張本人である。

フィネラの人物画のオランダふうの怪奇趣味のあとで、こんどは、イタリア貴族のカヴァリエル・スポンティニの人物画を見てみよう。それらの画には、フランスの古いカルタの絵のような超然とした様子と無感動が見られる。

スポンティニの小冊子は、一六三七年にヴェネチアで出版された。最初の画像（図195）は、額に惑星を描いているが、この図を眺めると、観相術を科学と呼ぶのが正しいかどうかという疑問がおこってくる。というのは、彼は画像に、カルダーノやフィネラの惑星帯とは違った帯をあてているからである。スポンティニによると、惑星は鼻の中央へまっすぐに降りてくる。もっとも低い天体は、一般に認められているように月ではなくて、金星である。そして、母なる地球の夜の同伴者（月）の新しい本部の所在は、こめかみであった。スポンティニが独創的であろうとする望み――この場合には、そういう望みは非難すべきだが――を考慮しなければ、なぜ彼がこんなに惑星の順序を勝手に変えたのか、了解に苦しむ。

図195　額における惑星の位置

図196　節度のない病弱な男子の額

彼の図196は、過度の放縦のために死ぬ運命にある人を示しているが、彼の人相術からいえば、むしろまじめで安定した性格を表わしているようにみえる。図197は、老人の額に低能と短命のしわが現われているが、短命というのは理屈にあわない。スポンティニによれ

図197　無知な男子の額

図198　波瀾にとむ長命の男子の額

図199　冒険者の額

図200　詩人にして音楽家の額

ば、もしこれらのしわが途切れていなければ、想像できるあらゆる善、すなわち勇気、木星の英知、太陽の中庸と克己、火星の正確と敏速、水星の記憶力と想像力、金星の陽気さ、を示している。

一本の垂直なしわと水平のしわとが交わっている図198は、危険や障害やちぐはぐのある波瀾にとんだ生活を予言している。しかしながら、これらの前兆をもつこの人物の傍若無人な風采は、そういう出来事に対して平然としてうまく乗り切ってしまうだろう様子を表わしている。

図199の若者は、自分の未来を知ってなおさら意気銷沈しているようにみえる。彼は、やくざものので手におえないだろう。彼は信義や気力をほとんどもっておらず、多くの方面で間違いをしで

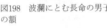

かすだろう。だが、彼のしわは交差していない、つまりあまり傾斜していないことを、運命に感謝すべきである。もし交差していれば、彼にはもっと大きな不運が降りかかってくるだろう。彼は人を殺したくなり、追放におびやかされ、やがて殺されることはほとんど間違いなかろう、とスポンティニはいっている。

最後に、観額術師と気持よく訣別するためにも、吉兆の一例を挙げておこう。図200は、ひじょうな吉相である。この丸顔の若者は、金星と水星の幸運な結合のために得をしている。これは彼が、発明の才があり、有名な詩人として、さらに偉大な音楽家としての才があることを意味する。彼は、仲間たちを魅了するだろう。美しい女性には愛され、賭けごとには勝ち、人生のあらゆる楽しみを味わうだろう。彼は、しわが曲がっていないことを神に感謝するだろう。曲がっていれば、不道徳やお道楽やおろかさを意味するからである。

人相術

顔の表情や特徴によって個人の性格を判断する人相術は、原理的にはそれほど確実ではないが、技術的にはいっそう多くの考慮がはらわれている。人相術を推進した人びとは、ヨハン・インダギネまたはニュルンベルクのイェーガー、バルトロメオ・コクレまたはボローニャのデラ・ロッカ（一四六七―一五〇四年）、それにフランス人のミシェル・レスコであった。

有名な観額術師でもあったコクレは、人相術に関する教科書を一五二三年に出版した。それに

図201　ヨハン・インダギネ像（ハンス・バルドゥング筆）

は、有名人たちとその人たちにふりかかるべき危険の一覧表が載っていた。こういう企ては、なによりも彼自身にとって危険だった。歴史家のジョヴィウス（一四八三―一五五二年）は、コクレの予言の多くが真実になったことを認めている。レスコのことはほとんどわからないが、その著書『人相術』は一五四〇年にパリで出版された。占い術に関するインダギネの本は、一五三一年にシュトラスブルクで出版された。

インダギネの本の扉には、印象的な人相術の研究が示されている。それは、画家ハンス・バルドゥングが描いた著者の肖像（図201）である。金襴の衣服をまとい、医者用のベレー帽をかぶった誇り高いインダギネは、自分の貫禄を十分に意識しながら、美しく飾られたルネッサンス式の窓から傲然とこちらを見やっている。

インダギネの本の他の木版画は、原始的で石に刻んだような仕上げであるが、生命が吹きこまれている。それらの絵は、後の版で才能の乏しい版画家によってしばしば複製されたので、迫力が大部分うすれてしまった。だからここでは、比較のため、最初のきわめて粗野な肖像に、後の版の肖像を一枚だけ加えておく。

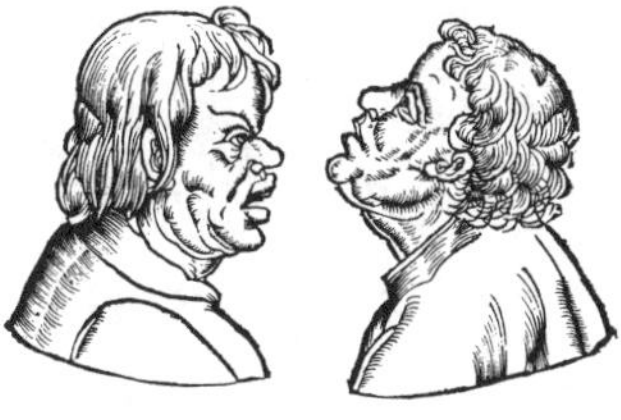

図202　嘘つきで貪欲な男子の唇と、謙虚で温和な男子の唇

図203　怒りっぽい男子の歯と、臆病な男子の歯

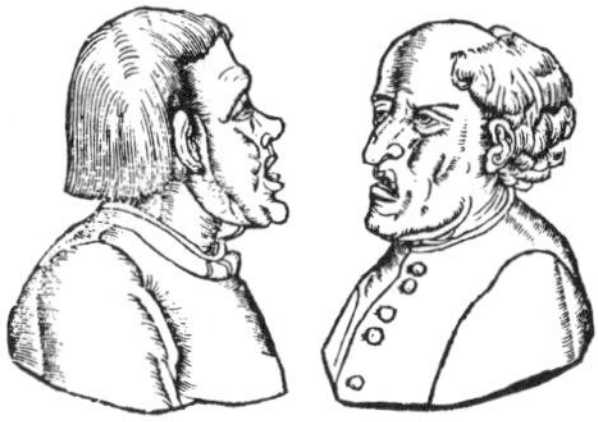

図204　大胆な男子の顎と、無気力な男子の顎

図205　尊大な女子の鼻と、度量のある男子の鼻

図202の左の人物は、鉄面皮で恥知らずな男子を示している。口が開いていて唇が厚く、この人は詐欺師で、嘘つきで、放蕩者である。

よい形の歯並みは、まっすぐな性格と正直を表わす（図203）。歯にすきまがなく、鋭いときは、健康な性質を示し、長命を予言している。左の人物のように出っ歯であれば、多弁で横柄、派手で移り気な人を表わす。

鼻について、インダギネは一連のおもしろい観察をしている。図204のように彎曲した鼻の持主は、癇癪《かんしゃく》もちで傍若無人で暴虐であることを表わす。顎がとがっていれば、その人のからだが不具になることを意味する。同じような性格は、向かいあった顔に見られるようなシシ鼻の人も、生まれつきもっている。図205の陽気な紳士のように、ひどく曲がった鼻をしている人びとは、しばしば他の人を嘲笑する。彼らは、ことわざに出てくるサイのように、他人の鼻を見ておもしろがる。古代ペルシアでは、大きな鼻は美のしるしだった――その意味で、クセルクセスは一番の美男子だった。そのような人は、一般に度量があり、勇敢で、善良である。同図の左の鼻をもつ女子は、きびしく、いつも怒っていて、むずかし屋で、きざである。

毛髪は、人相術のもっとも大切な要素である。図206（後の版）の人物のように毛ぶかい人（左図）は、癇癪もちで、はげしい気質のために毛髪は粗く乾いている。これに反して、やわらかく絹のようになめらかな毛髪（右図）は、温和で小心でおとなしい性格を示している。

インダギネは、目に関する観察を、『マタイ伝』第六章二二「……なんじの目ただしくば、全身あかるからん」という一文とともに始めている。健全な目は、パッチリと開いていて、明るく、輝いていて、つぶらでなければならない（図207）。このような均整のとれた目は、誠実と健康を表わす。しかし、落ちくぼんだ小さい目は、嫉妬、悪意、憤怒、疑惑のしるしである。

インダギネが提出した耳の二つの見本（図208）は、ともに不吉な例で、その人の能力と性格を反映している。大きな耳を、彼はロバの耳と呼んでいるが、この表現がすでに、人相術師の判断、すなわち無知と愚行を表わしている。サルのような小さい耳は、サル耳、すなわち持主の移り気と欺瞞を表わしている。

一五五三年にシュトラスブルクで発行されたバルトロメオ・コクレの『人相術大要』は、巧妙に彫られた図版があるため値打ちが出ている。その芸術家の名はわからない。けれども、彼は、

図207　悪意ある男子の目と、誠実な男子の目

図206　傲慢な性格の髪と、おとなしい性格の髪

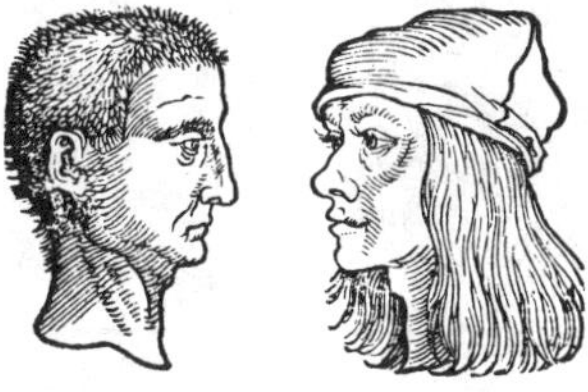

図209　傲満な性格の髪と、ひ弱な性格の髪

図208　信頼できない男子の耳と、無知な男子の耳

シュトラスブルク大聖堂の火炎様式のゴシック建築に示唆されたように思われる。コクレは、毛髪によって対照的な気質を表わす二人を描写している。もしコクレがこの図をインダギネの本から模写した（図206と図209を比較せよ）としても、彼はそれに加えて、毛ぶかい毛髪の二つの型を自分で発見し追加している（図210）。こめかみのところが濃い髪の毛におおわれている人は、単純で、うぬぼれがつよく、だまされやすく、頑固で、平凡な知性人で、態度や言葉がいくぶん野暮である。同図のもう一人のように顎ひげの生えている人は、肉欲的で、執念ぶかく、記憶力はわるく、不運で、貪欲である。

　高くて丸い額をもっている人は、大まかで、陽気で、善良な知性をもって

図210　粗野な男子の髪と、残忍な男子のひげ

図211　大まかな男子の額と、短気な男子の額

図212　進取的な男子の額と、素朴で短気な男子の額

図213　ずるい男子のまつ毛と、無知な男子のまつ毛

いる。そういう人は、多くの技術にすぐれていて、おとなしい（図211）。これと向かいあっているのは、額が短くて髪でおおわれている人で、喧嘩好きで洗練されているというより単純である。図212の右側の、月桂冠をいただいているローマ人のように、額の小さい人は、素朴で、短気で、残酷で、美、とくに堂々とした建築物の美を好む。左側のこぶがあって髪の少ないくぼんだ額の人は、ものわかりよく、進取的で、逆境にあっても高潔である。こういう人は、美、名誉、責任、世間的な楽しみを正しく評価する。

まつ毛もまた、人間の素質を表わすことができる。ねじれたまつ毛をもっている人（図213）は、つよい虚栄心、高慢、極悪などの素質をもち、一方、下むきのまつ毛（図213の左）は、悪意、欺瞞、不

図214　悪意と嘘つきの男子のまつ毛と、ずうずうしく気どり屋の男子のまつ毛

図215　温和な男子の鼻と、ひじょうに聡明な男子の鼻

図216　うぬぼれと好色の男子の鼻

図217　すぐれた素質の男子と女子

正直、怠惰、隠し立てを示す。

　コクレは、目についてはインダギネと違った判断をしている。彼によれば、大きく丸い目は、移り気で怠惰な人を意味している。そういう人は、ときには大胆で、またときにはおとなしい。しばしば真実を口にするが、嘘もつく。つまり、その目が大きかろうと小さかろうと、そういう人はなみの人びとと同じなのである。だが小さくてくぼんだ目は、あきらかに悪い性格の人のものである。疑いぶかく、悪意があり、不機嫌で、嘘つきで、淫らで、うぬぼれがつよい。ところが小さい目にも、違った性格を示す別の型がある（図214の右）。目が丸い人は軽信と臆病、虚弱、不満を意味する。吊り目は、英知の欠如、不正直、悪意を表わす（図214の左）。

コクレによれば、大きな鼻は、曲がっていてもまっすぐであっても、吉兆である（図215）。そういう人は内気ではないが温和であり、ひじょうに聡明である。ときには癇癪を破裂させることもあるが、そんな反発はすぐ消えて、そのあと長いこと寛大でいる。シシ鼻やぺちゃんこの鼻をもつ人は、知性に欠け、嘘、うぬぼれ、奢侈にふける（図216）。また、移り気で嘘をつくこつは知っているが、他人の嘘にもひっかかってしまう。

図217は肉体的、精神的に健康な若者の理想的な容貌を示している。ベレー帽をかぶっている男子は、多方面の才能がある。正常な楽しみや健康的な食物を好み、それを適当な時刻にとる。彼の消化は良好で、血液の温度は正常である。慎みぶかい若い女子も、これらの性質をもっている。

手相術

自然は人間の手を、人体のうちの重要な器官ならびに器具とした。

アリストテレス

なぜ手は、からだの他の部分よりも天上からの力を反映するのだろうか。これについて秘術師たちは、世界は一つの位階制度になっているから、その小型の世界——すなわち人間——も、必然的に同じように組織されていなければならない、と答えている。人間の組織のなかでは、手は、上方と下方とを仲介する機能、すなわち、頭のなかに存在する知的な小宇宙とからだのなかに存在する物質的な小宇宙を仲介するという独特の機能をはたしている。秘術師たちによれば、もし頭脳をみずからは動かず他を動かす発動者に比較できるならば、手は、活動的な力と呼ぶことができ、その力によって発動者が顕現することになる。この理由から、手は小宇宙の位階制度では第二の地位を占めており、頭についでもっとも探究する価値のあるものである。

多くの魔術的伝統が失われてしまった一八世紀には、熱心な手相術師たちは、足のかっこうを調べることが有益だという誤った考えを信じていた。足は、惑星からはもっとも離れている。足は地面のほうをむいているから、天上からはもっとも弱い光をうける。フラッドによると、足は小宇宙の夜に住んでいて、天体の音楽に同調しない（図165参照）。

手相術は、手におされた天の刻印から二つの真理を手に入れた。それは、性格と運命であり、すべての占い術の方法が共有する結論である。これは、予言的であると同様に演繹的であり、合理的でかつ非合理的である。手相術師は、患者の手を読みながら、理性と予言の才能を活用する。手の線の意味は、伝統によって確立されていて、秘術師が想像力を働かせる場である。

アグリッパやパラケルススその他の人びとが断言したように、想像力は奇跡をなしとげる力である。

手相術師たちは、手相術の正当性を証明するための詩句を『聖書』に求めた。というのも、宗教は呪術を是認すると信じられていたからで、これはちょうど、こんにち、隠秘論者たちがその知恵を、無分別に科学に関係づけようとしているのに似ている。さて、『ヨブ記』第三七章七には、「彼すべての人の手を封じたもう。これすべての人にその御工事《みわざ》を知らしめんがためなり」とあり、また『箴言《しんげん》』第三章一六には、「右の手には長寿があり、左の手には富と尊貴とあり」

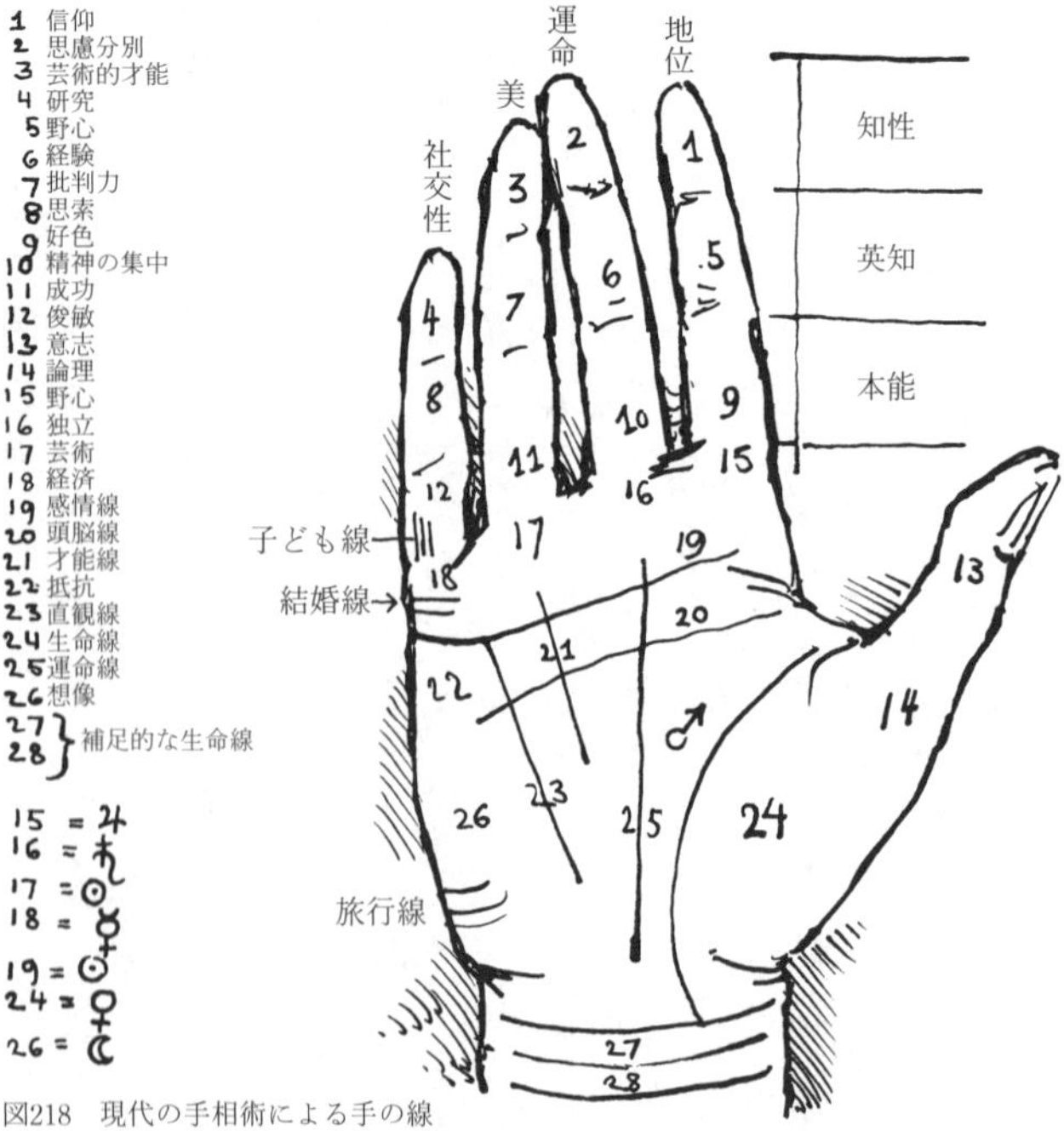

図218　現代の手相術による手の線

と書かれている。

手相の読み方を説明することは、本書の範囲外である。これについては、広範囲にわたる文献があるが、ここではむしろ、手相術がひじょうに流行した一六、一七世紀の時代のもっともおどろくべき実例を少数あげておくことがふさわしい。しかしながら、現代の手相術と初期の手相術の輪郭をくらべてみることも有意義である。このために、右手に関して現代の区画を示す図218を、読者に提供しよう。こんにちでは、指がひじょうに重要視されている。指は、手のひらの特色を確認するとともに、手のひらから集めた一般的な知識に多くの興味ある細目をつけ加える。親指の上方の指骨は意志を、下方の指骨は論理を表わす。信仰、野心、好色は、人差し指の三つの指骨にある。中指は、思慮分別、実験する性向、精神の集中をふくんでいる。薬指は芸術的才能、批判力、成功を伝える。小指は、社交性に属し、研究、思索、俊敏の目じるしになっている。すべての上方の指骨は、知性に関する知識を与える。中央部の指骨は英知について、下方の指骨は本能について知らせる。

手のひらのもっとも大切な線は、生命線、運命線、感情線、頭脳線、直観線である。薬指から下降している短い線は、芸術的な才能を表わす。手くびの数本の平行線は、寿命について補足的な知識を与える。

手の線のほかに、手相術師にとっては「宮」(肉の隆起)が重要である。金星宮と呼ばれる親指の付け根の隆起は、その人の愛情を告げる。人差し指の下の木星宮は、野心を表わす。中指の付け根の土星宮は、その人の独立を表わしている。薬指の付け根の太陽宮は、アポッロンの宮すなわち芸術の宮である。小指の付け根の水星宮は、経済の才を表わす。親指と向かいあっている手のひらの左端には火星宮があり、根気と抵抗を示す。またその下の月宮は、想像力と憂鬱の目じるしである。

旅行線は互いに接近しており、上の水星宮には結婚線がある。愛情宮から離れた俊敏の領域(小指の一番下の指骨)には、その人がこしらえる子どもの数が記されている。

見るのは右手か左手か、それとも両手かという問題については、確答はできない。慣例では、左手は右手ほど使わないから、手相がよく保存され、ゆがめられていないとされた。別説によると、左手には、その人の誕生時に星からうけた本源的な運命が刻まれており、右手には、その人が意志や仕事によって毎日ひきおこす変化が記されているという。この議論は、軽々しくうけ入れることはできない。もし人間の意志が自由であれば、なぜ左手を見なければならないのだろうか。もし人間が自分の運命を修正するとすれば、星の最初の刻印は、まったく無意義になってしまうだろう。ところが、もし星が全能ならば、右手を見る必要はなくなるだろう。なぜなら、意志や労働や知能は、誕生時の星位によって定められたことに打ち勝つことはできないからである。人間は自由であるか自由でないかという長年にわたる論争は、もちろん、手相術師によって結着をつけることはできない。しかしながら、あえて弁護すれば、左手ではその人の生まれつきの素質を読みとり、右手はその人の天賦の才をもってなした業績を表わす、というふうにいえるだろう。こうして、もしその人の活動が、誕生時に与えられた才能に一致していれば、その人が性向にしたがって生きているかどうかを知ることができるだろう。このことを認めれば、星は影響をおよぼすけれども、われわれの運命をとり返しがつかないほど決定づけるものではない、ということができる。

手相術師は、線のいろいろの長さ、彫りの深さ、色、連続性などによって判断をする。彼らはまた、インダギネの木版画の線のように、線が二重になっているかどうかも考察する（図219）。

インダギネは、主要な線としてつぎのものを考えている。こんにちの感情線にあたる手のひら線、中央線、彼が感情線とも呼んでいる生命線、肝臓線（少数の専門家によると、これは低位な機

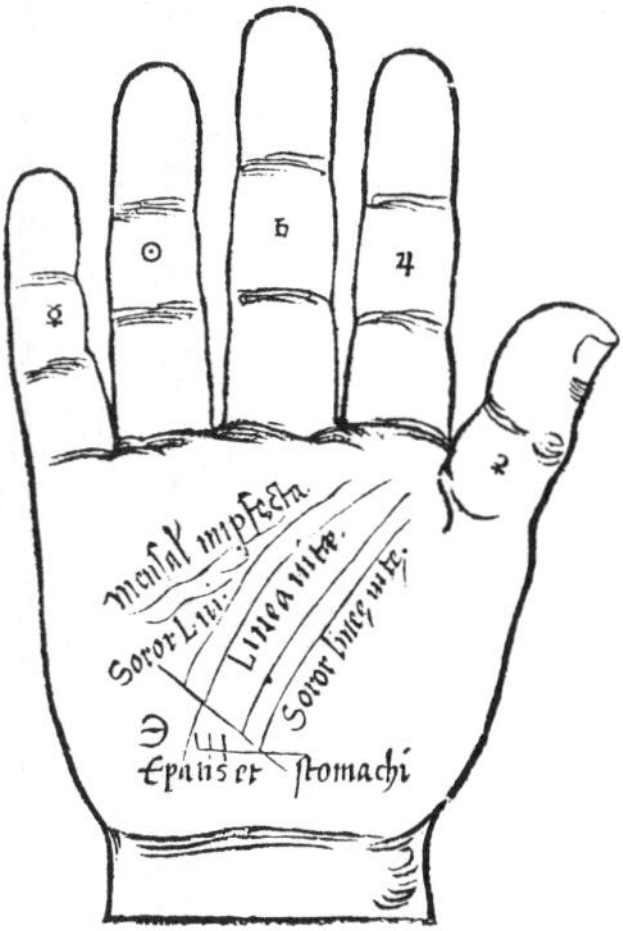

図219　右手（インダギネによる）

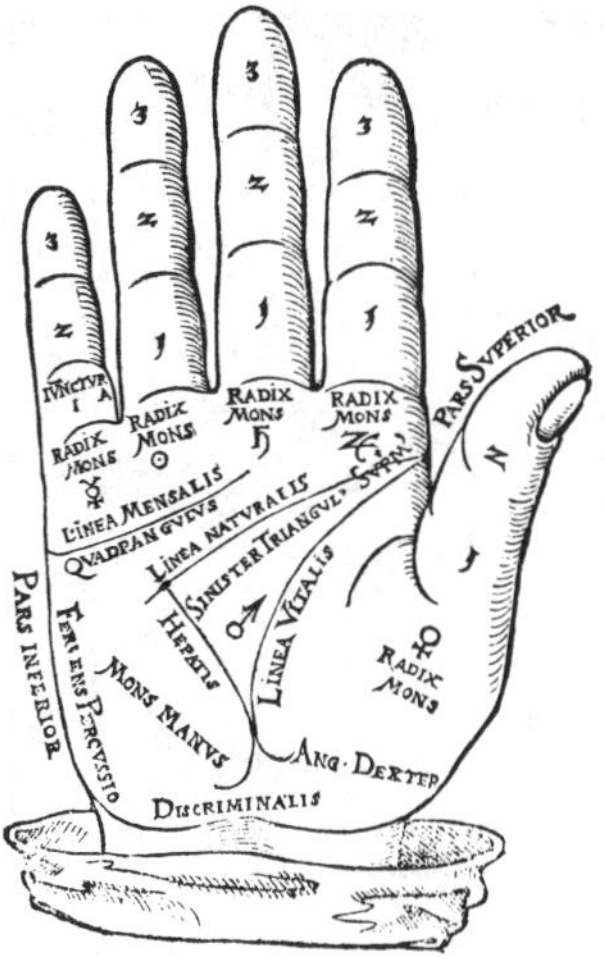

図220　右手（トリカッソによる）

能の乱れを表わす）である。指の下の四つの宮は、現代の手相術の宮と一致する。

ドミニコ会士のトリカッソ・デ・ケラサリ（一五五〇年没）は、手相術の論文で、主要な線について同じような意向を示している（図220）。

彼によれば、「四本の線が全手相術を規制し支配しており、その他の線はすべて、四本の線に依存している。生命線は、三つの部分——青年、壮年、老年——に分けられる。生命線の長さから、その人はどのくらい長く生きるかがわかる。感情線が短くて分枝がなければ、それは不注意による危険を予言している。頭脳線が中指の下でとまっているときは、ひどい怪我をすることを意味する。肝臓線が生命線からひどく離れていると、うぬぼれがつよいか、正気でないことを示す」など。

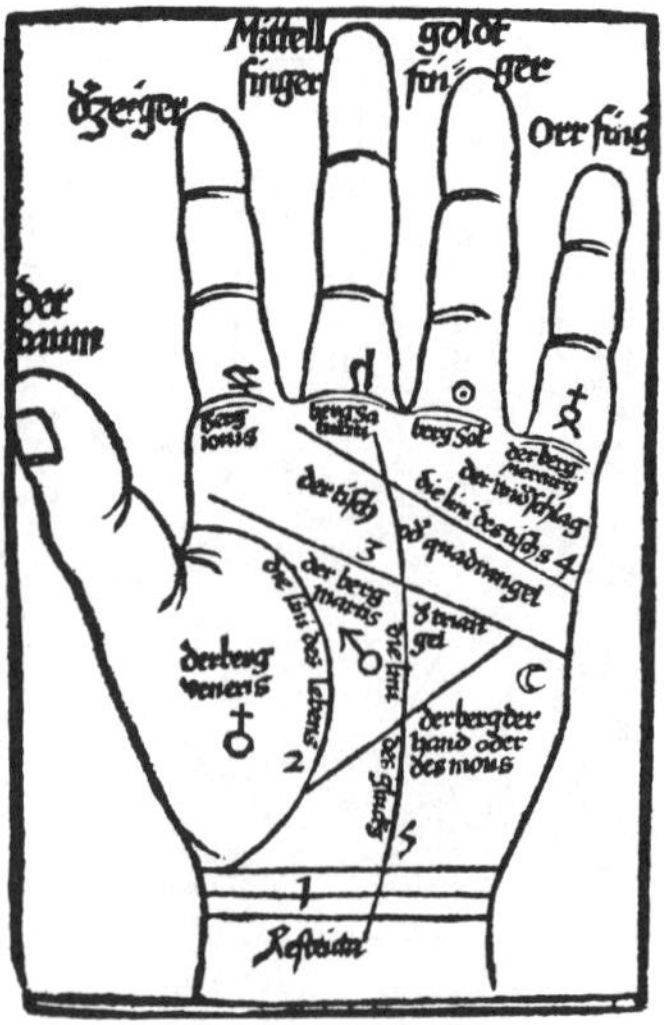

図221　手相術の手（コクレによる）

インダギネもトリカッソも、手の重要な線として土星線、すなわち運命線をあげていない。しかし土星線は、後世の発明ではない。なぜなら、バルトロメオ・コクレの美しい木版画には、それがはっきりと示されているからである（図221）。

　アグリッパの手相術の手（図222）は、惑星の位置を示しているが、手のひらの中心を占めている火星の宮を除いては、現代の手相術と違わない。

　一七世紀には、主要な線は増加した。ペルシア人のロンフィレは、古い図解に土星線（彼はこれを、勝手に肝臓線と呼んでいる）とアポロン線すなわち芸術的才能の線とをつけ加えている（図223）。

　しかしながら、一六七六年になってもインダギネの著書の英語版は、旧態依然として四本の線に執着している（図224）。この本は、保守性を強調するために古くさいゴシック文字で印刷されている。この本によると、生命線はすでにプリニウスによって正しく判断されたという。生命線の長さは、寿命の限界を表わす。中央線（E）は健康と病気を表わし、手のひら線（A）は体質と体力、気質と精神について知らせている。手くび線（C・D）は、色つやがよければ、富と幸

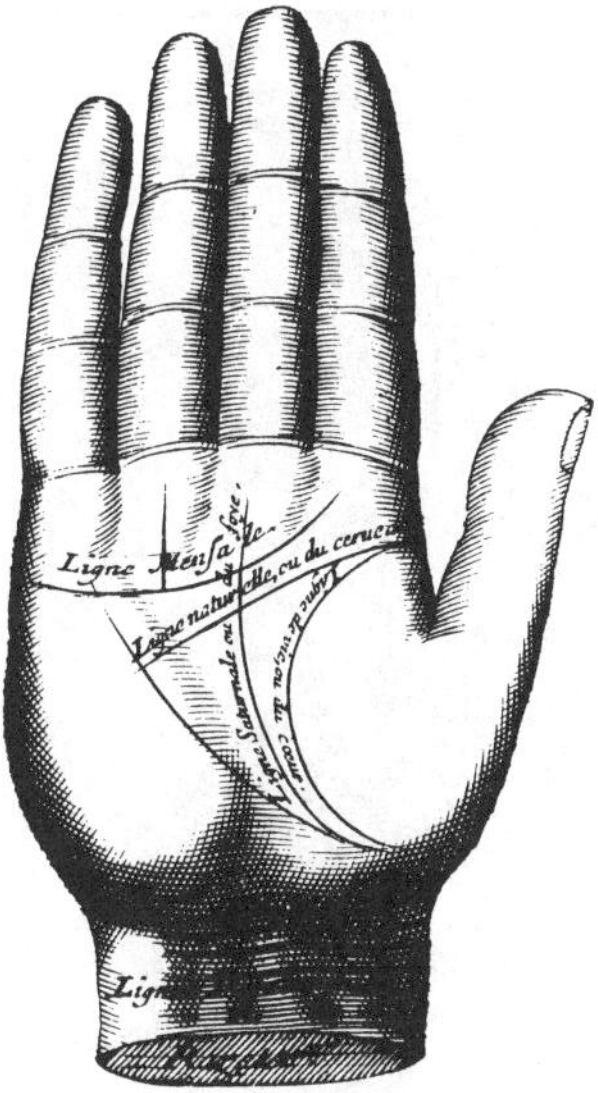

図223　手の重要な線
（ロンフィレによる）

図222　右手の惑星の位置
（アグリッパによる）

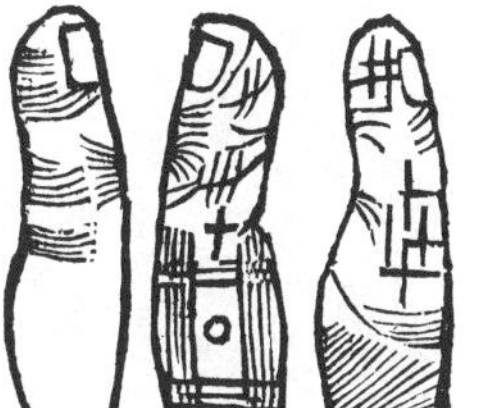

図225　親指の線
（インダギネによる）

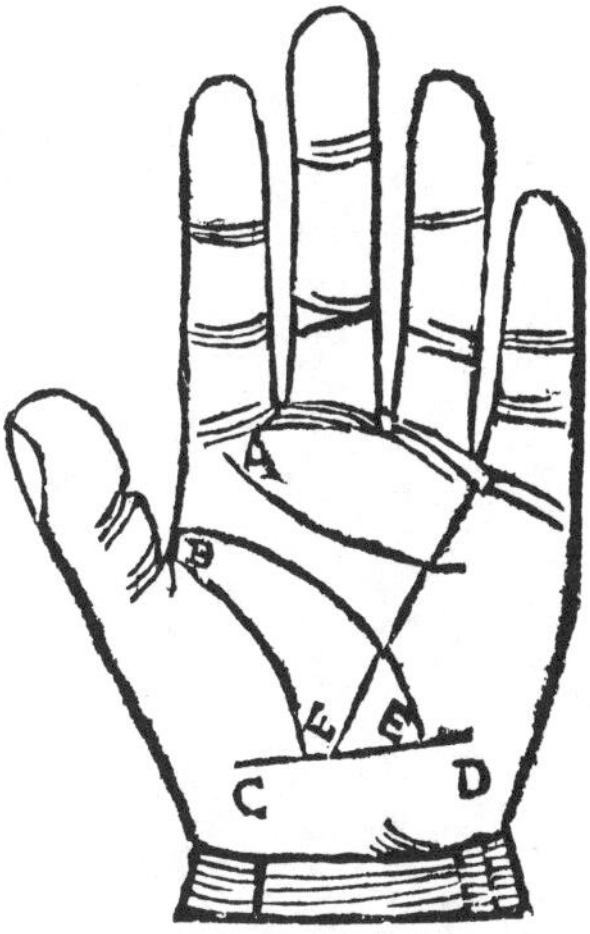

図224　左手の主要な線
（インダギネによる）

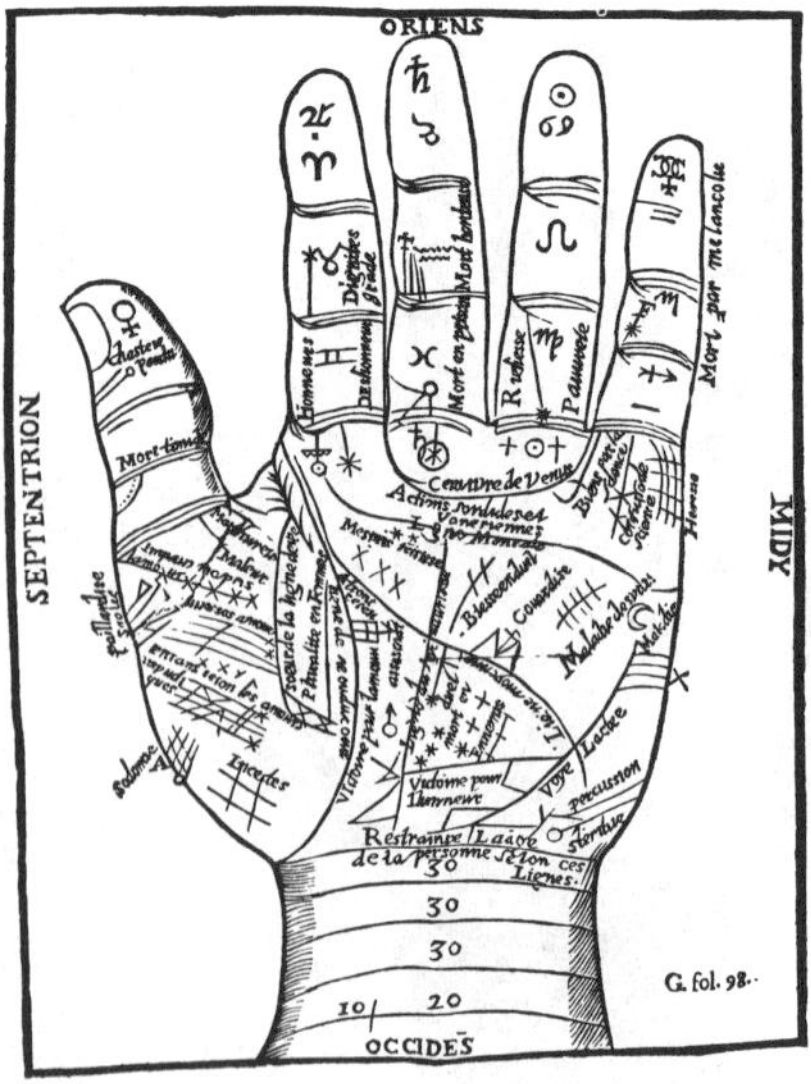

図226　左手の図（ベロによる）

福を約束する。しかし、それが月宮にまでのびていると、女性に裏切られ、波瀾に富んだ運命を意味する。この小論文では、親指の形態に特別の注意がはらわれている（図225）。「もし親指の第一関節のところに、まるく取りまいて親指を分割する指環のような模様があれば、多くの人びとはその指に絞殺されるという手きびしい判断をくだす。この事実を私は、一人の男子について立証した。しかし私は、このしるしがなくても絞殺された人をたくさん見ているので、これは不確実だとしておく」。

ジャン・ベロの手相術の論文には、ひじょうに有益な木版画が載っている（図226）。そこには、多くの線や領域が総合されている。さらにベロはこの図表に、四本の指に黄道十二宮を採用するという新味を加えた。たとえば、人差し指は白羊宮、金牛宮、双子宮をふくみ、中指は磨羯宮、宝瓶宮、双魚宮をふくんでいる。親指には、失われた処女（童貞）性が記されている。そしてこの金星宮には、ベロと同時代の人たちが興味をひくような項目がふくまれている。手のひらの火星の領域には、決闘での負傷が読みとれるが、このことは、手相術のような隠秘的な学問も、真の学問と同様に時代に順応していくことを物語っている。さらにその下の、中央線と肝臓線と土星線でつくられている三角形の領域には、決闘によって死ぬという、前の場合よりもっと大きな不幸が読みとれる。このような悲しい予言が吉報と数ミリしか離れていない。すなわち、手くびの近くには、名誉防衛の勝利が示されている。太陽宮と土星宮の下には下劣な行動が宿り、その近くの水星宮には学問上の進歩がある。最後に、親指と中央線のあいだには、一夫多妻のしるしがある。生命線の近くの火星の領域には、情事の成功、暗殺、侮辱が宿る。

ベロの図解は、片手全体の効果を示唆している。この他にも、無数の組合せが可能であり、人相術の場合のように無尽蔵である。しかし、手相術の文献がひじょうにたくさんあることを読者に知っていただければ、手の形の例をもうすこしだけ挙げても、気がひけることはなかろう。

コクレの筆名のミランドラのアンドレアス・コルブスという署名のある初期の一論文には、多数の手の型式が図示されており、それらの図の背景にはそれぞれ違った素朴なルネッサンスふうの絵があしらわれている。図227は、伸びた土星線を示し、つぎのように解釈している。「この繁栄の線が手のひらから手くびまで下がっていて、しかも彫りがふかければ、繁栄と有益な仕事を示す。もし反対ならば、創意に満ちた男女、つまり科学の革新者を意味するが、同時にその性格は卑劣、貪欲である」。

図228のように、手くびのところの小さな三角形は、静かな生活、魂の平和、名誉、精神力、手の力を予言している。

手くびにある線が図229のような形をしていれば、発明の才、とくに悪事に関する発明の才と、不運、父親への不孝、侮蔑を予言する。

図227　繁栄と有能な男子の手

図228　平穏な生活をする男子の手

図229　悪い発明の才のある男子の手

図230　中年までの富と名誉の増加とその後の減少の手首

もしその線が腕にむかって細くなっていれば（図230）、中年までの富と名誉の増加、その後の減少を予言する。

手のひらの線のこういう組合せの多くが凶兆であったことや、また、むかしの手相術師が現代の手相術師の妥協的な傾向と違って、根ぶかい悲観主義をほとんど隠そうともせず他人に伝えたことは、注目に値する。現代の手相術師は、代金をはずまれると、将来の幸運を予言し、愛想をふりまきながら、すこしばかりの警告を友好的に伝える。古い手相術は、科学と考えられていた。手を調べることは、こんにちでいえば医者の診断と同じほど重大であった。手相術師は、腕前についてはひじょうに真剣だった。インダギネは序文で、効果的な研究にともなう骨の折れる方法について、つぎのように述べている。

「私は手をじっと眺め、さらに、からだつきやからだの釣合いとともに全身を見る。これは、いわゆる人相術のやり方である。つぎに私は、誕生の時刻や日、月、年に精神を集中し、占星術の規則と照合する。これだけでは、まだ十分に判断がくだせない。私は、目前の判決で早まったり、ばかなことをしないように、もっとよく考える。私は、あらゆる事がらを集め、有益と思われるものを選ぶ。こうしてやっと判断をくだすのであって、手を調べていきなり生命やからだについて解釈するのは、狂気の沙汰だと信じている」。

このようなつよい確信をもって告げられる手相術師の判断には、たしかに暗示力があった。ときどきその判断は、人間に関する一般的知識や、論理的演繹法など、星占いの計算や手相の調査をあまり必要としない事がらにもとづいていたかもしれない。手のひらを人相術のように読むことができるというインダギネの言い分は、啓示的である。経験というのは、重大な場合には、根も葉もない空想よりもましな手順をつくりだすことができる。

ギリシア人のある手相術師が、アレッサンドロ・デ・メディチに予言して、あなたはまもなく惨死するだろうといった。この予言は、メディチが従兄弟のロレンツォに暗殺されたとき的中した。

前世紀のブリュイエという医者は、ある貴婦人が若者の手を見て凶兆を知った実話を報告している。「お気の毒に、あなたはもう一カ月しか生きられません」と、貴婦人が叫んだ。それからしばらくして、若者は狩りにいき、熱病にかかり、あのしろうと手相術師が予言したその日に死んでしまった。

手相術による予言が現実になった有名な例は、レロア氏の場合である。彼はあるジプシーから、足場に気をつけるように警告されていた。レロアの全生涯は、少年時代になされたこの予言を否定するように思われた。彼はよく冗談に、自分は変な死にかたをするだろう、といっていた。彼は繁華なパリの大通りに、新しい家を建てさせた。工事のはかどりぐあいを調べているうちに、彼は足場に踏み出した。足場は崩れ落ち、レロアは死んだ。

コクレは、ボローニャの支配者ベンティヴォリオの手を見て、あなたは追放され、戦場で死ぬだろうといった。怒ったベンティヴォリオは、コクレを殺そうと決意した。ベンティヴォリオは、この仕事のためにボローニャの一貴族を選んだが、この貴族は、かつて手相術師から恥ずべき殺人を犯すだろうと予言されていた人物である。貴族は、瀕死のコクレをあざけりながら、自分の予言はほんとうになったといった。

ルネッサンス時代のもっとも初期の手相術師だったチェセナのアンティオコ・ティベルトは、流刑と貧困のうちに死ぬと予言していたリミニの暴君パンドルフォ・マラテスタのために、刺し殺された。ティベルトは、手相術をあまり評価しなかったような知識人からさえ、高く評価された活発な知性ある学者だった。

最後に、ナポレオン・ボナパルトの感動的な手相を紹介しよう。ナポレオンの手は宇宙の書物で、この書物は今後数世紀にわたってふたたび現われないだろう（図231）。ここでは、七惑星はすべてしかるべき配置をしている。木星は人差し指の先に座を占め、その位置は、世界の大人物、世紀の幸運児たちとの友情と敬意を知らせている。土星は中指の第三関節の上方に栄光の姿を見せ、幸福の移りやすさと財産を失うこととをはっきりと示している。土星の指の先端の二つ星は、彼はついに王冠を戴き、公に戴冠式を挙げることを宣言している。……

これらの星の下にあって、いわばそれらを支配している土星のしるしは、彼にはこの上なく不吉な前兆だった。この中指の第二関節に一つの三角形がある。これは好

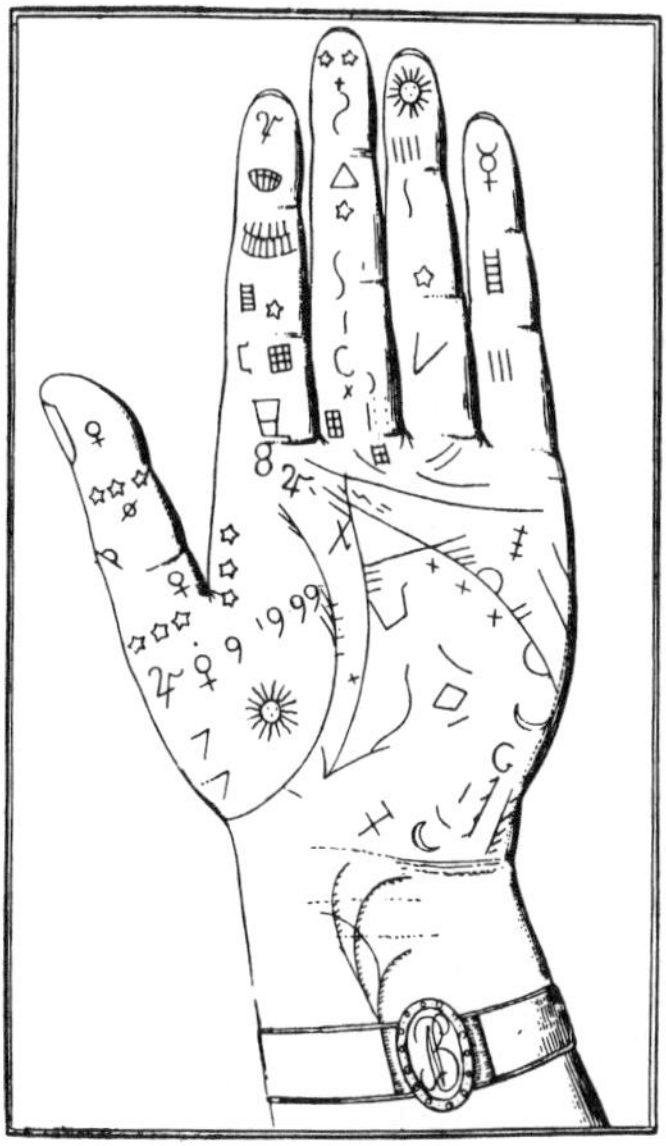

図231　ナポレオンの左手の相

奇心が強く疑いぶかい男、才能にそれほど恵まれない男を示す。ただし軍人の場合は別である。土星の指の直線とCという文字はxとともに二度目の結婚を約束しているが、これは初婚より高貴である。……

タロット

タロットの遊びには、どんな計算も科学的観察も必要でない。タロットの全般的な魔術的理論は、自然界に偶然は存在しないという信念に基づいている。つまりこの宇宙のあらゆる出来事は、予見された法則によって生じるというわけである。

ほとんど無意味な出来事でも、こうした基本的な原則に従っている。任意に混ぜあわせたカードは、偶然の結果にはならず、図柄つきの一組のカードは、占う側や占ってもらう側に魔法的な効果をおよぼす。

タロットは、特定の条件のもとであらわれる人間の予言的な才能によって、行なわれる。その条件をオカルト（秘学）を行なう人は千里眼と呼び、科学者は知覚過敏症と呼んでいる。

もちろんこうした状態は、私たちが注意して認める以上に頻繁におこっている。だれだって生涯に一度は、この予知という感覚をもたないことはなかろう。将来の出来事が目に映るほどはっきりと見えるので、予知するほうとしては、そのことがおこることを即座に、絶対的な確信を以って知るのである――そしてその予見はあたる。

そういう予知とか予感の才能に特別恵まれた人たちがいる。つまり生まれながらの占い師である。彼らは自分のもっている異常な感覚を、多くの方法で刺激する。水晶を見つめることは、自己催眠の状態を生み出す。じっさい、きらきらするものや色彩ゆたかなものをしばらく眺めると、想像力をかきたてられる。千里眼をもつ人びとのなかには、額にあたった石がどこから投げられたかを当てる人もいる。彼は石を拾い上げた人のように、石がころがっている光景を思い描くこともできる。

タロット・カードの主な機能は、そういう刺激であるようだ。生き生きとした色彩ゆたかな像を吟味するとき、占い師はある種の自己催眠をもよおす。才能に恵まれていなくても、精神を集中すれば深い心的同化現象にいたるのである。こうしてタロットの力とは、予言に適した精神的、心理的状態を導くことである。

タロットの際立った図柄、とくに切り札は、神秘的に訴えかけてくるし、無意識のうちに生じる像を目ざめさせてくれもする。

タロットの図柄の多くは中世的なアレゴリー（寓意）である。八番目の切り札である「節制」は力のアレゴリーで、図像学者にとっては平凡なものである。一〇番目の「運命の輪」は、ロマネスク文学で用いられたテーマである。他のカードの図柄の原型も、そんなに苦労しなくても見つけることができる。すべてとはいかないがそのほとんどが、キリスト教文明の枠内のものである。

ところが、タロットの専門家によると、タロットの札と切り札は非常に由緒があり、深遠な太古にまで遡るという。これはフランスの学者のクール・ド・ジェブラン（一七二八—八四年）が、

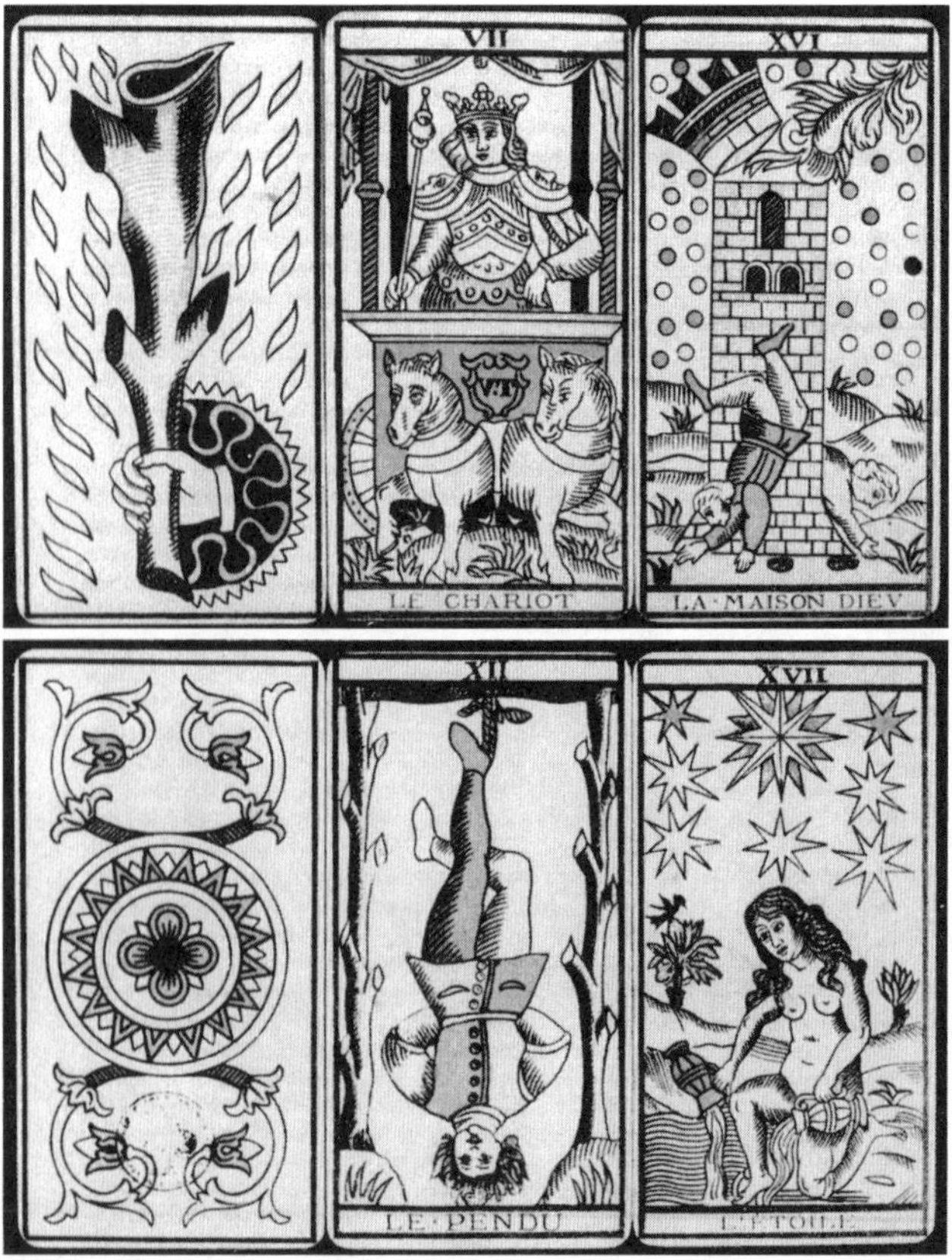

図232　タロットの絵札

その著『原始世界』の第八巻で述べている。そこでは、「もしも今日、古代エジプトの著作で損傷をまぬがれたもの……エジプト人の最も純粋で興味ぶかい主義主張に関するものがあることを知ったとすれば、だれもが疑いなく、そのような驚くべき貴重な作品を知りたがるであろう」と書いてある。

ジェブランによると、このエジプト人の書物こそタロットなのである。太古の叡智は、それがゲームという装いをまとっていたために生き残ったのだという。そうした軽薄な装いをまとっているがため、それは野蛮、無知、あらゆる破滅から救われた。

ジェブランの時代には、エジプトに関心が向けられたが、エジプトの文献は解読されていなかったし、その痕跡も調査されていなかった。エジプトは神秘の土地であった。文明の知識といえば、人はプルタルコス、ヘロドトス、イアムブリコスといった古代の著述家たちにたよらざるを得なかった。証拠物件がないために推測が生まれた。そしてジェブランは、想像のおもむくままに、タロットはトート神の書物のばらばらになった紙片にほかならないと断定した。

もっとも初期のヘルメス文書の著者と推定できるトート＝ヘルメスを、錬金術師たちは〈偉大なる師〉と呼んでいる。ジェブランは、トート＝ヘルメスをタロットの紙片の発案者とみなしている。トート＝ヘルメスは音楽、言語、著述、装飾の発明者で、神話によると、あらゆる神々を描いたという。トート＝ヘルメスの神秘的な小品文集は「ア・ロシュ」（A-Rosh）と呼ばれた。「ア」は教義を、「ロシュ」は発端を意味している。「ア・ロシュ」は、タロットに霊感を与えた。タロットという言葉そのものも、ジェブランによれば、教義を意味する「タル」（Tar）、王者の威厳を示す「ロ」またはログ（RoまたはRog）に由来している。こうしてタロットは王道を意味することになる。

ジェブランの理論はあやふやな論拠に基づいてはいるが、エジプト文明への関心を引き立てた。彼の『原始世界』の刊行後一年たってやっと、推測の域を出なかった領域に発見の光がさしこんだ。一七九九年、玄武岩の破片がナイル河べりのロゼッタの町で発見された。それには、三種の文字で同一の文章が書かれていた。上段には古代エジプトのくさび型文字で、中段にはのちのエジプトの民衆文字で、下段には古代ギリシア文字で書かれていた。そのために古代エジプト文字を解読する大きな鍵が、やっと見つかったわけである。

ジェブランの影響をうけて、魔術に興味をもつ著述家のほとんどが、タロットはエジプト起源だと宣言した。かつら職人のアリエット（一七五〇頃―一八一〇年）はエテイラという筆名で、タロットの有名な遊びについての一連の随想を発表した。アリエットはジェブランの彫板師がまちがって描いたタロットの絵柄を元どおりにしようとした。科学者肌というより芸術家肌のアリエットは、その時代の趣味に応じて図柄を美しくした（図234）。しかし彼はまた、新しいもの、というよりもむしろ正統でないものを付け加えた。つまり、タロットの遊びに、占星術とカバラ（ヘブライの神秘的教義）を付加したのである。多くの隠秘主義者（オカルティスト）は、起源となる秘密の叡智が何千年にもわたって歪められ亡ぼされてきたと公言しているが、それがいかに奇妙なことか。彼らは自分たちの悪い習慣が以前から存在したにちがいないということを忘れているように思われる。そしてまさにこのため、どんな主義主張も本来の形では伝わってこなかったことを忘れている。かりに太古の深遠な叡智がまだ現存しているにしても、それは完璧に変形しているだろうから、創始者も自分が生み出したものとは判らないであろう。

うぬぼれ屋の調髪師のアリエットは、タロットの遊びが修正されて、本来の栄光を回復すべきだとした。彼は、何枚かのカードを捨てて、最古の像と彼がいう新しいカードを付加することで、カードの順序に変化を加えた。新しいカードの像はタロット・カードがエジプトからヨーロッパに渡ってくる間に失われた古い図柄であった。要するに、彼はあらゆるものを完全に混乱させたのである。

一九世紀になって、アリエットの改革は放棄されて、古代の遊びが復活した。しかも隠秘主義者たちはいずれも、タロットの図柄に装飾用のうず巻きを加えないわけにはいかなかった。著名な魔術師スタニスラス・デ・グアイタ（一八六〇―九七年）の弟子であるオズワルド・ワースは、ジェブランのようにタロットの図柄を入れ替えた。彼には初期の彫板師たちの誤りを訂正したと

図233　タロット・カード「寛容」（ジェブランによる）

図234　タロット・カード「寛容」（アリエットによる）

図235　タロット・カード「寛容」（ワースによる）

図236　タロット・カード「寛容」（フランス、19世紀）

いう信念があった。ワースは自分の推量に基づいて多くのデザインを付け加えた（図235）。

ワースの考案した「寛容」と原図（図236）を比較すると、彼の時代のぜいたくな趣味と一致して、金色の地に寓話を配し、古い図柄には草しかなかった個所へ花を描くことが役立つと考えた。ワースは二つの水差しを表現している。元来この二つは同じものだが、ワースのは一方は金製で、もう一方は銀製である。キラキラして透明色である元来の色が、新しいカードでは、甘いパステル効果となっている。つまりサーモンピンク、薄黄土色、モスグリーン、白亜がかった青である。少なくとも、一九世紀の二人の魔術師（ヴァイタとパプス）が、この修正されたタロットをとりいれて、自著のなかで公表した。

ワースのカードは、伝統的なローマ数字のかわりにアラビア数字が用いられ、それに、カードの勘定に相当する数値がヘブライ文字で示されている。

ジェラール・アンコーセ（筆名パプス、一八六五―一九一七年）は、タロットに関する自著をカバラについての序説で書きはじめるべきだと述べている。スタニスラス・ド・グアイタは、カバラの数字とタロットの図柄にしたがって、『創世記のヘビ』というオカルトについての広汎な論文をまとめ上げた。それは、トランプの一四枚目――節制――で図解され、その図案には彼の秘書のオズワルド・ワースの才能が発揮されている。

アルフォンス・ルイス・コンスタン、別名エリファス・レヴィ（一八一六―七五年）も同様に、タロットをカバラ的に解釈した。彼は、独善的で儀式的な魔術についての多彩な仕事において、各章にヘブライ文字とアラビア数字を用いている。

さらに驚くべきことが二〇世紀になってタロット・カードに付け加わった。ジョン・キング・ヴァン・レンセラー夫人が一九一一年、決定版として『予言的・教育的、遊戯的カード』を出版した。その中味は主に、「王道」についてであった。彼女によると、エジプトのトート、ギリシアのヘルメス、バビロニアのネボは同一の性格であり、タロットはこれら三者に捧げられて、三神が融合した神性のもとに統一されていると述べた。

ヴァン・レンセラー夫人によると、タロットの遊びは占い棒やタブレットや矢によって将来のことを知ろうとする習慣に由来している。その習慣はエジプト、ギリシア、バビロニアにひろまっていた。古代エジプトの神殿の会堂には、今日タロット・カードに現われている図柄が周囲の四つの壁に描かれていた。神官は聖卓の上に木の棒を投げた。「これらの棒が落ちると、当然、壁の絵を指す。棒は人生のほとんどあらゆる出来事を示したので、神々の命令は、トート神が言葉の神であることを証明した神官たちによって容易に解釈された……」。

タロットの札の四つの図柄、つまりキング、クイーン、騎士、ジャックは、占い棒に刻まれた四つのしるしに関係しているかもしれない。これらのしるしは、父親、母親、子どもまたは子どもたち、召使、神の神託を得たいと願う人たち、を表現した。

ヴァン・レンセラー夫人は、つぎのように結論する、頽廃や迫害の時代に、神官たちはひそかに神殿を去り、神殿の壁の図柄をタロット・カードの形にして持ち出して神託を得た。こういう神官たちは、エジプトからアレクサンドリアとナポリ近郊のバイアエ間の著名なコーン・ルートを通ってイタリアに旅をした。

タロットの専門家は、ともかく無理な議論をしてでも、古代のうらないの術とタロットを結びつけたがった。彼らは、このような高貴な先祖たちがタロットをもっと尊敬に値するものにするであろうと信じることで、この欲求を合理化した。私たちにとっては、そのような先入観は不必要である。タロットに有名な祖先が関わっていたにせよ、いなかったにせよ、タロットは多くの人びとを惹きつけてきたし、タロットに関してつくりあげられた歴史を無視する人びとをも刺激している。

二二枚の切り札は「人間《マン》」と呼ばれた。それらは人間の欲望や恐怖、叡智や諸活動、善性や悪性、体格に関わっている。全世界は人間《マン》に集約される。二枚のカードにおいてだけ人間的要素が失われている。第一〇番目の「運命の輪」では、動物が人間をからかっており、第一八番目の「月」では、一六世紀の二人の占星術師が、月にむかって吠える犬と狼にとって代わられている。犬と狼もまた、人間の戯画化だ。

このようにタロット・カードは、他の芸術、つまり絵画、彫刻、大聖堂のステンドグラスの図柄に似ている。その図柄の思想は、人間の形に包みこまれている。けれども、芸術の世界は上方の世界だが、タロットの世界は下方の世界だ。タロットは人間の力と美徳の関係を描いているが、一方ステンドグラスは、人間と神との関係を具体化している。しかし両方とも印象にのこるイメージをもっている。両方とも記憶を助ける。もし書きとどめられれば、書物全体を満たすであろうほどの広範な理念を含んでいる。それらは、読み書きのできる人もできない人も読みとることができる。中世は、記憶したり、多くの思想を比較したりする技術を可能にした。こうした刺激のもとに、ライムンドス・ルルス（ラモン・ルル）は『記憶術』を著わした。この著書は、一四七〇年には木版画にまでなった。ルルスは四つの福音書のなかにあるテーマを具体化するという困難な作業をひきうけた。彼は四つの福音書のそれぞれについて、天使、雄ウシ、シシ、ワシの表象をつくりあげた。それらの表象でルルスは、各章で扱う物語を示唆した。図237は、天使（マタイ）で、マタイによる福音書の最初の八章を想起する八つの小さな表象をふくんでいる。『記憶術』のどんな図柄を眺めても、その表象から福音書全体の物語が思い出される。

私たちにとって、このような視覚的な記憶は驚くべきものがある。しかしほとんどの人びとが読み書きのできなかった当時、また絵図が文章のかわりをしていた当時としては、ごくあたりまえのことであった。

タロット・カードは、その記憶術的な性格から、『記憶術』の図柄に関係している。タロットの切り札の装飾、描かれる用具、色彩などがまさに多くの象徴であるという伝統を受け入れるな

図237　「記憶」

らば、カードには記憶されるべきかなりの数の要素がふくまれている。

しかしそこできちんと記憶すべきものは何か。『記憶術』とタロットのちがいは、『記憶術』が聖書の有名なテキストに触れているのにたいし、タロットは謎に直面している点にある。タロットの「王道」は、私たちが自分の無意識と直面する囲われた場へと導いてくれる。

タロットはエンジンであるとともにバッテリーである。思想を生み出して育てる。カードを研究するさい、私たちは、みずからの知的で精神的な体験のイメージを視覚化するよう刺激をうける。そしてのちにふたたびカードに戻るとき、私たちはこの記憶術にたよることなく、「空隙に落ちこもうとする」記憶を呼び出すことができるのである。タロットは私たちに独立した自己適合的な世界を生み出し、精神は客観的になり、瞑想にむけて超然としてくる。

タロット・カードの図柄は型にはまったものである。しかしカードの暗示するものは絶えることのない流れのなかにある。タロット・カードは固定した主義主張を表現しないし、導きもしない。逆に、カードによって私たちは主義主張から解き放たれる。こうした解放は現代の科学者が示唆するように、精神療法的な効果をもつかもしれない。しかし、ともかくカードは、日々の生活の轍や因襲に抑圧された機能を解き放してくれる。カードはまた、芸術家に訴える創造的な力であり、シュールレアリストによってつくられた「詩」である。

タロットに鍵はないが、カードで占う人と同数の解釈がある。繰り返すが、カードは理論や主義主張では処理されない。知識人と俗人のなかに潜む天賦の才によって解釈されるのである。一九世紀の魔術師はタロットの遊びのなかに、ヘルメス主義に似た難解な主義主張を注ぎこんだ。魔術師たちの理想は、同時代人の浅薄さや度を越した楽天主義にたいする反発として正当化された。しかし魔術師たちの厳格な自己確信は、いわば、「非タロット的」であって、タロット・カードのなかに見られる美点であるユーモアやアイロニーを欠いている。魔術師たちは自分たちが真実だと信じていることがらを、矛盾を許容しない予言的力で公にする。彼らは、私たちが永遠の人間の特質とみなす崇高な秘密を、古代の賢人から譲りうけたものと考える。

タロットに関する確実なドグマを確立したいという欲求が誤りであるとすれば、永遠の原型であるタロットの図柄を変えたり「訂正」したりすることも悪いことである。美しい切り札はどこから出てきたわけでもない。これは、ゲームの呼びもののひとつである。消滅した文明の教条的な表現に合わせるためにゲームを変えることは、タロットから一定の価値を奪うことになる。そうした修正は、幾世紀も図柄を受け入れてき、いまなおタロットに価値を認める人びとによって受け入れられるものではない。

占星術のように、タロットには将来の出来事や人間の性格を予言する方法がふくまれている。

しかしタロットは、占星術の科学的な面を忌み嫌う。トランプ占い師がいうには、未来は数学では探索できない。占星術師は計算と抽象化によって世界秩序を発見しようと望む。占星術師は、犬が虚しく月に向って遠吠えするのに似ている。一方、タロット占い師は、直観や無意識の穴蔵から引き出した予言的なイメージを基に未来の出来事を発見する。

トランプ占い師や占星術師、タロット占い師のいとなみには、ヘルメス主義と共通しているものはない。三者の社会的要素は実際、ヘルメス主義と正反対である。ヘルメス主義はその達人を孤立化させるが、タロットはコミュニケーションの手段である。ヘルメス主義は個人の幸福や向上に関わりをもつが、トランプ占い師は占ってもらいたい人の不安に主要な関心がある。ヘルメス主義の達人は人生の条件に無関心であるが、タロット占い師は将来その人に何がおこるか、どんな超現実的な行為が及ぶかを知りたがる。タロット占い師は大地に根ざしているのだ。

タロットの札と切り札

五六枚のタロットの札は、杖(棒)、剣、金貨、聖杯の四つのグループに分けられ、それぞれに一から一〇まで番号がついている。それぞれの組は四枚の宮廷カード、つまりキング、クイーン、騎士、ジャックで仕切られている。四つのグループは中世の社会と対比できよう。つまり農夫は杖によって、貴族は剣によって、商工業者は金貨によって、神官は聖杯によって象徴される(図232、図238)。

図238　タロットの絵札

その構成においてタロットの札は、現代のトランプ遊びを想起させる。もちろんトランプは、独立した組を形成する切り札からは切り離されている。二つはそれほど混ざり合わない。

二二枚の切り札の絵図は以下のとおりである。

I　手品師――手品師がテーブルの背後で手品をやっている。
II　女教皇――三重冠を被って、教皇の座についている女。
III　女帝――笏を手にもち、腕をコートでおおった女。
IV　皇帝――王冠を被って王座についている。横顔。
V　教皇――ひざまずいている二人を祝福する。
VI　恋人――二人の女の間に青年。上に弓を持ったキューピット。
VII　戦車――王または英雄をのせた二頭の馬によって引かれる。
VIII　正義――てんびんと剣を持った女。正義の寓意である。
IX　隠者――ランプをもち、杖をついた老人。
X　運命の輪――三匹の動物が車輪をまわす。
XI　力――シシの口を無理矢理あけようとしている女のすがた。
XII　吊された男――絞首台で片足を吊された男。
XIII　死神――草刈り鎌で頭や手足を切り取っている。
XIV　節制――一方の水差しから他方の水差しへ水を注いでいる女。

XV　悪魔と二人の小悪魔。
XVI　塔——火事または稲妻に打たれ、塔から転落する男たち。
XVII　星——水のほとりでひざまずいた乙女が二つの水差しから水を注いでいる。その上には八つの星。
XVIII　月——二匹のイヌが月に吠える。水の中にはカニ座。
XIX　太陽——壁の前に二人の子ども。その上には太陽。
XX　審判——復活を招くトランペットを吹く天使。
XXI　世界——月桂樹の花環のなかの裸の女。四隅には四使徒。

一枚の切り札だけが番号を打たれていない。その一枚とは「愚者」である。王さまの道化師さながらの衣装を着て、荷物を棒にぶらさげ、イヌが自分の股を噛んでいるのに気づかず、夢見ごこちに歩いている。

私たちはここに、パプスに従って、カードの直接的な意味を述べた全リストを掲げる。

タロットの札

杖（棒）

「キング」——黒髪の男、既婚。家庭をもつ、友人。
「クイーン」——色の黒い女、まじめ、よい相談相手、母。

「騎士」——青年、黒髪、友人。
「ジャック」——子ども、黒髪、友好的、親しい関係者から送られる。
「A（エース）」——事業の開始。
「2」——困難、事業の障害、予期しないこと。
「3」——最初の成功、基礎が敷かれる、勇気。
「4」——蘇った困難。
「5」——勤勉によって克服した障害、勝利。
「6」——失敗、障害は事業を克服する。
「7」——成功、事業の一部が達成される。
「8」——最終的な達成の妨害。
「9」——最終的な成功、仕事は遂行される。
「10」——事業を指揮するさいの不確実さ。

聖杯

「キング」——金髪の男、友人、判断、聖職者、未婚の男子。
「クイーン」——金髪の女、友人、主婦、恋人、フィアンセ。
「騎士」——青年、金髪、愛人、最愛の人。
「ジャック」——金髪の子ども、到着、誕生。

「1（エース）」——愛のはじまり。

「2」——恋人の片方に由来する障害。

「3」——二人が恋におちる。

「4」——第三者が反目をひきおこす。

「5」——障害が克服される。

「6」——破れた恋、やもめ。

「7」——愛の勝利。

「8」——詐欺。

「9」——妊娠。

「10」——疑念。

スペード

「キング」——黒髪、邪悪な人間。

「クイーン」——中傷的、黒髪の女、邪悪な行為。

「騎士」——スパイ、青年、黒髪、敵。

「ジャック」——悪い報せ、遅延、悪い子ども。

「1（エース）」——緊張関係のはじまり（エースと「2」は反目が外部から訪れることを示している）。

「2」——長続きしない反目。
「3」——憎しみ。
「4」——敵に対する成功。
「5」——克服されて、敵が今や勝利者になる。
「6」——対立を克服することによって、敵が無害となる。
「7」——敵は、邪悪な計画を達成することができた。
「8」——しかし敵は、わずかしか成功しない。
「9」——持続する憎しみ。
「10」——友情問題における不安。

金貨

「キング」——金髪の男、敵あるいは無関心。
「クイーン」——金髪の女、敵あるいは無関心。
「騎士」——青年、外国人、金髪、到着。
「ジャック」——手紙、使節、金髪の子ども。
「1（エース）」——遺産、贈物、経済。
「2」——富を確立することについての困難。
「3」——適度の儲け。

「4」――損失。
「5」――別の処理が均衡をとり戻す。
「6」――大きな損失。
「7」――運命。
「8」――得られた富が損失によってまたも減少する。
「9」――変わらぬ運命。
「10」――変化する運勢、儲けと損失。

金貨のカードは、上り坂や田舎や外側に由来することがらを指す。

タロットの札の少数の例は図232（金貨の「エース」と杖の「エース」）、238・239・240（スペードの「エース」、聖杯の「キング」、スペードの「クイーン」、聖杯の「エース」、金貨の「騎士」、杖の「ジャック」）で復元される。

切り札

大アルカナ・カードで、直接にあらわす意味だけを以下に書く。

I　手品師――尋ね人、手品師に近いところにあるすべてのカードは、尋ね人の運命にとって重要である。

図239　タロットの絵札

図240　タロットの絵札

II　女教皇――女の尋ね人。この切り札は、尋ね人が女でなかったら、手品師と同じ価値を持つ。
III　女帝――イニシアチヴ、行動。
IV　皇帝――意志。
V　教皇――霊感。
VI　恋人――情熱。
VII　戦車――勝利、神の摂理による保護。
VIII　正義――正義。
IX　隠者――叡智、思慮。
X　運命の輪――幸運。
XI　強さ――力。
XII　吊された男――犠牲、きびしい試練。
XIII　死神――死。
XIV　節制――倹約、適度。
XV　悪魔――病気、威力。
XVI　塔――破滅、詐欺。
XVII　星――希望。
XVIII　月――危険、敵、偽りの友人。

XIX 太陽――結婚、幸福。
XX 審判――変質、変化。
XXI 世界――成功、調和、達成。
愚者――不品行、霊感。

ささやかな質問には、二二枚のうちの五枚に相談すればよいとオズワルド・ワースは述べている。カードは混ぜられ、尋ね人は占い師から、二二より下の番号を告げるように求められる。一七と告げると、一七のカードが選び出される。それは「肯定」を意味する。カードはふたたび混ぜて切られる。おなじ要領で「否定」の意味のカードを選び出す。こうして五枚のカードが図241にしたがって並べられる。1は「肯定」、2は「否定」、3は「議論」、4は「解決」、5は「決定」もしくは「総合」を意味する。

「総合」は全体の「連合」の研究によって得られる。重要な決定を伴う占いの配列は図241に示されている。タロットの札と切り札は混ぜられ、数で示された順序で並べられる。占い師からいちばん遠い最上部のカードは現在を、左側は未来を、右側は過去を示す。リーディングカードは中央に置かれる。

選ばれるカードの数が多ければ、それだけ「総合」の意味づけがむずかしくなるし、占うほうに、よけいに明晰さが要求される。だから小規模ではじめるほうがよいだろう。つまり、取るにたりない理由で頻繁にカードをあけないことである。集中の瞬間やうまくいくはずだという直感

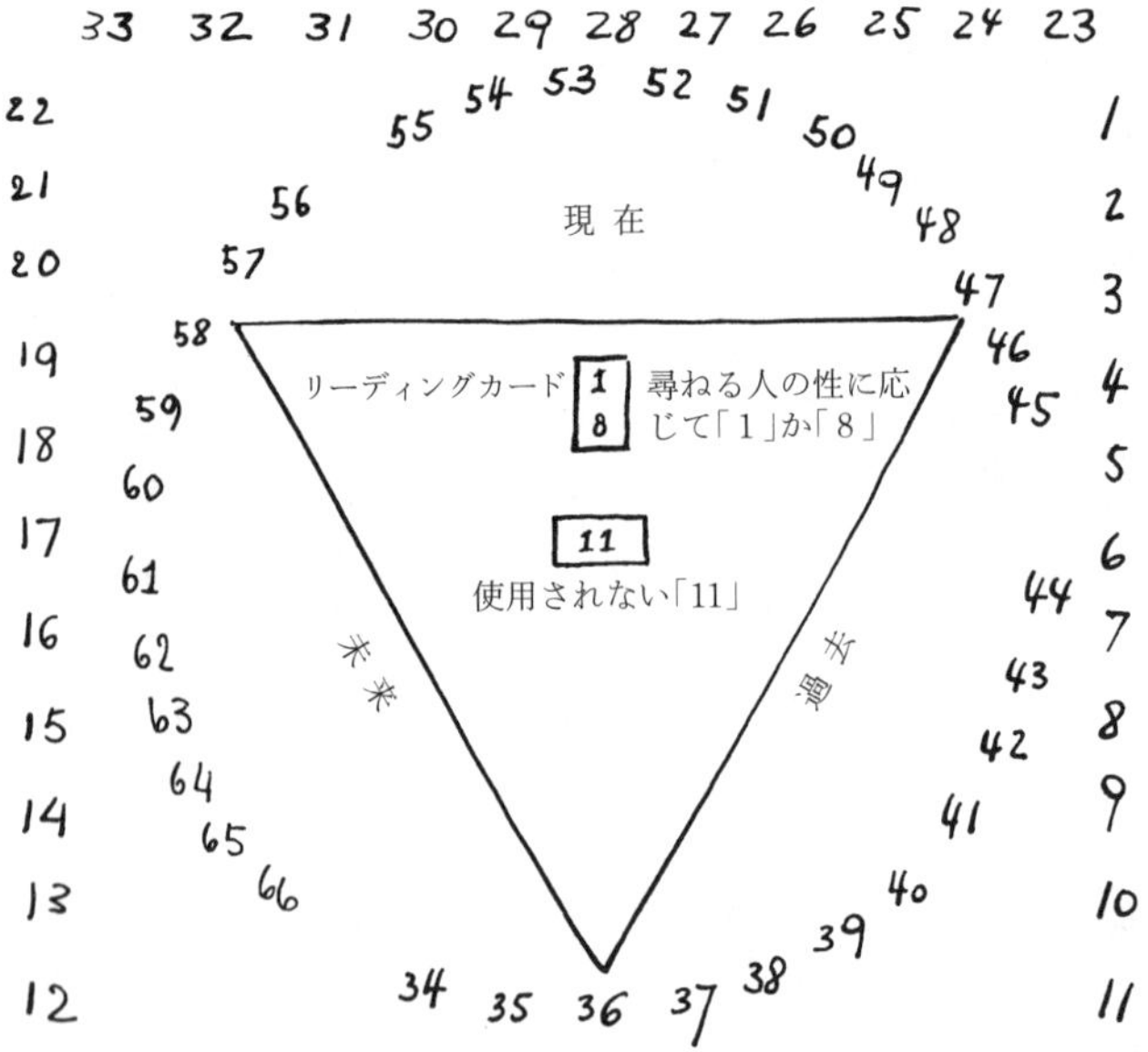

図241　大ゲームのカードの配置

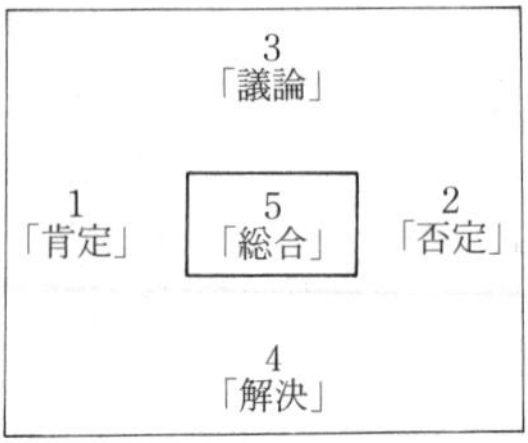

が期待される。多くのタロットの専門家によると、切り札を上下さかさまにすると意味が変化するという。「塔」の不吉なイメージはこの場合、吉凶両方に解釈することができる。いうまでもなく切り札の数も、予言の意味をもつことを念頭におくべきである。尋ね人が、いつ予言が真実になるかを知りたい場合、占い師の予見にしたがってカード数が日、月、年として数えられるであろう。一部の専門家によれば、カードの数はまたカバラ的に解釈されるという。

つけたりの知識をここで披露することはできない。最も重要な専門書は、パプス、ワース、マルク・ヘイヴン、オドゥセ、ヴァリアン、ペラダン、ド・シヴリ、マザーズ、ウェイトのもので、参考文献も豊富である。不幸なことに、以上の著作は現在なかなか手に入らない。最近の書物は推薦の価値がない。

タロットに関して科学的に価値のある見解は、タッシン、フォスター・ケイス、マックモニーズ・ハザード、エリザベス・ホイットニーその他のエッセイや著作にみられる。

手品師

> 作詩上での文法の破格は、なみなみでない物語の語り手にだけ許されるかもしれない。
>
> エリファス・レヴィ

すくなくとも一枚の切り札の詳細を語ることなくして、タロットを立ち去るわけにはいかない。

図242　「手品師」（伝統的図案）

図243　「手品師」（オズワルド・ワースによる）

それは第一番目の「手品師」（図242）である。その番号は「1」である。現代のカードでは、ヘブライ語のアルファベットの第一字であるアレフ（א）がついている（図243）。なぜ手品師がタロットの先頭におかれるのか。それは、世界のなかに秩序を読みこむあらゆる努力にもかかわらず、人間がいぜんとして幻想の犠牲であることを指摘するためだったのか。カバラにおいてアレフは、生ける神の精神を表現する。「1」という数を手品師にあてることは、本来ならば瀆神であろう。それは、手品師が魔術師や聖職者の敵だからである。手品師は器用な手さばきで驚異を真似たり懐疑を深めたりするからである。しかし一部の占い師は、カバラ的な意味合で神の精神と手品師の図柄を同一視した。文字アレフ（א）は手品師の絵図  の根拠になっている。上半身は後方に傾き、一方の手は上げられ、他方は下げられている。手品師はアレフそのもの、つまり、目の前の手品師のテーブルのように展開する宇宙の支配的精神である。あらゆる創造物は、まるで手品師の道具であるかのように、彼によって投げ上げられる。

手品師は上方と下方を指し示し、ヘルメス・トリスメギストスの教え――つまり、下界のものすべてがあたかも天上界のものであり、この小さな世界つまり人間は宇宙のあらゆる要素を含んでおり、人間を研究することは、全創造物の驚異を理解することであるという教え――を確信する。

クール・ド・ジェブランの手品師に関する解釈は非常に冷静であり、フランス革命前の大学者の悲観主義を表現している。ジェブランによれば、ゲームは詐欺師ではじまり、愚者で終了する。その中間の人間も、彼らの仲間である。ジェブランの時代には、だれが愚者で誰が手品師であったか。フランスの王の政治の半分は欺瞞的、半分は感傷的で、事態の推移にまかせている。知識人や博愛主義者は、自分たちが人びとをよりよい時間に導くために選ばれたと信じているが、自分たちの夢や理論が餓えた大衆に糧を与えることができなかったことを忘れている。手品師は、商人の金貨、神官の聖杯、貴族の剣をテーブルから一掃する民衆の杖を高く揚げるのである。

エジプト人は、タロット・カードを最高の数から最低の数までのものとみなした、とジェブランはいう。エジプト人にとって、手品とは現世の寓話だった。エジプト人はこういう。「手品師は、世界的な政治の頂点にいる。彼は、この人生は夢であり手品であり、偶然に関する永遠のゲームにすぎず、周囲の状況次第である、という」。

一五〇〇年にパリで印刷されたタロット・ゲームの手品師は、政治的性格をもつ（図244）。手品師は羊飼いまたは魔術師のような服装をして、テーブルの上に広げた地図に思いを馳せている王に忠告を与えている恰好で描かれている。王はディレンマを解こうとして、混乱と瞑想の両方

図244 「手品師」(ルネッサンスの図案)

のしぐさをしている。三番目の人物である王の道化師は、地図上の二つのちがった地点を示している手品師の手を見ながら、緊張して耳を傾けている。これは手品師が、相互に矛盾する要素をまとめ上げる知的な能力をもつことを意味しているのであろうか。王、道化師、そして手品師は、国家の運命を議論している。しかし、彼らの試みは成功しないだろう。彼らの努力は、眠っているイヌの陰でノミを探しているサルに戯画化されているのである。

アリエットは、手品師を低く評価している。こういう威厳のない図柄では、王道を拓くことはできないだろう、と彼は考えたのである。彼は手品師を、タロットの伝統に従って、悪魔の位置である「15」に位置づけた。「手品師は病気を意味する。もっとも、手品師は不当にも健康のシンボルとしてみなされてきたけれども」とアリエットは述べている。

このように単純化された解釈を、一九世紀の著名な魔術師たちは喜ばなかった。アリエットを「霊感を受けた調髪師」と呼んだエリファス・レヴィも、こうしたとるにたりない解釈を棄て去った。カードの意味は、神の世界、自然界、人間界、知的な世界、暗黒の世界のような多くの領域で発見されなければならない！　レヴィにとってタロットは、あらゆる古代の天啓、つまりエジプトの象形文字やソロモンを解く鍵、エノクやヘルメスの原始時代の彫刻の記念碑的な要約である。こういう暗示はトランプ占い師たちに新しい視界を与えた。レヴィの影響のもとで、パプスは手品師について大げさな解釈をした。

「手品師は集合的統一としての人間《マン》であり、この世を統制し支配する原理としての人間《マン》である。この判然としにくい意味から統一の思想や統一を支配する原理が引き出される。人間すなわちミクロコスモスと、統一とその原理――これが手品師のもつセンスである」。

「しかし最初の切り札を注意ぶかく考えることは私たちをもっと啓発してくれるだろう」とパプスはつづける。パプスによれば、手品師の帽子は、永遠の生である∞（数字の無限大）の形に似ているという（図243参照）。この図の下方は、自然というシンボルで飾られた「大地」を意味している。図の真中は、テーブルの後ろに人間が立っている。テーブルの上には聖杯、剣、金貨がのっている。タロット・カードの第四番目の表象である杖を、彼は上げた手の中に持っている。四つの表象の意味はパプスによってカバラ的に説明されている。それらはエホヴァの四文字יהוהを隠している。יは杖を表わし、神の積極的な原理を意味している。הは聖杯を表わし、宇宙の消極的な原理を象徴している。וはスペードすなわち剣を表わしていて、平衡のとれた原理または人間を象徴している。二番目のהは「他の三つの原理を統一する永遠の円環の象徴」である。

パプスがいうには、これらの記号は人間の大きな四つのカースト（世襲的階級）に相当する。

図245　「世界」（フランス、19世紀）

יに相当する人間は発明家、知性的な貴族。הに相当する人間は発明家によって発見された大いなる真実の保持者。第三は剣士のカーストで、思索家が獲得したものを守る。彼らは武人で、剣をもつ貴族である。最後のカーストは、上記の三つの貴族階級が生まれてくる大衆のカーストである。

これらのシンボルは、手品師のカードに任意に記されている。ところで、二一番目の切り札である「世界」では、四つのシンボルはカードの四隅に置かれている。使徒たちの四つの標章は、ヘブライ語の四つの神である（図245）。二枚のカードはそれぞれで完結している、つまり一の数と二一の数がいっしょになって二二を生み、切り札一式がそろうことになる。

パプスがまとめていうには、「絵図の上側には文字の番号が隠されている。下にはカードの〝通俗的な名前〟が隠されている。右側には、神、人間、自然の三つの世界がある。下には、YHVHという言葉の革命のイメージにしたがって、絶対的な解答が見出される」。

私たちはこれらのオカルト的なヒントを使って、どのようにして手品師のカードを解釈することができるか。この疑問にパプスは率直に答えようとしない。エリファス・レヴィは、「真実は隠されなければならない。しかしながら真実は人びとから隠されていない」と述べている。私たちは、パプスが手品師に余計な一枚のヴェールを付加したと思っている。それゆえ私たちは、温厚なオズワルド・ワースに助けを求めよう。ワースによれば、手品師のこの絵図は積極的な意味において、人間のつぎのような特質をほのめかしているという。つまり率先、知性の自発性、認識と理解の鋭さ、当意即妙な機知、自制心、自主性、人びとの暗示の拒絶、先入見からの解放、である。

両義的な、もしくは否定的な意味において手品師は、器用、利口、洗練、外交的、説得のうまさ、抜け目なさ、悪賢さ、煽動的、良心の呵責の欠如、攻撃性、陰謀、嘘つき、悪漢、ぺてん師、人間的誠実の搾取者として解釈されるかもしれない。

こうして私たちは、最初の切り札のもつ両義的な特性を、完璧に解釈した。その特性にもとづいてトランプ占い師は、占いのために並べられた他のカードに応じて決定しなければならない。切り札に最も近いカードが他のカードよりも影響力があるのは明らかである。手品師のまわりの不吉な絵図は、カードが逆さまかまっすぐに置かれているかと同様に、尋ねる人の不運な運命を決定する。カードが逆さまな場合は否定的な意味、まっすぐな場合は肯定的意味をもっているのである。

図柄についての手品師の形而上学的な解釈では、ワースはほとんどパプスの解釈にたよっている。ヘブライ語の神の四文字、福音書の四つの表象もまた、ワースによって同一のものとされている。ワースは、四つの要素に神秘的な四文字を加え、総合は豊かになっている。それは次のようである。

金貨	ダイヤ	大地	雄ウシ	ה
剣	スペード	大気	ワシ	ו
カップ	ハート	水	天使	ה
杖	クラブ	火	シシ	י

四つの神秘的な要素を獲得するために、カバラ主義者はきびしい試練に耐えねばならない。彼は、言葉を通じて達成される雰囲気に打ち勝たなくてはならない。この勝利は、恐怖の妄想を駆逐する言葉のシンボルである剣を従えるであろう。水を征服することは、知恵の容器である聖杯を獲得することを意味する。最高の通過儀式である火の試練は、王笏である支配者の杖でもって報いられるであろう。その試練は、賢者が自分の力で支配し、至上の意志を具体化することを意味する。

ワースは尋ねる人の素質を示さない。彼は自己向上に関しての倫理的ヒントを提供する。第一の条件は、怠け者であるよりも、つねに活動的なことである。じっさい手品師の切り札は、この世界と、人間の肉体や精神のなかに存在する永続的な動きを表現している。ワースは、「個人は自分自身を創り上げ、全体的な人間（homo totus）になるべき自らの使命を果さなくてはならない」という。こうした自己向上の性格を、現代の科学者は個性化の過程と呼ぶであろう。ワースによれば、全体的人間とは自己の内の主要な統一体である第一原因の屈折したものなのである。

この着想は、C・G・ユングの心理学的理論と無縁ではない。ユングについては、タロットの熟練家がその仕事を完成する手段としてヘルメス主義をほのめかすときに私たちの念頭に浮かんでくる。手品師のテーブルの脚が三本しか見えないという事実は、偶然ではない。ワースによれば三本の足は硫黄、塩、水銀であり、この三つは物質界の三つの支柱で、「私たちの感覚でとらえうる基本的物質を支えるものである」。

ジョン・キング・ヴァン・レンセラー夫人は、二、三の興味深い観察をつけ加えている。彼女は占いの矢や杖をタロットの先祖だと確信し、手品師がテーブルの前の棒をあやつっている事実に思いをめぐらしている。この棒は魔術師の杖で、「聡明なフランス人（ジェブラン）によってそのようなものとして受け取られている」と彼女はいう。

「杖や棒のエースの働きは、トランプの醍醐味の一つである。……尋ね人が手のなかにその札をもつことによって、彼は神に相談する力を与えられたのである」。ヴァン・レンセラー夫人は、ゲーム用のテーブルは古代の祭儀で用いられたと信じている。

古代には、子どもの将来の職業を神に尋ねる習慣があった。ギリシア人やエジプト人の間では、成人に達した男子を神殿へ連れていき、祭壇から何かを選び出させるという習慣があった。その男子がもし剣を選んだとすれば、それは彼が兵士になる運命にあることを意味した。聖杯を選べば、神職または愛を意味した。これは、手品師あるいはタロット・カードの尋ね人が自分の未来についての神託を問いかける決定的な点にいること、あらゆる可能性は目に見えないこと、そしてタロット・カードがその決定を下すことを意味する。腕の動きが示すように、善悪は、前方に

図246　靴修理工

ある。パプスはすでに、「人は片手で神を求め、もう一方の手でデーモンを呼び寄せようとする。そして人間性のなかに神性と魔性を結びつける」と述べていた。

占い師は、相談者が、占い師にとって望ましい札を選ぶか望ましくない札を選ぶか、つまり自分に都合がよいかどうでもよいかを、見究めなければならない。タロットを扱う人の才能に身をまかせる尋ね人にとって、それはもっとも危険な瞬間である。尋ね人の感情は、手術がうまくいくかどうか判らないのに手術室へ連れていかれる患者の気持とおなじである。エリファス・レヴィは自分の読者に、つぎのように警告している。「適度な理解力のある占い師は、文字どおり精神の慰めである」。適当に妥協することは必要な条件であると、レヴィはいう。「さもなければタロットは危険であり、誰にもすすめられない」。もしもぺてん師の手に落ちるなら、ぺてん師はあのイタリアのタロットで手品師の代わりになった靴修理工（図246）のように、まちがった指針を与えることになるだろう。最初のタロットの切り札もまたパガッド（Pagad）とよばれる。パッラヴィチーノによれば、それは運命を意味するパグヘッド（Paghead）に由来する神秘的な言葉だという。イタリア人はそれを靴修理工《バガット》と解釈した。絵の中のテーブルの上には錐などがおかれている。手品師をパガテル（とるに足りぬもの）とよんだものもいた。しかしベテランたちが教えるように、タロットやその図柄には、とるに足りぬものはなにもない。

改革者たち

バラ十字会員

すべてを知るために学べ。されどなんじ自身を知らしむるなかれ。

グノーシス派の金言

一六世紀にパラケルススは、世界はやがて改革されるはずだ、と予言していた。彼は金属に関する論文のなかで、「神は、もっとも重要なものの発見がなされることをゆるしたもうだろう。それは、芸術家エリアスが出現するまで隠されているにちがいない」と、予言している。学界、とくにパラケルスス派の人びとは、きたるべきこの世界の変化とその創始者について、あれこれと推測した。

みんなが望んでいるこのような根本的変化が可能だということについては、だれも疑わなかった。宗教改革は、人間の歴史における大きな転換点の一つではなかっただろうか。しかしながら、この宗教的な反抗に対するパラケルススの態度は、不可解だった。ルターを偉大な改革者だと認めながら、パラケルスス自身は依然としてカトリック教徒としてとどまり、しかも、自分の分野では改革者になりたいと言明していた。マルティン・ルターは、呪術やカバラには十分に専念しなかった。彼は、この時代の悪をあばいたけれども、悪を除去することはできなかった。

秘術師たちは、むずかし屋の修道士(ルター)が始めた改革とは違った別の改革が、きたるべき時代におこり、世界の賢者たちが人類の福祉のために団結することを望んだ。選ばれた人びとのこの兄弟愛は、もっとも高貴な抱負によって鼓舞された。つまり、彼らの目的は、自己と自然との完成であった。

この理想は、秘密団体を生んだ。たとえば、アグリッパが創立した「金の十字会」や、リューネブルクの「十字架を負える福音軍」や、さらに、賢者の石を絶対者と同一視し、金属変成は究極の主上権の一つの小さなしるしにすぎないと信じていたヘルメス主義者のいくつかの団体などである。パラケルススは、一五七二年の彗星は「近づきつつある革命の徴候であり前兆である」と言明していた。多くの秘術師や知識人は、団結して将来にあたるために、熱心に協力し、そしてかなりの人びとが、精神的な満足のために、賢者たちの団体を組織するために、彼らの計画を提出した。

一六一四年に『世界の改革』という題のドイツ語のパンフレットが現われた。それがどのようにして世に出たのか、だれも知らないようだった。この風刺的な小論文は、アポロンを、古代世界と近代世界の賢人たちに支援された神の代弁者として使って、宇宙を改革する企てを提案した、というよりむしろ、アポロンがそのような企てをしたが、むだにおわったことを主張した。

この小論文はあるバラ十字会員の作品ではないかどうかが、論争されてきた。だがともかく、それは、さまざまな国の知識人たちに訴え、たびたび重版され翻訳された。

この論文の原著者は、イタリア人のトラヤノ・ボッカリニだといってもさしつかえない。彼の本は、ヴェネチアで二年早く出版されており、その翌年に殺された。ドイツ語版の『世界の改革』は、ボッカリニの本の一章を翻訳したものであるが、それに加えて、「もっとも称賛すべきバラ十字会の友愛の発見」という声明書が載っていた。その内容のあらましは、以下で述べることにする。

図247　バラ十字会の寓意

アメリカの発見というような新しい発見は、人間の知識を増すとともに、すべての技術や科学が前代未聞の発展をとげるかもしれぬという希望をつよめた。けっきょく人間は、自分自身の高貴さと能力を認め、小宇宙としての自己の真の意味を感知するだろう。

もしも、あざけりよりも同意が善人や学者のあいだに存在していたら、人類は、自然のもっとも偉大な秘密を発見することができるだろう。反動主義者たちは、彼らのガレノス、ポルフュリオス、アリストテレスとともに、ものの道理をさとるようになるだろう。このような試みが、明察の父にして同信の尊敬すべき祖師C・R・C（クリスティアン・ローゼンクロイツ）によってかつてなされた。この偉大な人物は、一六歳で聖地とトルコとアラビアに旅をし、アラビアでは、神聖にして神秘な学問を学び、それをラテン語で〝M〟という本に翻訳した。ついで彼は、賢者のすすめにしたがってモロッコのフェズに旅行した。彼に出会った人はだれでも、秘密を守る約束で自分の知恵を彼に伝えた。

フェズでローゼンクロイツは、秘密の知恵のすべてに精通した。人間は、神、天、地に調和しなければならない。彼の宗教、政策、健康、性質、言語、言葉、作品は、万物に適合しなければならない。病気はすべて、悪魔からやってくる。

ローゼンクロイツは、フェズからスペインにいき、いま自分がヨーロッパにもたらそうとしている幸運を喜んだ。スペインで彼は、賢者たちと協議し、哲学の古い木に実っている新しいふしぎな果実を彼らに示した。ところが、新しいことを学ぼうともしない彼らは、ただ「不安動揺を愛するものは、改心させよ！」といっただけである。ローゼンクロイツはヨーロッパの他の場所でも、同じ文句を聞いた。このようにして、偉大な贈物が西洋諸国の知識人たちによって拒絶されたとは、なんということだろう！

だがこの時代の世界は、混乱とともにすでに大きな世界になっていた。そしてこの世界は、苦しい労働にあってほんの少数だが賢者を生みだした。たとえば、パラケルススがそうである。彼は会員ではなかったけれども、カバラや魔術や秘密組織が敵視していた浅薄でおしゃべりの哲学者や医者の仲間ではなかった。パラケルススは、ローゼンクロイツの書いた〝M〟という本を読み、それによって彼の天才は高揚した。

ローゼンクロイツは、ふたたびドイツに帰った。世界改革の機がまだ熟していないとみて、自分で家を建て、そこで平和に暮らしながら研究に没頭した。彼は、賢者の石をもっていた。つまり彼は、金や宝石をつくることができたわけだが、そういう宝物はあまり必要なかったので、つくることをさしひかえた。彼は、自分の知っていること全部を教える弟子を、三人だけ採用した。三人は、この会の将来の会員のために、彼の教義を記録しておかなければならなかった。このようにして、この会は、総勢四人で始められた。その後八人になったとき、彼らは、つぎの点で意見の一致をみた。

われらは、無報酬で病気を治すほかは、何ごとも公言せず。

われらは、特別な習慣を身につけず。

われらは、毎年、聖霊の家にて会合する。

会員は、それぞれ後継者を選ばねばならぬ。

R・Cの文字は、われらの唯一の証印であり、記号である。

会員は一〇〇年間秘密を守らなければならない。

博愛の使命を遂行するために、五人の会員が選ばれた。彼らは多くの国々を旅行して、すばらしい慈善行為をなしとげた。彼らの主義主張を載せた少数の書物が書かれた。一四八四年、クリスティアン・ローゼンクロイツが一〇六歳で死んだとき、こっそりと葬られた。そのため、彼の墓のある場所はわからなかった。

ところが、それからしばらくしてある会員が、埋葬室に通じる隠し戸を偶然に発見した。その入口の上には、つぎの言葉が彫られていた。'POST CXX ANNOS PATEBO'（一二〇年後に、私は現われるだろう）。

この発見は、バラ十字会の運動を刺激した。師の予言によれば、いまやこの会は、沈黙を破り、いっそう多くの人たちが入会して、選ばれた人たちのあいだに迎えられるべきであった。その声明文の結論には、会員たちのキリスト教への信仰の告白と、ヨーロッパの学者たちには別の小冊子が発刊されるという告知が含まれている。会員たちは、まだ名前を公表していなかったが、あらゆる意見が、彼らのもとによせられることだろう。会員になりたいと熱心に望み、しかもそれだけの価値のある人びとは、入会をゆるされるだろう。

この最初の声明書は強い感銘を生み、いたるところで反響があった。もの好きな人びとは、この会についてもっと知りたがった。芸術家肌の人たちは、その魅力的な表現にうっとりとした。科学者たちは、パンフレットに説得力のある言葉で述べられている超人的な知恵を把握したいと望んだ。高徳の神秘論者の魔術師は、そこに提案された崇高な目的に打ち負かされた。

政治家は、平和と秩序と財政の均衡と国際的な理解を回復するすぐれた技術を、そこから学びたいと望んだ。欲のふかい連中（それは、ほんの少数だったにちがいないが）は、宝物に目を光らせた。病人は、からだの調和をとりもどす万能薬を切望した。そしてだれもかれもが、ローゼンクロイツのように一〇六歳かそれ以上長生きすることを望んだ。

約束どおり、翌年に第二のパンフレット『告白』が配布された。この機敏さは、学界の期待をつよめた。事実、これらのバラ十字会員は、むだ口にふけるような人たちではなかった！ 第二の出版物は、ウェッセリウスによって、一六一五年にカッセルで印刷された。それは、信じたり疑ったりするさいに軽率な判断をしないように、読者にまじめに警告を発している。こうした賢明な準備をした後に、事実――そのなかには、失望するような事実もあったが――に直面することが必要であった。

東と西（マホメットと教皇）は、冒瀆のゆえにバラ十字会員から非難された。『告白』は、「爪でずたずたに引き裂かれるであろう」と教皇をはげしく攻撃している。この会は、ローマ帝国に援助を申し出たが、それは、忠告のほかに、金や宝石などの物質的援助を意味していた。

バラ十字会の『告白』の第二章は、「最後の吐息をしている」哲学を攻撃した。哲学は、若返った世界で刷新されるべきであり、「もし学者のうちの紀律正しい人たちが、わが友愛に満ちた招きに応じるならば、彼らは、これまで信じ、おどろき、告白した奇跡よりもさらに偉大な奇跡を、われわれのあいだに見出すであろう」。

このような誇りにつづいて第三章では、さらに大きな警告を発している。すなわち秘密は、会員たちが軽々しく評価してはならない。なぜなら、彼らは民衆に影響を与えることを欲していないからである。

つぎの章は、またしても法外な言葉に満ちている。神の恩寵を通じて、天使や精霊によって、さらに聡明や観察によってどんな知恵が人間にもたらされようとも――すべては、わが父C・R（クリスティアン・ローゼンクロイツ）によって知られている。もし世界のすべての本がなくなったとしても、問題ではない。というのは、バラ十字会員たちの知恵をもってすれば、一切のことを一巻の書物で教授することができるからである。

それからまた、声の調子は低くひかえめになる。彼らの知恵は、民衆のためほども王侯のためのものではない。しかし、彼らの秘密は、粗雑な精神を動かすことはないだろう。そして新入会員は、だれでも霊感をうけた会員たちによって判定をうけるだろう。

残りの章で、読者は、彼らの思想をさらに知ることになるだろう。そのうちで、以下のことをもっとも重要なものとして選んでおこう。つまり、神は、世界のしくみに偉大な文字を刻みこんだ。賢人は、それを判読して神の創造を理解することができるのである。

世界の終末は、近づいている。しかしながら破局は、善意によって着手された新しい改革によって救済されるだろう。

バラ十字会員は、他の高度な知的精神の長所を横取りはしない。

神は、使者をつかわしたもうた。すなわち、白鳥座とヘビ座に新しい星が現われた。賢者たちが率直な心をいだき、頭に何もかぶらず素足のままで、日の出のころに楽しそうに前進すれば、言葉は栄誉となるだろう。星々は、教会の失墜とその失墜がどのくらい長くつづくかを予言する。わが神が宇宙に配置したもうた書かれた文字と記号は、天と地とすべての獣類を包含している。世界の魔術の書は、この秘密の暗号から借用されており、そこから、この新しい言語が生じた。世界の始まりこのかた、『聖書』よりもすぐれた一巻の書物があった。それを所有しているものは幸いであり、それの読めるものはさらに恵まれており、それを理解するものはもっともしあわせである。

金属の変成は、自然の奇跡である。万能薬は、自然な方法によってつくられる。しかし、これらの奇跡を濫用してはならない。人をあざむくにせ化学者の書を投げすてよ。彼らの怪奇な象徴をつぶしてしまえ。彼らは、もっとも神聖な三位一体を、つまらぬものに応用して嘲弄している！

会員は、金銭を提供するが、何も受けとろうとはしない。もの好きや欲ばりは、知識によって、怠惰や贅沢や華やかな生活におちいるかもしれない。彼らは、われわれやわが聖なる静寂をかき乱しはしないだろう。彼らは、神のおぼしめしによって懲罰をうけるだろう。われわれには、彼らを救う道はあるが、われわれは神の掟にしたがわなければならない。

パラケルススの思想をある程度知っている読者にとっては、会員たちの宣言が、前世紀の孤立した師匠たちの知識をもっと統一的に応用するように人びとに呼びかけただけで、それ以上の新しいことは何もなかったことは、明らかであろう。

しかしながら、この小冊子は、暗示力に恵まれた筆者や指導者たちのつよい精神を現わしている。その人数がどのくらいであったか、なかなか確かめられない。『告白』は、運動がすでに進行中であったことを示している。人びとは、このようなグループがつくられるときにはらむ困難に耐える必要はなかった。参加を望む人のためには、あらゆることが準備されていた。そしてまた、運動の秘密が守られていることも、自分自身がさらされ、嘲笑され、迫害されることをおそれていた人びとを励ました。すべての事がらをおおい隠している秘密こそが、成功の核心だった。

それ以来、秘密団体の魅力が人びとをひきつけた。バラ十字会は、そのうちでももっともはげしい論争の対象になった。ロバート・フラッド、マイケル・メージャー、ジョン・ヘイドンなどの有名な学者や、錬金術師のフィラレテスは、この会のために弁護した。他の人びとは、悪口雑言を浴びせかけた。しかしながら、擁護者たちのほうが、知的水準が高かった。

人びとはバラ十字会への入会許可を求めたが、賢者たちがどこに住み、聖霊の家がどこにあるか、だれも知らなかった。申込者たちは、手紙を町の公会堂にあずけ、神秘な旅人が一定の時刻にその手紙を集めにきてくれることを期待した。だが、バラ十字会員はけっして現われなかった。こんなふうだったので、目に見えぬ正体不明の会についての論争が、学者のあいだでつづいた。焦燥の念がつのるにつれて、少数のいかさま師はバラ十字会員の名前を利用して、自分たちは会員の代表者だといい、数人から高額の金品をうまくだまし取った。だがけっきょく、彼らは牢獄か絞首台で命を絶った。

パリでは、会員がポスターによって名乗り出たが、ここでも、ドイツと同様に意見が分かれた。役人たちは、ライン河のかなたの政府が煽動した政治的陰謀をかぎつけた。デカルトは、この事件を注意ぶかく調査させ、スパイをドイツに派遣したが、バラ十字会員は一人も見つけることはできなかった。フランスの善良な人びとは、バラ十字会員は妖術師で、悪魔のために働き、自分を見えなくする能力をもち、しばらくすると皮や角に変わってしまうお金で支払をする、と信じていた。また、指に大きなサファイアの指環をはめていればバラ十字会員とみなされた。聖職者は、これらの魔法使いに気をつけるように信者たちに警告した。水夫たちは、イギリスの海岸で一人のバラ十字会員が悪魔にまたがって空中を飛び、突然波のなかに消えてしまった、と主張した。パンフレットがかなり出版された――だが、会員たちの姿は依然として見えなかった。

図249　マルティン・ルターの証印

図248　バラ十字会の徽章

ヴァレンティン・アンドレーエ

ローゼンクロイツというドイツ名は、バラの十字架という意味である。バラ十字会という名前は、この創始者と考えられる人の名から出ている。その徽章は、いろいろな方法で組み合わされた黒味のうすい十字架と明るいバラである（図248）。十字架は犠牲と苦難を象徴し、明るいバラは歓喜と報酬を象徴する。バラ十字会員と同時代の人だったアンドレアス・リバヴィウスは、ルターの証印（図249）がふしぎにバラ十字会のある徽章に似ていることを指摘し、バラ十字会はマルティン・ルターの精神的な支配のもとに結成されたのだ、と結論している。しかしながらバラ十字会員は、その不寛容な綱領にもかかわらず、教皇と闘うという理想よりももっと高い理想にしたがった。彼らの理想は、ルターだけでなく、テオフラストゥス・パラケルスス

図250　ヴァレンティン・アンドレーエ像

でもあった。パラケルススは、現世的で同時に非合理的な彼らの理想主義の基礎であった。バラ十字会の奇跡、人体模型、仲介の精霊と基本の精霊、あらゆる存在物に自然が記した署名、これらのすべてのものは、偉大なパラケルススに由来している。

しかし、パラケルススが死んでから長い年月がたっていたし、ローゼンクロイツも同様だった。人びとは、その声明を書いたのは、亡霊か悪魔ではないかと疑い始めていたが、血肉をそなえただれかが書いたにちがいない。

バラ十字会を弁護する人のうちに、ルター派の牧師のヴァレンティン・アンドレーエ（一五八六—一六五四年、図250）がいた。彼は数編の論文を発表し、それらを一六一九年と一六二〇年に、シュトラスブルクで印刷した。『バベルの塔』、『キリスト教共和国』その他の彼の小論文は、ヨーロッパ社会の一般的な変革を提案し、精力的な改革者や善意の人びとを結集する必要性をほのめかしている。

アンドレーエは、才気ある学者だった。彼は五カ国語に通じ、若いころ、ヨーロッパの数カ国を旅行した。いろいろな聖職を経て、ヴュルテムベルクの宮廷づき牧師の地位にのぼった。しかし、病気のためや敵意をうけたため、なかでも、祖国ドイツが三〇年戦争の結果おちいった悲惨な状態のために、彼は引退した。憤激や絶望が、この牧師の寿命を縮めた。彼は卒中で死んだ。

アンドレーエの紋章（図250の右上のすみ）は、X型の十字架と四つのバラを示している。彼の紋章は、疑う余地がないほどバラ十字の紋章と似ているので、多くの人びとは、彼がバラ十字会の創始者だと信じている。さらにアンドレーエは、『クリスティアン・ローゼンクロイツが高地ドイツ語にて執筆した、錬金術物語または化学の結婚』というバラ十字会の小説の著者であった。アンドレーエは、一六一六年に印刷されたローゼンクロイツの仮想の寓意的自叙伝を、自分の創作であると認めていた。この小説は、つぎのような一節をふくんでいる。「ここにおいて、私はいつものとおり、リンネルの上衣を着、肩までとどく鮮紅色のリボンで腰を締め、身仕度をととのえた。帽子には四つのバラをつけた」。これでは、クリスティアン・ローゼンクロイツがアンドレーエ家の紋章で身を飾ったことになる。このことから、ローゼンクロイツとアンドレーエが同一人だと推量できるわけである。しかしながら、バラ十字会の起源を完全に解明することは不可能であり、近代の少数の筆者たちは、この会が中世に発生したと信じている。

『化学の結婚』（図251）は、「異常な人物の喜劇的小説」と呼ばれた。このひそかな評価は、バラ十字に関する批判的書物のなかで唯一の評価であり、『化学の結婚』が独特の作品だけに、これはむしろおどろくべき事実である。そのなかでわれわれは、錬金術のふしぎな国を旅行する。錬金術の論文のすべてとはいわないが、その大部分のものは、多数の象徴をふくんでいる。それらの象徴は、無秩序に積み重ねられ、無味乾燥な教理の解説、というよりは隠蔽で関係づけられているため、神秘論者でさえ、その単調さとものものしさにはうんざりしてしまう。

錬金術の論文のうちでもとくに、バロック時代のものは、その著者や詩人が、型にはまった多くの象徴を自由にこなすことができないために、読んで退屈してしまう。ところがアンドレーエは、この伝統をうまく自己流に処理した。彼は、もっとも霊妙な秘薬を語るのに、軽口をたたき、またときには、しゃれを飛ばした。錬金術に関する寓意は活気をおび、神話的生物、人間、動物、道具類がいきいきと行動している。他の錬金術論文の場合のようなゆっくりしたテンポと違って、アンドレーエの小説は躍動に満ちている。主人公のローゼンクロイツが「過ぎ越しの祝い」の小ヒツジを食べているところへ、天使が金の手紙をもってくる。

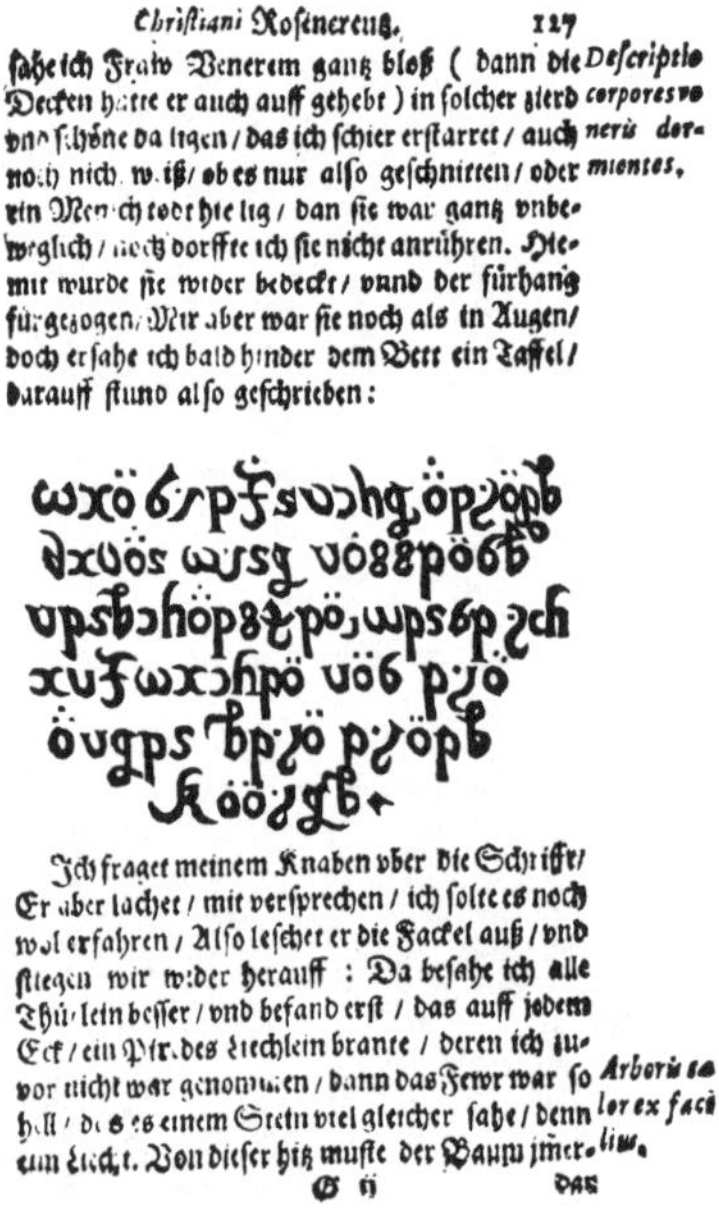
Christiani Rosencreutz. 127

sahe ich Fraw Venerem gantz bloß (dann die Decken hatte er auch auffgehebt) in solcher zierd vnd schöne da ligen / das ich schier erstarret / auch noch nicht weiß / ob es nur also geschnitten / oder ein Mensch todt hie lig / dan sie war gantz vnbeweglich / noch dorffte ich sie nicht anrühren. Hiemit wurde sie wider bedeckt / vnnd der fürhang fürgezogen / Mir aber war sie noch als in Augen / doch ersahe ich bald hinder dem Bett ein Taffel / darauff stund also geschrieben:

Descriptio corporis Veneris dormientes.

Ich fraget meinem Knaben vber die Schrifft / Er aber lachet / mit versprechen / ich solte es noch wol erfahren / Also leschet er die Fackel auß / vnd stiegen wir wider herauff: Da besahe ich alle Thürlein besser / vnd befand erst / das auff jedem Eck / ein Pir. des Liechlein brante / deren ich zuvor nicht war genommen / dann das Fewr war so hell / das es einem Stein viel gleicher sahe / denn einem Liecht. Von dieser hitz muste der Baum jmmer-

Arboris calor ex facibus.

G ij das

図251 『化学の結婚』初版本のページ（1616年、シュトラスブルク）

きょうだ、きょうだ、きょうという日は、
王家の結婚式が挙げられる。
きみが、神から歓喜にあふれる運命をうけ、
神の歓喜を味わうように定められて、
生まれてきた理由は、これだったのか。

王家の結婚とは、錬金術の手順の第七段階で、この段階で女性原理と男性原理が、すなわち王と女王がいっしょになる。

手紙を配達する天使は、目をおおうばかりに大きな翼を動かして出発する。「しかし上昇するさい、天使は豪華なトランペットを一吹きつよく吹いたので、丘全体が反響して、たっぷり一五分間というもの、私は自分の言葉が聞きとりにくかった」。

その手紙を読んだローゼンクロイツは、これは、彼が七年前に幻視のなかで告げられた、約束された結婚のしるしであることに気づいた。彼は恐怖のために気絶した。

夢のなかで彼は、重い鎖をじゃらじゃらさせながら暗闇を昇っていく受難者たちのなかに自分もいることを知る。彼と他の数人は、地下牢のなかへ下ろされた一本の綱によって救われる。バラ十字の徽章を飾った彼は、金と銀の結婚式へ出席するために冒険の旅路につく。彼の象徴的な食糧は、パンと塩と水である。彼は、ふしぎな木々や鳥、昼と夜、象徴的な城、高徳な門番、美しい乙女、黄金板に刻まれた奇妙な銘文、光輝くともしび、秘伝と画像を彫りこんだ神秘の門に

遭遇し、さらに丘陵や岩や平原がひらけてくる。そしてついに彼は宮殿に達するが、宮殿のすばらしいすべての部屋や、地下室、階段、柱時計、天文器具、扉、絵画、照明と松明《たいまつ》、目にみえない天使、音楽家、甲冑《かっちゅう》をまとった武士、小姓、月桂冠をいただいて空色のビロードをまとった美しい乙女などを見てまわるには、数年もかかるほどだった。

大宴会場で彼は、招かれた達人や招かれざる達人に出会う。彼らは、結婚の証人である。彼の遠慮ぶかさが笑いをまきおこす。食事のときに、くだらぬ連中ががやがやさわぐので、ついに聖なる乙女が、明日はみなを審判にかけることを宣言する。彼らは天秤にかけられ、七個の石で計られる。大部分のものは、功労があるためにゆるされるが、天秤が動かなかったいんちき師どもは、身ぐるみはがれ、むちで追いだされる。まだ精通の域には達しないが堂々たる風格の達人たちは、りっぱにゆるされ、不当な拷問にかけられぬように忘却の飲物が与えられる。嘲笑した少数のものは、首をはねられる。

りっぱな人たちは庭園に案内され、そこでさらに大きな驚異に接する。錬金術的な動物が現われるのである。シシが輝く剣をふりまわし、畏敬と称賛のうちに純白の堂々とした一角獣がうす暗い木々のしげみから現われ、金の首飾りを鳴らし、うやうやしくひざまずく。「青銅の彫像のように動かずに立っていたシシは、抜き身の剣を二つに折り、折られた剣は、泉の底に沈んだ。シシが後足で立っていると、白いハトが、くちばしにオリーヴの一枝をくわえてきたので、シシはすぐそれを食べてしまい、静かになった。一角獣は、楽しげに元の場所へ帰った。そのあいだに、乙女はわれわれを螺旋階段のところへ案内した」。彼らは、三六五段降りていく。彼らは、月桂冠をかぶり、金色の太陽と銀色の月を刺繡した外衣をまとう。そのあとで、彼らが心から待ち望んでいたことがおこる――彼らは、王の前に出る。この王は、カーテンの後ろに隠れてずっとそこにいたのである。いまや、秘薬の第七の段階の記述に相当するすばらしい喜劇が演じられる。この出来事は、従来の象徴的な紋切り型の外観をかなぐり捨てており、王と女王の冒険は、著者の心理学的洞察力を示して、如才なく描かれている。

「腐敗」はムーア人の王であり、女王を自分の暗黒の王国に連れ去る。彼女は救出されるが、自発的に虐待者に身をまかす。ふたたび若い王が、彼女をこのムーア人から解放する。それからもう一度、彼女は怪物に捕えられ、ひどい苦しみをうける。彼女は毒物で死ぬよう宣告されるが、彼女は殺されず、癩病で苦しめられる。

幽閉された女王は、善良な王の使者に会うことを拒否する。汚辱され、病気になり、王家の名誉を奪われた彼女は、虐待者に屈服する。決戦の後、彼女は意志に反して救われる。手順の第七段階にあたる神秘的な結婚が近づきつつある。「いまや、善良な両親が招待される。彼女は、長いあいだ拘禁されていたので、その栄光は増加し、ついに幾千という栄光が、きみの血液から生じ、ほとばしり出る」。結婚は、奇異な華やかさで祝福され、舞台の行動はわずかずつ現実へと移っていく。しかし、事実は小説よりも奇なり、だった。現実は悪夢に変わる。宴会のテーブルに席を占めていたものはみな、おそろしい予感に圧倒される――小さな水晶の噴水盤が、王族が飲むごく小さな水晶のコップといっしょにもちこまれる。それから、コップがみなにさし出される。これは、沈黙の一服と呼ばれる。

「音楽が聞こえた。われわれが何かを要求すると、そっけない返答が得られた。すべてのものがひじょうに奇妙な外観を呈していたので、私のからだから汗がしたたりはじめた」。王室一家は宴会場で首をはねられ、宴会場はすぐに黒いビロードで暗くされた。前代未聞の出来事によって一変し、絶望と悲嘆の日がつづく。城郭の塔の奥ふかくには、ヴィーナスが幻想的な長椅子に裸で横たわり、キューピットは静まりかえった通路を歩き回り、一本の木は溶けて光輝く果実を鉢のなかに落としている。「海の精、山の精、海の女神がわれわれに随伴する」。皇太子や妃たちは、夢の儀式によって葬られる。金の球や鏡が、「窓から見え」、幻想的な荷船が近くの湖に現われる。

錬金術師は、乙女たちによって塔のなかに閉じこめられ、そこで王や女王を復活させようと働く。彼らは、不死鳥をつくり、その卵がダイアモンドで切られる。この鳥は、処刑者たちの血で養われる。そしてこんどは、処刑者の血で養われた不死鳥の血が、殺害された王と女王――彼らは、最初は四インチたらずの小人として現われる――を生きかえらせる。彼らは奇跡的に成長し、再生したこの夫と妻は、ともにビロードのじゅうたんにつつまれ、「きちんと互いに並べられ」、背後にカーテンを垂れた寝台に静かに運ばれ、キューピットの監視つきで神秘な結婚が完了する。この小説は、さらにイメージや人物や出来事がたえず変転しながら進行していく。「王と女王は静養のため、いっしょに遊戯を始めた。それはチェスに似ていたが、ただ規則が違っていた。この遊戯は、善玉と悪玉からなっていて、悪玉がどんな策略を使って善玉を待ち伏せし、どんな方法で両者をもう一度遭遇させるかを競う遊戯である。これがきちんと技巧的に行なわれたので、われわれにもこんな遊戯があればと思うほどだった」。それからほんの数ページで、この小説は急に終わっている。「二ページ落丁」のためだった。主人公の運命や王夫妻のこれからの冒険については、読者には不明のままになっている。

秘密団体

『化学の結婚』は、驚異的なもの、幼年時代の夢のつづき、陳腐な日常生活からの逃避にたいする人間のあこがれを満たした。どんな人の心にも、遊びをしたがる子どもっぽさがあり、そのうちでもっとも魅力ある遊戯は、隠秘的、神秘的な遊戯である。人間の霊魂の奥深くには、神話のなかの迷路や、地下で蠟燭をともしてこっそりと行なう会合や、城の二重壁の内部に隠された秘密の通路や、峡谷のなかに隠された宝物のことがこびりついている。

その起源が八、九世紀ごろと思われるフリーメーソン団は、アンドレーエによって新しい刺激を得た。一六四五年にイングランドの少数のバラ十字会員が、彼らの努力を組織化する目的で会合を開いた。この会合には、有名な占星術師のウィリアム・リリイ、古物収集家で錬金術師のエリアス・アシュモール、それにジョン・パーソン、ロバート・モレーその他の人たちがいた。彼らは自分たちの秘密主義を弁明して、この邪悪な時代にひろまっている不寛容に耐えるには、そうでもしなければやっていけない、と主張した。彼らは、自分たちを秘密にしておいて新会員を獲得する方法を思いめぐらした。エリアス・アシュモールが解決策を見つけた。すべてのロンドン人は、ある一つの組合の組合員にならなければならぬという慣例があったので、アシュモールは、自分を石工《いしく》として登録した。他の人びとも、その例にしたがった。いまや彼らは、石工を表看板として、石工組合の集会場で自由に会合した。このアシュモールの一団から、フリーメーソンの儀式が始まった。

バラ十字会の遊戯《ゲーム》は、古代の入会儀式のように真剣だった。その目的は、真の魔術であって、見せかけではなかった。魔法は、物質世界を支配する人間の力を象徴した。そこには、人間は思想と行動によって、万人が兄弟となる王国へ昇ることができるという信念があった。このような仕事は、ほうきの柄《え》を歩かせるというような魔法よりも、もっと高度な魔法だった。すべての会員は、「聖霊」の環のなかで万人を結びつけるために、人間の尊厳、人間の無限の力、人間の権利、人間の義務について、意見が一致した。しかし、この巨大な仕事を達成させる以前、また、ヒュマニティが普遍的なきずなになる以前、バラ十字会の仲間たちが会合した場所は、気高くて知的な場所ではなく、ふつうの人間たちのあやしげな広間だった。アンドレーエは、それを王の宮殿と呼び、魔術師の聖マルティン（一七四三―一八〇三年）は、平和で精神的なあこがれをもつ人たちがいつの日にかはいる神殿、といっている。

『化学の結婚』は、この会合のための案内書である。ローゼンクロイツは諸国を遍歴するさい、魔法の針に導かれ、その助けによって宮殿にいたる道を見つけている。この針は、人間を測るための、また、「人間自身がつねに更新していかなければならぬあの契約」をつきとめるための、賢者のコンパスである。自分をよりよくすることは最高の道徳であり、道徳と善行は、自分の使命を意識している会員の心中におこるかもしれぬ邪悪な誇りを防ぐ紀律である。慈善を行なうことは、人間の意図を現実化することであり、心中にあることは何でも実現できることを示唆している。

「なぜなら、あらゆる物質的な事実は、知的な真実と隣りあわせだから」と、聖マルティンはいう。

『化学の結婚』は、無味乾燥なドイツの奇怪な文献のなかに咲いたただ一輪の花で、パラケルスス派の魔法を一九世紀のロマン主義に結びつけている。ノヴァーリスは「現世は夢になり、夢は現世になる」といっているが、これは、ローゼンクロイツの神秘な旅を想起させるための言葉ではなかろうか。

同じように、ヘルダーリンも、大宇宙と自分との同一性を思いおこしている。「おお太陽よ、おお空気よ、私の心に、兄弟のように生きているのはあなたたちだけだ」。

ハインリヒ・フォン・クライストは、錬金術師のような語調で悲しみを述べている。「いまや私は、私の心の奥底へ、地下の鉱坑へ、おりていく。そして鉱石のように冷たい死んだような感情を掘りおこす。この鉱石を、私は苦痛のるつぼのなかで純化する……」。

賢者の金が子どもとしてつくられるということを、ヨハン・パウルは見のがさなかった。「もし幼年時代の追憶がひじょうに魅力あるものなら、それは、単に記憶しているというためではない。……その魅力は、魔法のようなあいまいさから、また、幼いわれわれをつつんでいた果てしない幸福の期待を回想することから、きているにちがいない」。

*

三〇年戦争中、隠れている哲学者たちへの関心は、各地で援助の手をさしのべながら跡かたもなく消えていった無名の人たちによって、保たれていた。そういう無名の人たちとは、バラ十字会員だったのだろうか、または、善行によってこの会にふさわしい人間になろうとした入会希望者たちだったのだろうか。それともまた、ほんとうの同志に会うことに絶望して、独立に慈善の仕事を始めた人たちだったのだろうか。

その後に出没した錬金術の哲学者たちも、フリーメーソン的な性格を示していた。読者は、一六六六年にヘルヴェティウスを見舞った冒険や、旅行のさきざきで錬金術の金を残したアレグザンダー・セトンの奇妙な旅行を思い出されるであろう。

しかし同時にまた、神秘のゲームをすることを望まなかった人びともいた。熱烈な国家主義者たちは、国家を隔てている垣をこわしてしまうことを究極の目標にしているこれらの団体に、不快を感じた。一六七〇年にパリで出版された小説は、そのような確信をほのめかしているようである。その題名は、『ガバリス伯爵』または『カバラ主義者とバラ十字会員の法外な神秘』となっており、その著者のモンフォコン・ド・ヴィラールは、第一章でつぎのようにいっている。「彼らが秘密の学問と呼んでいるもののすべてには、常識的にみて、大きな虚しさがあるのではないかと私は疑っていたので、私は、そのような書物は一ページもめくる気になれなかった。しかし、理由もわからないで非難するのは理性的でないので、私はこれらの学問の熱心な帰依者であるふりをしようと覚悟し、この方面の賢人たちと交わることにきめた。彼らの多くはひじょうに学識があり、学力にも武力にもすぐれているので、私は、その人たちからその団体について学ぶことができた」。

この小冊子は、あきらかにパリ人たちを楽しませるために書かれたものである。だがそれにもかかわらず、この本からは、ヴィラールの時代になおパラケルスス派の人びとがいて、基本的な精霊の理論やカバラ的な記号や護符や、一六世紀の魔術師たちの使った器具類全部を保持していたことがわかって興味ぶかい。

さらに、これらの秘密団体が精神的な指導者として、いわゆるドイツのガバリス伯爵をいただいていたことがわかる。ガバリス伯爵は、ヴィラールを入会させるという特別な意図をもってフランスを訪れた。ヴィラールの書物は、いまや理想主義者を攻撃するための言葉としてますます使われるようになった「常識」と「理性」を擁護する人びとには、貴重だった。まのぬけた議論が、しばしば常識の仮面のもとにとりあげられた。隠秘的な知恵に反対し疑いをいだいた知的な優秀な著者たちもじっさいにいた。フランス・アカデミーの会員たちは、魔術師ではなかったが、なかには、この問題に関する意見がはっきりきまってない人もいた。アカデミーの創設者のリシュリューでさえ、意見がはっきりしていなかった。彼は、にせ錬金術師のデュボアにだまされて、フランス国家の富を増すために黄金の山をつくってやるというデュボアの約束を信じた。またリシュリューは、隠秘論者のジャック・ガッファレルや、同じく隠秘論者で有名なトマス・カムパネラを擁護した。

ヴィラールがバラ十字会の秘密をあばいたことによって、もう一つの結果が生まれた。『ガバリス伯爵』は、風刺的な点が特色だったにもかかわらず、隠秘的なものへの興味をかきたてたため、ヴィラールはパラケルスス派の魔法を亡ぼそうとしたのではなく、むしろ奨励しようと考えたのだ、と信じる人さえいた。ところが、この本が出版されてわずか数年後に、著者のヴィラールはバラ十字会員に暗殺されてしまった。それは、彼が秘密を漏洩したことと愚弄したことへの復讐だといわれている。

科学はまだ年のいかない子どもにすぎなかったが、常識の擁護者たちは、知識の進歩に喜んでいた。彼らはうっかり、バラ十字会の声明書の著者たちと同じ論法を使っていた。科学は、やがてすべての問題や神秘を解決するはずだった。黄金時代は、近づきつつあるように思われた。金の料理人や会員は、子どもたちをおどかす悪魔か、おとなたちの笑い草になろうとしていた。

経済や政治の失敗が大きくなり、科学ですべての問題が解決されるはずはないという当然の結論が出てくるにつれて、常識の擁護者たちを嘲笑する声も、やかましくなった。

古典的な理想

ヴィラールの時代のフランスにおける常識の欠如は、そのころにおこった少数の裁判から例証することができる。

ブランヴィリエ侯爵夫人という美しい貴婦人は、何の動機もないのに両親や友人や召使たちに毒を盛ったといわれていた。さらに彼女は、新しい犠牲者を求めて病院にいき、そこで貧しい人たちに致死量の毒物を与えたと申し立てられた。彼女は魔女として起訴され、悪魔に魅せられたとの判決をうけて、一六七六年に火あぶりの刑に処せられた。

一六六三年、ノルマンディーのオマルの住人のサン＝シモンという人物が、自分はキリストの化身だといいふらした。「理性のある」パリの裁判官は、彼の精神異常を無視して、火あぶりの判決を下した。

同じころ、金持の未亡人が、悪魔と交わりのあったことを告白した。パリの高等裁判所は、彼女に灼熱の鉄で焼き判をおしたのちに追放した。

ラ・ヴォアサンと呼ばれていたカトリーヌ・ドシェの有名な裁判は、一六七九年に始まった。法廷は、殺人罪を裁く「炎の間」で開かれた。調査の結果、一流の貴族たちが関係していることがわかった。ラ・ヴォアサン（図252）は、コーヒーかすや魔法の水晶で運命を占った。しかしこの占い業は、もっと大きな仕事をごまかすための、おもてむきの商売にすぎなかった。彼女は、死者や悪魔を呼びだし、奥の部屋で魔術的な儀式を行な

図252　黒魔術の女、ラ・ヴォアサン

った。彼女にはたくさんの助手がいて、そのなかには、絞首台から彼女におぞましい贈物を運んでくるパリの首つり役人が二人いた。また助手の一人で、当時六〇歳の貴族出の修道院長ギブールは、黒ミサを行なった。モンテスパン夫人は、自分自身を祭壇に捧げてくれと申し出た。彼女は、裸になって祭壇に横たわった。聖餐杯が、彼女の腹の上におかれた。ギブールは幼児の喉を裂いて、その血を聖餐杯に注いだ。同じようにおそろしい行為が、ほかにもたくさん行なわれた。ラ・ヴォアサンは、一六八〇年に火あぶりにされた。起訴されたうちの数人は獄死し、自殺した人もいた。三六人が処刑され、五人がガレー船に送られ、一四七人が入獄した。起訴されたもののなかには、フランス貴族の華——マザラン枢機卿の二人の姪、ブィヨン、リュシニャン、ヴィヴォンヌ、ヴィトリの各公爵夫人、ソアソン、ポリニャク、モンモランシの各伯爵夫人、タングリイの王女、ヴァルナン勲爵士、ロングヴァル伯爵、フュキエル侯爵、それにたぶんバッキンガム公もいた！

しかしながら、貴族はゆるされ、多くの文書は失われた。伯爵や公爵夫人たちには、起訴全体が悪い冗談のように思えた。国会議員が、ブィヨン公爵夫人に、招魂中に悪魔を見たかどうかたずねたところ、彼女は、「私は現にいま悪魔を見ています。悪魔は国会議員に変装していますが、どうも醜男《ぶおとこ》のようですね！」と答えた。みなは笑った。だが、こういう機知のある人たちが、黒ミサのあいだに二五〇〇人の赤児が虐殺されるのを目撃したのである。

ルイ一四世の立場は、むしろ苦しかった。彼は、魔女の告発を禁止していたので、いまや、魔術の犯罪に対しては新しい法律を作成する必要にせまられた。しかし彼は、魔術師という言葉を

「魔術師と自称する人びと」という言葉におきかえた。刑罰も死刑ではなく、重労働にした。幼児殺しは、妖術としてではなく殺人として裁かれた。

高名にして有能な戦争貴族のリュクサンブールの陸軍司令官の醜聞が、ラ・ヴォアサン事件と結びつけられた。彼は、「単に」殺人を犯したのである。彼は手伝い人たちとともに、ラ・デュパンというゆすりの女を切りさいなんで殺してしまった。彼の文書のなかに、悪魔との契約書が発見された。調査の結果、彼がラ・ヴォアサンと関係のあることがわかった。これはたぶん、彼にリュクサンブールを守備させるために、責任をラ・ヴォアサンに転嫁したのだろう。混乱した裁判官たちは、一四カ月にわたって協議したが、判決は下らなかった。この陸軍司令官は、数日間田舎にいき、それから自分の仕事に復帰した。

一〇年後に、新しい事件が燃えあがった。こんどは被告人がヒツジ飼いだったので、裁判官たちは、判決を下すのに前ほど当惑しなかった。ブリ地方で、家畜が流行病で死んだ。農民は、動物に呪文がかけられたからだと信じた。犯人たちは見つかり、首都に送られた。主犯の妖術師ブラ＝ド＝フェル（鉄の腕）と多くの共犯者が、死刑の宣告をうけた。

この時代にまきおこった、おそらく「古典的な理想」に捧げられたらしい信じられぬほどの混乱は、コルネイユ、ラシーヌ、モリエール、ラ・フォンテーヌなどのフランス文学の傑作と同じころに出版された一連の魔神論の書物によって、明らかにされる。

フランソワ・プラスはその著書『当今の迷信』のなかで、以前にある無名の筆者が擁護していた護符や魔術療法の信仰を攻撃した。彼は、ふつうの悪魔論者がおよばないほどの分別をもっており、この小論文は事実を述べていて興味がある。

バンジャマン・ビネはその著『異教神学』のなかで、悪魔の存在を熱心に擁護し、バルダザル・ベッカーというオランダの牧師を攻撃した。この牧師は、一六九一年に『魔法にかけられた世界』を発表し、宗教裁判をきびしく論難し、悪魔論全体を告発した人物だった。ジャン・バプティスト・ティエルは、その論文のなかで、魔法は単なる迷信にすぎないが、信仰や教会を亡ぼすから、はげしく戦わなければならない、と宣言している。彼が挙げた魔法の儀式や慣習は興味ぶかい。

しかし、これらの出版物のうちでもっとも奇妙なものは、カピュシャン・シュヴァンヌによる『学識ある不信仰と無知な軽信』という意味深長な題の本である。この学者は、教会や司法権や貴族や人民や魔神論者についてのまちまちの見解を整理しようと企てた。こういう仕事のため、シュヴァンヌはいろいろなグループをたえず飛びまわった。彼は長い論説のなかで、悪魔の存在は教会と調和していることを証明している。悪魔の宴会については、七章にわたって記述している。つづいて占星術を攻撃し、占星術を不合理だとしている。そして結論的な意見として、数学者が有名になるには真実を一度だけいえば十分なのに、彼は自分を疑いもしないで千度も嘘をつくことがある、といっているが、これは彼以前にも以後にもしばしば耳にする意見である。

こうして、シュヴァンヌは自分の「理性」を示しておきながら、次章ではまたもや「無知な軽信」にとらわれ、魔法使いは悪魔の助けで治療することができる、といっている。魔法使いがどんな効果をあげようとも、彼らの単純な療法は、お話にならない。それなのに彼によれば、数字や文字は魔法の記号であり、魔術は、その熟練者が病人の上に手をおけば治療することができるという。しかも彼は、王座に敬意を表しながら、フランスの国王たちは神のお恵みによってそのような奇跡を行なうことができる、と述べている。というのも国王が手を触れると、るいれきが治ることは、だれでも知っているからである。

こうして宮廷のご機嫌をとっておいてから、シュヴァンヌはいそいで教会の問題に立ち帰っている。魔女は悪魔によってしるしをつけられている。これはおとぎ話ではない、とシュヴァンヌはイギリス海峡の向こう岸を悪意をもって見やりながらいい、魔女は「飛走」させてはならぬ、という。これは、野蛮な風習である。この論文は、死後一四〇年になるアグリッパのことを述べるまで、暗中模索の形で進んでいる。彼はアグリッパとパラケルススを、人間の姿をした悪魔と呼んでいる。シュヴァンヌの主張によると、アグリッパは、彼の悪魔の術を聖霊から引き出したと主張しているという。シュヴァンヌは、アグリッパが偉大な魔術師たちを攻撃することによって、この動乱のさなかに魔術的な理想を追求しつづけた秘密団体をも攻撃しているのだということを知っている。

数回にわたって重版されたシュヴァンヌの書物は、現代のあるフランス文学史によると、「ボアローが理性と真理の敵をきっぱりと征服した」時代に、かなりの成功をおさめたという。

一八世紀

理性に対する反逆

　ヤンセニウス派の宗教運動は、フランスでみるみるうちにひろがっていった。この派の創始者は、イープルの司教コルネリウス・ヤンセニウス（一五八五—一六三八年）であった。この温和でつつましい聖職者は、アウグスティヌスに関する著作のなかで、そう目新しくもなければ独自のものでもない考えを述べた。彼によれば、人間は、つねに罪ぶかい欲望に影響されているため、神を純粋に愛する能力をもっていない。ただ天の恵みによってのみ、人間は貪欲から解放され、純潔と至福とに達することができる。神の恩寵を授かるものは救われるが、この恩寵をうけないものは、いつまでも原罪にしばられるであろう。

　人間の意志は自由であるか、それともいっそう高次なある力によって束縛されているか、という永遠の疑問が、またもやもち出され、それが一八世紀の後半まで紛糾した。もし意志の自由を擁護する人たちが抵抗してこのさわぎをひきおこさなければ、ヤンセニウスの学究的な論文は、ほとんど読まれなかっただろう。

しかしいまや、フランスは二つの陣営に分かれた。一つは広汎な支持をうけていたイエズス会であり、もう一つはヤンセニウス派である。もしヤンセニウス派の陣営に奇跡的な出来事——多くの人はそれを奇跡とみなさないでしまったが——がおこらなかったら、この両陣営の熱烈な論争は、本書では取り扱わなかっただろう。

一八世紀の最初の四半期に、ヤンセニウス派の助祭でフランソア・ド・パリ（一六九〇—一七二七年）という青年が、首都で人ともあまり交際せずに敬虔に暮らしていた。彼の死後、サン・メダル墓地の彼の墓で、ふしぎなことがおこった。そこにおまいりした病人は、からだの痛みがなくなってしまった。群衆が集まり、祈禱したり神経的に身をふるわせたりした。多くの人は、恍惚状態や失神状態におちいった。中風患者は墓石のところへ運ばれた。狂人、盲人、癌患者、水腫患者は、助祭の墓に身をこすりつけると治った。金持も貧乏人も、この墓地におまいりし、多くの病人が治って家に帰った（図253）。

図253　サン・メダルで中風患者が奇跡的に治る

サン・メダル墓地は、まるで魔女の宴会の様相を呈した。逆上した群衆の容貌、ぞっとするような病気をもった人びと、怒号、死の舞踏の雰囲気、これらは、ふつう一八世紀と結びつけて考えられるあの優雅さと洗練さとに、ほとんど似ても似つかなかった。しかもこれらの光景は、奇跡の霊気によって、いっそうあおられた。

偉大なパスカル（一六二三―一六二年）の一〇歳になる姪が、その墓地で眼病が急に治った。この奇跡のため、パスカルはヤンセニウス派に改宗した。画家のフィリップ・ド・シャンパン（一六〇二―七四年）の小さな娘も、同じようにして全身麻痺が治った。喜んだ父親は、ポール・ロアイアルで数人の聖女の肖像を描いた。もちろんシャンパンも、ヤンセニウス派に改宗した。医学がほとんど発達しなかった時代では、これらの奇跡的な治療は、おそるべき魅力を発揮したにちがいない。さらに、「朕は国家なり」を信じて太陽王と自称した有力なルイ一四世の死につづく時期に、厳正で古典的なアポロン的理想を軽視し、ディオニュソス的狂乱、つまり制約されないものをうけ入れたことは、重大である。

ヴォルテールは、「ヤンセニウスが信じていたこと、すなわち神は人間に不可能事を要求する、ということを信じても、ほとんど得るところがないことは明らかである。これは、慰めにもならないし、哲学的でもない。けれども、ある党派に所属しているというひそかな楽しみ、イエズス会士のもつ憎しみ、ぬきんでたいという願望、一般の精神的不安、これらのことが、一派の形成を早めている」といった。だがこれでは、ヤンセニウス派の問題を論じつくしたことにはならない。

ついに法令によってサン・メダル墓地が閉鎖されたとき、ある機知に富んだパリ人が、墓地の

図254　サン・メダルにおける奇跡的な治療

入口に、つぎのような中傷文をかかげた。
　国王の名において、神がこの地点で、
　奇跡をおこすことを禁止する。
正義の士や強情家は、敗北を認めようとはしなかった。奇跡を見た議員のカレ・ド・モンジュロン（一六八六―一七五四年）は、サン・メダルの出来事のうちから立証された事実を編集して発表した。『奇跡の真実』と題するその本は、オランダで印刷され、多くの美しい銅版画で飾られている（図254）。一七三七年、この本が書店の窓に出されてから一時間後に、モンジュロンは逮捕され、バスティーユ監獄に拘禁された。それから一七年後に、彼はヴァランスで獄死した。しかし、騎士のフォラールや王室書記官のフォンテーヌのような有名な人たちが、彼の努力を継承した。さらに、あまり述べられていない事実だが、病的な興奮がいくつかの都市にひろまった。ことに、モンジュロンが監禁されたヴァランスは、動乱の場と化した。

サン・メダル墓地は閉鎖され護衛されたので、ヤンセニウス派の人びとは、奇跡を家庭で復活させようとした。しかしルイ一五世は、この種の集会には寛大でなかった。王の警察はたえず活動し、数百人の信者が捕えられた。このきびしい取締りにもかかわらず、運動は衰えなかった。けれども、奇跡的な治癒はそうしばしばおこらなくなった。その代わり、行者の修行に匹敵する難行苦行をする傾向が増した。その目撃者の一人コンダミンは、狂信的な集団の長老格のフランソア修道女の部屋で、一七五九年に催された集会について述べている。この修道女は、二七年のあいだ狂乱状態にあった。コンダミンの報告では、彼女は二度はりつけにされたという。コンダミンがフランソア修道女をおとずれた日は、二つのはりつけが行なわれるはずだった。二〇歳のマリ修道女が部屋の中央にひざまずき、苦悶の到来を待っていた。二〇人ばかりの信者が出席していたが、そのなかには、議員のド・メランヴィル、近衛大将のド・ラトゥール＝デュパン、近衛騎兵将校のジャンソン、その他それ以下の身分の人たちがいた。

最初、修道女フランソアが床の上に横たわり鎖で打たれた。七時に、彼女は十字架の上にからだをのばし、式典の指導者が彼女の手と足に釘を打った。八時一五分前には、十字架はまっすぐに立てられた。これを見ると、マリ修道女は卒倒した。フランソアは、一〇時半まで十字架にかけられていた。そのあいだに、マリは別の十字架に釘で打ちつけられた。しかし四五分後に、彼女は「早くおろして。……死にそうです」と叫んだ。おどろいた助手たちは、すぐさま彼女を十字架からはずした。彼女はつぎの部屋に移され、「祝福されたパリの奇跡の水」で洗われた。やがて彼女は、にこにこしながらもどってきて、フランソアの釘がぬかれているのを眺めた。「この二人の婦人は、ともに労働者で、生活のために手は必要である。明日彼女らは、傷ついた手足で働きにいかなければならない」と、コンダミンはつけ加えている。

ヤンセニウスの思想は、フィリップ通りのフランソア修道女の部屋にたどりつくまでに、どんな見知らぬ地域を遍歴してきたことだろう！　しかし、熱狂の栄えた時期はもうすぎさった。治療の代わりに、いまや聖者たちが、受難をひろめた。我慢づよいフランソアでさえ、自分を悩ます人たちがいやになってきた。ティモテー師が、彼女に怪我はさせないからと保証して、彼女の着物を焼こうとしたとき、彼女は反抗した。だがこの司祭がしつこくいい張るので、彼女もついに折れた。ところが、火が燃え始めると、彼女は叫んだ。そこで同僚の司祭が、彼女に水をかけた。「なんということをするのだ！」とティモテーが怒って叫んだ、「君は、われわれの奇跡を台なしにするのか。もう二、三分でことが成就したのに……」。

ティモテー師の奇跡がなくとも、事態は成就した。ヤンセニウスの火の手は燃えきり、フランソアのみすぼらしい着物とともに消えた。余燼《よじん》は一七八七年までかすかにくすぶっていたが、バスティーユの大火の一年前に、それも消滅してしまった。

吸血鬼

もしこの世に、是認され証明された歴史があったとすれば、それは吸血鬼の歴史である。著名人や外科医や聖職者や裁判官の公式の報告書、証明書にはかならず載っているし、司法上の証拠はすべてそろっている。

J・J・ルソー

すでにサン・メダルの出来事からも推測されるように、一八世紀にはじまるいわゆる懐疑の時代は、懐疑が固定するほどではなかった。

隠秘的なものに関する出版物の数は、減るどころかむしろ増加した。古い予言は復活し、増大する公衆のために、新しい予言とともに翻刻された。秘密団体には指導者が現われ、急速に成長した。魔術師や予言者は、社会の耳目をひいた。魔法による病気の治癒、錬金術、占い棒、人相術、神秘主義の諸派、これらが町の話題になった。ドーベルキルヒ男爵夫人はその回顧録で、「バラ十字会員、錬金術師、予言者がこんにちほど多かったことはなかった。またこんにちほど、彼らのいうことが信じられたこともなかった。人びとの会話には、たえずこれらの問題がとりあげられ、あらゆる人びとの心をとらえ、あらゆる空想をかきたてた。もっともまじめな人たちの場合でさえ、そうだった……」と書いた。

ルイ一五世は、好んで錬金術の実験室で仕事をした。この王室の先例が、宮廷の多くの紳士やパリ市民を鼓舞した。

古来の魔術のテキストは、組織的に編集された。これがもっぱら科学的興味でなされたとは、信じにくい。魔術的な詩や習慣、呪文に関する原文の複製や、夢判断の広範囲の目録は、著者の懐疑的な序文以上に読者をひきつけた。機敏な出版業者たちは、この事実を見のがすはずはなかった。

ニコラ・ラングレ・デュフレスノア(一六七四—一七五五年)は、これらの古い文書をたくさん出版した。この高位聖職者は、あまりつよく懐疑主義をふりまわすことをさしひかえたので、彼の出版物はよく売れた。けれども、晩年には、学者として控え目な態度を維持することがむずかしくなった。デュフレスノアの感情は、ジャンヌ・ダルクに関する論文で爆発した。「この少女が、なんらかの幻、夢想、天啓を得ていたということを、私はいささかも信じない」と彼はいう。彼も、ジャンヌ・ダルクのように焼け死んだ。彼は暖炉の前で読書中に眠くなり、燃えている丸太の上に落ちた。

『聖書』の有名な注釈者でベネディクト会士のドン・アウグスティン・カルメト(一六七二—一七五七年)も、隠秘的なものに転じた。彼は、吸血鬼という異常な主題を取り扱った。吸血鬼とは、墓から出てきて生きものの血を吸う邪悪な死者である。彼は数多くの資料を見つけ、当時の読者はそれにとびついた。吸血鬼の数は、一八世紀が一番多かった。

フランスでは、吸血鬼の実例はめったに報告されなかったので、ロシア、シレジア、モラヴィア、スロヴァキア、ハンガリーの吸血鬼の物語が紹介された。ポーランドでは、吸血鬼はウピルと呼ばれたし、ギリシアではブルコラカス、アラビアではゴールと呼ばれた。以下は、まじめに

図255　吸血鬼（N・タブリーヌ画）

とりあげられた吸血鬼の実例についての、いくつかの報告である。

　ハンガリーのグラディシュに近いキシロヴァ村に住んでいたペテル・プロゴヨウィッチは、有名な吸血鬼になった。彼は人びとにつきまとったため、村民は彼の墓をあばいた。ペテルはそこに静かに横たわっていた。六週間もそこに埋められていたのに、その皮膚は新鮮だった。頬は桃色を呈し、爪はのびていた。しかしその口は、最近の犠牲者たち——彼らはみな、八日以内に死んだ——から吸った鮮血がべっとりついていた。彼は墓から掘りだされ、焼かれて灰にされてしまった。吸血鬼は、死体が完全に消滅しないかぎり、血を吸おうとする活動をあきらめなかった。

　吸血鬼は、かならずしも犠牲者の血を吸うわけではなかった。やはり悪名高いキシロヴァ村で、六二歳の男が死んだ。埋葬して三日めに、彼は息子のところに現われ、食物を要求した。食物を与えるとそれを食べ、墓に帰っていった。ところが、二日たつとまた現われ、もう一度食物をせがんだ。男は、たぶん食物だけでは満足しなかったのだろう。というのも、つぎの日に息子が死に、同時に村では五人が重病にかかってまもなく死んでしまったからである。村民は、父と息子と五人の犠牲者の墓を掘りだし、すべての死体を焼いてしまった。犠牲になって死んだものも、吸血鬼になるといわれていたからである。この話は、一七三二年にガラント・マーキュリ紙に掲載された。

死者が空腹をおぼえるということは、そのころ一般に信じられていた。ドイツの教授たちは、この問題を独特の徹底ぶりを発揮して調査した。その一人ミハエル・ランフトは、『墓のなかで咀嚼している死者について』という論文を発表した。彼はこのテーマに、病的なまでにひきつけられたにちがいない。彼が記述していることは、ここでは省略しておくほうがよさそうである。

もう一つの物語は、ベオグラード裁判所の二人の役人と、政治家たち、医者、カブレラス伯爵が関係している。彼らは、ある村に旅をした。一人の兵士が語った話が、彼らをおどろかせたからだった。その話によると、その兵士は、ある農夫から夕食に招かれた。一同が食事をしていると、一人の見知らぬ人が部屋にはいってきて、招待もしないのに仲間に加わった。みんなは恐怖の色をみせたが、兵士は、遠慮して何もたずねなかった。つぎの日、その家の主人が死んだ。それから人びとは、あの見知らぬ人は一〇年前に死んだ主人の祖父で、いまでは吸血鬼になっていると話してくれた。この物語のその後は、検査官たちが作成した公式の調書から得られる。老人の墓が役人たちの手であばかれると、吸血鬼は完全に保存されていた。医者が血管を開くと、鮮血がほとばしり出た。カブレラス伯爵は、死体の頭部を切りとって、胴体は墓にもどすようにと命じた。

これを見て、数人のものが前に進み出て、この機会に他の吸血鬼どもも村から追いはらってもらいたいと申し出た。カブレラスは、さらに四つの墓をあばいた。それは、三〇年前に死んだある村民の墓と、その犠牲になって死後やはり吸血鬼になった彼の家族たちや従者の墓だった。三〇年たった死体は、ほかの死体と同様に、完全に保存されていた。そしてどの死体からも、血が流れ出た。それらの死体は、墓のなかへ釘づけにされたが、この処置について人びとは、伯爵の無知を指摘してぶつぶついった。そこで伯爵は、もう一つの吸血鬼については焼いて灰にしてしまうように命じた。この吸血鬼は、死んで一六年たった人で、二人の息子は、彼に血を吸われて殺された。これらの事件を記録した委員から報告をうけた陸軍長官は、委員に、宮廷で口頭で説明するように命じた。皇帝は、新しい委員会を設けてこの事件を調査させることにし、数名の法官と医者と少数の学者とを、その村に派遣した。

吸血鬼についての有名な話は、トルコとセルビアの国境にあるメドレイガのアルノルド・パウルの話である。彼は一生を通じて、トルコの吸血鬼に苦しめられたことを、しばしば訴えていた。彼は、たまたま吸血鬼の墓にかぶせた土を食べようとして——おそらくこれは、死者を墓のなかでだまらせておく唯一の手段である——まぐさ車の下敷きになって死んだ。

アルノルド・パウルは、大吸血鬼になった。四〇日後に、彼は墓から掘り出された。報告によると、彼の血は血管のなかで泡立ち、全身と屍衣《しい》は血みどろだったという。執行官が心臓を刺すように命じたとき、吸血鬼はおそろしい叫び声をあげたが、これが彼の最後の抗議だった。そのあとすぐ、火が全身をつつんでしまった。一七三〇年のことだった。

シャルル・フェルディナン・ド・シェルツがロレーヌのシャルル公にささげた『呪術師の遺

著』のなかで、おそろしい物語を報告している。ボヘミアのブロウ村で、吸血鬼が人びとを集めて殺した。それから村の人びとは不吉な呼出しに用心していたが、ついに村民は怪物の墓をあばき、怪物を棒で地面におさえつけた。吸血鬼は、「イヌを追っぱらう棒でわしを打つとは、なんとおまえらも友達がいのあるやつらだ」といった。その夜、この吸血鬼が現われて、五人の息の根をとめた。つぎの日、彼は首つり役人の手で掘り出され、幾度となく突き刺された。火葬場へ車で運ばれると、彼はずっとわめきつづけ、手足を動かしていた。一七〇六年に処刑されてからは、ボヘミアのこの村は平穏になった。「ありがたいことに、われわれは軽々しく信じはしない。けれども、この場合には、自然科学の光をあてることができなかったことは、認めなければならない」と、ドン・カルメトはつけ加えている。

ドン・カルメトは、この出来事を伝染性狂信と名づけた後、心霊的な取扱いから自然科学的な取扱いに移って、吸血鬼の現象を科学的に解明しようとしている。土壌のなかの化学物質が、死体を無期限に保存するのかもしれない。暖かみのために、土のなかの硝石と硫黄が、凝固した血を液化させるのかもしれない。吸血鬼の悲鳴は、喉を通過する空気が、棒で打たれたさいの体内の圧迫のため、洩れて出てくるのかもしれない。また、しばしば生きながら埋められることがある。破門された人などが死者として埋葬されると、墓から出てくることがある。しかし、土を掘り崩さないで肉体が墓から出ることは、不可能である。吸血鬼の物語で、墓が荒れていたことを述べているものは一篇もない。

仮面をはがされた魔術

ヴァルモンの修道院長ピエール・ド・ロレーヌ（一六四九―一七二一年）によれば、吸血鬼の秘密は塩と熱と運動であるという。これまでにおこったことはなんでも、再現することができる。これは、なにもおどろくことではない！　死者も、植物や動物が再生するように、すくなくとも一時的には再生することができる。フラスコのなかへ、美しいバラの種子の生命の源を入れよ。これを焼いて灰にし、蒸留するに十分なだけの朝露をしみこませよ。灰から塩をとりだし、それに、蒸留した露を混ぜよ。粉末のガラスと硼砂《ほうしゃ》でびんを密封せよ。この容器を新鮮な馬糞の上におき、一カ月間放置せよ。つぎに、その容器を日光と月光に交互にさらせ。容器の底に、にかわ状の物質が隆起してくれば、実験は成功したことになる。さて、びんを日光にさらすたびに、ガラスのなかに、葉も花びらもすべてが美しいバラの幽霊が現われるだろう。冷やせば、それが消えてしまう。熱するとふたたび現われる。この手順は、かぎりなく繰りかえすことができる（図256）。

バラの花びら、吸血鬼、蒸気機関、電気、亡霊、恐怖と優雅、気球と花環、手品と隠秘論、洗練された式典と病的興奮、これらが緊密に混ざりあった時代は、一八世紀をおいてほかになかった。未熟な科学のレトルトのなかでは、バラの幽霊のように、夢幻の過去が再現した。

塩が無効であることが証明されると、体液、蒸気、呼気、原子、磁気が、隠秘的な現象を説明するさいの論法として役だった。あらゆるものが、科学的に説明されねばならなかった。暗黒の過去は、光があてられ、納得できるようにされるべきだった。すべての研究が貴族たちの後援にたよっていたから、万事は、貴族を満足させるために、優雅にさしさわりなく解釈されねばならなかった。新しいものや隠されたものの探究者たちは、恐怖の原因はどこにもないことをほのめかした。公開実験は、どんなサロンででも行なうことができた。君の刺繍のあるビロードの上着をよごしても、気にかけることはない。ただ、楽しみさえすればよい。

ベンジャミン・フランクリンは、客を楽しませるために「電気の夕べ」を催し、自分のいろいろな発見を知らせた。人類に光と動力をもたらすことになったこの再発見された電気の力は、当時は花火などの娯楽用に使われた。最初の気球は、それに乗る人にとってはもっとも危険な機関だったが、モンゴルフィエ兄弟はこの気球を、ルイ国王の頭文字で美しく飾り、こわがっている見物人をなだめるために花環や優美な装飾を施した。

図256　バラの幽霊

一九世紀初期の人びとには、蒸気と電気への恐怖はまだつきまとっていた。六〇〇トンの帆船で世界を周航したアデルベルト・フォン・シャミッソーは、航海日誌のなかで、蒸気船に代わって馴らされたクジ

図257　18世紀の手品の実験

ラが現われ、どんなエンジンよりも早い速力で船をひっぱるようになるかもしれない、といっている。
　この世紀の終りごろ、数学者のアンリ・デクラン（一七四六―一八二六年）は、物理学に関するおもしろい本を発表し、そのなかで、魔術的な現象を手品として合理的に説明している。彼の著書の一つ『仮面をはがされた白い魔術』（一七八五年、パリ）の口絵には、「物理学の教授にして公開実験者」である一人の上品な手品師が、ブルボン王家のユリの花につつまれた背景を舞台に、見世物をやっているところが載っている（図257）。
　その第二巻の口絵には、未開人を手なずけるデクランの方法が図示されている。モンゴルフィエの気球から、三つの紙製の神の像が、おそろしそうにして見ている南アフリカ人の真上におりていく。この像は、しばらくするとまた上昇する。像を落下させるためにぶらさげた鉛のおもりを、燃える硫黄が切断するからである。そのとき、島の長官が酋長に、アテナ女神が天からもってきた贈物をさし出すと、いままで険悪だった彼らも友好的になるだろう。これは、文明人が行なうにふさわしい方法ではないが、理解力の確かでない未開人を手なずけるには、手ごろな方法である、とデクランはいう（図258）。

ところで、デクランの本のなかでもっともおもしろい部分は、奇跡を生みだすはずの多くの自動装置や機械類が、じつは隠れているカナリアとか磁石によってあやつられているのだ、と著者がいっている点である。だがじっさいは、カナリアも磁石も、重力や摩擦に打ち勝って著者のいうような結果を生みだすほど強力なものではなかろう。デクランの数学は、ジャン・バプティスト・フィアル（一七三六―一八一八年）が正しく指摘したように、まったく不可能なことを計算したのである。聖職者フィアルは、一八〇三年に、悪意のあるパンフレット『魔術師と魔神崇拝者とにあざむかれたフランス』を発表した。一八世紀の多くの魔術師や予言者は、フィアルの著作では汚名をきせら

図258　モンゴルフィエの気球による奇跡的な効果

れている。デクランも、フィアルの毒舌からまぬがれていない。「これらの自動装置は、悪魔以外のどんな手段をもってしても、動かすことはできない」。

話をヴァルモンの修道院長ロレーヌのことにもどそう。ロレーヌの再生についての研究の手始めは、占い棒の研究だった。このふしぎな道具は、反応によって地中の金属や石炭や水の所在をつきとめることができるというもので、当時はもちろんいまもなおその本質については推測の域を出ない。現代の科学者のうちには、占い棒の効力については懐疑的な人びとがいる。ブラジルで作業しているアメリカの一地質学者は、どんな棒も使わず、まったく近代的な方法で、多くの場所から水を発見した。それでもなおその学者は、伝統的な道具を、見せかけではあるが携帯している。その他の科学者は、占い棒（virgula divina）の働きを事実上は認めている。軽信家とはいえないジェラン＝リカールもそれを認めている一人である。この有名な棒は、シャルル・フォールがいったように、近代科学から冷遇され無視された「いまわしい」現象の一つに数えられがちである。

一六世紀の鉱夫たちが占い棒をうまく使っていたことは、一五七一年にゲオルク・アグリコラが発表した採鉱に関する初期の標準書から知られる（図259）。この図は、石炭鉱の予備調査である。二人の探鉱者が道具をあやつり、もう一人は、ヤナギの木から自分の棒を切りとっている。二人の測量師は、「蹴った」棒が指図した地点を示している。アグリコラの本は、技術的な問題だけを取り扱っており、隠秘的なものとはなんの関係もない。

占い棒は引きつづき用いられたが、一六九二年、モンペリエの医師ピエール・ガルニエが、おどろくべき報告書を発表した。占い棒は犯罪を探知することができるというのである！ ドフィネ地方のアイマルという労働者は、自分の占い棒を使って、数人の泥坊や人殺しを発見した。リヨンでブドウ酒商人とその妻の殺害事件があったとき、彼はそこへ呼びだされた。殺人の行なわれた穴倉では、アイマルの棒は狂ったようにぐらぐらした。棒に導かれて、彼は犯人たちの跡を追った。彼は、犯人たちが泊まった宿屋のところで止まり、彼らが触れた酒びんを指摘した後、南フランスへいき、ついにボーケールの牢獄の前で足を止めて、このなかに犯人の一人がいると断言した。彼の判断は正しかった。三人の殺人者のうちの一人が犯行を認め、ほかの二人は国境を越えて逃亡したといった。

図259　16世紀の占い棒

　ヴァルモンの修道院長ロレーヌは、この隠秘的な現象を、けっして失敗しない科学によって説明しようとした。この場合、おどろくべき自然の原因は、微粒子

図260　17世紀の占い棒

の作用だとされた。「微粒子は、占い棒をもっている人の手のなかににじみ出てくる。微粒子は、病人用の水ぶとんや鉱山から発散し、吐き出される。また逃亡中の殺人者の汗から柱状に発散する。これらの微粒子が、棒の反応をひきおこすのである」（図260）。

隠秘的な現象は、解明されるかされないかにかかわらず、引きつづき現われた。われわれは、サン・メダル墓地での病気の治癒をどのように解釈できるだろうか。たとえ科学が奇跡の作用を明かすことができたにしても、そのような作用が、一般大衆によって自発的に集団的に発見されたという事実は、依然として驚異として残るだろう。こんにち、盲人や中風患者で、科学的な確信があるからといって、サン・メダル墓地で治療をうけることを拒否する人がいるだろうか。まことに、魔術による治療は、隠秘的なもののうちで、もっともおどろくべき現象の一つである。

中世の聖女だったビンゲンのヒルデガルトは、宝石やパンに十字架を描いてその効力で患者を治した。盲腸炎のような外科手術の必要な病気は、もちろんこんな処方では治せなかったが、その他の多くの病気は、こういう不合理な方法でうまくきりぬけられていた。これを暗示によるものだといっても、このようなふしぎな特質が人間にどの程度存在しているかを説明したことにならないし、それらの特質が人間の健康におよぼす効果も説明できない。人類学者によれば、原始人のあいだでは、禁制《タブー》に違反したものは、即時に死んでしまうという。これは、魔術として説明する以外、どう説明すればよいだろうか。もしも君が言葉の暗示を得たいならば、催眠術師をおとずれ、なぜ彼の力が働くのかたずねるがよい。君は、陳腐なことをすこしばかり聞くだけで、ほかにほとんど得るところはないだろう。催眠術師は、言葉では説明できないのである。概念と確信こそが、病気を治したり人を殺したりする。そしてこれこそ、カバラ的であると同様に魔術的である。

患者を治す方法を知っていると信じた魔法使いがいた。動物磁気の発見者フリードリッヒ・アントン・メスメル（一七三四―一八一五年）である。彼は、ファン・ヘルモントの理論のような古い理論を基にして、人体とすべての生命体は、魂に支配される物質的な光線を流出していると主張した。古い魔術師たちに知られている生命の精は、天からおりてくると器のなかへ集められる。集められた生命の精は、器から病人のなかにはいり、こうして、病人の弱められた精が回復する。つよい生命の精を得た人びとは、もしその精を運ぶ光線の操作を知っていれば、他人に自分の健康を付与することができる。彼らは、病人に自分の手をおくか、鉄の棒を使って流出物を制御すればよい。メスメルは大きな容器を、彼の美しい部屋にそなえていた。この容器は巨大な円箱で、中心点にむけてびんがいっぱいつめられ、それらのなかの生命の精は、中心にある大びんに導かれた。びんには、磁気をおびた水、ガラスの粉末、鉄のやすり屑がはいっていた。この容器はふたがしてあって、ふたの穴から、何本もの金属棒が出ていた。

図261　メスメルの磁気療法

病人は、これらの棒をつかむか、痛む手足をそれにあてるかした。その器械のまわりには安楽椅子がおかれ、治療のあいだは音楽が演奏された。音楽は偉大な治療師なのである。メスメルはまた、星の影響、交感、誘引についても考慮した。彼の私設診療室は、何一つ不愉快なものはなく、病院という感じはすこしもしなかった。人びとは、そこでコーヒーを飲みながら会合し、にぎやかに話しあった。美しい絵、高価な時計、水晶の置物、これらは富と地位を印象づけた。メスメルは魅力的な座談の名人であり、同時に感じのいい謙虚さに満ちていた。パリ中の人が、彼に会いにやってきた（図261）。貧乏人のためにも、この慈善家は特別の午後をとっておいた。彼の成功はひじょうに大きく、治療は奇跡的だった。医学会から敵意のある報告が出されたにもかかわらず、彼の治療はつづいた。メスメルは、こういう反対には慣れていた。

彼がヴィーンを去ったのは、そのような反対があったためであった。しかしルイ一六世は、彼を庇護した。王は、多額の年金を与えようとしたが、メスメルはこれを断わった。また王は彼のために、診療所を建てさせようとしたが、この大計画も実現しなかった。彼はもう、流行児ではなくなり、敵が多くなってきた。もっとも熱心な患者であり擁護者は、偉大な言語学者のクール・ド・ジェブランだった。しかし、病気が治ったと思われたジェブランは、容器の前で急死した。こんにちでは、権威ある医者の名声が失墜する前に、どれだけ多くの患者が死なねばならぬことか！

しかし、一八世紀のパリ人は違っていた。彼らは、優雅なパリ人の室内の画に描かれたサルのようなものだった。ある事がらに感情的に動かされるが、それを蹴落としては、新しい事がらに飛びついていった。

メスメルはフランスを去り、イングランドに身分をかくして生活し、さらにドイツにいき、そこで死んだ。

フリーメーソンの集会

一八世紀には、魔術と哲学、政治と宗教がふかく混ざりあっていたので、いまやヨーロッパに氾濫した秘密団体の真の性格を定義することは困難であり、おそらく不可能であろう。博愛主義は、国王、貴族、市民、労働者、哲学者のだれもが用いたスローガンだった。けれども、彼らの大部分はそういう意思表示をするだけで満足した。彼らは、フリーメーソンの集会所で伯爵と労働者がともに白いエプロンをつけて同席し、同じ賛歌を歌い、同じ思想を発表するのをみて、平等は確立したと考えた。しかし会合がすむと、伯爵は気品をとりもどしたし、労働者はみじめな境遇に戻った。

対照的な政治的理念や、階級間の衝突する利害は、感傷的な文句やうわべだけの慈善によってとりつくろわれていた。これは、一七世紀の無名のバラ十字会員たちの場合とは、ひじょうな違いだった。万事が芝居がかって仕組まれ、共感を呼びおこすようにお膳立てされた。こういうお涙ちょうだい式のやり方は、一七八二年のカンドル支部の会合についての以下の記述を読めばわかっていただけるだろう。それは、気球の発明者モンゴルフィエ兄弟を祝う晩餐会での出来事だった。この機会に、戦争の若い英雄クロード・ティオンが、フリーメーソンの会員たちから栄冠を与えられることになっていた。男女合わせて一七〇人が出席した。議長のセースヴァル侯爵が、気球の発見について感激した演説を行ない、二人の発明家のうちの一人に出席をいただいたことがどんなに光栄であるかを強調した。きさくなM・モンゴルフィエは、舞台に進み出て着席し、ショアスル＝グフィエ伯爵夫人から花環をうけとった。この瞬間、太鼓の音がこだまし、しだいに近づいてきた。扉がさっと大きく開かれると、兵士たちが白と金のフランスの旗をかかげながらはいってきた。

この一隊に加わって、手榴弾の運搬中に片腕をなくした若い勇敢なティオンが行進してきた。彼は舞台に進み、そこで美しい貴婦人たちから、金の月桂樹の花環を頭に飾られた。太鼓がたたかれ、トランペットの音は窓をふるわせた。全員の喝采のうちに、伯爵夫人は勇敢な若者にメダルを贈呈した。トランペットがふたたび鳴りわたり、一同は、ご馳走が山と盛られたテーブルに急いだ。さて、支部の一員が、用意してきた二行連句を読みあげる。

運命と武器の犠牲者よ、
それらが襲いかかろうとも私はたじろがざれど、
いま、この歓喜の瞬間は、
涙なくしてわが思いを語ることあたわず、
苦しみには流さざりし涙なりしも。

このようにうまくお膳立てした詩のあとでは、ティオンが涙を流して泣くという場面は、当然期待されるだろう――そしてみなも幸福にひたり、むせび泣く。
しかしながら、すべての秘密団体がこのように無意味だときめつけるのは間違っている。その他に、国王の支持をうけない集会があった。ある集団は、指導者によって革命への道を進んでいたし、また別の集団は超カトリックの理想を擁護した。団体のすべてとはいわないが、ほとんどは、当時なお強力だった宗教裁判の解消に熱心に活動した。国家の腐敗した組織に対する反対は、フリーメーソン団員、サン・マルタン主義者、バラ十字会員、スヴェーデンボリ主義者によって、多少とも力づよくとなえられた。多くの場合この反対は、直接にはなんの結果もともなわない示威運動、つまりただの意思表示にすぎなかった。けれどもついに、貧乏人と金持、貴族と賤民の混合は、いい効果をもたらした。そして人間社会についての権利と義務の平等という白々しい文句も、それが真理をふくんでいたために結実した。これらの集会は、全体的にみた場合、政治的進歩や民主制や理想の忠実な擁護を推進した。たいていの団体員は平和愛好の市民であり、彼らの鼓吹した恐怖は、じっさいに具体化した危険よりも大きかった。彼らの抵抗は受動的だった——だがそれが抵抗であることには間違いなかった。

権威すじが彼らに対していだいた恐怖は、早くも、これらの団体への迫害となって現われた。そして、殉難者、英雄、敵対者を生んだ。一七三八年、教皇クレメンス一二世は、ヨーロッパのすべてのフリーメーソン団員を破門し、ルイ一五世はフランスの組織を禁止した。多くの団員が投獄された。ブルボン＝コンデはフランスのフリーメーソンの支部長だったにもかかわらず、一七四四年に新しい禁止令を発布した。

しかしながら、フリーメーソンの各支部を、根絶することはできないことがわかった。この事実は、知識人につよい感銘を与え、教会当局と政府当局とのやりかたに疑念をおこさせた。他方、フリーメーソンの多くの指導者はとるにたりない人びとだったので、内紛がおこり協力的な行動が妨げられていた。革命前のフランスにおける紛糾と党派性とは、紀元後の最初の数世紀の混乱を思わせる。フリーメーソン、とくにサン・マルタン主義者は、人間を罪罰から幸福へ引き上げるという古い理想をかかげており、入会の儀式は異教信仰のようだった。入会候補者のきびしい試練は、ギリシアやエジプトの例から示唆をうけた。フリーメーソンの団員は、エレウシス派の入会者のように新生し、より高い世界に上昇し、知識と天啓と秘密の知恵を獲得することになっていた。

けれどもフリーメーソンの入会式は、死んだ過去からとりだした旧式な儀式以上のものだった。新生への意志は、腐敗の時代には重要な意義をもっていた。公共の善のための知恵の獲得、よりよき時代の待望、ヒュマニティへの信頼、更新する永遠との結びつき、これらすべてには、真の倫理的な価値があった。

この時代は、科学によって完全な新生をとげるほど成熟していなかった。救済はむしろ、信仰に求められた。ほとんどすべての団体員は、宗教的だった。しかし、公認の信仰は彼らの熱望を満足させなかったので、彼らは信仰の上に奇跡をつけたした。奇跡とは、教会がオリエント的な放縦を一掃した時代に捨ててしまっていたものだった。一掃のしかたがあまりにもひどかったので、貴重な知恵まで投げ捨ててしまい、それをもう一度とりもどさなければならなかったのである。それゆえ、フリーメーソンのある支部が偉大なオリエントと呼ばれるのも、理由のないことではなかった。

科学への不信は、スウェーデンの学者エマヌエル・スヴェーデンボリ（一六八八―一七七二年）の場合に明瞭である。彼は、当時のあらゆる秘密団体の原動力をなす人物である。彼は、ギリシア語、ラテン語、東洋語、ヨーロッパの数ヵ国語の研究に没頭し、また、冶金術、解剖学、数学、地質学も振興した。要するに彼は、きちょうめんで冷静で懐疑的で、学者の模範だった。ところが、突然幽霊を経験し、ふしぎなあの世の天啓の世界をさまよったのである。科学の戦士は、予言者になった。イマヌエル・カントを信じてよいなら、真の予言者になった。透視力のあるスヴェーデンボリは、約三〇〇マイル離れたストックホルムの大火を見た。新イェルサレム教会という彼の教会には、いまなお数十万人の信奉者がいる。

彼の影響はさらにひろくおよんだ。パスカリ、サン・マルタン、ペルネティ、カリオストロは、スヴェーデンボリから思想を借用した。

「平等」というスローガンが誤用されたことを知った一部の魔術師たちは、やがて、大衆をひきつける考えを捨てさった。アントアヌ・ジョセフ・ペルネティ(一七一六—一八〇一年)は主として貴族や王侯を集めた。もとベネディクト会士でプロシア国王の司書だった彼は、スヴェーデンボリの礼賛者で、そのラテン語の著作をフランス語に翻訳した。ペルネティは、ブーゲンヴィルとともに世界を周航した。彼は、人間と国土に関するひろい知識から、全人類を賢者の石のしるしのもとに統一しようとした。彼はプルタルコスの影響によって、ギリシアとエジプトの寓話について幻想的な著作を書き、これらすべての寓話が一つの魔術的な中核、すなわち錬金術的な手順または偉大な霊薬にまとめられることを示した。

バラ十字会員のマルティネス・パスカリも錬金術師で、一七五四年に、新しいフリーメーソン的な儀式を始めた。彼のおもな思想も、やはりスヴェーデンボリから借りていた。人間の創造、人間の不従順と転落、人間の刑罰と精神的苦悩、これらはパスカリの入会式の核心をなしている。人間は、「原初の威厳をとりもどすべきであって、思索の道程で造物主に近づけば、神の息吹きによって生気を与えられるだろう。また、錬金術、カバラ、占いという自然の秘密を知るだろう」。

パスカリのスヴェーデンボリ式の儀式は、友人のルイ・クロード・ド・サン・マルタン（一七四三―一八〇三年）が修正し、パスカリがサント・ドミンゴ共和国のポルト・プランスに隠退したとき、その教義をヨーロッパ中にひろめた。サン・マルタン主義者たちは、ロシアに、とくにガリチン公に指導された貴族のあいだに分派をつくった。サン・マルタン主義者が行なった大きな呼びものは、現代の心霊論者の儀式に似た魔術的な儀式だった。死者が呼びだされ、魔法の輪、芳香のある薬草、美しい黒色の絹の外衣、ダイアモンドをちりばめた徽章《きしょう》によって幻覚が刺激された。教化された人たちは、神聖な力と交わり、そこから、彼の人道主義的な理想を助長する方法について忠告を集めた。

図262　研究中のラヴァター

　これらの魔術師のうちで、チューリヒの牧師ヨハン・カスパー・ラヴァター（一七四一―一八〇一年、図262）は、寛容の提唱者として先頭に立っていた。人相術について有名な著作を残したこの謙虚な著者は、宗教について独自な見解をいだいていた。彼は、自分の教会で平和を見出すことのできない人たちを、「よき母」というカトリックに手渡した。また、仲

図263　カリオストロ像

間たちをふかい洞察の力で観察した。人相術というものは、人間の容貌を、生まれつきの心をあらわす徴候および性格として、研究する技術だからである。ラヴァターの優雅な態度は、同僚の魔術師たちの狂暴なふるまいよりも、しばしば効果的だった。「私は、ラヴァターが君主たちに送った書簡を見た。……私は、君主が最高の敬意をはらって返事しているのを見た。彼らは彼の命じるままになり、彼のパトロンになった」と、ミラボーは書いている。

こんなに学問のある有力な人物には、同僚の魔術師の忠告は必要ないと思われるだろう。にもかかわらず一七八〇年、ラヴァターはシュトラスブルクへ旅行し、そこでカリオストロ伯爵（図263）から多くの知恵を得たいと願った。しかしカリオストロは、彼と会うことを断わった。二人は手紙を交換した。ラヴァターが、「あなたの知識は、どんなところにあるのですか？」とたずねたのに対して、カリオストロは簡潔に「言葉と薬用植物と石のなかに」（In verbis, herbis et lapidibus）と答えた――これは、彼が鉱物と野菜からなる調合剤と、言葉の暗示力とをもって行なったふしぎな治療をほのめかしている。この「伯爵」（本名はジュゼッペ・バルサモといった）は、自分のもっている奇跡についての知識やオリエントへの冒険旅行や、自分がもっとも高貴な家がらであることを、ほとんど隠そうともしなかった点からみると、このような答えは、異常にひかえめだった。だが、カリオストロは、ロンドン滞在中に数回詐欺をおかしたことについては、あまりしゃべらなかったし、同じ理由でロシアから追放された事実も述べなかった。ゲーテはその著『イタリア紀行』のなかで、カリオストロのことをつぎのように述べている。「じっさいカリオストロは、公衆の面前では高貴な生まれであるようにみせかけたが、友人には下賤の出であることを好んで自認した、というふうに私は答えた」。

カリオストロは、くらい過去をもっていたにもかかわらず、魔術師としてのおどろくべき知性については、その敵さえも否定しなかった。多くの友人や門人たちは、彼の醜聞や嘘言を、彼の知恵や慈悲、予言者、治療師、錬金術師としてのまことに超人的な才能にくらべると、たいしたことではないと考えた。

カリオストロはシュトラスブルクで、錬金術によってダイアモンドをつくり、それを枢機卿のルイ・ド・ロアンに贈った。この宝石は、枢機卿出入りの宝石商人の値ぶみによれば二万五〇〇〇リーヴルの値だった。ある日カリオストロは、枢機卿がなつかしい思い出として胸中に秘めていた、ある死んだ婦人を呪文で呼びだした。ド・ロアンは、この魔術師をかぎりなく愛した。ド・ロアンはその書斎に、「聖なるカリオストロへ」という銘のはいったカリオストロの胸像をおいていた。この友情も、カリオストロに関係のない事件のためについに破れたのは、運命の皮肉だった。それは、ルイ・ド・ロアンがフランス王妃に首飾りを贈ろうとしたとき、ド・ラ・モット伯爵夫人が介入してそれを手に入れた事件である。ド・ラ・モット夫人は、枢機卿が首飾りのために貯えておいたお金を懐に入れてしまい——同時に首飾りも隠してしまった。彼女は、裁判官に審問されたとき、カリオストロをまきぞえにした。そのころ、カリオストロの運勢は下り坂だった。そこで彼は、ひたすら静かに正直に生きていこうと願った。だが、これは彼にとって、冒険や詐欺に生きるよりもむずかしい生き方だった。

カリオストロは、エジプトでフリーメーソンの支部を創立した。彼の言葉の力は多くの帰依者をひきつけ、フリーメーソンの全集団がその儀式を捨てて、大コフタ——カリオストロは自分のことをそう呼んだ——の発明した儀式にしたがった。どんな信条をもった団員も、加入を認められた。必要な唯一の条件は、霊魂の不滅を信じることであった。

集会中は、七つの「純粋な精霊」と交わる意図のもとに、魔術的な祭儀が行なわれた。「ハト」と呼ばれる純真な少女が、テーブルに連れていかれた。テーブルには、ガラスびんがおいてあって、その両側には松明が立てられていた。少女がびんをじっと見つめていると、ここにいない人物とか、未来の出来事とか、天使たちが現われるだろう。あるいはまた少女は、衝立のうしろに連れていかれた。そこで少女は、天使との神秘的な結合を経験するだろう。同じような儀式は、婦人を会員にしているエジプトの「イシス」支部でも行なわれた。そこの支部長は、カリオストロの妻のロレンツァ・フェルチアニだった。男子もその集会に列席することがゆるされ、パリの最高の貴族たちも、よく集まった。しかし、カリオストロの一般民衆への影響はもっと大きかった。彼が、間違った嫌疑で留置されていたバスティーユ監獄から釈放されたとき、一万人のパリ人が彼をかつぎあげて意気揚々と市街をねりあるき、その翌日は、彼の住んでいたサン・アントアーヌ街は、カリオストロを歓呼する群衆でいっぱいだった。暴動がおこるのではないかという心配から、この予言者は、八日以内にパリを立ち去るように命じられた。この布告が公表されると、新しい群衆が彼の家をとりまいた。バルコニーから姿を見せたカリオストロは、彼らをなだめて、「諸君に私の声をお聞かせする時機が、いずれ到来するだろう」といった。

サン・ジェルマン伯爵

サン・ジェルマンという男は、いったい何者で、どこの出身なのだろうか。このなぞは、いっさい解かれなかった。いつ生まれ、いつ死んだかも知られていない。彼については、信じられないようなことがいいふらされている。フリードリッヒ大王は、死ぬことのできない男と彼を呼んだ。またサン・ジェルマン伯爵自身も、長生きできる薬液を発見したと公言し、自分は二〇〇〇年間生きてきたと主張した。彼は、シバの女王と談笑したことや、カナの結婚のさいのふしぎや出来事を、親しく口にした。また、数千年前のバビロン宮廷のゴシップも知っていた。しかもそれらが、当時のパリの宮廷の物語と奇妙に似ていたので、宮廷のだれもが彼の話に魅せられた。

サン・ジェルマンのヨーロッパ史についての知識は、ものすごかった。彼は、アンリ四世やフランソア一世の治世の出来事を述べた。また、ある婦人にその家庭の秘密をささやいたとき、真相を彼が知っているのに婦人はおどろいたが、これは、彼がマリニャノの戦場で、彼女の祖先から聞きだしたことであった。伯爵は、背は高くなく、風采もそうよくなかった。いつも四〇歳くらいに見え、身なりはりっぱだった。髪は黒く、快活で、微笑をたたえていた。そして衣装には、高価な宝石をいっぱいつけていた（図264）。

図264　サン・ジェルマン伯爵像

サン・ジェルマンは、ギリシア語、ラテン語、サンスクリット語、アラビア語、中国語、フランス語、ドイツ語、英語、イタリア語、ポルトガル語、スペイン語で話したり書いたりした。その博学ぶりは、まったくけたはずれだった。彼はまた、有能な画家だったし、ハープシコードやヴァイオリンの名手であり、その化学知識は、同時代の人びとよりもはるかにぬきんでていた。彼は、ダイアモンドの傷を取り除く方法を知っていたが、この技術は、それ以後は失われている。彼はこの方法で、ルイ一五世のダイアモンドの一つを改良し、宝石の値打ちを高めた。彼は黄金をつくることができたし、不老長寿の薬ももちろんもっていた。その上、たいへんな富豪だった。

彼は小歌劇や民謡を作曲したり、絵画のうちでもとくにムリリョとベラスケスの作品を収集したといわれる。また、つぎの世紀の人たちと関係のある蒸気船についても語った。彼は、自分の姿を見えなくし、すきな場所にふたたび姿を現わすことができた。これは、数人の友人が証言した事実である。他人に催眠術をかけることができ、随意に自己催眠の状態におちいることもできた。顔料の知識も、なみはずれていた。画家のラトゥールやヴァン・ローはその秘密を明かすようにたのんだが、むだだった。

サン・ジェルマンをとりまく召使や従者たちは、主人について多くのおどろくべき物語を語った。ある懐疑主義者が、サン・ジェルマンの執事ロジェに、「お前の主人は嘘つきだ」といった。それに対してロジェはこういった。「それは、私のほうがよく存じています。ご主人様はだれにでも、わしは四〇〇〇歳だ、とおっしゃいます。ところで私は、ここに勤めましてからまだほんの一〇〇年にしかなりません。私がまいりましたとき、伯爵は、わしは三〇〇〇歳だとおっしゃいました。ですから間違ってそれに九〇〇をお加えになったか、それとも嘘をおっしゃっているのか、その辺は私にもわかりません」。これは従者の話だが、貴族たちもこれに似た話を信じていた。サン・ジェルマンがヴェルサイユに着いたとき、ジェルジ伯爵夫人と出会った。彼女は彼にむかって、「五〇年前、私が大使夫人としてヴェネチアにいましたとき、お会いしましたね。お年をめしたはずですのに、あのときとちっともお変わりになりません。きっとお若くなったのですわ」といった。また、そのころ老年だった作曲家のラモーは、一七〇一年にサン・ジェルマンと会ったことをおぼえていた。そしてそのときの伯爵は、一七四三年のときよりもすこし年とっていて、五〇歳くらいに見えたという。

ルイ一五世は、サン・ジェルマンに、シャンボールに滞在するように命じたが、のちに、王の私室に自由に出入りするようになった。

ここで、サン・ジェルマンの不可解な神秘を解きほぐし、この魔術師の真の性格を描いてみよう。

まず、サン・ジェルマンは死ぬことができないというフリードリッヒの言い分について、疑問がおこる。プロシアのこの懐疑的な王が、なぜ、こんな空想的な話をいい出したのだろうか。これは、王がそうすることに興味をもっていて、ある計画にしたがっていたのだ、と説明するよりほかはないだろう。サン・ジェルマンは、フランスの大使ベル＝イール氏といっしょにフランスにやってきた。そしてルイ一五世に優遇され、高位の貴族のような生活を送った。

これは、サン・ジェルマンが使節として秘密の使命を帯びていたため、その周囲には故意に神秘がはりめぐらされていたことを意味する。フリードリッヒの言葉は、このことを証明する唯一のものではない。ジェルジ伯爵夫人のはでな公言も、一応問題になる。彼女は、「大使夫人」だった。つまり、外交的な使命を帯びていた。この利口な老貴婦人は、あきらかに、国王から秘密をもらされていたようである。おそらく彼女は、宮廷においては、微妙な問題に関して信頼のおける唯一の婦人だったのだろう。そして、空想的な話を助長する必要があったのである。老ラモーは、思い違いをして、サン・ジェルマンとかつて会ったことのある別のだれかと彼を混同していたのかもしれない。それとも、老ラモーも秘密を知っていたのかもしれない。

サン・ジェルマンが過去の政治について、かずかずのおどろくべき話をしたことは、外交官としての本性を現わしている。彼は秘密書類に接していたので、ヨーロッパ史を組織的に、また目的をもって研究することができた。だが、その他の才能は、伝説ではどうあろうと、しろうとの域を出なかった。歌劇は重要なものではなかったし、画家としての才能も、作品が一つも残っていない点からみて、たいしたことはなかったにちがいない。彼の化学上の発見は鎮痛剤だったが、もう伝わっていない。画家のヴァン・ローやラトゥールはお世辞をいったかもしれないが、それも彼が、専門家から一応折り紙をつけられる程度のディレッタントだったからである。

サン・ジェルマンの言語の知識は、すばらしかったにちがいない。しかしここでは、抽象的なことしか触れられない。ある証人の話によると、伯爵はどこへ旅行しても、その土地の住民になりきって生活したというし、種々な言語について完全な知識をもっていたといわれる。サン・ジェルマンは誇らしげに中国をたびたび訪れたといっているが、そういう事実は、いったいだれが実証したのだろうか。また、サンスクリット語については、どうだったのだろうか。もし彼がこれらすべての言語を完全に知っていたとすれば、多くの証人がいうように、彼がたえず話していたただ一つの言語であるフランス語に異国的なアクセントがあったという事実を、どのように説明したらいいだろうか。

サン・ジェルマンに関する異常な事がらは、語られるたびにいよいよ誇張され、誇張された事がらをプロシアとフランスの国王たちが是認し、助長した。

卑金属を金に変えるサン・ジェルマンの技術に関して、彼が秘薬を知っていたというのは疑わしい。ここに、ヘーグに滞在中のサン・ジェルマンをおとずれた有名なカザノヴァが、そのときのことを記録した物語がある。伯爵は、一片の銀を金に変えたが、カザノヴァは、その変成は信じられぬとし、手品を使ったのだろうといった。伯爵は、ていねいなものごしで客に家から出ていってもらうように告げ、二度と会いたくないといった。信じられないような事がらに接して信じようとしない人には、腹をたてるよりも、ぬきさしならぬ証拠を示すほうが賢明ではなかっただろうか。サン・ジェルマンが一カ月以上も保管していた王のダイアモンドについては、これを伯爵の親戚がたくさんいたアムステルダムに送って、同じような形のダイアモンドと交換することができたはずである。おそらくサン・ジェルマンは、自分というものが要するにでっちあげられた天才児ではないことを、王に信じてもらいたかったのだろう。そしてこの富裕な代行人は、古いダイアモンドを新しいダイアモンドと交換する手数料がどんなにかかっても、神秘的にするためにはよろこんで代金を支払ったであろう。価値のある伯爵の絵の収集でさえ、いくぶん疑わしい。有名な芸術作品には、歴史や由緒がつきものである。われわれの知っているところでは、ベラスケスやムリリョの作品で、サン・ジェルマンの収集のなかにみつけられるものは一つもない。

あきらかに伯爵はある事がらに夢中になっていて、収集や中国旅行に時間を浪費できなかったようである。彼は、しばしば東方への旅行をしたが、それもせいぜい、フリードリッヒが彼の報告を待っているベルリンか、バラ十字会の本部のあったヴィーンまでであった。彼がフリードリッヒに仕えたことは確かであり、また、バラ十字会からの命令もうけていたようである。ところでサン・ジェルマンの場合、この会の会員たちの利益とプロシア王の利益とを、どのように結びつけたのだろうか。ここでわれわれは推測をこころみるが、だからといって、推測が空想的すぎるようなことにはならない。ドイツのバラ十字会員の目ぼしい団体は、保守的だった。それらの団体は、ヨハン・ヴァレンティン・アンドレーエの政治的理想や、君主政治や、ヨーロッパと教皇とに対するドイツの覇権を目ざしていた。なぜこの計画が、フリードリッヒを不快にしたのだろうか。彼はフランスが弱体化することを望み、事実また事態は好都合にいっているように思えた。だが、君主政治をじっさいに破棄することは、フリードリッヒの目的でもなかったし、バラ十字会員の目的でもなかった。会員たちが共同して王に提案したことは、フランス君主制の維持だった。ところが、彼らの要求が逆効果をもたらしたことは確かである。

ルイ一五世の時代には、フランスは容易ならぬ状態だったが、絶望的ではなかった。有能な外務大臣ショアズルは、プロシアを弱体化しようとする故ルイ一四世の政策をつづけていた。しかしルイ一五世は、ある問題についてだけは大臣たちと相談せずに処理するのがならわしで、そのときはサン・ジェルマンとひそかに打合せをしていた。「不死身」の伯爵は、金属変成術のゆえに王の関心をひいたふしぎな人物として目立っていた。二人はしばしば、ルイの錬金術実験室で会合した。しかし、ショアズルは王の錬金術研究を信用せず、やがてサン・ジェルマン伯爵を怪しみ始めた。ショアズルの慎重な調査で判明したところでは、サン・ジェルマン伯爵は、国外から資金をうけとっていなかった。彼は多額の金をフランス国内から、たぶんドイツ大使館からフリーメーソンの金庫から集めていた。

サン・ジェルマンの秘密活動は、彼が突然オランダに現われたときに、まぎれもないものとなった。彼はオランダ政府を通じて、イギリスとの和平を交渉しようと計画した。これは彼自身の考えだったにちがいない。フランスのオランダ大使ダフリも外務大臣ショアズルも、これについては何も知らなかった。二人とも、彼の処置を認めなかった。ダフリは、このことについてカザノヴァに不満をもらし、カザノヴァをサン・ジェルマン伯爵のもとへつかわした。サン・ジェルマンは、カザノヴァの訪問をまじめにうけつけないで、応対をごまかした。サン・ジェルマンは、自分がオランダで何をしているか知りたいというカザノヴァの要求に、フランスへの借款を交渉しているのだと答えた。ぬけめがなく魅力のあるカザノヴァは、サン・ジェルマンを自分の師匠とするにたる人物だと見ぬいた。そこでサン・ジェルマンを晩餐に招待したが、サン・ジェルマンは、自分が未知の人たちと食事をともにしているのをこれまで見られたことはないし、自分はいつも丸薬とパンとカラスムギを食べるだけだ（これは、まったく事実だった）と弁解して、招待を断わった。

ショアズルは、この秘密交渉をゆるすことができなかった。彼はダフリに命じて、サン・ジェルマンを逮捕させようとした。しかしオランダは、伯爵の引渡しを拒否した。ルイ王は、この代理人を公式には見捨てたが、それは公式上のことにすぎなかった。というのも、数日後には、デュルフェ夫人がブーローニュの森でサン・ジェルマンと出会ったからである。彼女はいらいらしてショアズルのもとへ駆けつけたが、ショアズルは冷静に、サン・ジェルマンが夜どおし書斎にいたことを告げた。これは、秘密がもはや隠せなくなり、ルイ王がサン・ジェルマンに命じて、彼の計画を外務大臣に知らせようとしていたことを裏書きしていた。ショアズルは、イギリスがプロシアを支持していて、その計画に不賛成だったことを知っていた。ショアズルは、サン・ジェルマンを解雇した。けれどもルイは、彼をスパイとして雇い、この資格でサン・ジェルマンはドイツとロシアとへ旅行した。彼がロシアに着くとまもなく、ロシア皇帝は親フランス政策を変え、フリードリッヒと同盟を結んだ。

サン・ジェルマン伯爵は、フランスを去るすこし前に、ルイ一五世からある神秘的な犯罪について質問された。この犯罪の詳細は、サン・ジェルマンだけが知っていた。彼は、この事実を明らかにするのに一つの条件を申し出た。

「陛下がバラ十字会員になってくださいますなら、お話ししましょう」。

ルイがこの申出を受諾していたら、王朝は救われたかもしれない。しかし、時は刻々とすぎていく。効果ある調停をするには、あまりにおそすぎた。サン・ジェルマンは、「不死身」ではあったけれども、年をとっていた。ルイ一六世が王位につくと、サン・ジェルマンはバラ十字会員の神秘な使者として、フランスにもう一度現われた。彼は、新しい君主に自分の主張をいれさせようとして必死になったが、不成功に終わった。彼は、王座と王族を救うために派遣されていたのだが、マリ・アントアネットを納得させようと最後の努力をした後、立ち去っていった。彼は、このように自分の主張をいつまでもつらぬこうとするのが利敵行為とみなされることを知った。大臣のモルパが彼の後釜《あとがま》におさまった。これ以上滞在すれば、牢獄で一生を終わることになるだろう。あらゆる国境が警備されたが、彼はドイツに逃げることができた。そして、熱心な錬金術師だったヘッセン＝カッセル伯爵邸で暮らした。

いまや彼は、自分が八八歳であることを認めた。そしてヘッセン＝カッセル伯爵の留守中に、二人の部屋女中の腕にいだかれて急死した。

しかし、死んだと思われていたにもかかわらず、再現したという例がたくさん記録されている。バスティーユの陥落後、マリ・アントアネットは一通の無名の手紙をうけとった。それには、

「あなた自身がつよく反対しなさい。それ以上の方策はありません。あなたは、もはや愛しておられない民衆から孤立して、謀反人たちの口実を封じなさい。ポリニャックやその同類どもを見捨てなさい。この前バスティーユの役人を殺した刺客たちは、彼らを根こそぎ殺そうとつけねらっています。……」と書かれていた。

同じ時刻に、マリ・アントアネットの腹心の友アデマル夫人のところにも、つぎのような投書があった。「すべてはおしまいです。あなたは、私が事態を別な局面に導こうといろいろ尽力してきたことを目撃していらっしゃいます。人びとは私を軽視しました。もう、おそすぎます。私は、悪魔カリオストロが用意した仕事を、じっくり考えたかったのです。それは非道なものです。……私は、あなたとお会いすることを約束します。しかし、何も要求しないでください。私は、王も王妃も王族もお救いすることはできません」。

アデマル夫人は、もう五年前に「亡くなった」伯爵と会うために出かけた。二人は、ある礼拝堂で会った。サン・ジェルマンは、自分の動機についてこの宮廷の貴婦人がまったく無知なのを知って、空想的な話題を選んだ——もっとも、それは主として彼の感情を隠すためだったが。彼は、ちょうど日本から帰ったばかりだった。彼はいった。「神かけて申しあげることですが、彼らがどのようにしてルイ一四世の政治と妥協したか、あなたはご存じないでしょうが、私ははじめからそれを知っていたのです」。

彼は、何回も姿を現わした。革命中は、パリのあちこちに現われ、ギロティンのあったクレーヴ広場にはしばしば現われた。彼は、門人のカリオストロの始めた非道な仕事が見たかったのだ、といった。

しかし、反君主制主義者であるこの大魔術師カリオストロは、同じ年（一七八五年）にローマで逮捕され、宗教裁判所の牢獄に入れられた。彼は、投獄されるすこし前に国民議会に文書を送り、フランスに入国することを願った。「人民の自由にひじょうな関心をいだいていた」からである。彼の願いは黙殺された。

教皇庁が辛抱づよく餌食を待っていたことは、予言者でなくとも理解できた。カリオストロは、のがれることはできなかった。彼は、ローマで捕えられた。イタリアのすべての国家が、彼を自国領から追放したからである。

カリオストロは、魔法で何百人もを治療した。シュトラスブルクでは、不具者の松葉杖で彼の家がいっぱいになり、彼はそれらの不具者を健康にしてやった。彼は、財産を慈善行為に投げだした。また、彼の儀式と規律にしたがう無数の集会所を設立した。「一〇〇万人のヨーロッパ人が、私の創始したエジプトふうの儀式を信じている」と、彼は抗弁した。だが、いまや彼はひとりぼっちになり、完全に見捨てられてしまった。宗教裁判所からのがれる最後の努力として、彼は、エジプトの全集会所の代表者たちをローマに呼び、自分が検束された場合には、彼らが救助することを指令し、さらに必要とあれば、城郭かまたは自分が連れていかれる牢獄に放火させる計画をたてた。

彼は、二人の小者に文書をあずけた。ところがこの二人は、その文書をすぐに宗教裁判官に手渡した。

エピローグ

フランスでは、事態は進行した。ギロティンが血なまぐさい仕事をやってのけているあいだも、魔術はその影響力を失わなかった。有名なアリエットはカバラ説の教訓を民衆に示したし、ルノルマン嬢のサロンでは、ダントン、デムラン、マラー、サン・ジュスト、さらにロベスピエールという革命の英雄たちが、自分たちの未来を告げてもらうために会合した。その後、ルノルマン嬢の信者たちが斧で倒されてからは、新しい顧客が統裁政府や帝国のなかに現われた。もともと魔術を好んだナポレオンは、アルメゾンのルノルマン嬢を寛大にあつかった。彼女は同地で、ナポレオンがジョセフィーヌと離婚することを予言した。

ソクラテスのように、ナポレオンにも、悪霊がいた――それは赤い男で、テュイルリ宮殿の廊下にときどき現われた。彼はむかしのローマ皇帝のように、自分の魔術は認めたが、他人の魔術は非難した。たとえばその男は、古代エジプト神官の方法で病人を治していたとしてファブル・ドリヴェを迫害している。ドリヴェは、透視力のある妻の手引きで、ピュタゴラスの宗教を復活させようと企てた。彼は、自分が崇拝する神々のために建てた祭壇のもとで死んだ。

幻想的な妖怪は、依然として西洋人のあいだに出没した。科学が巨大な足どりで前進している時期にも、魔術師はなお活動していた。一九世紀を通じて、予言者や魔術師は、古代の賢人たちの血統を守りつづけた。

ナポレオン軍の元砲兵将校だったユーヌ・ウロンスキは、ピュタゴラス派の数学とカバラを基にした理論を発表した。哲学者で社会学者のシャルル・フーリエは、半魔術的な方法による社会の完全な改革に努力した。一八一四年、オリエント出身の魅惑的な貴婦人デルディル夫人は、フランスの富豪仲間に幻視を見せた。ノートル・ダムの司教代理ギョーム・ウジェは、イギリスでユダ・イスカリオに会ったのち、隠秘論に転向した。慎みぶかい職人だったアルフォンス・カーニュは、自分の啓示を教皇ピウス九世に知らせた。デュ・ポテ男爵は、自分の催眠術の才能は魔術に関係があると信じた。パリの聖スルピキウスの元助祭エリファス・レヴィは、古代の隠秘論の教理を再興し、それを科学と宗教に融合させようとした。ルイ・リュカは、「先験的な」物理学と化学について執筆した。グルデンシュッツッベ男爵は、著名な死者の霊を呼びだした。プラトン、カエサル、ゲルマニクス、アベラールその他の人たちがまじないで呼びだされ、男爵のテーブルにそれぞれ署名をし、意見を書いた。アルベール・ポアッソンは医者を廃業し、腕のある錬金術師になった。サン・イーヴ・ダルヴェードルは、数、色、におい、文字、惑星などのあいだの類縁関係についての体系を打ち立て、一九〇九年に、この体系の特許権を得た。エレナ・ブラヴァツキ夫人とアンニ・ベザントは、秘教的な著書と予言とで世界をおどろかせた。スタニスラス・デ・グアイタとオスヴァルト・ヴィルトとジェラール・アンコースとは、エリファス・レヴィの仕事を継続した。

実証主義的な科学の時代は、呪文を打ち破ることができなかった。多くの学者たちは、隠秘的な力とは、まだ発見されない電気のような、ある未知の力のことではないかと疑った。彼らは、魔術的な現象を計量し測定し、幽霊のたぐいを写真にとった。また、暗いサロンでは多少ともうまく霊媒と手をにぎった。彼らは、人や物体が機械の助けをかりないで空中にもち上げられる空中浮揚を目撃した。さらに、テーブルががたがた音をたてる現象、心霊体《エクトプラズム》、透視術、予兆体験、幽霊屋敷などを調査した。彼らのうちには、隠秘的なものの実体を発見したと信じるものがいた。また他のものは、反証されないかぎり否定すべきでない、と慎重に結論した。

むすび

ヘーゲルによれば、魔術は、あらゆる時代あらゆる民衆のうちに存在したという。旧世界の隠秘的なものの歴史を調べてみるだけでも、これが誇張でないことがわかった。魔術は、人間の知性に力づよい影響をおよぼした。このような影響が、人類にとってよかったか、わるかったかについては、幾人かの科学者が論議している。一八二九年に『隠秘学小論』を発表したウゼブ・サルヴェルトは、魔術を、古代の民衆の指導者たちが利用した詐欺手段とみなした。そして彼は、間違った自然観察にもとづく迷信から人間を解放したのが科学であることを、ほのめかしている。

前世紀の末にジェームズ・フレーザー卿も、同じような意見を述べた。彼によれば、魔術は虚偽ではあるが、そこから社会的、科学的進歩という恵みがもたらされるという。

ユベールやモースのような現代の人類学者の主張によれば、原始的な魔術師は詐欺師ではなく、仲間の同意のもとに自分自身が超自然力をもっていると信じ、その身分はみなの一致によって支えられていた。

現代の心理学では、自然についての真の知識は少数の人びとによって数千年間故意に隠されていたという考えよりも、先に述べた説のほうがより受け入れられそうである。魔術が長く生きのびてきたのは、魔術が人間の精神にふかく根をはっていたことを暗示している。

心理学者ジャン・ピアジェによれば、どんな人間も六、七歳までは、太古の人びとや現代の未開人と同じような信仰と習慣をもつ魔術的な世界に生きているという。

魔術は、いまなおあらゆる人びとのあいだに普及している。われわれのうちで、あの男は魔術的な考え方や行動からすっかりぬけきっている、といえる人はほとんどいないだろう。マリノフスキーによれば、「われわれはだれでも、きまりきったことや確実なことからのがれようという欲望をもっている。……たいていの人にとって、世の中で行なわれている固苦しさや決定した事がらほど、わびしく重苦しいものはない。ときにはもっとも懐疑的な人たちでさえ、超自然的なものや、偶然と幸運の贈物をふくまないきびしい因果の鎖に反逆することがある」。われわれの社会には、たぶん古代ローマと同じくらい、占星術師や手相術師や水晶占い師や霊媒がたくさんはびこっている。神秘論者や秘教家の諸分派と、書店に積まれた彼らの出版物とは、どんどんふえている。プローブとかバシュラールが暴露したように、魔術は科学思想の背後になお潜伏している。

いくつもの文明は、文明への信仰とともに亡びさった。しかし人間の欲望は、いつの世にも変りはない。だから、欲望を満たすことを約束してくれるものであれば、それは、新たな教理を超え、一切の理性に逆らっても、永続する傾向がある。

童話のなかでは、魔術師は貧乏人に、たらふく食べさせたり、ふしぎな洞窟のなかの宝物をくれてやったりする。英雄は、勇敢と富によって敵を打倒して王に選ばれ、美しい王女と結婚する。

こういう物語は、人間の欲望を列挙したものであり、欲望をなんとかして実現したいという人間の願いを示している。

魔女とか村の魔術師は、実質的なものでご利益をかなえてくれる。彼らは、自分たちの操作を合理化するようなことはほとんどしなかった。彼らは、こういう儀式をすれば、こういう結果が生まれるということを知っていた。しかし、それがなぜであるかは、お客と同様にわからなかった。

西洋の最高の精神の持主たちは、高度な型の魔術に影響された。自然の探究は、幾世紀ものあいだ、古代の哲学者や魔術師が踏みかためてきた道にしたがっていた。彼らは、魔術的な知恵のなかには世界の調和の秘密がひそんでいると信じた。西洋の宗教によれば、サタンの反逆は宇宙を分裂させ、サタンは物質世界を荒らしまわり、つねに誘惑されやすい信者たちは、死んではじめて永遠の幸福が得られるという。

むかしの魔術体系は、不調和をゆるさなかった。それらの魔術体系は、存在するもののすべてを、すなわち善と悪、生と死、見えるものと見えないものをとり囲んでいた。一切は一切のなかにふくまれており、一切は一つである。超自然的なものは、物質世界から引き離されないで、あらゆる事物のなかに融合されている。善と悪とは同じ根源から出たもので、両者は同じ法にしたがう。魔術の世界は巨大な歯車仕掛けであって、人間はその大切な軸をなしている。もし、人間が除かれると——その他の何かが除かれても——この世界時計はとまってしまうだろう。

しかしながら、こういう言い表わし方では、完全な魔術的人間を伝えたことにはならない。彼は単に、一切のなかに調和よく統合されているだけでなく、一切の上に働きかけることができる。彼は、世界のしくみを認識しようと努力する。賢人は神秘にはいりこみ、物質世界を動かし、超自然的なものや天使や原初の精霊たちを呼びだすことができる、と彼は信じている。

キリスト教のなかの魔術は、もっとも純粋な形では、知識を通じて神聖なものにあずかろうとする人間の熱望と、あの世でなくこの地上での幸福をつかもうとする人間の意志とから生じていた。

キリスト教のなかの魔術は、神秘論に似ていたが、科学の研究という方向をふくんでいた。なぜなら、創造についての知識を通じて神聖なものにあずかることは、自然の探究を意味したからである。中世において、盲目的な信仰を補うものとして、魔術的な精神をもった学者たちが、真の「事物の効能」について、不器用でしばしば欠点だらけの研究をしていることがあげられる。ソーンダイクはその著作『魔術と実験科学の歴史』のなかで、モーリその他の人たちが強調したこの事実を、はっきりと認めている。

魔術は、実験をするための刺激になったし、もっとひろい意味では、キリスト教の場合だけでなく古代世界においても、思考の刺激になった。古代の賢人たちは、原始的な魔術的伝統をうけ継いだのち、そのなかの不合理にみえるものを、彼らのいっそう進歩した文明にふさわしい魔術的＝宗教的体系に変えるという仕事に直面した。信仰が不合理であればあるほど、そのまわりに、哲学や先験的教義のきらきら光る織物を織ろうとする彼らの努力ははげしかった。

もしわれわれの道を、さらに原始人の時代にまであともどりすれば、ここでもまた、魔術がけっしてむだなしきたりではなかったと信ずべき理由が見出される。初期の魔法使いは、部族の保護者で、おそろしい未知のものに面した部族の人たちに援助を約束した。こんにち、自分の罪を聴罪師とか精神病医とかにまかせる必要を感じている人が多いように、いわゆる未開人もまた、自分の悩みや不安については魔術師にすがっている。

人びとは、魔術を行なうことによって、超自然的なものと規則正しい交わりをむすんで、敵意あるものの圧迫をはねのけ、日々の生活の業務をはかどらせる訓練を身につけた。これこそ、人間の発明品である魔術から人間が取り出すことのできたほんとうの贈物で、当時の魔術は、これらの目標に達することのできる唯一の体系だった。

もちろん魔術師の力は、邪悪な目的にも役だてることができた。というのも、悪は善と同じ法によって支配されたからである。けれどもこの事実は、魔術だけにかぎられたものではない。どんな社会でも、指導者たちはさまざまな目的のために自分の影響力を利用するであろう。

しかし、数千年間にわたって社会に普及した体系について、いまさら弁明することはないだろう。魔術が古代世界の偉大な諸文明を支えていたことは、まぎれもない事実である。魔術が支配的であっても、人間が不変の価値ある仕事を残したり、隣人に寛容だったり、家族をいつくしんだり、時宜にかなったことを実行したりすることを、妨げはしなかった。

魔術は、思考の刺激になった。魔術は、人間には恐怖から解放し、人間の世界を支配する力のあることを感じさせ、想像力を鋭敏にし、より高い業績への夢をもたせた。

訳者あとがき

本書は、カート・セリグマン*(Kurt Seligmann)の『魔法の歴史』(The History of Magic, Pantheon Books, 1948)の全訳です。

* カート・セリグマン(一九〇〇—六二年)は画家で美術評論家。スイスのバーゼルに生まれ、一九二七年にはフィレンツェの美術アカデミーに学ぶ。一九三九年の第二次世界大戦とともにアメリカ合衆国に移住。個展は一九三二—三五年にパリで開催したのをはじめ、ロンドン、ミラノ、ローマ、東京、ニューヨーク、シカゴ、メキシコなど各地で開催した。また、いくつかのバレエ団の衣装のデザインもしている。画風は、最初は抽象派ふうだったが、しだいに超現実派的傾向を帯びてきたといわれる。しかし、画家としてよりも美術評論家、美術史家としてすぐれ、本書のほかに多くの美術関係の著作がある。

本書は、かつて一九六一年(昭和三六年)に平凡社の「世界教養全集」の一冊として、私が翻訳したもので、そのときはページ数の関係もあって本書の三項目(「魔術」の章の「タロット」、「タロットの札と切り札」、「手品師」)を省略しました。しかしその訳書は、その頃わが国で流行したオカルト・ブームに乗って数回増刷され、このブームに一役を果したものでした。

もともと私の専攻は、とくに西洋の古代中世の科学技術史ですが、その研究途上で私は錬金術や占星術などに興味をもち、その方面の文献をいくつも集めましたが、本書はその一冊でした。

一般に魔法的なもの（魔術、呪術、秘術、妖術など）は、人間の最初の知恵として原始時代から存在し、時代が進むにつれて宗教的な仮面をかぶり、次第にその守備範囲をひろげ、複雑多岐になり、中世にキリスト教とはげしく衝突すると、彼らには首つりや火あぶりの刑が待っていました。たとえば、本書中の一節「理想の追求」を読んだだけで、だれでも身の毛のよだつ恐怖に襲われずにはおれないでしょう。

しかし近代になると人びとは、理性的、実験的、合理的、理論的、機械的な科学技術という客観的な知恵を身につけ（この知恵は、最初は魔法的なものの考え方や現象を客観的、分析的、理論的に実証してみようという批判的精神が大きなきっかけになったようです）、魔法的なものは神秘的で不合理なものという考えが次第に芽生えてきました。しかし魔法的なものは、今日でも、以前ほど害はありませんが、古い行事や習慣などに絶えることなく生きつづけています。おそらく今後も、私たちの生活のどこかで、あるいは根強く、または形式的、習慣的に存続することでしょう。

ところが、一方では最近の科学技術の目ざましい進歩と広汎な利用は、私たち人間社会に限りない便利さを与えてくれるとともに、他方ではその科学技術の発達が、不気味で限りない不安と恐怖をもひろげているようです。私たちは、この陽性なもの（科学技術）と陰性なもの（魔法的なもの）との今後を、どう処理すればよいのでしょうか。

私は皆さんが、本書を読まれたり、最近の科学技術の発展ぶりを勉強されて、地球に住む人間をふくむすべての生物たちのよりよい未来を真剣に考えて頂きたいと思います。

さて、本書では、前訳書で省いた上述の三項目の翻訳は、イタリア文学研究家の澤井繁男さんにお願いしました。ここに厚くお礼申し上げます。また、原書にある文献リストのほとんどは古くて(ただし、この種の文献は、古版本ほど内容的に価値があるともいえますが)、私たちには入手はもちろん、接することもきわめて困難なので、そのかわりに、早稲田大学図書館の蔵書を中心に日本語で読める文献を、友人の植田覚さんと吉田八岑さんにお願いしてできるだけ多く集めてもらいました(ただし、本書では、ページ数その他の都合で、その全部を掲載することはできず、残念ながらある程度省略せざるを得ませんでした)。お二人の大変なご苦心に心から感謝いたします。また、訳文については、私は本文のあちこちを改訳したり、新しく加筆したり、他の文献から新しい事項を追加したり、さらにいくつもの図版をさまざまな文献から新しく加えたり取替えたりしましたので、前訳よりはいっそう興味ぶかくなったと思います。

最後に、本訳書の出版のために大変お世話になった友人の渋谷章さん、片岡修さん、逆瀬川隼人さんに、また直接本書の出版を担当された人文書院編集部の落合祥堯さんのご好意とご努力に、厚くお礼申し上げます。

一九九一年二月

平田　寛

解説――「魔法」と「魔術」の分水嶺

澤井繁男

このたび平凡社から本書『魔法――その歴史と正体』の「解説」のご依頼を受けたとき、まず困惑したのが、本書が書架にあるかどうかだった。それと自分が本書の翻訳のお手伝いをしたこと〈その節〉をもすっかり忘れていたことだ。幸いなんとか見つけることが出来たが、なにせ一九九一年〈人文書院〉刊行とあるので、私が三七歳のときだ。おおよそ三〇年前になる。本書は当初平凡社の「世界教養全集」〈一九六一年〉の一冊として出版されたもので、その際、〈魔術〉の章の〔タロット〕、〔タロットの札と切り札〕、〔手品師〕の三節を省略したという。人文書院版では完訳を目指したらしく、この三つの項目を私が翻訳することになった。

もはや懐かしい思い出となっているが、往時、私は科学史家の故坂本賢三先生〈神戸商船大学教授、のち、千葉大学教授。ご在籍中に急逝された。ご自宅は高槻市〉に人文書院編集部の落合祥堯氏を紹介していただいて、『魔術の復権――イタリア・ルネサンスの陰と陽』なる本の出版までなんとかこぎつけていたところだった。人文書院のクリーム色の表紙カヴァーに憧れを抱いていなかった者は当時だれもいなかったのではないだろうか。みすず書房の白地の表紙カヴァーと同じく、知的好奇心に充ちた学生や研究者たちにとっては、その色を帯びた自著の上梓は夢だった。

そしてむろんハードカヴァーで。

拙著は一九八九年に刊行におよぶのだが、その際、担当の落合氏から言われた「表紙を『並製（ソフト）』にしてみようかと考えているのですが」との一言が私の胸に突き刺さっていた。それと同時に、『魔法』の補訳の話をもちかけられていた。これは是非引き受けたほうがよい。それが、並製でなくハードカヴァーへの一助になる、とピンと来たのだ。そしてうまくいった。いま思えば一種の「駆け引き」だが、初めての、それも人文書院からの自著だったので必死だった。『魔術の復権』は予想外に売れて二刷まで進んだ。

坂本先生が人文書院をご紹介してくださるとき、「澤井君、『魔術』の本ならいまどこの版元でも引く手あまただよ」と電話口で仰ったことは忘れられない。いわゆる「オカルト・ブーム」だった。しかし「オカルト」の語源はほとんど知られていなかったはずだ。たまたま私の専攻がイタリア語だったので、すぐに目星はついた。「occultare（〜を隠す）」の派生語に「occulta（隠された）」があり、これが英語圏に入って「オカルト」となった。それゆえ原義は「隠された」で、そこから「隠微な」とか「秘儀的な」とかの邦訳がついた（もちろん「〔宗教的に〕狂信的な」を意味する「カルト」とは音は似ているが全く異なる）。つまり逆を言えば、「公開的」でも「表沙汰」でもない「水面下の知識、知見」を言う。「水面下」とはあくまで比喩表現で、この場合の「表面」、「公」の世界とはキリスト教世界を示している。即ち、「オカルト」の世界とは異教（反キリスト教精神の）世界を指す。これらの「地下に押し込められた知の世界」を、私は拙著『魔術の復権』で、「魔術の知」と呼んで、よもや「魔法」とは名づけなかった。

本書の原題は、*The History of Magic*（副題は記されていない。初版刊行時に訳者あるいは版元による計らいで付記したものか）である。おそらくMagicを「魔法」と翻訳して刊行におよんだ最後のほうの書物ではあるまいか。私にとって「魔法」とは、当時からいまでも「手品」の意味でしかなく、「魔術」とはっきり区別している。本書の目次を一覧するに、まさしく「魔術の知」の書であり、「魔法」ではない。

これには「魔術（の知）」をきちんと説明しておく必要があろう。過日さるエッセイにまとめたものが手許にあるので、載せてみよう。タイトルは、『『魔術』という言葉』である。

私には「魔術」という名の入った書物が多い。大学での講義でも取りあげる。魔術とは「自然界にある対象物に何らかの効果をもたらす人為的行為」を指す。「神的」ではない。こうした定義から講義を始めるのだが、最近（というより今頃）になって、どうして「魔」の字がつくのだろうと考え出した。「魔術」は、「自由」や「社会」といった文言と同じく明治初期に造られた「翻訳用語」と思える。「魔術」の概念に相当する日本語、ないしは文化的思潮が日本文化にはないと思われたからだ。さらにこの術語の作成者はおそらくキリスト教徒ではなかったか。

「魔術の知」として講義する際、その対象がヘレニズム文化の遺産という大切な局面がある。もともと西洋文明は、古代ギリシア・ローマの、地中海を中心とする、人間中心のヘレニズム文化が最初に芽生え、キリスト教の誕生で、神中心のヘブライズムの文化が割って入って、ヘレニズムとヘブライズムの二大文化潮流が出来あがる。そしてキリスト教の勢力が強かったので、へレニズム文化は地下の水脈を流れることになる。

それが、「一二世紀ルネサンス」でアリストテレスの異教の文化が（ギリシア文化を取り入れたアラビア人によるアラビア語訳が、またアラブ独自の文化が、ラテン語に翻訳された）、さらに「一五、六世紀のイタリア・ルネサンス」でプラトンの著作集がギリシア語からラテン語に翻訳され、イタリアに入って来る。ここに二つの「ルネサンス」を経てやっと西洋は知的環境が整うこととなる。

おおざっぱに言えば、イタリア・ルネサンス期に、ヘレニズム文化をキリスト教のヘブライズム文化が迎えることになる。

キリスト教は、「始め」があって「終わり」のある直線的思考形態だが、ヘレニズムの知は、「一者」を中心とした流出・還元の円環の思想だ。線と円。二者は衝突するが、ルネサンス期ではヘレニズムの、異教精神が勝った。

プロティノスの新プラトン主義、ヘルメス思想が、硬直したキリスト教文化に、新風を吹き込むことになる。ここで重要なのは、ルネサンス文化運動が大学からではなく、在野の私的研究サロン（例えば、プラトン・アカデミーなど）から起こった、ということだ。彼らは敬虔なキリスト教徒だが、ヘレニズムの知の影響を強く受ける。そして神と人間との関係に目を向けて考察を深めていく。フィレンツェ・ルネサンスがまさにその好例だ。

そこで、「魔術」という翻訳語だが、これはキリスト教徒であった明治期のさる人物が、ヘレニズムとヘブライズムについての識見があって、キリスト教からみれば異教であるヘレニズムの諸文化を異質とみなすために「魔術」という邦語訳をあてたのではなかったか。

ルネサンスは、根本的に異教の文化だ、と言われている。つまり、古代ギリシア・ローマの古典が盛んに読まれる時代だ。その絵画的表現の代表格が、ボッティチェッリ（一四四四／四五―一五一〇年）の『春』、『ヴィーナスの誕生』だ。あの絵は異教精神の発露とみてよい。

明治の翻訳者がルネサンス文化にどれほどの知見があったかは不明だが、magia と書かれていたその magia を「魔術」と訳した当人のキリスト教の立場と知識の豊かさは敬服に値する。だが、出来れば後世誤解を招く恐れとなる「魔」の字を避けてほしかった。

文中の「魔術」には後年、「自然魔術」（本書では「自然の魔術」と記されている）となる「白魔術」と、降霊術や妖術を主眼とする「悪霊《デーモン》魔術」となる「黒魔術」の二種類があった。識者たちの尊重したのは「白魔術」→「自然魔術」のほうで、本書での「魔術」は（魔術のラテン語である、magus は、東方の三博士のうちの一人を指しており）、転じて〔知識〕の意となる。それゆえ「自然魔術」とは「自然に関する知識」、つまり「自然の知的探求」にいたる。端的に述べると「ありのままの自然を見つめること」である。

本書での「異教精神」には、錬金術、占星術、エジプト哲学、ヘルメス・トリスメギストス、自然魔術、人相術などがすべて含まれている。人物では、プラトン・アカデミーでの才人で三一歳で夭折したピコ・デッラ・ミランドラ（一四六三―九四年）や、ナポリのジャンバッティスタ・デッラ・ポルタ（一五三五頃―一六一五年）、錬金術師にして医化学派の始祖であるパラケルスス

（一四九三―一五四一年）にもセリグマンは言及している。特に、デッラ・ポルタは『自然魔術』全二〇巻、一五八九年（拙抄訳、講談社学術文庫）、それ以前にも二三歳で全四巻（本文では三巻になっているが、四巻の間違いではないか）の『自然魔術』（一五五八年）を刊行している。また戯曲史上重要な転換期を生きた作家であったことでも大切で、さらに『人相術』全六巻、一五八八年（拙抄訳『自然魔術・人体篇』青土社）にも触れていて、目配りが行き届いている。特にデッラ・ポルタの「共感と反感」に基づいた共感魔術の世界（自然）観、それに、近代科学の発展に貢献した「暗室《カメラ・オスクーラ》」と、凹凸レンズの研究を挙げている（それとこれは抜け落ちていてとても残念だったが、「磁石」の研究にも触れていたら嬉しかった）。

このデッラ・ポルタのナポリの私設研究所に学んだトンマーゾ・カンパネッラ（一五六八―一六三九年）が後年、『事物の感覚と魔術について』（全四巻、一六二〇年）の第四巻で、「魔術ともう呼ぶ必要のなくなった、その客観的原理がわかったものは科学であって、それ以外の原理の不明なものを魔術と呼ぶ」（大意）としている。時代は一歩進んだのだ。

『魔術の復権』の後、私は『錬金術』（講談社現代新書、一九九二年）の執筆に取りかかるのだが、その際、本書の「錬金術」の章にたいへんお世話になっている。どの章もそうだが、記述が平明かつ明晰で、一種の「入門書」の気持ちに読者を誘ってくれる。参考文献も時代的制約は避けられないが、よく整っている。なお『魔術の復権』と『錬金術』は、後年『魔術と錬金術』としてちくま学芸文庫より刊行された（二〇〇〇年）。

ただ、『魔法』という表題は、いかがなものかと思うのだが……。でも「目次」に〔タロット〕

や〔吸血鬼〕なども入っているので『魔法』でもよいか。「解説」の表題に「分水嶺」としたのも、ここら辺に事情がある。

（さわい　しげお／元　関西大学文学部教授）

参考文献

占星術

赤毛のエリク記　山室静訳　冬樹社　一九七四
イタリア・ルネサンスにおける市民生活と科学・魔術　E・ガレン　清水純一・斎藤泰弘訳　岩波書店　一九七五
宇宙の神秘　ヨハネス・ケプラー　大槻真一郎・岸本良彦訳　工作舎　一九八二
グノーシスと古代宇宙論　柴田有　勁草書房　一九八七
ケプラーの夢　ヨハネス・ケプラー　渡辺正雄・榎本恵美子訳（講談社学術文庫）一九八三
古代オリエント集　杉勇・三笠宮崇仁編（世界文学大系1）　筑摩書房　一九八七
古代の宇宙論　C・ブラッカー、M・ローウェ編　矢島祐利・矢島文夫訳　海鳴社　一九七六
人類と論理——分類の原初的諸形態　エミール・デュルケム、マルセル・モース　山田貴美夫訳　せりか書房　一九六九
図説・占星術事典　ウド・ベッカー編　池田信雄他訳　種村季弘監修　同学社　一九八六
西洋占星術　荒木俊馬　恒星社厚生閣　一九六三
占星術——科学か迷信か　H・J・アイゼンク、D・K・B・ナイアス　岩脇三良・浅川潔司訳　誠信書房　一九八六
占星術——天と地のドラマ　ウォレン・ケントン　矢島文夫訳（イメージの博物誌1）　平凡社　一九七七
占星術　ポール・クーデール　有田忠郎・菅原孝雄訳（文庫クセジュ）　白水社　一九七三
占星術——その科学史上の位置　中山茂　紀伊國屋書店　一九七九
占星術の世界　山内雅夫（中公文庫）　一九八三

占星術の世界（総解説）――人と星の運命の図式　山内雅夫　自由国民社　一九八六
占星術の誕生　矢島文夫（オリエント選書5）　東京新聞出版局　一九八〇
占星術または天の聖なる学　M・マニリウス　有田忠郎訳（ヘルメス叢書6）　白水社　一九七八
月の魔力――バイオタイドと人間の感情　A・L・リーバー　藤原正彦・藤原美子訳　東京書籍　一九八四
天体の回転について　コペルニクス　矢島祐利訳（岩波文庫）　一九七四
ノストラダムス大予言　原典・諸世紀　ミカエル・ノストラダムス、ヘンリー・C・ロバーツ編　大乗和子訳　内田秀男監修　たま出版　一九八八
宝瓶宮福音書　リバイ・ドーリング　栗原基訳　霞ヶ関書房　一九八二
星と東西文学　野尻抱影　研究社　一九四〇
星の神話・伝説　野尻抱影（講談社学術文庫）　一九七七
星の神話伝説集　草下英明（現代教養文庫）　社会思想社　一九八七
星の民俗学　野尻抱影（講談社学術文庫）　一九八八
密教占星術の人間学――宿曜ホロスコープが明かす相性のすべて　小峰有美子　ナユタ出版会　一九八六
野生の思考　クロード・レヴィ・ストロース　大橋保夫訳　みすず書房　一九七六

魔術・悪魔・魔女

悪魔　レールモントフ　北垣信行訳（岩波文庫）　一九四八
悪魔――古代から原始キリスト教まで　J・B・ラッセル　野村美紀子訳　教文館　一九八四
悪魔学大全　酒井潔　桃源社　一九七一
悪魔学入門　J・C・ウォール　松本晴子訳　牧神社　一九七四
悪魔画廊　吉田八岑　学芸書林　一九七六
悪魔考――神に叛かれた者たち　吉田八岑　薔薇十字社　一九七二

悪魔との対話　L・コワコフスキ　野村美紀子訳　筑摩書房　一九八六
悪魔と両性具有　エリアーデ　宮治昭訳（エリアーデ著作集6）　せりか書房　一九七三
悪魔のいる天国　星新一　中央公論社　一九六一
悪魔の美しさ　ルネ・クレエル　岡田真吉訳　河出書房　一九五〇
悪魔の恋　J・カゾット　渡辺一夫・平岡昇訳（世界幻想文学大系1）　国書刊行会　一九七六
悪魔の骰子――ゴシック短篇集　T・ド・クインシー他　小池滋・富山太佳夫編（ゴシック叢書19）　国書刊行会　一九八二
悪魔の辞典　A・ビアス　西川正身選訳　岩波書店　一九六四
悪魔の中世――西洋美術史の暗黒　澁澤龍彥　桃源社　一九七九
悪魔の手毬唄　横溝正史（角川文庫）　一九七一
悪魔の陽のもとに　G・ベルナノス　山崎庸一郎訳（ジョルジュ・ベルナノス著作集1）　春秋社　一九七六
悪魔の弁護人　J・G・フレーザー　永橋卓介訳（世界教養全集19）　平凡社　一九六二
悪魔の紋章　江戸川乱歩（春陽文庫）　春陽堂　一九八七
悪魔祓い　J・M・G・ル・クレジオ　高山鉄男訳（叢書　創造の小径）　新潮社　一九七五
悪魔礼拝　種村季弘　桃源社　一九七九
古代エジプトの秘教魔術　吉村作治　大陸書房　一九八八
高等魔術の教理と祭儀　教理篇　エリファス・レヴィ　生田耕作訳　人文書院　一九八二
肉体と死と悪魔　ロマンティック・アゴニー、マリオ・プラーツ　倉智・草野・土田・南條訳（クラテール叢書1）　国書刊行会　一九八六
ベナンダンティ――16―17世紀における悪魔崇拝と農耕儀礼　カルロ・ギンズブルグ　竹山博英訳　せりか書房　一九八六
魔術――もう一つのヨーロッパ精神史　F・キング　澁澤龍彥訳（イメージの博物誌4）　平凡社　一九七八

魔術――理論と実践　アレイスター・クロウリー　島弘之訳（世界魔法大全2）国書刊行会　一九八三
魔術から科学へ――近代思想の成立と科学的認識の形成　P・ロッシ　前田達郎訳　サイマル出版会　一九七〇
魔術から科学への道　本多修郎　未来社　一九七二
魔術師　江戸川乱歩（江戸川乱歩推理文庫10）講談社　一九八七
魔術師　W・S・モーム　田中西二郎訳（世界幻想文学大系9）国書刊行会　一九七五
魔術と占星術　アルフレッド・モーリー　有田忠郎・浜文敏訳（ヘルメス叢書7）白水社　一九七八
魔術の復活　ケネス・グラント　植松靖夫訳（世界魔法大全5）国書刊行会　一九八三
魔術の歴史　J・B・ラッセル　野村美紀子訳　筑摩書房　一九八七
魔女　J・ミシュレ　篠田浩一郎訳（岩波文庫）一九八三
魔女異聞考　吉田八岑　新泉社　一九七六
魔女狩り　浜林正夫・井上正美（教育社歴史新書）一九八三
魔女狩り　森島恒雄（岩波新書）一九七〇
魔女狩り対新哲学――自然と女性像の転換をめぐって　ブライアン・イーズリー　市場泰男訳（クリテリオン叢書）平凡社　一九八六
魔女狩りの社会史――ヨーロッパの内なる悪霊　ノーマン・コーン　山本通訳　岩波書店　一九八三
魔女と科学者――エピソード科学史　平田寛編　人物往来社　一九六七
魔女とシャリバリ　P・ショニュ他　二宮宏之他訳（アナール論文選1）新評論　一九八二
魔女と魔女裁判　K・バッシュビッツ　川端豊彦・坂井洲二訳（りぶらりあ選書）法政大学出版局　一九七〇
魔女の社会史　浜林正夫　未来社　一九七八
魔女の箒　W・デ・ラ・メア　脇明子訳（世界幻想文学大系10）国書刊行会　一九七六
魔女ランダ考――演劇的知とはなにか　中村雄二郎　岩波書店　一九八三
魔性と聖性　矢代静一　教文館　一九七三

魔性の女たち　J・A・B・ドールヴィイ　秋山和夫訳（世界幻想文学大系8）　国書刊行会　一九七六
魔性の文化誌　吉田禎吾（研究社叢書）　一九七六
魔と呪術　鈴木一郎（平凡社カラー新書）　一九七八
魔法から科学へ――中世の科学・哲学・社会　チャールス・シンガー　山田坂仁訳　北隆館　一九五一
妖怪魔神精霊の世界　山室静他　自由国民社　一九七四
夜の合戦――16―17世紀の魔術と農耕信仰　カルロ・ギンズブルグ　上村忠男訳　みすず書房　一九八六

吸血鬼

アルラウネ　ハンス・ハインツ・エーヴェルス　麻井倫具・平田達治訳（世界幻想文学大系27）　国書刊行会　一九七九
生ける亡者の恐怖　マンリイ・ウェイド・ウェルマン　小倉多加志訳（ドラキュラのライヴァルたち　早川文庫）　一九八〇
生ける亡者の死　E・エヴァレット・エヴァンス　小倉多加志訳（ドラキュラのライヴァルたち　早川文庫）　一九八〇
ヴィー　ニコライ・ゴーゴリ　小平武訳（ゴーゴリ全集2）　河出書房新社　一九七七
受身の吸血鬼　ジェラシム・ルカ　種村季弘・橋本綱訳（ドラキュラ・ドラキュラ　種村季弘編）　薔薇十字社　一九七三
カルデンシュタインの吸血鬼　フレデリック・カウルズ　小倉多加志訳（ドラキュラのライヴァルたち　早川文庫）　一九八〇
カルパチアの城　ジュール・ヴェルヌ　安東次男訳（ドラキュラ・ドラキュラ吸血鬼小説集）　大和書房　一九八〇
吸血鬼　ルイージ・カプアーナ　種村季弘訳（ドラキュラ・ドラキュラ吸血鬼小説集）　大和書房　一九八〇
吸血鬼　マルセル・シュオッブ　大浜甫訳（黄金仮面の王：フランス世紀末文学叢書2）　国書刊行会　一九八四

吸血鬼（ウプイリ）　A・K・トルストイ　栗原成郎訳（ロシア神秘小説集：世界幻想文学大系34）　国書刊行会　一九八四
吸血鬼（ウルダラーク）の家族　A・K・トルストイ　栗原成郎訳（ロシア神秘小説集：世界幻想文学大系34）　国書刊行会　一九八四
吸血鬼　リチャード・マティスン　田中小実昌訳（ハヤカワ・ファンタジイ）　早川書房　一九五八
吸血鬼　ジャン・ミストレル　種村季弘訳（ドラキュラ・ドラキュラ吸血鬼小説集）　大和書房　一九八〇
吸血鬼　吉田八岑　北宋社　一九九〇
吸血鬼——真紅と暗黒のフォークロア　吉田八岑　パロル舎　一九八〇
吸血鬼を救いにいこう　ベレン　種村季弘・橋本綱訳（ドラキュラ・ドラキュラ吸血鬼小説集）　大和書房　一九八〇
吸血鬼ドラキュラ　ブラム・ストーカー　平井呈一訳（創元推理文庫）　東京創元社　一九六三
吸血鬼の女「ゼラピオン同盟員」より　E・Th・A・ホフマン　種村季弘訳（ドラキュラ・ドラキュラ吸血鬼小説集）　大和書房　一九八〇
吸血鬼ノスフェラトゥ　ポール・モネット　岡枝慎二訳　近代映画社　一九八〇
吸血鳥　マルセル・シュオップ　種村季弘訳（ドラキュラ・ドラキュラ吸血鬼小説集）　大和書房　一九八〇
吸血美女　ロニー（兄弟）　小林茂訳（フランス幻想文学傑作選3）　白水社　一九八三
グズラ　プロスペル・メリメ　江口清訳（メリメ全集1）　河出書房新社　一九七七
コウモリはわが兄弟　ロバート・ブロック　小倉多加志訳（ドラキュラのライヴァルたち　早川文庫）　一九八〇
就眠儀式：須永朝彦吸血鬼小説集　西沢書店　一九七四
死霊の丘　ロバート・E・ハワード　大滝啓裕訳（ホラー&ファンタシイ傑作選2）　青心社　一九八五
血の兄弟　チャールズ・ボーモント　小倉多加志訳（ドラキュラのライヴァルたち　早川文庫）　一九八〇
ドラキュラの客　ブラム・ストーカー　桂千穂訳（ドラキュラ叢書2）　国書刊行会　一九七六

謎の男　小倉多加志訳（ドラキュラのライヴァルたち　早川文庫）一九八〇
パリの吸血鬼　クロード・クロッツ　三輪秀彦訳（早川文庫）一九八三
避難所　ヴァン・ヴォークト　沼沢洽治訳（時間と空間のかなた　創元推理文庫）東京創元社　一九七〇
吹雪の夜　オーガスト・ダーレス　大島令子訳（ホラー&ファンタシイ傑作選3　大滝啓裕編）青心社　一九八六
墓地の管理人　ジャン・レイ　小倉多加志訳（ドラキュラのライヴァルたち　マイケル・バリー編　早川文庫）一九八〇
マグナス伯爵　M・R・ジェイムズ　小倉多加志訳（ドラキュラのライヴァルたち　マイケル・バリー編　早川文庫）一九八〇
魅入られた家族　アレクセイ・トルストイ　島本葵訳（幻想と怪奇　1の2）歳月社　一九七三

錬金術

黒い錬金術　種村季弘　白水社　一九五六
古代科学　ヨハン・ルドヴィヒ・ハイベルク　平田寛訳（SD叢書48）鹿島出版会　一九七〇
古代技術　ヘルマン・ディールス　平田寛訳（SD叢書45）鹿島出版会　一九七〇
象形寓意図の書・賢者の術概要・望みの望み　ニコラ・フラメル　有田忠男訳（ヘルメス叢書1）白水社　一九七七
心理学と錬金術　C・G・ユング　池田紘一・鎌田道生訳　人文書院　一九七六
中国の錬金術と医術　N・セビン　中山茂・牛山輝代訳　思索社　一九八五
パラケルスス――自然と啓示　K・ゴルトアンマー　柴田健策・榎木真吉訳　みすず書房　一九八六
パラケルスス――自然の光　J・ヤコビ編　大橋博司訳　人文書院　一九八四
パラケルススとその周辺　アレクサンドル・コイレ　鶴岡賀雄訳（神秘学叢書）白馬書房　一九八七
パラケルススの生涯――近代医学の父・放浪の錬金術師　E・カイザー　小原正明訳　東京図書　一九七七

パラケルススの生涯と思想　大橋博司　思索社　一九七六

パラケルススの世界　種村季弘　青土社　一九七七

錬金術——精神変容の秘術　S・クロソウスキー・デ・ロラ　種村季弘訳（イメージの博物誌6）平凡社　一九七八

錬金術　タロットと愚者の旅　ルドルフ・ベルヌーリ　種村季弘・田部淑子・橘美紀子訳　青土社　一九八〇

錬金術　M・P・ホール　大沼忠弘他訳（象徴哲学大系4）人文書院　一九八一

錬金術　セルジュ・ユタン　有田忠郎訳（文庫クセジュ）白水社　一九七二

錬金術——仙術と科学の間　吉田光邦（中公新書）一九六三

錬金術師——近代化学の創設者たち　F・S・テイラー　平田寛・大槻真一郎訳　人文書院　一九七八

錬金術の起源　P・E・M・ベルトゥロ　田中豊助・牧野文子訳　内田老鶴圃　一九八四

錬金術の誕生　科学史とその周辺II　平田寛　恒和出版　一九八一

妖術師・秘術師・錬金術師の博物館　グリヨ・ド・ジヴリ　林瑞枝訳　法政大学出版局　一九八六

妖術・呪術

意識への回帰——内からの炎　カルロス・カスタネダ　真崎義博訳　二見書房　一九八五

占いと神託　M・ローウェ、C・ブラッカー　島田裕巳訳　海鳴社　一九八四

オカルティズム・魔術・文化流行　ミルチア・エリアーデ　楠正弘・池上良正訳　未来社　一九七八

ナカルト　コリン・ウィルソン　中村保男訳　平河出版社　一九八五

金枝篇（1－5）　ジェイムズ・フレイザー　永橋卓介訳（岩波文庫）一九五一

死者の書——古代エジプトの遺産パピルス　矢島文夫文　遠藤紀勝写真　社会思想社　一九八六

呪師に成る——イクストランへの旅　カルロス・カスタネダ　真崎義博訳　二見書房　一九七四

呪術——魔女と異端の歴史　P・ヒューズ　早乙女忠訳（筑摩叢書）一九六八

呪術　J・A・ロニー　吉田禎吾訳（文庫クセジュ）白水社　一九五七
呪術・儀礼・俗信――ロシア・カルパチア地方のフォークロア　P・G・ボガトゥイリョーフ　千野栄一・松田洲二訳　岩波書店　一九八八
呪術的世界　E・デ・マルティーノ　上村忠男訳　平凡社　一九八八
呪術と夢見――イーグルの贈り物　カルロス・カスタネダ　真崎義博訳　二見書房　一九八二
呪術／ドン・ファンの教え――ヤキ族の知　カルロス・カスタネダ　真崎義博訳　二見書房　一九七二
呪術の彼方へ――力の第二の環　カルロス・カスタネダ　真崎義博訳　二見書房　一九七四
呪術の世界　その未知と戦慄の論理　編集・解説　小野泰博（現代のエスプリNo.132）至文堂　一九七八
呪術の体験――分離したリアリティ　カルロス・カスタネダ　真崎義博訳　二見書房　一九七四
神秘主義　アンリ・セルーヤ　深谷哲訳（文庫クセジュ）白水社　一九七五
中国の呪法　沢田瑞穂　平河出版社　一九八四
秘儀伝授――エゾテリスムの世界　リュック・ブノワ　有田忠郎訳（文庫クセジュ）白水社　一九七六
秘密の魔術　アレクサンドリア木星王、ドンナ・ローズ（魔女の家books）大陸書房　一九八五
文学と悪　ジョルジュ・バタイユ　山本功訳　紀伊國屋書店　一九五九
未知の次元　カルロス・カスタネダ　名谷一郎訳　講談社　一九七九
妖術　ジャン・パルー　久野昭訳（文庫クセジュ）白水社　一九五八
妖術師・秘術師・錬金術師の博物館　グリヨ・ド・ジヴリ　林瑞枝訳　法政大学出版局　一九八六

[著者]
カート・セリグマン（Kurt Seligmann 1900-62）
画家、美術評論家。スイスのバーゼルに生まれ、フィレンツェの美術アカデミーに学ぶ。第二次世界大戦とともにアメリカに移住。パリ、ロンドン、ミラノ、ローマ、東京、ニューヨーク、シカゴ、メキシコなど各地で個展を開催。美術評論家・美術史家として多数の著書がある。

[訳者]
平田 寛（ひらた・ゆたか）
1910年、兵庫県に生まれる。1936年、早稲田大学文学部史学科卒業。早稲田大学文学部教授、日本科学史学会会長をつとめた。1993年没。著書に、『科学の起原』（岩波書店）、『図説・科学技術の歴史』（朝倉書店）、『錬金術の誕生』（恒和出版）ほか。訳書に、G. サートン『古代中世科学文化史』全5巻（岩波書店）、ホッジズ『技術の誕生』（平凡社）、テイラー『錬金術師』（共訳、人文書院）ほか。

澤井繁男（さわい・しげお）
1954年、北海道に生まれる。京都大学大学院文学研究科博士課程修了。イタリアルネサンス文学・文化専攻。東京外国語大学論文博士（学術）。元関西大学文学部教授。著書に、『ルネサンスの知と魔術』（山川出版社）、『魔術と錬金術』（ちくま学芸文庫）、『魔術師たちのルネサンス』（青土社）、『評伝 カンパネッラ』（人文書院）など多数。

平凡社ライブラリー 912

魔《ま》法《ほう》　その歴史《れきし》と正体《しょうたい》

発行日…………2021年1月8日　初版第1刷
2022年8月30日　初版第3刷

著者……………カート・セリグマン

訳者……………平田 寛、澤井繁男

発行者…………下中美都

発行所…………株式会社平凡社
〒101-0051　東京都千代田区神田神保町3-29
電話　東京(03)3230-6579[編集]
東京(03)3230-6573[営業]
振替　00180-0-29639

印刷・製本……株式会社東京印書館

D T P…………平凡社制作

装幀……………中垣信夫

ISBN978-4-582-76912-8
NDC分類番号147.1　B6変型判(16.0cm)　総ページ686

平凡社ホームページ https://www.heibonsha.co.jp/

落丁・乱丁本のお取り替えは小社読者サービス係まで
直接お送りください（送料、小社負担）。

世界図絵
J・A・コメニウス著／井ノ口淳三訳

世界ではじめて出版された絵本・絵入りの教科書。教授学と汎知学という二大思想をもとに、自然と文化についての基本的な知識を視覚的に、楽しく解説する古典。

解説＝高山宏

黄金伝説 1
ヤコブス・デ・ウォラギネ著／前田敬作・今村孝訳

キリスト教は聖人や殉教者の言行や生涯を神話化し一大ドラマを作った。この「聖人伝説」中の白眉として名高い本書は、ヨーロッパ文化を理解するための基本文献である。本巻には聖アントニウスなどを収める。

黄金伝説 2
ヤコブス・デ・ウォラギネ著／前田敬作・山口裕訳

キリスト教は聖人や殉教者の言行や生涯を神話化し一大ドラマを作った。この「聖人伝説」中の白眉として名高い本書は、ヨーロッパ文化を理解するための基本文献である。本巻にはマグダラのマリアなどを収める。

黄金伝説 3
ヤコブス・デ・ウォラギネ著／前田敬作・西井武訳

キリスト教は聖人や殉教者の言行や生涯を神話化し一大ドラマを作った。この「聖人伝説」中の白眉として名高い本書は、ヨーロッパ文化を理解するための基本文献である。本巻には大天使聖ミカエルなどを収める。

黄金伝説 4
ヤコブス・デ・ウォラギネ著／前田敬作・山中知子訳

キリスト教は聖人や殉教者の言行や生涯を神話化し一大ドラマを作った。この「聖人伝説」中の白眉として名高い本書は、ヨーロッパ文化を理解するための基本文献である。聖ヒエロニュムスなどを収める本巻で完結。

幻のアフリカ

ミシェル・レリス著／岡谷公二・田中淳一・高橋達明訳

植民地主義の暴力とそれを告発する私的吐露。客観性を裏切る記述のあり方が、ポストコロニアリズム等の現代的文脈で、科学性の問題の突破口として絶対参照される奇跡の民族誌。改訳決定版。

解説＝真島一郎

ルネサンス文化史
ある史的肖像

エウジェニオ・ガレン著／澤井繁男訳

ルネサンス研究の第一人者による最上の概説書。多数のルネサンス人を網羅し、哲学・美術に偏ることなく、教育、科学、魔術、占星術、文学、出版までを幅広く探求する。

解説＝池上俊一

完全言語の探求

ウンベルト・エーコ著／上村忠男・廣石正和訳

国民語が立ち上がる時代のヨーロッパで、バベル以前の祖語、完全なる言語への探求が始まった。異端の理説をも取りこみながら百科全書やコンピュータ言語まで辿り着く思想史を見事に描き出す。

精神のエネルギー

アンリ・ベルクソン著／原章二訳

ベルクソン自身によるベルクソン哲学入門。『物質と記憶』や『創造的進化』などの議論のエッセンスが、分かりやすくエレガントに語られる論文集。思考の躍動感を伝える見事な新訳で。

【HLオリジナル版】

椿説泰西浪曼派文学談義

由良君美著

「すこしイギリス文学を面白いものにしてみよう」――澁澤龍彥・種村季弘と並び称された伝説の知性。幻想文学から絵画や音楽までをも渉猟した最初の著作にして代表作、待望の再刊。

解説＝高山宏